J. Revell Carr

13 Millionen Tonnen, 2500 Schiffe, 50 000 Leben

Am späten Abend des 21. August 1940 versenkt der deutsche Hilfskreuzer *Widder* im Nordatlantik den englischen Frachter *Anglo-Saxon*. Für sieben Mann, die sich in ein Beiboot retten können, beginnt eine zehnwöchige Schreckensfahrt zwischen Hunger und Durst, Überleben und Tod.

Aus dem Amerikanischen von Peter Torberg

marebuchverlag

Die Deutsche Bibliothek verzeichnet diese Publikation in der deutschen Nationalbibliografie; detaillierte bibliografische Daten sind im Internet unter http://dnb.ddb.de abrufbar.

Die amerikanische Originalausgabe erschien 2004 unter dem Titel *All Brave Sailors. The Sinking of the* Anglo-Saxon, *August 21, 1940* bei Simon & Schuster, New York.

1. Auflage 2004

Lektorat Gabriele Dietz, Berlin
Redaktion Korvettenkapitän a.D. Rolf Burleson, Eggebek
Register Rainer Kolbe, Sieverstedt
Umschlaggestaltung Ⓢ sans serif, Berlin
Typografie und Einband
Farnschläder & Mahlstedt Typografie, Hamburg
Schrift Plantin
Druck und Bindung Clausen & Bosse, Leck
Printed in Germany
ISBN 3-936384-90-8

Meiner Frau Barbara in tiefer Zuneigung

Inhalt

Vorwort **11**

Teil I **SCHICKSAL**

1. 21. August 1940 **21**
2. Der Auslöser **35**
3. Die Briten **59**
4. Die Deutschen **75**
5. Kaperschiff! **92**
6. Die *Widder* auf Kriegsfahrt **106**
7. Der Weg in den Krieg **123**
8. Der Angriff **139**

Teil II **WILLENSKRAFT**

9. Nur ein winziger Fleck im Ozean **157**
10. Drastische Entscheidungen **176**
11. Verzweifelte Entschlüsse **190**
12. Wasser! **205**
13. Willenskraft **219**
14. Hilfskreuzer *Widder* **239**

Teil III **BESTIMMUNG**

15. Rettung **257**
16. Ankunft, Ausgleich, Anerkennung **277**
17. Ruhm **294**
18. Heimwärts **310**
19. Verwundungen **326**
20. *Michel* – das Schiff und der Mann **344**
21. Kriegsverbrecher **360**
22. Held in Not **385**
23. Überlebende **394**

Nachbemerkung **405**

Bericht über die Versenkung der *Anglo-Saxon*, darin enthalten das Logbuch der Jolle **406**

Literatur **417**
Anmerkungen **425**
Danksagung **461**
Register **467**

Flaunt out O Sea, your separate flags of nations!
Flaunt out, visible as ever, the various ship-signals!
But do you reserve especially for yourself, and for the soul
of man, one flag above all the rest,
A spiritual woven Signal, for all nations, emblem of man elate
above death,
Token of all brave captains, and all intrepid sailors and mates,
And all that went down doing their duty;
Reminiscent of them – twined from all intrepid captains, young
or old;
A pennant universal, subtly waving, all time, o'er all brave
sailors,
All seas, all ships.

aus «Song for All Seas, All Ships» von Walt Whitman

Prahl, o Meer, mit deinen vielen Fahnen der Nationen!
Prahl weithin sichtbar wie nur je mit all den Schiffssignalen!
Doch eine bewahre dir für dich selbst und für der Menschen
Seele, eine Flagge, die über allen anderen steht,
Signal, im Geist gewoben, für alle Nationen, Symbol des
Menschen, triumphierend über den Tod,
Zeichen für alle furchtlosen Kapitäne, unerschrockenen
Matrosen und Offiziere,
Und für alle, die in Erfüllung ihrer Pflicht versanken;
An sie erinnernd, gewoben aus all den unerschrockenen
Kapitänen, ob jung, ob alt,
Ein universelles Banner, das allzeit leise weht für all die tapferen
Seeleute,
Alle Meere, alle Schiffe.

Übertragen aus dem Amerikanischen von Peter Torberg

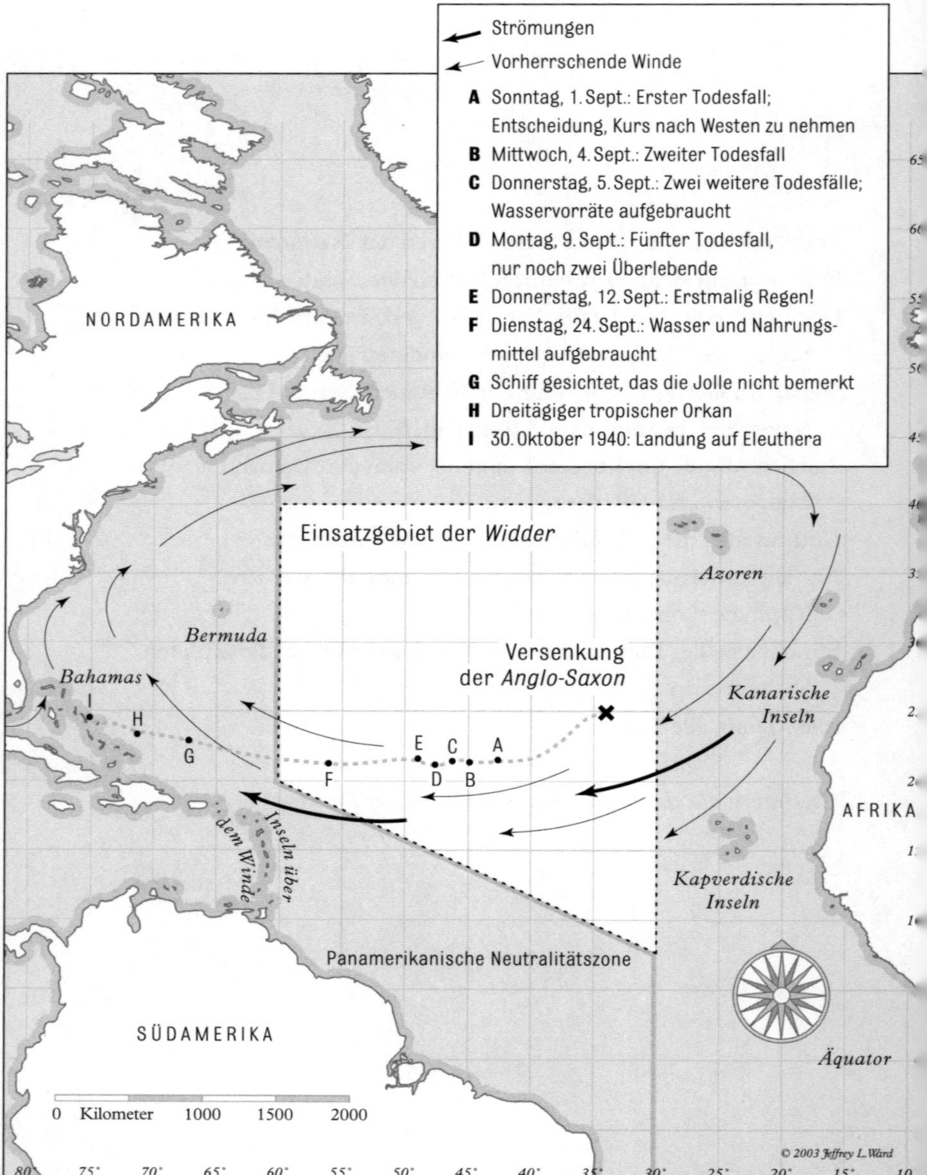

Strömungen
Vorherrschende Winde
A Sonntag, 1. Sept.: Erster Todesfall; Entscheidung, Kurs nach Westen zu nehmen
B Mittwoch, 4. Sept.: Zweiter Todesfall
C Donnerstag, 5. Sept.: Zwei weitere Todesfälle; Wasservorräte aufgebraucht
D Montag, 9. Sept.: Fünfter Todesfall, nur noch zwei Überlebende
E Donnerstag, 12. Sept.: Erstmalig Regen!
F Dienstag, 24. Sept.: Wasser und Nahrungsmittel aufgebraucht
G Schiff gesichtet, das die Jolle nicht bemerkt
H Dreitägiger tropischer Orkan
I 30. Oktober 1940: Landung auf Eleuthera
NORDAMERIKA
Einsatzgebiet der Widder
Azoren
Bermuda
Versenkung der Anglo-Saxon
Bahamas
Kanarische Inseln
AFRIKA
Inseln über dem Winde
Kapverdische Inseln
Panamerikanische Neutralitätszone
SÜDAMERIKA
Äquator
0 Kilometer 1000 1500 2000
© 2003 Jeffrey L. Ward
80° 75° 70° 65° 60° 55° 50° 45° 40° 35° 30° 25° 20° 15° 10

Vorwort

Die Geschichtsmuseen dieser Welt beherbergen eine unüberschaubare Menge an Exponaten; in ihrer Gesamtheit erzählen sie die Geschichte der Zivilisation. Einige davon sind eher Kuriositäten, andere wiederum bedeutungsvolle Gegenstände, die starke Emotionen hervorrufen. So sind die meisten Amerikaner tief beeindruckt, wenn sie das Museum of American History der Smithsonian Institution betreten und dort eine riesige Fahne sehen, das Sternenbanner, das in der amerikanischen Nationalhymne besungen wird. Dabei wurde diese Fahne keineswegs im Hinblick auf eine derartige zukünftige Rolle entworfen; es handelte sich lediglich um eine große Garnisonsfahne für Fort McHenry, jene Stellung, die den Hafen von Baltimore in Maryland schützt. Genäht wurde sie von Mary Pickersgill und ihren Helferinnen, die diesen Auftrag bekamen, als sich die Vereinigten Staaten wieder einmal im Krieg mit England befanden. Es ist ein Treppenwitz der Geschichte, dass für die Flagge von 76 mal 107 Zentimetern, die auf dem Boden einer Brauerei zusammengesetzt wurde, englisches Fahnentuch verwendet wurde. Als die Briten am 13. September 1814 angriffen, stand die Fahne weithin sichtbar über dem Fort. Francis Scott Key, ein damals noch recht unbekannter Dichter, war Zeuge der Schlacht. Am folgenden Morgen brachte er, inspiriert durch die Flagge, die auch nach mehr als fünfundzwanzig Stunden Kampf immer noch unübersehbar wehte, hastig ein vierstrophiges Gedicht zu Papier, in Hochachtung vor dem mutigen

Einsatz, dessen Zeuge er geworden war. Wenige Tage später wurde das Gedicht veröffentlicht, und im Laufe der Jahrzehnte gewann es eine derartige Popularität, dass man es 1931 zur Nationalhymne erklärte. Diese Fahne heute zu sehen erfüllt viele Amerikaner mit Stolz und Ehrfurcht.

Die Briten blicken auf eine lange Geschichte zurück und besitzen eine Vielzahl von Objekten, die eine ähnliche Wirkung auszulösen vermögen. Eines der schlichtesten, aber wirkungsvollsten ist ein kleiner Mantel. Im Zentrum der Nelson Gallery im National Maritime Museum in Greenwich ist der Mantel eines Marineoffiziers mit einem großen Schussloch in der linken Schulter ausgestellt. Der Anblick dieses Mantels versetzt den Betrachter zurück in das Jahr 1805, als Admiral Horatio Lord Nelson an Bord der H.M.S. *Victory* die britische Flotte in die Schlacht bei Trafalgar führte. Sein großartiger Sieg, den er gegen eine Armada von französischen und spanischen Schiffen errang, stellte den wichtigsten Erfolg seiner Laufbahn dar und kostete ihn zugleich das Leben. Um seinen Männern im schwersten Kampfgetümmel dieser Seeschlacht ein Ansporn zu sein, ging Nelson in seiner mit zahlreichen Orden dekorierten Admiralsuniform trotz der Warnung, ein leichtes Ziel zu bieten, an Deck umher. Vom Kreuzmars der feindlichen *Redoubtable* aus nahm ein Scharfschütze den Admiral aufs Korn, und die Kugel seiner Muskete durchschlug Nelsons Mantel und Brustkorb und blieb in der Wirbelsäule stecken. Nelson wurde, tödlich verwundet, unter Deck gebracht und starb dort wenige Stunden später. Kaum vorstellbar, dass es einen Engländer gibt, der nicht zutiefst bewegt wäre angesichts der Erkenntnis, was dieser Mantel bedeutet, und nicht Stolz empfindet auf Nelson und die vielen anderen Helden seines Landes.

Ein anderer Mantel löst ähnliche Ehrfurcht aus. Betritt man die große Haupthalle des Marinemuseums in St. Petersburg, sieht man zur Linken einen hohen, gläsernen Schaukasten mit einem riesigen, graueledernen Mantel. Er ist aus Elchleder und diente Peter dem Großen, der sich nicht nur im übertragenen Sinne über seine russischen Landsleute erhob, als Schlechtwettermantel. Wer zu diesem Mantel aufschaut, kann sich kaum dagegen wehren, die Größe Zar Peters regelrecht zu spüren.

Mäntel und Fahne, einfache Nutzgegenstände ihrer Zeit, haben aufgrund der mit ihnen verbundenen Geschichte herausragende Bedeutung gewonnen, und so verhält es sich auch mit jenem Objekt, das den Anstoß zu diesem Buch gab: ein kleines Boot.

1969 nahm ich meine Arbeit als Forschungsassistent in Mystic Seaport, dem führenden Marinemuseum der USA, in Mystic, Connecticut, auf. Wenige Tage nach meiner Ankunft stieß ich auf ein robustes Holzboot, das auf dem Gelände des marinehistorischen Freiluftmuseums ausgestellt war. Ich las, was über die Jolle, die von einem englischen Frachter stammte, berichtet wurde, erfuhr von ihrer außergewöhnlichen Reise und hatte augenblicklich das Gefühl, dass es sich hier um einen bedeutungsvollen Gegenstand im oben beschriebenen Sinne handelt. Dieses Boot lässt den Betrachter eine geradezu körperliche Verbindung mit Menschen und Ereignissen in den frühen Tagen des Zweiten Weltkriegs empfinden.

Ein Jahr später wurde ich Chefkurator von Mystic Seaport, eine Stellung, zu der auch die Pflege der Wasserfahrzeugsammlung und ebendieses Bootes gehörte. Nach weiteren sieben Jahren war ich Direktor des Museums und trug die Verantwortung für sämtliche Abteilungen. Während meines ganzen Berufslebens bei Mystic Seaport gingen mir dieses Boot und seine außergewöhnliche Geschichte niemals aus dem Sinn.

Gegen Ende meiner Zeit bei Mystic nahmen Verwandte jener Männer, deren Leben fast sechzig Jahre zuvor mit dem Boot verbunden war, Kontakt mit mir auf. Es war ihr Wunsch, dass dieses Boot in sein Ursprungsland zurückkehren sollte. Zwar würde seine

Geschichte Nachhall in nahezu jedem beliebigen Land finden, doch gehörte das Boot aufgrund der entscheidenden persönlichen Verbindungen eindeutig nach England. Nach längeren und schwierigen Gesprächen und Verhandlungen wurde dieses Ziel erreicht, und heute ist das Boot das wichtigste Objekt in der Ausstellung über die Atlantik-Schlacht im Imperial War Museum in London.

Schon 1969 hatte mich die Geschichte des Bootes und seiner Besatzung tief bewegt, und als ich die Verwandten jener Männer, Angehörige der Handelsmarine, kennen lernte, deren Schicksal mit ihm verbunden war, faszinierte sie mich umso mehr. Mein Großvater war Offizier der Handelsmarine und hatte im Ersten Weltkrieg gedient, und so war ich mir der bedeutenden Rolle, die diese Seeleute in beiden Weltkriegen gespielt haben, durchaus bewusst. Für mich sind das Boot und seine Geschichte Symbole für den Mut und die Opferbereitschaft unerschrockener Seeleute der Handelsmarine und ihrer Familien. Mein Anliegen ist es, ihnen mit dem Versuch, diese Geschichte zu erzählen, meinen Respekt zu erweisen.

Es besteht kein Zweifel daran, dass Seeleute und Offiziere der alliierten Handelsflotten zu den Helden des Zweiten Weltkriegs zählen. Ihr enormes Verdienst bleibt jedoch häufig unerwähnt, da das Augenmerk zumeist auf die kämpfenden Truppen in Heer, Luftwaffe, Seestreitkräften und Marineinfanterie sowie auf deren Versorgungseinheiten gerichtet ist. Dies soll in keiner Weise die Anerkennung schmälern, die diesen Soldaten, Fliegern, Matrosen und Marineinfanteristen gebührt, doch muss auch die Bedeutung des Einsatzes der Seeleute der Handelsmarine in seinem ganzen Ausmaß gewürdigt werden.

Es ist eine traurige Tatsache, dass während des Zweiten Weltkriegs sowohl in der britischen als auch in der amerikanischen Handelsmarine prozentual mehr Männer ums Leben gekommen sind als in irgendeiner Teilstreitkraft.[1] Man muss sich das vor Augen führen: Gemessen an der Zahl der Personen, die im Einsatz waren, kamen mehr Seeleute der Handelsmarine ums Leben als Soldaten, Matrosen, Flieger oder Marineinfanteristen. Seeleute der «zivilen» Handelsmarine gingen ein höheres Risiko ein, ihr Leben zu verlieren, als jeder beliebige Angehörige der britischen oder amerikanischen Streitkräfte. Zeitungen und Wochenschauen waren voll von Meldungen über die Verluste der alliierten Handelsflotten, wöchentlich wurden Statistiken über verlorene Bruttoregistertonnen veröffentlicht, und jeder wusste, dass dieser Verlust an «Tonnage» zugleich auch Verluste von Menschenleben bedeutete. Dennoch heuerten Männer weiter auf Schiffen an, die auf allen Weltmeeren unter Beschuss gerieten, und stellten sich der existenziell wichtigen Aufgabe, lebensnotwendige Güter und Ausrüstung zu liefern, damit Leben erhalten und ein weltweiter Krieg fortgeführt werden konnte.

Deutschland war – abgesehen von schwedischem Eisenerz – in erheblich geringerem Umfang als Großbritannien vom Gütertransport auf Schiffen abhängig, und so war die Rolle der deutschen Handelsmarine nicht ganz so bedeutend wie die der britischen. Dennoch dienten auch die deutschen Handelsseeleute ihrem Land bei zahlreichen riskanten Einsätzen. Viele von ihnen wurden zur Kriegsmarine eingezogen, andere fuhren weiter auf deutschen Frachtschiffen, luden in Häfen befreundeter oder neutraler Länder Fracht und versuchten, die alliierte Blockade Deutschlands und des von Deutschland besetzten Europas zu durchbrechen.

Zu Beginn des Krieges befand sich etwa ein Drittel der deutschen Schiffstonnage von 4,5 Millionen Bruttoregistertonnen auf den Weltmeeren. Im Laufe der folgenden acht Monate kehrten nur 76 Schiffe, etwa 28 Prozent der Tonnage, zurück. Der Rest war für den weiteren Einsatz verloren: Die Schiffe blieben in neutralen

Häfen interniert, wurden aufgebracht, versenkt, oder sie versenkten sich selbst.

Einige der deutschen Frachtschiffe operierten während des Krieges als Unterstützung der Wehrmacht, andere als Versorgungsschiffe der deutschen Hilfskreuzer, bei denen es sich wiederum um umgebaute Frachtschiffe handelte, die der Kriegsmarine unterstellt worden waren. Bei Kriegsende waren drei Millionen Bruttoregistertonnen an deutschen Frachtschiffen verloren; etwa 3000 deutsche Handelsmatrosen ließen ihr Leben.

Der Preis, den die britischen Seeleute zahlten, war ungleich höher. John Slader fasst in der Einleitung zu seinem Buch *The Red Duster at War* die grausamen Statistiken zusammen. Nach vorsichtigen Schätzungen des Seefahrtsregisters, des Registrar-General of Shipping and Seamen, kamen während des Zweiten Weltkriegs auf britischen Schiffen 32 000 Seeleute der Handelsmarine ums Leben[2]; das entspricht mehr als 17 Prozent ihrer insgesamt 185 000 Männer. Tausende wurden verwundet oder gerieten als Kriegsgefangene in Lager wie Milag Nord in Westertimke bei Bremen.

Zu Beginn des Krieges trug die britische Handelsmarine den Großteil der Last allein, doch mit dem Kriegseintritt der Vereinigten Staaten nach dem Angriff auf Pearl Harbor erwartete die amerikanischen Seeleute dasselbe Schicksal. Während des Krieges vervierfachte sich die Zahl der Seeleute in der US-Handelsmarine. Von den mehr als 200 000 Mann verloren 8000 ihr Leben, weitere 11 000 wurden verwundet, und mehr als 600 kamen in Kriegsgefangenenlager.[3] Zwar bedeutete das Verhältnis von einem Toten auf 26 Angehörige der amerikanischen Handelsmarine eine erheblich geringere Opferquote als das Verhältnis von 1 zu 6 bei den Briten, dennoch verdeutlicht diese Zahl, dass während des Zweiten Weltkriegs auch aufseiten der Amerikaner prozentual mehr Seeleute der Handelsmarine ums Leben kamen als Angehörige der Streitkräfte.

In nahezu allen Kriegen gerieten Frachtschiffe unter Beschuss und wurden von Feinden als Kriegsbeute aufgebracht. Viele Jahre lang waren es durchaus wirtschaftliche Überlegungen, die dazu führten, dass feindliche Schiffe angegriffen wurden, da Schiff und Ladung verkauft werden konnten und der Gewinn an die siegreiche Mannschaft ging. Zwar wurden auch während des Zweiten Weltkriegs solche Prisen genommen, doch entfiel in den meisten Fällen der wirtschaftliche Vorteil, sodass es einfacher und wirkungsvoller war, aufgebrachte Schiffe zu versenken. Das machte das Leben der Männer der Handelsmarine sehr viel gefährlicher.

Um den Wagemut der Männer, die zu Kriegszeiten bei der Handelsmarine anheuerten, wirklich einschätzen zu können, gilt es zu bedenken, welcher Entschlossenheit es bedurfte, damals hinaus auf die Meere zu fahren. Das Leben des Seemanns ist schon immer gefährlich gewesen, und er brauchte stets Wissen, Verstand und Kraft, um gegen naturgegebene Gefahren wie Riffe und Sandbänke, gegen das Wüten der Stürme, Unwetter und Hurrikanes zu bestehen. Im Zweiten Weltkrieg sah er sich darüber hinaus einer Vielzahl von tödlichen Waffen gegenüber. U-Boote demonstrierten ihre geballte schreckliche Effizienz. Hinzu kam der Einsatz von technisch immer ausgefeilteren Minen, die am Meeresboden verankert wurden und bei Kontakt mit einem Schiff explodierten. Flugzeuge stellten eine weitere Bedrohung dar. Es ist schwer vorstellbar, was es bedeutet haben muss, sich Tag für Tag, Monat für Monat, Jahr für Jahr diesem Waffenarsenal ausgesetzt zu sehen. In ihrem Bemühen, die wirtschaftlichen Erfordernisse ihres Landes und der freien Welt zu befriedigen, blieb den Männern der Handelsmarine nichts anderes übrig, als genau dies zu tun. Sie fuhren auf einem Schiff und blieben entweder gleich für die nächste Fahrt an Bord oder heuerten nach kurzem Urlaub auf einem anderen «Dampfer» wieder an. In vielen Fällen suchten sich sogar gerettete Matrosen, deren Schiffe versenkt worden waren, umgehend eine neue Heuer und fuhren sofort wieder zur See. Es gibt zahlreiche Berichte von Seeleuten, denen mehrere Schiffe «unterm Hintern weggeschossen» worden waren.

Die Antworten auf die Frage, warum sich Männer immer und immer wieder in diese Gefahr begaben, sind vielfältig. Die Hauptantriebsfeder wird die damals wie heute existente globale Bedrohung von Freiheit, Heimat und Leben gewesen sein. Die Seeleute hatten die Aufgabe, das zentrale Erfordernis des Krieges zu befriedigen: Nachschub. Im Frühsommer 1940 sah sich der Inselstaat Großbritannien völlig allein dem Angriff Nazideutschlands ausgesetzt. Die Handelsflotte hatte den Auftrag, Rohmaterialien für die Rüstungs- und die Zivilindustrie herbeizuschaffen, die Versorgung der Bevölkerung zu sichern und Waren in alle Welt zu liefern. Außerdem benötigte man die Frachtschiffe, um Truppen und Nachschub zu den Kriegsschauplätzen rund um den Globus zu transportieren. Mit zunehmender Ausweitung des Krieges wuchs die Bedeutung der alliierten Handelsflotten. Ohne den Einsatz der Handelsmarine hätten Zivilbevölkerung und Truppen nicht über den Nachschub verfügen können, der notwendig war, um die Kriegsanstrengungen bis zum Sieg fortzuführen.

Die Männer der Handelsflotte waren sich ihrer bedeutenden Rolle bewusst. Sie stellten sich der ihnen zugedachten Aufgabe mit großem Patriotismus und Mut. Kein Zweifel – sie waren samt und sonders tapfere Seeleute.

Im Zentrum der folgenden Geschichte steht ein Schiffsuntergang, wie er während des Zweiten Weltkriegs tausendfach vorgekommen ist. Er wird geschildert als Beispiel für das, was die Seeleute der alliierten Handelsflotten während des Krieges überall auf den Weltmeeren erlebt haben.

Teil I **SCHICKSAL**

Kapitel 1 **21. August 1940**

In der Dunkelheit vor der Morgendämmerung des 21. August 1940 war ein englischer Trampdampfer auf seinem Weg südwärts durch den Atlantik. Bei Einbruch der Dunkelheit am Abend desselben Tages war das Ende des Schiffes besiegelt, und fast die gesamte Besatzung verlor ihr Leben. Zugleich aber begann eine erstaunliche Reise in einem kleinen Boot – eine Reise, getragen von Mut, Opferbereitschaft und innerer Stärke.

Bei dem englischen Schiff handelte es sich um die *Anglo-Saxon*, und ihre Aufgabe war die gleiche wie die von Hunderten anderer Trampschiffe auch: Ladung in einen weit entfernten Hafen zu schaffen, wo nach dem Löschen neue, vielleicht gänzlich andere Fracht aufgenommen wurde, die in einen wieder anderen Hafen gebracht werden musste. Die *Anglo-Saxon* hatte seit mehr als einem Jahrzehnt nichts anderes getan, doch in jüngster Zeit half das, was zuvor Routine gewesen war, das Überleben des Heimatlandes zu sichern. Großbritannien befand sich seit fast einem Jahr im Krieg mit Deutschland. In den ersten sechs Monaten des Krieges hatte es auf See erschreckend viele Verluste gegeben; zahlreiche alliierte Schiffe waren von deutschen U-Booten und Kriegsschiffen erbeutet worden. Im Frühjahr 1940 fegte der «Blitzkrieg» über Holland und Belgien hinweg und bis nach Frankreich hinein. Dänemark war von seinem südlichen «Nachbarn» besetzt worden; der Einmarsch in Norwegen begann im April 1940. Großbritannien und seine Verbündeten hatten eine demütigende Niederlage erlitten, in deren Folge in einem ungeheuren Gewaltakt 300 000 alliierte Soldaten von den Stränden Dünkirchens an der Nordküste Frankreichs gerettet werden mussten. Bei dieser Aktion waren beinahe 1000 Schiffe jeder nur vorstellbaren Gattung und Größe zum Einsatz gekommen. Diese übermenschliche Anstrengung sorgte letztlich dafür, dass die Alliierten ihre Truppen neu organisierten, besser ausstatteten und gezielter einsetzten; im Sommer 1940 jedoch war die Lage düster.

Die Briten hatten miterleben müssen, wie unter dem Vormarsch der scheinbar unaufhaltsamen nazideutschen Kriegsmaschinerie ein Land nach dem anderen zusammengebrochen war. Als Frankreich im Juni kapitulierte, sah sich Großbritannien ganz allein dem scheinbar übermächtigen Deutschland ausgesetzt. Die Insel bereitete sich auf eine mögliche Invasion vor und mobilisierte sämtliche Kräfte zur Verteidigung des Landes. Doch eine seegestützte Invasion blieb aus. Hitler hatte größtes Vertrauen zu Hermann Göring, den er gerade erst zum Reichsmarschall ernannt und der bis 1939 die stärkste Luftstreitmacht der Welt aufgebaut hatte. Göring war sich der Effektivität seiner Luftwaffe sicher, die gegen Polen, Norwegen, Holland und Frankreich durchschlagend zum Einsatz gekommen war. Die Schlacht um England begann mit einem Luftangriff: Die Naziführung nahm irrtümlich an, Großbritannien auf diesem Wege in die Knie zwingen und die eigentliche Invasion zu einer Art Spaziergang machen zu können.

Den Männern auf der *Anglo-Saxon* war klar, in welch prekärer Lage sich ihr Land befand. Die Luftangriffe hatten Mitte Juni begonnen, und während das Schiff zum Auslaufen klargemacht wurde, tobte am Himmel die Luftschlacht um England. Die Seeleute kannten die Gefahren, die auf sie lauerten, und sie waren sich der Bedeutung ihres Auftrags bewusst.

An jenem Morgen des 21. August schien der Krieg weit weg. Zwei Wochen zuvor hatte das Schiff England unter Geleitschutz

ie *Anglo-Saxon* im Mersey River, Liverpool. Die Mannschaftsquartiere befinden sich im Heck, ie Rettungsboote auf dem Bootsdeck über dem Quartier der Ingenieure, die Backbordjolle direkt chterlich unterhalb der Brücke.

verlassen und war aus der Luft und von mehreren kleinen Einheiten gesichert worden. Die Gewässer rings um die Insel wurden von deutschen U-Booten unsicher gemacht, und das Anlaufen oder Verlassen von Häfen gehörte zu den gefährlichsten Etappen einer Fahrt. Nachdem die *Anglo-Saxon* diese Gefahrenzone gemeistert hatte, verließ sie das Geleit und begab sich auf südlicheren Kurs in Richtung ihres eigentlichen Ziels in Südamerika.

Als die Sonne aufging, hatten die Männer die Kälte des Nordatlantiks hinter sich gelassen, und während sie sich dem Wendekreis des Krebses näherten, begannen sie die Kraft der Sonne zu spüren. Zwar drohte weiterhin Gefahr, doch mit jeder Meile, die sie sich vom Schauplatz der Kampfhandlungen entfernten, wurden sie zuversichtlicher. U-Boote waren vor allem auf den Schifffahrtsrouten im Nordatlantik eine Gefahr, und die *Anglo-Saxon* befand sich bereits außer Reichweite landgestützter Flugzeuge, die ihr hätten gefährlich werden können. Mit mehreren tausend Metern Wasser unter dem Kiel war nicht damit zu rechnen, dass sie auf eine Mine laufen würde. Zwar ließ sich die Möglichkeit eines Angriffs durch ein deutsches Kriegsschiff nicht ausschließen, doch die wenigen Kreuzer und schwer bewaffneten Panzerschiffe, über die die Kriegsmarine verfügte, waren durch die Aktivitäten der Royal Navy gebunden. Nicht einmal natürliche Gefahren schienen zu drohen, denn der Frachter befand sich 800 Meilen fern jeder Küste, und es gab weit und breit weder Riffe noch Sandbänke. Es war Hurrikane-Zeit, aber sie hielten sich nahe der afrikanischen Küste, wo diese Stürme sich überhaupt erst aufbauten, sodass die tropischen Tiefdruckgebiete kaum eine Bedrohung für ein seetüchtiges Schiff wie die *Anglo-Saxon* darstellten. Die Anspannung hatte merklich nachgelassen.

Die neue Crew richtete sich ein, und die Tage nahmen eine gewisse Gleichförmigkeit an. Die tägliche Routine an Bord sah etwa folgendermaßen aus: Die Maschinisten kümmerten sich um die riesige Vierzylinder-Expansions-Dampfmaschine samt Kesseln, Ventilen und Pumpen, die das Schiff mit einer Geschwindigkeit von etwa zehn Knoten stetig vorantrieb. Die Decksmannschaft stand rund um die Uhr Wache im Ruderhaus oder war auf Beobachtungsposten. Am Tag kümmerte sie sich um die vielen großen und kleinen Wartungsaufgaben, die nötig waren, um das 130 Meter lange Schiff in Schuss zu halten. Da waren das Spill, mit dem die riesigen Anker gelichtet wurden, die Winschen, Taljen und Ladebäume, die zum Umsetzen der Ladung benötigt wurden, die Rettungsflöße und Rettungsboote und schließlich die Davits, mit deren Hilfe sie zu Wasser gelassen werden konnten. Der Schiffsrumpf und die Aufbauten, die ständig den Elementen ausgesetzt waren, mussten unablässig gewartet werden.

Diese tägliche Routine wurde auch auf einem anderen Schiff verrichtet, das sich nicht weit entfernt befand und in entgegengesetzter Richtung fuhr – scheinbar ein Frachtschiff aus einem neutralen Land. Doch statt weiter unbeirrt auf den nächsten Zielhafen zuzuhalten, ging dieses zweite Schiff gegen 10 Uhr 30 an jenem Morgen auf Gegenkurs. Die Männer in ihrem Ausguck ganz oben auf den Lademasten hatten die *Anglo-Saxon* fünf Minuten zuvor entdeckt, und die Reaktion erfolgte sofort. Weitere fünf Minuten später fuhren beide Schiffe auf nahezu parallelem Kurs nach Süden.

Der neue Begleiter der *Anglo-Saxon* verhielt sich, gemessen an den Gepflogenheiten eines Frachtschiffes, äußerst merkwürdig. Statt zielstrebig von einem Hafen zum nächsten zu dampfen, war dieses Schiff drei Monate lang auf dem mittleren Atlantik umhergeschippert, ohne ein einziges Mal einen Hafen anzulaufen. Getarnt als neutraler schwedischer Frachter *Narvik*, war das Schiff im Mai in den Atlantik ausgelaufen. Hinter solcher Tarnung verbarg sich genau jene Art Schiff, welche die *Anglo-Saxon* fürchtete: ein schwer bewaffnetes Kampfschiff der deutschen Kriegsmarine. Einer uralten Taktik der kriegerischen Auseinandersetzung auf See folgend, verbarg das Schiff seine wahre Identität und fuhr unter falscher Flagge. Es gehörte zu einer kleinen Flotte aggressiver Hilfskreuzer, die den Schiffen der Alliierten zusetzten und Erfolge erzielten, die die Vorstellungen der Kommandeure, die sie aufs Meer hinausgeschickt hatten, bei weitem übertrafen. Der wirkliche Name des 145 Meter langen Schiffes, das sich als *Narvik* tarnte, war *Widder*.

Den Juni und Juli über war die *Narvik* in ihrem Einsatzgebiet gekreuzt und hatte ahnungslose Frachtschiffe angegriffen, die sich schwer beladen durch die Wellen kämpften. Stieß die *Narvik* auf ein potenzielles Opfer, änderte sie die Fahrtrichtung so, dass sie dessen Kurs kreuzte. Die Crew des Beuteschiffs wurde irgendwann aufmerksam auf einen Frachter, der einen Kurs steuerte, der früher oder später den eigenen queren musste. Auf dem einsamen Meer war es, zumindest in den Tagen vor dem Krieg, immer interessant, einem anderen Schiff zu begegnen und sich ihm so weit zu nähern, dass ein Identifizieren oder auch unmittelbarer Kontakt möglich wurde. Kam die *Narvik* auf Schussweite an ihr Opfer

Die *Widder* in der Tarnung als neutrales spanisches Schiff *El Neptuno*, also in der Gestalt, die sie während des Angriffs auf die *Anglo-Saxon* hatte.

heran, ließ sie die Tarnung fallen, die falsche Flagge wurde eingeholt, die richtige gesetzt, und ihre Bordgeschütze eröffneten das Feuer. Mit dieser Taktik hatte die *Narvik* vier Schiffe überfallen, drei davon versenkt und eines als Kriegsbeute nach Lorient ins besetzte Frankreich verbracht. Gegen Ende Juli jedoch endete die Ära der *Narvik*; sie wechselte mitten auf dem Meer die Identität und wurde zu einem neutralen spanischen Frachter, der *El Neptuno* aus Bilbao.

Zu dieser neuen Tarnung gehörte auch eine neue Taktik. In den ersten Augustwochen hatte das Schiff diese bereits zweimal erfolgreich angewandt. Und nun pflügte die *Widder*, getarnt als *El Neptuno*, parallel zur *Anglo-Saxon* durchs Meer.

Zum Zeitpunkt der ersten Sichtung der *Anglo-Saxon* gegen 10 Uhr 25 waren die beiden Schiffe etwa fünfzehn Seemeilen voneinander entfernt. Die Mannschaft an Bord der *El Neptuno* hatte den großen Vorteil, fast am Topp der beiden hohen Lademasten Ausguck beziehen zu können. Die Posten waren mit hochauflösenden Binokularen ausgestattet – eine Technologie, für die die Deutschen berühmt waren. Diese Ferngläser erlaubten es den Seeleuten, die unablässig den Horizont absuchten, feindliche Schiffe zu orten, während sie selbst praktisch noch außer Sicht waren. Aufgrund der Erdkrümmung ist der Horizont auf See, obschon in weiter Ferne wahrgenommen, nur etwa zehn Meilen entfernt. Je höher ein Objekt aufragt, umso weiter ist es sichtbar. Liegt also das eine Schiff, vom anderen aus gesehen, mit dem Rumpf unterhalb der Horizontlinie, wird ein Posten zunächst die Mastspitzen erkennen, bevor er das Schiff selbst zu Gesicht bekommt. Der Ausguck der *El Neptuno*, der höher saß als der auf der *Anglo-Saxon*, sah also das andere Schiff zuerst.

Für die Offiziere und die Besatzung des deutschen Hilfskreuzers war dies von entscheidendem Vorteil. Sie waren die Jäger, die das Meer absuchten, bereit, jedes alliierte Handelsschiff anzugreifen. Doch konnten sie leicht zu Gejagten werden, wenn sich herausstellte, dass es sich bei dem fremden Objekt am Horizont um ein schnelles britisches Kriegsschiff handelte. Wenige Sekunden Vorwarnung konnten für ein Schiff wie die *El Neptuno* die Rettung bedeuten, weil es so die Chance hatte abzudrehen, ohne gesehen zu werden. Der Einsatz von Radar auf See hatte gerade erst begonnen, und weder das deutsche noch das englische Schiff waren mit dem damals noch unhandlichen und häufig unzuverlässigen Frühwarnsystem ausgestattet. Landgestützte Radaranlagen spielten in jener Zeit eine wesentliche Rolle bei der Luftschlacht um England, und ähnliche Geräte sollten schon bald auch auf See eingesetzt werden. Doch noch war der Ausguck entscheidend für Erfolg oder Überleben des deutschen Schiffs.

An Bord der *Anglo-Saxon* war der Ausguck so weit vorn wie nur möglich postiert. Von dort aus hatte der Wachposten einen ungestörten Blick auf die vor ihm liegende See und konnte Alarm geben, falls etwas den Kurs des Schiffes kreuzte. Auf der Brücke der *Anglo-Saxon* hatte der Wachoffizier das Kommando über das Schiff, das vom Rudergänger auf Kurs gehalten wurde. Die Brücke lag ungefähr sieben Meter höher als der Ausguck im Bug und befand sich etwa in der Schiffsmitte. Zwar war die Höhe der Brücke von Vorteil, doch wurden die Männer dort durch andere Dinge viel zu sehr abgelenkt, als dass es wahrscheinlich gewesen wäre, dass sie die dünnen Antennendrähte und die Krähennester der *El Neptuno* gesehen hätten, als diese für einen kurzen Augenblick über dem Horizont erschienen. Und selbst wenn sie diese Masten am helllichten Tag erspäht hätten, während sie einen parallelen Kurs hielten, hätten sie sicher den Eindruck gewonnen, es handele sich um irgendein Frachtschiff voraus auf ähnlichem Kurs, das keinerlei Bedrohung darstellte.

Tatsächlich aber erwiesen sich die Manöver der *El Neptuno* im Laufe des Tages als äußerst bedrohlich. Sofort nach Kursänderung wurde einer der Männer, die die *Anglo-Saxon* entdeckt hatten, von einem erfahrenen Offizier abgelöst, der den Kurs des Beuteschiffs bestimmen und das eigene Schiff von seinem Krähennest aus befehligen und Kurs und Geschwindigkeit ansagen konnte. Die Geschwindigkeit wurde auf etwas mehr als die neuneinhalb Knoten der *Anglo-Saxon* erhöht, um so den Abstand der beiden Schiffe zu vergrößern und die Chance zu verringern, selbst entdeckt zu werden. Als die *El Neptuno* nach etwa einer Stunde fast 19 Meilen zwischen sich und ihr ahnungsloses Opfer gebracht hatte, schlug sie nach und nach dessen erwarteten Kurs ein. Gegen 12 Uhr 50, nachdem die Mannschaft ihr Mittagessen eingenommen hatte, änderte die *Anglo-Saxon* ihren Kurs von 166 auf 178 Grad, also fast genau südlich. Kurz nach 13 Uhr korrigierte die *El Neptuno* ihren Kurs, um eine weitere Annäherung zu vermeiden, und ging auf 180 Grad, genau Südkurs. Bei leicht höherer Geschwindigkeit blieb das deutsche Schiff stets voraus und konnte sich so für das entscheidende Manöver in Position bringen, das dem Angriff unmittelbar vorausgehen sollte. Zu diesem Zeitpunkt gab es keinen Zweifel mehr, dass der britische Frachter in die Falle laufen würde.

Während des Nachmittags änderte die *Anglo-Saxon* noch einmal leicht den Kurs um sechs Grad nach Ost, doch handelte es sich hierbei nicht um ein Ausweichmanöver. Der Tag ging mit Routinearbeiten weiter; die Offiziere wechselten von ihren dunklen Uniformen aus Wollstoff in die kühleren weißen Tropenuniformen und freuten sich, in wärmere Gefilde zu kommen. Der Tag war klar, Wind und Dünung nahmen ab, und die Temperaturen lagen bei angenehmen 24 Grad Celsius. Sie befanden sich mitten auf dem Atlantik, etwa gleich weit von den Azoren, den Kanaren und den Kapverdischen Inseln entfernt, die jeweils etwa 800 Meilen nordöstlich, östlich und südöstlich lagen. Bis Florida waren es über 2000 Meilen. Die Position des Schiffes und das schöne Wetter sorgten für gute Stimmung unter den 41 Offizieren und Matrosen der britischen Besatzung, die zum Abendessen gingen, sich auf einen ruhigen Abend und Schlaf freuten oder sich auf die Nachtwache vorbereiteten.

Auch an Bord der *El Neptuno* nahmen die Offiziere und Männer, neunmal so viele wie an Bord des Schiffes, dem sie auflauerten, ihr Abendessen ein; doch sahen sie nicht einem ruhigen Abend entgegen, sondern trafen letzte Vorbereitungen zum Angriff. Zwar barg ihre neue Taktik gewisse Gefahren, doch hatte sie sich bei den beiden vorherigen Attacken als so erfolgreich erwiesen, dass das Risiko eines schweren Gefechts nur sehr gering schien. Das englische Schiff besaß ein einziges 4-Inch-Seegeschütz am Heck, das nur der Verteidigung diente; zudem befand sich lediglich ein einziger ehemaliger Marineinfanterist als Richtkanonier an Bord. Bei ihren bisherigen Angriffen hatten die Deutschen keinerlei Abwehrfeuer erlebt, und sie rechneten auch an diesem Abend nicht ernstlich damit. Diesmal allerdings war wegen des zu erwartenden Mondlichts größere Präzision erforderlich. Die neue wirkungsvolle Taktik des deutschen Kommandanten basierte auf zwei Schlüsselelementen: völlige Überraschung und überlegene Kampfkraft. Um 19 Uhr 10, im letzten Schein der Sonne, lagen sie zum Angriff bereit. Zu diesem Zeitpunkt, immer noch 20 Meilen voraus westlich der *Anglo-Saxon*, gab der Kommandant den Befehl, den Kurs Richtung Ost zu ändern und Fahrt aufzunehmen. So würden sie in weniger als einer Stunde direkt auf ihre Beute stoßen. Beide Schiffe liefen nun im Neunzig-Grad-Winkel aufeinander zu, und bei einer Annäherungsgeschwindigkeit von über 20 Knoten blieb nur eine sehr geringe Reaktionszeit, um eine Kollision zu vermeiden oder Ausweichmanöver einzuleiten. Mit einsetzender Dunkelheit war es nicht länger nötig, dass die *El Neptuno* ihre Tarnung aufrechterhielt. Es wurden spezielle Persennings herabgelassen, um die großen spanischen Fahnen abzudecken, die an die Seiten des Schiffs gemalt waren. Die sechs schweren Geschütze wurden enttarnt, ebenso die Schnellfeuergeschütze; die todbringenden Torpedorohre ragten aus dem Rumpf. Mehrere hundert gut ausgebildete und erfahrene deutsche Seeleute bezogen Gefechtsstation. Die *El Neptuno* war verschwunden, die *Widder* ging zum Angriff über.

Einen entscheidenden Faktor musste der angreifende Kommandant beachten: das Aufgehen des Mondes. Er wollte im Stockfinsteren angreifen, um für möglichst große Überraschung zu sorgen und zu verhindern, dass der Gegner doch noch Zeit zu Ausweichmanövern hatte. Der Mond sollte an jenem Abend um 20 Uhr 18 aufgehen, und da erst ab 20 Uhr mit völliger Dunkelheit zu rechnen war, blieben nur knapp zwanzig Minuten, um sich dem ahnungslosen britischen Frachter endgültig zu nähern, der die Präsenz des vollständig verdunkelten feindlichen Schiffes noch immer nicht bemerkt hatte. Kurz vor 20 Uhr begann mit einem neuerlichen Kurswechsel die letzte Etappe des genau kalkulierten Ziellaufs.

Innerhalb von Minuten tauchte die *Anglo-Saxon* in einer Entfernung von weniger als anderthalb Meilen aus der Dunkelheit auf. Wenige Augenblicke später wurde der Befehl gegeben, das Feuer zu eröffnen. An Bord der *Anglo-Saxon* hatte gerade die Wache gewechselt, und die Männer auf ihren Posten bereiteten sich auf vier Stunden Dienst in einer bald mondhellen Nacht vor, in der das Schiff ruhig weiterziehen würde. Für die Männer auf der Brücke des Frachters war der erste Hinweis auf die drohende Katastrophe das Aufblitzen und Donnern der Geschütze, mit denen die *Widder* in der Dunkelheit nach Steuerbord voraus zu feuern begann. Im selben Augenblick schon fanden die Geschosse ihr Ziel, eine verheerende Explosion erschütterte das Heck des Schiffs und zerstörte sein einziges Geschütz. Die Deutschen feuerten nun aus allen Rohren. Sie hatten völlig überraschend zugeschlagen und belegten den getroffenen Frachter unablässig mit Geschützfeuer. Vier schwere 15-cm-Geschütze jagten aus kurzer Entfernung Salve auf Salve in das britische Schiff. Die Geschosse hatten einen Durchmesser von etwa zwölfeinhalb Zentimetern und waren mit Sprengstoff gefüllt. Sie durchschlugen den relativ dünnen Stahlmantel des Rumpfs und der Aufbauten der *Anglo-Saxon* und rissen bei der Explosion Männer und Material in Stücke. Nachdem das Heckgeschütz des Frachters zerstört war, richtete sich das Feuer auf andere zentrale Ziele: die Navigationsbrücke, um dem Schiff jegliche Kontrollmöglichkeit zu nehmen, und vor allem auf den Funkraum, um zu verhindern, dass Warnsignale und Notrufe abgesetzt werden konnten.

An Deck der *Anglo-Saxon* befanden sich mittlerweile Dutzende Männer, die aus dem Schlaf, der Ruhe oder dem Dienst gerissen worden waren. Kaum hatten die schweren Geschütze das Feuer eröffnet, schlossen sich die kleineren, nicht minder furchterregenden Schnellfeuergeschütze dem Beschuss an. Die 3,7-cm-Zwillingsgeschütze feuerten rhythmisch und präzise ein Geschoss nach dem anderen ab und vernichteten alles, was in ihrer Reichweite lag. Die zwei kleinen 2-cm-Schnellfeuer-Luftabwehrgeschütze trafen mit ihren Explosionsprojektilen, jedes knapp acht Zentimeter lang, Deck und Aufbauten. Leuchtspurgeschosse glühten drohend hell auf und legten beim Aufschlag Brände.

Die *Widder* hielt sich in sicherem Abstand und beschoss den Frachter und seine überraschte Besatzung aus acht gut positionierten Geschützen. An Deck versuchten die britischen Seeleute im Lärm der Detonationen, unter dem Eindruck der toten und verwundeten Kameraden zu begreifen, was geschah. Die Kugeln und Granaten zerrissen Schiff und Menschen. Angesichts dieser mit Wucht und Präzision eingesetzten Feuerkraft hatte der Frachter keine Chance. Im Hagel der Geschosse mühten sich die Seeleute, zu den ihnen angewiesenen Rettungsbooten zu gelangen. Sie rannten von einem zum nächsten, doch auch die Boote waren Opfer des wüsten Beschusses und der herumfliegenden Metall- und Holzteile geworden. An Steuerbord wie an Backbord hingen die Rettungsboote zerschossen und nutzlos an ihren Davits.

Ein Boot jedoch war verschont geblieben. Das fünfeinhalb Meter lange Arbeitsboot, ironisch-liebevoll als «Jolle» bezeichnet, hatte seinen Platz an der Backbordseite direkt unterhalb der Brücke und somit ein Deck über dem Hauptdeck, wo das Gemetzel am heftigsten war. Da der Angriff von Steuerbord erfolgte, hatten die Aufbauten das Feuer abgefangen und das kleine Boot geschützt. Zwei Männer machten sich kurz entschlossen daran, es zu Wasser zu lassen. Als das Boot am Hauptdeck vorbeischwebte, nutzten zwei Männer dort die Gelegenheit und sprangen hinein. Die Männer, die das Boot zu Wasser gelassen hatten, hangelten sich an den Taljen hinab, und kurz bevor sie losmachten, ließ sich ein fünfter zu ihnen ins Boot fallen. Die *Anglo-Saxon* machte immer noch Fahrt voraus, und während das kleine Boot nach achtern trieb, sprangen zwei weitere Besatzungsmitglieder über Bord und landeten mitten unter den überraschten Seeleuten, die sich bereits in der Jolle befanden. Das schwer getroffene, brennende Wrack, das nur wenige Augenblicke zuvor noch ihr Schiff gewesen war, fuhr unter unausgesetztem, erbarmungslosem Beschuss ohne sie davon. Die Männer beobachteten das Schauspiel aus ihrem Boot. Als sie im Wasser nahe der *Anglo-Saxon* Lichter entdeckten, fassten sie für einen Augenblick neuen Mut. Da beide Rettungsboote zerstört waren, nahmen sie an, dass die Lichter möglicherweise von Rettungsflößen stammten. Voller Entsetzen wurden sie Zeugen, wie die *Widder* diese Flöße so lange unter Feuer nahm, bis mit den Lichtern auch das Leben der Besatzungen ausgelöscht war.

Ohnmächtig mussten die Männer schließlich mit ansehen, wie ein Torpedo in ihr zerschossenes Schiff gejagt wurde. Sie hörten und spürten eine Explosion. Es waren erst vierzig Minuten vergangen seit der ersten Salve, und schon hatte sich der robuste Trampdampfer, eben noch ein stolzes Schiff, in ein tödlich verwundetes Wrack verwandelt, das schnell Wasser nahm und dreieinhalb Meilen tief bis auf den Meeresboden sank.

Es war offenkundig, dass es sich bei dem feindlichen Schiff um einen unerbittlichen Angreifer handelte, und die Männer in der Jolle hatten allen Grund anzunehmen, dass ihr Verfolger niemanden am Leben zu lassen beabsichtigte, der die Geschichte dieser Nacht würde erzählen können. Das kleine Boot hatte sich schon ein Stück entfernt, und die Seeleute, die inständig hofften, nicht entdeckt zu werden, ruderten, um noch mehr Wasser zwischen sich und den Hilfskreuzer zu bringen. Kaum war die *Anglo-Saxon* gesunken, nahm die *Widder* Kurs Ost und verließ das Schlachtfeld, ohne nach Überlebenden zu suchen.

Vor den sieben Männern in ihrem fünfeinhalb Meter großen Boot mitten auf dem Atlantik lag eine dramatische Reise.

Wer schon einmal längere Zeit auf See verbracht hat, weiß, dass jedes Schiff seinen eigenen Charakter hat. Manchmal machen ihn die spezifischen Manövriereigenschaften aus, manchmal positive oder negative Aspekte des Antriebssystems, doch meistens verdankt ein Schiff vor allem jenen, die auf ihm fahren, seine individuelle Prägung. Sowohl die *Anglo-Saxon* als auch die *Widder* hatten einen eigenen Charakter, und bei beiden waren es Kapitän und Mannschaft, die ihn den Schiffen verliehen. Beide wurden von fähigen Männern kommandiert. Philip «Paddy» Flynn, der Kapitän der *Anglo-Saxon*, war durch seine feste Hand zur Führung eines solchen Schiffs befähigt; er war ein echter Seemann, erfahren und geradlinig. Hellmuth von Ruckteschell wiederum, der Kommandant der *Widder*, hatte seine Seefahrtsausbildung noch in einer anderen Epoche gemacht. Er war eine äußerst vielschichtige Persönlichkeit und sollte zu einer international berüchtigten Gestalt werden.

Kapitel 2 **Der Auslöser**

Hellmuth von Ruckteschell hat auf dramatische Weise das Leben vieler Menschen beeinflusst, er selbst jedoch hielt unbeirrt seinen Kurs durchs Leben. Dabei lässt sich sein Leben wahrlich nicht als gewöhnlich bezeichnen. Von Jugend an über seinen frühen Marinedienst im Ersten Weltkrieg und das «einfache» Leben, das er zwischen den Kriegen führte, bis hin zu seinem Dienst im Zweiten Weltkrieg und schließlich den Jahren nach dem Krieg war der Weg dieses Mannes durch ein Geflecht von Haltungen und Beziehungen geprägt, das ihn zu einer faszinierenden Persönlichkeit macht. Will man die zentrale Person in dem Drama um die *Anglo-Saxon* verstehen, muss deren Geschichte, die Geschichte Hellmuth von Ruckteschells, erzählt werden. Jeder Aspekt seines Handelns fußt auf vorherigem Geschehen und ist Indiz für die Vielschichtigkeit dieses Mannes. Er war Held und Schurke, Heiliger und Sünder zugleich, doch vor allem war er ein ernst zu nehmender Gegner der Seeleute der alliierten Handelsflotten.

Schon seine Herkunft belegt diesen Kontrast. Seine Mutter, die Baronin Catharina Helene von Engelhardt, verlieh dem elterlichen Haushalt einen aristokratischen Anstrich; sein Vater, Carl Nikolai Sergius von Ruckteschell, Doktor der Theologie, blieb sein Leben lang Pastor. Das Heim der von Ruckteschells war voller intellektueller, musischer und künstlerischer Anreize, die sich im Leben der Kinder der Baronin und des Pastors widerspiegelten. Die ersten zehn Jahre ihrer Ehe verbrachte das Paar in St. Petersburg; ihr erstes Kind, Walter Alexander Moritz von Ruckteschell, der auf Hellmuths Leben großen Einfluss haben sollte, wurde 1882 in Russland geboren. Um 1888 zog Pastor Dr. von Ruckteschell durch seine Tätigkeit den Zorn der Behörden des Landes auf sich, die der Missionsarbeit keineswegs freundlich gegenüberstanden. Dank der Freundschaft seiner Gattin mit der Zarin entging er einer Verhaftung, musste aber das Land verlassen. In Hamburg fand er ein neues Heim und eine neue Wirkungsstätte. Zwei Jahre später war er wieder mit Frau und Kind vereint, und im März 1890 brachte die Baronin Hellmuth zur Welt. Vierzehn Kinder wurden in diesen ungewöhnlichen Haushalt geboren, acht Jungen und sechs Mädchen. Hellmuths Vater war Pastor an der Friedenskirche in Hamburg-Eilbek und hatte dieses Amt zwanzig Jahre lang inne, von Hellmuths Geburt bis zu seinem Tode 1910 im Alter von siebenundfünfzig Jahren.

Hellmuth Max von Ruckteschell blieb nur bis zu seinem elften Lebensjahr im Elternhaus; dann wurde er an das Voss-Gymnasium in Eutin geschickt, etwa achtzig Kilometer nordöstlich von Hamburg. Zwei Jahre lang besuchte er diese Schule und fand in dieser Zeit Unterkunft bei einem Fräulein Jencus. Als er später einmal gefragt wurde, was ihn zum Dienst in der Marine gelockt hatte, antwortete er: «Von frühester Kindheit an hatte ich mit der See zu tun, da ich doch so nah am Meer geboren wurde und auch mein Vater die Marine liebte, und ich entschloss mich zum Beruf des Seemannes, weil es mir so gut gefiel.»[1] Zu Ostern 1903, mit gerade einmal dreizehn Jahren, trat Hellmuth von Ruckteschell dem Kadettenkorps in Plön bei, gelegen am Plöner See, zwischen Hamburg, Kiel und Lübeck-Travemünde, in unmittelbarer Nähe einiger großer deutscher Häfen und Marinezentren.

Zu dieser Zeit leistete sein älterer Bruder Walter seinen Militärdienst bei der Infanterie ab. Walters künstlerische Neigungen waren stark ausgeprägt; er hatte nicht vor, eine Laufbahn beim Militär einzuschlagen, wie dies seinem acht Jahre jüngeren Bruder vorschwebte. Im Rang eines Leutnants der Reserve widmete Walter sich später seinen Kunststudien in München, während der junge Hellmuth 1907 in die Hauptkadettenanstalt in Berlin-Lichterfelde eintrat und sich ganz einem Lebensweg verschrieb, der ihm, wie er hoffte, zu einer glänzenden Karriere als Marineoffizier verhelfen würde. Innerhalb von zwei Jahren bestand er seine Seekadettenprüfung und wurde Angehöriger der Kaiserlichen Marine. Vom Mai 1909 bis zum März des folgenden Jahres fuhr der Seekadett von Ruckteschell auf dem Kreuzer *Hertha* über den Atlantik. Er stattete Nord- und Südamerika erste Besuche ab, und einen Monat nach seiner Rückkehr wurde er Fähnrich zur See. Der Ausbildung an der neuen Marineschule in Flensburg-Mürwik folgten Spezialkurse über Marineartillerie und Torpedowesen, bei denen er Fähigkeiten erlangte, die er im Laufe seiner Karriere wirkungsvoll einzusetzen wusste.

Am 1. Oktober 1911 meldete sich der intelligente, gut ausgebildete junge Fähnrich zur See auf seinem ersten Schiff, dem Schlachtkreuzer *Von der Tann*. Als sich die Gewitterwolken des Ersten Weltkriegs zusammenzogen und 1914 der Krieg begann, war er auf diesem Schiff. Offensichtlich verrichtete er seinen Dienst gut, denn nach nicht einmal einem Jahr war er bereits Leutnant zur See und wurde im Mai 1915 zum Oberleutnant zur See befördert; im Oktober desselben Jahres erhielt er seine erste Auszeichnung, das Eiserne Kreuz Zweiter Klasse.

Von Ruckteschell war fünfundzwanzig und hatte nahezu sein halbes Leben der Ausbildung und dem Dienst bei der Marine gewidmet. Für einen jungen Marineoffizier war schneller Erfolg nur mit dem Kommando über ein Schiff zu erreichen. Große Schiffe wie die *Von der Tann* wurden von sehr viel höherrangigen Offizieren kommandiert; doch ein neuer, dynamischer Bereich der Kriegsmarine war wie maßgeschneidert für einen ambitionierten, intelligenten jungen Offizier – U-Boote. Im Frühling 1916 erhielt von Ruckteschell seine Chance.

Nur drei Monate nachdem er von Bord der *Von der Tann* gegangen war, um die U-Boot-Sonderausbildung zu absolvieren, nahm der Kreuzer an der Skagerrakschlacht teil. Die britische Grand Fleet unter Führung des Admirals Sir John Jellicoe verwickelte die deutsche Hochseeflotte unter dem Kommando von Admiral Reinhard von Scheer an der dänischen Küste vor Jütland in ein Gefecht. Zwar waren die britischen Verluste höher als die der Deutschen, doch konnte keine Partei die Schlacht für sich entscheiden; die Briten sicherten sich die Oberhoheit über die Weltmeere, und die deutsche Hochseeflotte kehrte in ihre Häfen zurück. Da ihre Kriegsschiffe nicht ungehindert die Meere befahren konnten, setzten die Deutschen auf eine Strategie, die jungen Offizieren (von denen einige während des Dritten Reichs zur Führung der Marine gehörten) Gelegenheit gab, Ruhm und Ehre zu erlangen. Geplant war ein uneingeschränkter U-Boot-Krieg, mit dem die britische und die alliierten Handelsflotten terrorisiert werden sollten.

Im Ersten Weltkrieg kamen verschiedene neue Kriegswaffen und -techniken zum Einsatz, darunter Giftgas, die Bombardierung der Zivilbevölkerung von Zeppelinen aus und die im Verborgenen operierenden U-Boote. Den Einsatz dieser Unterseeboote gegen Frachtschiffe hielt man für einen Verstoß «gegen das Gesetz und das Diktat der Menschlichkeit»[2]. Großbritanniens First Lord of the Admiralty, Winston Churchill, wurde 1913, also vor dem Krieg, ein Bericht vorgelegt, in dem auf einen möglichen Einsatz von U-Booten gegen Handelsschiffe hingewiesen wurde. Churchill allerdings bezweifelte, «daß die deutschen Unterseeboote zur Versenkung unbewaffneter Handelsschiffe ohne Anruf oder ohne Möglichkeiten zur Rettung der Besatzungen verwenden würden. Das stand in allzu krassem Widerspruch zu den seit undenklichen Zeiten existierenden Gesetzten und Usancen der Seefahrt.»[3]

Am 7. Mai 1915 wurde vor der irischen Küste südlich von Cork, unweit des Dorfes Kinsale, das majestätische Passagierschiff *Lusitania*, das sich kurz vor seinem Zielhafen befand, von einem Torpedo der deutschen *U-20* getroffen. Die Welt war schockiert; man könnte diesen Angriff als das Hiroshima jener Zeit bezeichnen. Innerhalb von zwanzig Minuten versank das Schiff in den kalten Fluten und riss 1198 Männer, Frauen und Kinder mit sich.

Die Nachricht von dieser Tat führte zu einer umgehenden Reaktion der Alliierten und der Vereinigten Staaten. 128 amerikanische Staatsbürger hatten den Tod gefunden. Zu seiner Rechtfertigung verwies Berlin darauf, dass die *Lusitania* durch Anzeigen in New Yorker Zeitungen gewarnt worden sei, Schiffe dieser Art könnten unter Beschuss geraten. Es wurde zudem behauptet (und wird bis heute diskutiert), dass die *Lusitania* Munition an Bord hatte und insofern ein legitimes Ziel darstellte. Kapitänleutnant Walther Schwieger, der das Kommando über die *U-20* hatte, konnte jedoch keinerlei Kenntnis davon haben, ob sich Munition an Bord befand oder nicht, als er den Torpedo auf das Passagierschiff abfeuerte und damit zweifelhaften historischen Ruhm erlangte.

Jahrhundertelang waren Handelsschiffe in Kriegszeiten Angriffsziele, doch galt als allgemein anerkannt, dass ein Schiff gestoppt werden sollte, um der Besatzung Gelegenheit zu geben, von Bord zu gehen, bevor es versenkt wurde. Es gibt Beispiele aus beiden Weltkriegen, in denen Schiffe, die keine Rettungsboote an Bord hatten, die die Besatzungen hätten aufnehmen können, ihre Fahrt fortsetzen durften, nachdem die Seeleute versichert hatten, nicht weiter am Kriegsgeschehen teilzunehmen.[4] Es ist überdies ein Fall bekannt, in dem ein Schiff verschont und umdirigiert wurde, um die Mannschaft eines anderen versenkten Schiffes aus dem Wasser zu bergen. Ein solches Verhalten stand allerdings in völligem Gegensatz zum eigentlichen Auftrag von U-Booten. Sie waren entwickelt worden, um ungesehen feindliche Verteidigungslinien zu unterlaufen, Torpedos auf Ziele abzufeuern, die nichts von der Anwesenheit des Feindes ahnten, und unbemerkt zu verschwinden – eine zutiefst unheilvolle Gefahr. Allein die Angst vor einem unsichtbaren Gegner ist eine mächtige, zermürbende Waffe.

Nach einer anfänglichen Phase des uneingeschränkten U-Boot-Einsatzes legten die Vereinigten Staaten massiven Protest ein. Die deutsche Regierung, die keinen diplomatischen Bruch mit den Vereinigten Staaten oder gar deren Kriegseintritt provozieren wollte, ordnete im Frühling 1916, zum Bedauern der betroffenen Kommandanten, eine Einschränkung der U-Boot-Offensive an.[5] Die U-Boote sollten von nun an nach der Prisenordnung agieren, die verlangte, ein Schiff zunächst zum Anhalten aufzufordern, die Schiffspapiere, Ladepapiere und die Ladung selbst zu kontrollieren und für die Sicherheit der Passagiere und der Besatzung zu sorgen. Während weltweit die Debatte um die moralischen Auswirkungen des U-Boot-Krieges geführt wurde, blieben die Kommandanten in ihren Möglichkeiten beschränkt und waren ihrer wirkungsvollsten Methode, der heimlichen Annäherung, beraubt. Dies war die komplizierte Welt der Marine, in die Hellmuth von Ruckteschell eintrat, als er im März 1916 seine U-Boot-Ausbildung in Eckernförde begann.

Nach viermonatiger Ausbildung zum U-Boot-Wachoffizier meldete er sich am 6. Juli 1916 auf der *U-57*, die an diesem Tag in Dienst gestellt wurde.[6] Im Laufe des folgenden Jahres nahm er eine Schlüsselrolle hinsichtlich der erfolgreichen Bilanz dieses Bootes ein. Sein Lehrmeister war Kapitänleutnant Ritter von Georg, der in Deutschland zum Helden wurde, weil er nahezu 100 000 Bruttoregistertonnen an feindlichen Schiffen versenkte; seine aggressive Taktik brachte ihn nach Kriegsende auf die britische Kriegsverbrecherliste. Bei seinen Fahrten in der Nordsee und entlang der englischen Küste konnte von Georg eine beeindruckende Erfolgsquote vorweisen, und sein «Lieblingsschüler» lernte gut. Die *U-57* war auf dem neuesten Stand; sie war in weniger als einem Jahr auf der Weserwerft in Bremen gebaut worden. Von Georg, von Ruckteschell und zwei weitere Offiziere trugen die Verantwortung für das U-Boot und seine zweiunddreißigköpfige Besatzung. Sie alle taten Dienst in einem Schiffskörper von gerade einmal 67 Metern Länge, in den zudem noch zwei große Dieselmotoren gepfercht waren, die das Boot über Wasser antrieben und die Batterien für die Elektromotoren aufluden, mit denen das Boot unter Wasser fuhr. Dazu kamen Ersatztorpedos für die vier Torpedorohre, zwei im Bug und zwei im Heck, Treibstoff, Ersatzteile, Munition für die Deckgeschütze, Vorräte und Nahrungsmittel und Kojen für etwa die Hälfte der Besatzung, da die Männer in Schichten schliefen und sich die Kojen teilten. Es war ein besonderer Menschenschlag, der sich bereit erklärte, Dienst auf einem U-Boot zu tun, vor allem in jenen frühen Tagen. Das Antriebssystem brachte die *U-57* auf eine Geschwindigkeit von bis zu 14,7 Knoten (ungefähr 27 km/h) an der Wasseroberfläche und 8,4 Knoten unter Wasser; Ritter von Georg sollte sein technisches Gerät umgehend einer intensiven Prüfung unterziehen.

Nicht einmal zwei Monate nach Indienststellung war die *U-57* an der englischen Küste in einem Gebiet aktiv, das von britischen Patrouillenbooten gesichert wurde. Von Georgs Spielraum war durch die Prisenordnung eingeschränkt. Am 24. September versenkte die *U-57* vierzig Meilen östlich von Whitby vier englische Fischkutter und einen kleinen norwegischen Frachter, der Bannware nach England brachte. Es gab noch mehr Beute zu machen, doch da in der hereinbrechenden Nacht ihr Geschützfeuer zu sehen gewesen wäre, verfielen von Georg und von Ruckteschell auf einen cleveren Plan. Von Ruckteschell und seine Männer überfielen im Schlauchboot der *U-57* den Trawler *Fisherprince*, näherten sich dann nach und nach leise neun weiteren Trawlern und setzten deren Besatzungen auf der *Fisherprince* fest. Anschließend ließ sich von Ruckteschell von einem verlassenen Trawler zum anderen übersetzen, öffnete deren Seeventile und versenkte sie ohne Verlust von Menschenleben. Am folgenden Morgen überfielen die Deutschen vier weitere Trawler und setzten deren Besatzungen ebenfalls auf die *Fisherprince* über. Im Laufe des Tages stoppten sie außerdem ein norwegisches Schiff, das keine kriegswichtigen Güter transportierte und daher nicht versenkt werden durfte. Sie brachten die Besatzungen der Trawler auf dieses Schiff und versenkten die *Fisherprince*. Innerhalb von 24 Stunden war es dank der Risikobereitschaft von Ruckteschells gelungen, 18 Fischereifahrzeuge und einen Frachter zu vernichten.

Nicht immer ging es im weiteren Verlauf der Fahrt der *U-57* ohne Opfer ab. Einen Monat später versenkte das U-Boot südlich von Irland ein britisches Kanonenboot mitsamt der Besatzung von über hundert Mann. Trotz stürmischer Winde und heftigen Seegangs, der einen der deutschen Offiziere auf dem Kommandoturm das Leben kostete, gelang es dem U-Boot, einen großen englischen Frachter, der Kriegsmaterial und Nahrungsmittel aus Nordamerika transportierte, und mehrere kleine Schiffe zu versenken, bevor es sich mit Motorproblemen in den deutschen U-Boot-Hafen auf Helgoland zurückschleppte.

Anfang des Jahres 1917, als Deutschland nach der Schlacht an der Somme, die vom Sommer bis in den November 1916 auf beiden Seiten eine Million Tote gefordert hatte, ins Taumeln geraten war, dachte die Oberste Kriegsleitung darüber nach, die Beschränkungen der U-Boot-Flotte aufzuheben. Auch zeigte der Würgegriff der Blockade Deutschlands durch die Alliierten Wirkung: Das Land hungerte aus. Die Beschränkungen wurden aufgehoben, und die *U-57* konnte im März und April 1917 wieder ihre erheblich aggressivere und effektivere Taktik aufnehmen. Von Ruckteschell spielte dabei eine entscheidende Rolle. Viele der englischen Frachtschiffe hatten zur Verteidigung Bordkanonen, um sich gegen den Überwasserangriff eines U-Bootes zur Wehr setzen zu können. Da nicht länger verlangt wurde, ein Opfer vor dem Angriff zu warnen, konnte von Ruckteschell nun neue Erfahrungen bei sichereren Unterwasserangriffen mit Torpedos sammeln.

Auf dieser Fahrt kam von Ruckteschell zum ersten Mal in Kontakt mit einer ungewöhnlichen Art englischer Schiffe, die jenen Handelsstörkreuzern ähnelte, die er später kommandieren sollte. Bei dem Versuch, ein Mittel gegen die Erfolge der U-Boote zu finden, kamen die Briten auf die Idee, so genannte «Q-Ships» zu konstruieren und einzusetzen. Es handelte sich dabei um Köderschiffe, getarnt als einsame, unbewaffnete Frachter, die den Überwasserangriff eines U-Bootes provozieren sollten. Das Q-Ship nahm erste Einschläge hin, lockte so das U-Boot näher und eröffnete dann plötzlich das Feuer, um das U-Boot zu versenken. Q-Ships waren getarnte, harmlos erscheinende, gut bewaffnete Schiffe, ähnlich der *Widder* im Zweiten Weltkrieg. Der entscheidende Unterschied bestand jedoch darin, dass die Q-Ships allein zu Verteidigungszwecken gegen Kriegsschiffe eingesetzt wurden. Die deutschen Störkreuzer dagegen waren Offensivwaffen, die Handelsschiffe angriffen und ihren Opfern dank ihrer Feuerkraft überlegen waren. Gegen Ende März ließ sich die *U-57* zu einem Angriff auf das Q-Ship *Paxton* verleiten. Das U-Boot näherte sich unter Einsatz seines Deckgeschützes, als es von der Erwiderung des Feuers überrascht wurde. Noch bevor das U-Boot getroffen werden konnte, befahl von Georg Alarmtauchen und konnte so entkommen. Auch dies war eine Lektion für von Ruckteschell.

Im Mai und Juni 1917 attackierten von Georg und sein U-Boot die feindlichen Schiffe mit zunehmender Heftigkeit. Mitte Mai versenkten sie das 2642-Tonnen-Dampfschiff *Refugio* in nur zwei Stunden, anschließend mit einem Torpedo die nahezu doppelt so große *Arlington Court*. Am 24. Mai versenkte die *U-57* die britischen Schiffe S.S. *Belgian* und S.S. *Jersey City*, auf Heimatkurs nach Helgoland außerdem den Trawler *Teal.* Was Hellmuth von Ruckteschell gelernt hatte, wurde durchaus kontrovers beurteilt. Zu den Anklagepunkten, die Carl-Siegfried Ritter von Georg auf die Liste der Kriegsverbrecher brachten, gehörte auch die Versenkung der *Refugio*, der *Arlington Court*, der *Jersey City* und der *Teal.* Für von Georg und seine Vorgesetzten jedoch hatte von Ruckteschell sich bewährt. Er erhielt das Eiserne Kreuz Erster Klasse und bekam die Chance, auf die er gewartet hatte – sein eigenes Kommando.

Im Frühjahr 1917 ging der nun siebenundzwanzigjährige Marineoffizier eine enge persönliche Beziehung mit der Balletttänzerin Frieda Martha Agnes Schmidt ein.[7] Für Agnes Schmidt war der schlanke, kultivierte, ernsthafte U-Boot-Fahrer ein Mann, mit dem sie sich vorstellen konnte ihr Leben zu verbringen. Es ist zu vermuten, dass ihre Beziehung, wie die vieler anderer während des Krieges, unter größten Spannungen stand. Von Ruckteschells Diensteinstellung war makellos, und als er die Chance erhielt, den nächsten Schritt in seiner Karriere zu machen, zögerte er keine Sekunde. Er wusste allerdings nicht, dass Fräulein Schmidt zu diesem Zeitpunkt bereits von ihm schwanger war.

Anfang August 1917 ging er von Bord der *U-57* und übernahm nach einem Monat Sonderausbildung das Kommando über sein eigenes U-Boot, die *UB-34.* Deutschland befand sich zu diesem Zeitpunkt in einer außerordentlich schwierigen Lage: Im April waren die Vereinigten Staaten in den Krieg eingetreten, und die deutsche Hochseeflotte wurde von der Royal Navy, unterstützt durch die US Navy, faktisch neutralisiert. Die U-Boot-Flotte war die einzige Hoffnung, den alliierten Seetransporten, welche die britischen und alliierten Truppen auf dem europäischen Festland versorgten, noch etwas entgegenzusetzen. Als von Ruckteschell sein erstes Kommando übernahm, war vor allem sein ausgeprägter Nationalismus seine wichtigste Triebfeder.

Küsten-U-Boote mit der Bezeichnung UB waren kleiner als die mit U und einer darauf folgenden Zahl gekennzeichneten. Von Ruckteschells neues Boot war nur 37 Meter lang, also dreißig Meter kürzer als jenes, auf dem er zuvor gedient hatte. Es war langsamer, hatte nur zwei Torpedorohre und ein einziges Deckgeschütz; aber es war sein Boot. Er teilte die Verantwortung für Schiff und einundzwanzig Mann Besatzung mit einem weiteren Offizier. Ihre Aufgabe war die gefahrvolle Patrouille vor der englischen Ostküste. Von Ruckteschell hatte diese Gewässer bereits an Bord der *U-57* kennen gelernt.

Wenige Tage nach von Ruckteschells Dienstantritt brach die *UB-34* zu ihrer ersten Fahrt auf und verließ den Marinehafen Helgoland in Richtung der englischen Küste vor Flamborough Head. Sofort nach Eintreffen in ihrem Einsatzgebiet torpedierte sie die S.S. *Grelfryda*, einen 5000 Bruttoregistertonnen schweren britischen Frachter. Während der Frachter sich noch mühte, am Strand auf Grund zu laufen, erkannte von Ruckteschell auf seinem abgetauchten U-Boot durch das Periskop einen einsam treibenden britischen Seemann, der ihm Zeichen machte. Die Prioritäten abwägend, entschloss sich von Ruckteschell, den Mann zurückzulassen. Vor die Entscheidung gestellt, seine Besatzung der Gefährdung durch Patrouillenboote und Flugzeuge auszusetzen oder einen feindlichen Seemann zu retten, gab es für ihn kein Zögern.

Am folgenden Tag versenkte die *UB-34* ein norwegisches Dampfschiff und kehrte, nachdem alle Torpedos abgeschossen und zwei Erfolge zu verzeichnen waren, nach einer nur fünf Tage dauernden Fahrt wieder nach Helgoland zurück. Zwei Wochen später brach von Ruckteschell von seinem neuen Heimathafen Bremerhaven auf und trat eine waghalsige Fahrt aus der Deutschen Bucht heraus an. Am Tag zuvor hatten die Briten auf dem Grund der Nordsee nördlich der westfriesischen Insel Terschelling ein ausgedehntes Feld von 434 Ankertau-Minen gelegt. Diese

Minen sind am Meeresboden verankert und schweben, von Tauen gehalten, knapp unter der Wasseroberfläche. Von Ruckteschell ließ die *UB-34* in einer Tauchtiefe von etwa 30 Metern fahren und geriet dabei unwissentlich in das Minenfeld. Während einer zwölf Stunden dauernden Tauchfahrt bahnte sich das U-Boot einen Weg durch den Dschungel der Ankertaue. Immer wieder war an Bord zu hören, wie die Kabel an der Bordwand entlangschrammten und der Rumpf anstieß. Folgender nüchterner Eintrag aus dem Logbuch der *UB-34* gibt einen Einblick in die bedrohliche Situation: «Immer noch auf 30 m Tiefe. Starkes Poltern, vor allem im Achterschiff, Boot zittert stark, anscheinend schnell aufeinanderfolgende entfernte Detonationen. Gegenstände im Achterschiff fallen durcheinander. Boot behält jedoch seine Lage bei. Es wird gestoppt und gehorcht, keine Geräusche zu hören. Mit kleiner Fahrt tiefer gegangen. Irgend etwas hakt am Bootskörper, man merkt leichte Stöße, dann eine recht laute Detonation über dem Boot. Boot liegt auf dem Grunde. Etwas gewartet. Alles ruhig. Auf 30 m weitergesteuert. Ab und zu noch das Schrammen von Minen und Ankertauen zu hören. 11.51 Uhr Vm. nach einer Tauchfahrt von 12 Stunden aufgetaucht.»[8] Das Boot durchquerte das Minenfeld ohne Schäden.

Es war nicht die einzige brenzlige Situation auf dieser kurzen Fahrt. Zwei Tage nach ihrer lebensgefährlichen Erfahrung im Minenfeld erlebten sie die nächste Katastrophe. In einer Tiefe von 12 Metern näherte sich das Boot einem Ziel. Ein einziger Torpedo wurde abgefeuert und versenkte den 5142 Bruttoregistertonnen großen Frachter S.S. *Greltoria.* Nur wenige Augenblicke später wurde der Besatzung der *UB-34* zu ihrem Entsetzen klar, dass sie von einem anderen Dampfer gerammt werden würde. Das bedeutete den sicheren Tod, und die Männer in ihrem Stahlzylinder konnten sich nur noch in ihr Schicksal fügen. Wie durch ein Wunder wurde nur das Periskop getroffen, als der Dampfer, vermutlich die S.S. *Morocco*, über sie hinwegfuhr. Die *UB-34* machte sich sofort auf den Heimweg, um Reparaturen vornehmen zu lassen.

Nachdem er bei der nächsten Fahrt den hochseetauglichen Schlepper *Desire* versenkt hatte, sah von Ruckteschell die Chance, in der Nähe des Docks von Sunderland einen holländischen Frachter anzugreifen. Bei der riskanten Annäherung im Hafen lief die *UB-34* auf Grund. Statt sich zurückzuziehen, konnte von Ruckteschell das Boot trotz Bodenkontakt noch so weit manövrieren, dass es ihm gelang, seinen Torpedo abzufeuern und den Frachter S.S. *Folmina* zu versenken. *UB-34* wurde sofort von einem britischen U-Boot-Jäger angegriffen und schaffte es nur unter Einsatz aller Motorleistung, sich in tieferes Gewässer zu flüchten und zu entkommen. Auf dem Heimweg fielen dem U-Boot noch zwei weitere Frachter zum Opfer. Nach der Rückkehr erhielt von Ruckteschell eine Belobigung für seine waghalsigen Angriffe; bei dieser Gelegenheit wies er seine Vorgesetzten auf die zunehmende Stärke der U-Boot-Abwehrkräfte entlang der englischen Ostküste hin. Dieses offene Gespräch mit seinen Vorgesetzten stellte den bisherigen Höhepunkt in von Ruckteschells Karriere dar. Er hatte bewiesen, dass er über die starken Nerven verfügte, die man für die neue, aggressive Kriegsführung brauchte, und den Mut hatte, waghalsige Angriffe auf feindliche Schiffe durchzuführen.

Es ist möglich, dass Agnes Schmidt Hellmuth von Ruckteschell nach Bremerhaven gefolgt war, doch ist nicht bekannt, wie lange ihre Beziehung dauerte. Als von Ruckteschell im März 1918 der lang ersehnte Wechsel von einem kleinen UB-Boot zu einem Hochsee-U-Boot gelang, brachte Fräulein Schmidt in Wilhelmshaven ihren Sohn Hellmuth zur Welt. Hellmuth von Ruckteschell hatte offenbar keinerlei Kenntnis von der Existenz seines Sohnes. Er erwähnte nie etwas Derartiges, und als man später von ihm verlangte, einen vollständigen Lebenslauf anzufertigen, hielt er fest, dass er weder eheliche noch uneheliche Kinder habe.

Hellmuth von Ruckteschell tat wieder seine Pflicht, diesmal auf der *U-54* – einem neueren, schnelleren U-Boot, das auf der Germaniawerft in Kiel konstruiert worden war, jenem Hafen, in dem zehn Jahre später die *Widder* gebaut werden sollte.

Einen Monat nach Übernahme des Kommandos am 23. März brachen er und seine Besatzung zu einer Reise rund um das nördliche Schottland auf, hinab in die Irische See und zurück. Die Fahrt dauerte 24 Tage. Fünf Tage nach dem Auslaufen hatte die *U-54* zwischen den Orkney- und den Shetland-Inseln die erste Feindberührung unter von Ruckteschells Kommando. Die Verluste der Alliierten hatten sich durch die im Jahr zuvor eingeführten Konvois, die von Kriegsschiffen begleitet wurden, erheblich reduziert, doch war es nicht ungewöhnlich, in diesen Gewässern auf einen einzelnen kleinen Frachter zu stoßen. Die *U-54* führte einen vorschriftsmäßigen Angriff durch und feuerte aus Periskoptiefe einen Torpedo ab. Das Schiff bekam keine Schlagseite, doch beobachteten die Deutschen, wie Rettungsboote zu Wasser gelassen wurden. Der Wachoffizier, der noch überlegte, ob er auftauchen und sein Opfer mit den Deckgeschützen endgültig erledigen sollte, beobachtete das Schiff weiterhin durchs Periskop und musste zu seinem Schrecken erkennen, dass aus dessen Rumpf ein Torpedorohr auftauchte: ein Q-Ship. Erneut gerieten von Ruckteschell und seine Besatzung in dramatische Gefahr; das englische Schiff widerstand dem ersten Angriff und machte sich daran, selbst zum Angriff überzugehen. Die *U-54* konnte nicht mehr schnell genug reagieren, um dem britischen Torpedo auszuweichen, der auf sie zuzischte. Auf das Schlimmste vorbereitet, spürte und hörte die Besatzung des U-Boots einen dumpfen Schlag. Der Torpedo hatte zwar getroffen, explodierte aber nicht. Von Ruckteschell nutzte diese Gelegenheit zur Flucht, er drehte schleunigst ab und tauchte, um dem Geschosshagel zu entkommen, der aus den voll besetzten Geschützen der H.M.S. *Starmount* auf sie abgefeuert wurde.

Bei seinem nächsten Beutezug stieß von Ruckteschell auf ein Ziel, wie er noch keines vor sich gehabt hatte: einen Pasagierdampfer von mehr als 30 000 Bruttoregistertonnen und von der Größe der berühmten *Lusitania*. Die passagierlose *Justitia*, die in Ballast fuhr, war eskortiert worden, als sie am 18. und 19. Juli von der *UB-64* angegriffen worden war. Das Schiff hatte vier Torpedos abbekommen, war schwer beschädigt, aber schwimmfähig. Es war in Schlepp genommen worden und stand unter dem massiven Schutz von etwa achtzehn Zerstörern in einem äußeren und sechzehn Trawlern in einem inneren Verteidigungsring. Aufgrund von Beschädigungen, die die *UB-64* während der Attacke erlitten hatte, konnte das Boot nicht erneut angreifen, war aber in der Lage, den Konvoi zu beschatten.

Von Ruckteschell, der ganz versessen darauf war, auch unter größten Risiken einen Angriff zu wagen, unternahm den riskanten Versuch, unter dem äußeren Ring der Zerstörer hindurchzutauchen. Sein Periskop wurde entdeckt und sechzig Wasserbomben wurden abgeworfen. Von Ruckteschell war gezwungen, auf über 45 Meter Tiefe abzutauchen, um der Zerstörung zu entgehen. Nachdem er sorgfältig Kurs und Geschwindigkeit auf die Schiffsbewegungen über sich abgestimmt hatte, stieg er auf Periskophöhe und feuerte sofort zwei Torpedos aus den Heckrohren ab. Dabei konnte er erkennen, dass einige der Begleitschiffe sich daranmachten, die *U-54* anzugreifen. Er entkam seinen Verfolgern und blieb mehrere Stunden am Meeresgrund liegen, bis er sicher sein konnte, dass es ungefährlich war, wieder aufzutauchen. Die *Justitia*, von zwei Torpedos getroffen, kenterte und ging im Laufe des Nachmittags unter. Eine Reihe von zeitgenössischen Quellen schreibt von Ruckteschell diese Versenkung zu, doch kommt die neuere Forschung zu dem Schluss, dass die Torpedos, die den Untergang besiegelten, von der *UB-124* stammten, die sich von der anderen Seite aus dem Angriff angeschlossen hatte. In jedem Fall bleibt festzuhalten, dass von Ruckteschell nicht zögerte, als er sich einer beeindruckenden Eskorte gegenübersah, sondern auch angesichts dieses Risikos den Angriff wagte.

Die *U-54* kehrte in den Hafen zurück und unternahm nur noch zwei weitere Patrouillenfahrten, bevor der Krieg zu Ende ging. Während der letzten Fahrt kam es zu einem Zwischenfall, der weit reichende Auswirkungen haben sollte. Am 27. September 1918 machte von Ruckteschell folgenden Eintrag in das Kriegstagebuch der *U-54*: «Am Westausgang des Englischen Kanals bew. französischen Segler ‹En Avant›, 64 t, mit 120 Tonnen Kohlen von Swansea nach Boulogne, nach kurzem Feuergefecht † durch Sprengen.»[9]

Was sich nach einem weiteren, schon zur Routine gewordenen Erfolg der *U-54* anhört, führte zur Anklage von Ruckteschells als Kriegsverbrecher. Nach dem Krieg sagte Otto Wiedemann, der auf der *U-54* Decksmeister gewesen war, aus, dass die französische Besatzung nach der Aufbringung des Seglers an Deck des U-Boots, hinter dem Kommandoturm, versammelt worden war.[10] Von Ruckteschell habe gefragt, ob Wiedemann bereit sei, die Luke zu schließen. Wiedemann wusste, dass man dies nur tat, wenn das U-Boot abtauchen sollte, und weigerte sich. Er behauptete, von Ruckteschell habe daraufhin seine Pistole gezogen, ihn unter Deck befohlen und sei ihm mit gezückter Waffe gefolgt. Danach habe der Kommandant die Luke eigenhändig geschlossen und das Abtauchen des U-Boots befohlen, was den Tod der französischen Seeleute durch Ertrinken herbeigeführt habe. Als sie eine halbe Stunde später wieder aufgetaucht seien, habe es keinerlei Lebenszeichen der Franzosen gegeben.

Ein Jahr zuvor hatte Kapitänleutnant Wilhelm Werner, Kommandant der *U-55*, eine vergleichbare Gräueltat begangen, als er am 8. April 1917 den britischen Dampfer *Torrington* versenkte und 34 Mann der Besatzung, die an Deck des U-Boots Aufstellung nehmen mussten, dem Tod durch Ertrinken preisgab. Mannschaftsangehörige der *U-55* sagten aus, dass es noch weitere solche Fälle gegeben habe. Das Vorbild Werners, der mit dem Orden Pour le Mérite ausgezeichnet worden war, mag von Ruckteschell zu seiner Tat veranlasst oder ihm zumindest den Eindruck vermittelt haben, dass ein solches Verbrechen legitim sei.

Zu diesem Zeitpunkt traten erste Hinweise auf die Probleme auf, die von Ruckteschell bis zu seinem Lebensende quälten. Zwei Tage nach dem heimtückischen Überfall auf die *En Avant* versenkte von Ruckteschell sein letztes Schiff während des Ersten Weltkriegs. Das Logbuch vermerkt, dass aufgrund des schlechten Gesundheitszustands des Kommandanten auf weitere Angriffe verzichtet wurde. Oberleutnant Hellmuth von Ruckteschell musste sich eingestehen, dass auch er nur ein Mensch und verwundbar war. Der Stress hatte seinen Tribut gefordert, und der Kommandant der *U-54* sollte die daraus resultierenden gesundheitlichen Folgen nie mehr ganz überwinden. Er hatte auf seinen beiden U-Booten zahlreiche Fahrten unternommen, hatte eine große Anzahl Schiffe angegriffen und versenkt, war dabei einige Male Tod und Untergang entgangen und hatte nicht einen einzigen Mann verloren. Mit Arglist, Mut und viel Glück hatte er sich und seine Besatzungen durch den Krieg gebracht. Doch bei alledem schwebte die dunkle Wolke des Angriffs auf die *En Avant* über ihm. Otto Wiedemann, entsetzt über dieses Erlebnis, desertierte nach der Rückkehr nach Wilhelmshaven, um sich von Ruckteschell zu entziehen. Für den Kommandanten muss es außerordentlich beunruhigend gewesen sein zu wissen, dass es einen Mann gab, der davon berichten konnte, was mit den französischen Seeleuten geschehen war.

Von Ruckteschell kehrte am 15. Oktober 1918 von seinem letzten Einsatz zurück, und einen Monat später, vier Tage nach dem Waffenstillstand, legte er das Kommando über die *U-54* nieder.

Für einen deutschen Marineoffizier und Nationalisten brachen entmutigende, verwirrende Zeiten an. Die Entbehrungen der Kriegsjahre hatten viele Deutsche empfänglich werden lassen für die Rufe nach einer Revolution, wie sie seit dem Oktober 1917 den gesamten europäischen Kontinent erschütterten.

Im September 1918 war entschieden, dass das Deutsche Reich den bisher größten Krieg der Weltgeschichte verloren hatte. Der amerikanische Präsident Woodrow Wilson war erst zu Verhandlungen mit Deutschland bereit, nachdem Kaiser Wilhelm II. abgedankt hatte. Einige höhere Offiziere des deutschen Militärs vertraten die Ansicht, ihr Land würde von den Politikern verschachert, und befanden, es sei an der Zeit, eine letzte, entscheidende Schlacht zu schlagen. Gerüchte eines solchen Vorhabens kursierten in der stolzen, aber demoralisierten deutschen Flotte, worauf es zu einer Meuterei kam. Als der Flotte befohlen wurde, sich am 29. Oktober in der Nähe des Marinestützpunktes bei Wilhelmshaven einzufinden, breitete sich die Meuterei binnen sechs Tagen auf alle deutschen Marinestützpunkte und Häfen aus. Eine Woche später, am 11. November um elf Uhr, wurde der Waffenstillstand unterzeichnet. Der Krieg war damit zu Ende, doch Deutschland geriet in eine Phase der Enttäuschung und Anarchie, der sich auch Hellmuth von Ruckteschell nicht entziehen konnte.

Zehn Tage später ergab sich die Hochseeflotte dem britischen Admiral David Beatty, der befahl, dass die deutsche Seekriegsflagge eingeholt und nie wieder gehisst werden sollte. Die einst so stolze Flotte wurde im britischen Marinestützpunkt Scapa Flow auf den Orkney-Inseln nördlich von Schottland interniert. Von Ruckteschell, der nun kein Schiff mehr kommandierte, war bemüht, durch die Beschäftigung mit administrativen Aufgaben persönliche Stabilität zu bewahren. Eben noch ein mit bedeutenden militärischen Auszeichnungen dekorierter Offizier, musste er sich nun in einem geschlagenen Land ohne jede Marine zurechtfinden. Sein künstlerisch begabter älterer Bruder Walter, während des Krieges Adjutant von General Paul von Lettow-Vorbeck in Afrika, hatte überlebt und kehrte heim, doch der jüngere Bruder Hans Ritter war am 22. April 1918, kurz vor Kriegsende, ums Leben gekommen. Ein weiterer Bruder, Roland, starb 1919. Die von Ruckteschells hatten die Auswirkungen und den Schmerz des Krieges am eigenen Leibe erfahren müssen; hinzu kam nun noch die Demütigung der Niederlage.[11]

Im Juni 1919 hatte sich langsam so etwas wie Ordnung aus dem Chaos entwickelt, und von Ruckteschell erhielt wieder das Kommando über ein Schiff. Es handelte sich allerdings nicht um ein grandioses Kriegsschiff, sondern um ein kleines, 24 Meter langes Boot, die *UZ-21*, die als Minenräumer und U-Boot-Jäger eingesetzt worden war und nun zu Polizeieinsätzen herangezogen wurde. Also patrouillierte von Ruckteschell mit einer kleinen Besatzung von ehemaligen Untergebenen aus seiner Zeit als U-Boot-Kommandant im Kieler Hafen und hielt Ausschau nach Schmugglern und Schwarzmarkthändlern, die die schwache Wirtschaft zu untergraben drohten, die sich nur langsam zu stabilisieren begann. Obwohl die Tatsache, dass er wieder ein Boot befehligte, tröstlich gewesen sein mag, war von Ruckteschell aus zweierlei Gründen ein gebeugter Mann. Zum einen belastete ihn die Sorge um das Schicksal des Landes. Anfang Mai waren die Bedingungen des Versailler Vertrages, der auf Wilsons 14 Punkten basierte, verkündet worden, und von Ruckteschell sah in diesen Bedingungen nur Schmach und Schande. Seiner Meinung nach wurde Deutschland seines Stolzes und seiner Würde beraubt von Politikern, die den Vertrag unterzeichnen und damit formell die Niederlage anerkennen wollten. Zum anderen hatte er aus Berlin erfahren, dass sein Name auf der Liste der Kriegsverbrecher stand.

Den ganzen Krieg hindurch, von 1914 an, hatten die Alliierten

Grausamkeiten und etwaige Kriegsverbrechen aufgelistet, um nach einem Sieg die Täter zur Rechenschaft zu ziehen.[12] Der Versailler Vertrag sah in den Artikeln 228 bis 231 die Überstellung und Auslieferung solcher Beschuldigten vor. Die Liste umfasste zeitweilig über 3000 Namen; es sollte Jahre dauern, bis diese Liste reduziert wurde und es tatsächlich zu Prozessen kam. Für diejenigen, die auf der Liste genannt wurden, stand tatsächlich einiges auf dem Spiel. Der U-Boot-Krieg genoss oberste Priorität bei den Alliierten, vor allem die Angriffe auf Frachtschiffe ohne vorherige Warnung. Nach Überarbeitung der Liste fanden sich noch immer mindestens fünfzig U-Boot-Kommandanten unter den Gesuchten, darunter Kapitän Lothar von Arnauld de la Périère, das U-Boot-Ass. Auch Erich Raeder stand auf der Liste, da er Chef des Stabes von Vizeadmiral Franz von Hipper, dem Flottenchef, gewesen war. Raeder wurde später von Ruckteschells oberster Vorgesetzter als Chef der Marine im Zweiten Weltkrieg.

Auf der Liste standen Admirale, Generale, Fürsten und sogar der entthronte Kaiser; doch sich in dieser illustren Gesellschaft wiederzufinden war für von Ruckteschell nur ein schwacher Trost. Jeder einzelne der Gesuchten hatte eine persönliche Entscheidung zu treffen. Erich Raeder beschloss, standhaft zu bleiben und abzuwarten, was das Schicksal ihm bestimmt hatte.[13] Andere wie Leutnant Patzig, der beschuldigt wurde, für die Versenkung des Lazarettschiffs *Llandovery Castle* verantwortlich zu sein und auf die Rettungsboote geschossen zu haben, entzogen sich der Verantwortung durch Flucht, was zur Folge hatte, dass ihre untergebenen Offiziere vor Gericht gestellt wurden. Von Ruckteschell wägte seine Chancen ab und entschloss sich zur Flucht. Doch tat er dies mit einem derart aufsehenerregenden Sinn für Dramatik, dass er das Interesse der Presse auf beiden Seiten des Atlantiks auf sich zog.

Während von Ruckteschell seine wagemutige Aktion plante, bereiteten sich die politischen Vertreter Deutschlands darauf vor, am

28. Juni 1919 den Versailler Vertrag zu unterzeichnen. Eine Woche vor diesem Termin zogen die Offiziere und Mannschaften an Bord der internierten Schiffe der Kaiserlichen Marine ihre eigene, überraschende Konsequenz: Auf geheimen Befehl des Vizeadmirals Ludwig von Reuter wurden die Besatzungen am 21. Juni angewiesen, die Seeventile auf allen 72 festgesetzten Schiffen zu öffnen. Mit ungläubigem Staunen sahen die Zeugen, britische Offiziere und Marineangehörige am Ufer bis hin zu Schulkindern auf einem Bootsausflug zu den eroberten Schiffen, die Flotte vor ihren Augen versinken. Sieben Monate lang hatten die Schiffe vor Anker gelegen, nun brachten die Seeleute der Kaiserlichen Marine den Sieger um die Möglichkeit der weiteren Nutzung. Die Welt war entsetzt über diesen Akt der Selbstzerstörung, der nicht nur Schiffe vernichtete, sondern auch Menschenleben kostete.

Von Ruckteschells Handeln war dem von Reuters in gewisser Weise vergleichbar, wenn auch in weit kleinerem Maßstab. Sein direkter Vorgesetzter, Kapitänleutnant Stoas, hatte Verständnis für von Ruckteschells Lage als gesuchter Kriegsverbrecher und war in dessen Pläne eingeweiht. Am 23. Juni, bei Einbruch der Dunkelheit, zwei Tage nach den Ereignissen in Scapa Flow, hisste Leutnant Hellmuth von Ruckteschell, stolzer Deutscher und Offizier der Kaiserlichen Marine, in Kiel eine selbst genähte verbotene kaiserliche Seekriegsflagge und stach mit seiner kleinen, überraschten Crew in See.[14] Da ein Großteil der dreizehnköpfigen Besatzung der *UZ-21* schon in den vorangegangenen drei Jahren auf U-Booten unter von Ruckteschell gedient hatte, kannten die Männer ihn und vertrauten ihm. Doch schien ihnen die Fahrt zunächst mysteriös, da sie die Zündmechanismen ihrer Bordgeschütze und die Munition in Kiel zurückgelassen hatten. Die Nachrichtenagentur Associated Press berichtete, und die *New York Times* meldete am 30. Juni auf der Titelseite: «Captain Ruckteschell verriet bei Verlassen Kiels nicht, wohin die Reise gehen sollte. Als die *UZ-21* die offene See erreichte, teilte er der Besatzung mit, dass er nicht zurückkehren werde, da Deutschland mit dem Friedensvertrag Ehre und Glück verloren habe. Er beabsichtige, so sagte er, nach Südamerika zu fahren, und bat die Besatzung, ihn zu begleiten, wobei das Schiff in Göteborg zurückbleiben solle.» Offenkundig war diese Flucht für von Ruckteschell eine Frage des Stolzes, und sie war ein Indiz dafür, wie stark er unter dem Verlust von Deutschlands «Ehre und Glück» litt. Allerdings trieb ihn auch ein anderes Motiv: Er floh vor denen, die ihn vor Gericht stellen wollten.

Um ihre Flucht so unauffällig wie möglich zu bewerkstelligen, hielten sich Kapitän und Besatzung nahe der Küste Jütlands, durchfuhren noch in derselben Nacht die enge Straße des Kleinen Belts und passierten die Nordspitzen der dänischen Inseln Fünen und Seeland in Richtung schwedische Küste. Schweden, das im Krieg neutral geblieben war, schien ein guter Zwischenstopp auf dem Weg nach Südamerika zu sein. Gegen Mittag des 24. Juni, Mittsommer, staunten die Einwohner von Mölle, 18 Meilen nördlich von Helsingborg, nicht wenig, als ein schnelles, graues Kriegsschiff in den Hafen einlief. Die Neugierigen, die an die Pier eilten, sahen einen Kapitän in Zivil, der aber eine Uniformmütze trug. Von Ruckteschell nutzte die Verwirrung, tankte auf und kaufte eine Seekarte der Region.

Vor dem Auslaufen lud er den Reporter einer Stockholmer Zeitung ein, an Bord zu kommen, und nachdem er ihm einen Genever angeboten hatte, weihte er ihn in seinen Plan ein und erklärte, warum er Deutschland verlassen hatte, nämlich weil er ansonsten wahrscheinlich als Kriegsverbrecher dem Feind überstellt worden wäre. Die Geschichte erschien prompt in der *Stockholms-Tidningen*. Von Ruckteschell stach wieder in See und machte sich auf die Fahrt nordwärts nach Göteborg, etwa 100 Meilen entfernt. Als er sich der Stadt näherte, wurde er von der Wachmannschaft der Festung Alvsborg aufgestoppt. Nachdem das Schiff inspiziert und festgestellt worden war, dass die Geschütze nicht einsatzfähig waren, erhielt das kleine Fahrzeug Erlaubnis, in den Hafen von Göteborg einzulaufen. Die erste Etappe der Flucht von Ruckteschells war planmäßig geglückt.

Das erkennungsdienstliche Foto des ehemaligen U-Boot-Kommandanten Hellmuth von Ruckteschell, aufgenommen nach seiner Ankunft in Göteborg. Dorthin war er 1919 geflüchtet, um einer möglichen Anklage als Kriegsverbrecher zu entgehen.

Während der Fahrt setzte sich die Besatzung mit den Plänen ihres Vorgesetzten auseinander. Zwar hatte alle die Niederlage des Deutschen Reichs getroffen, und ihre Zukunft sah düster aus, doch hatten die Männer Verwandte, einige von ihnen Frauen und Kinder in Deutschland, die sie nicht im Stich lassen wollten. Von Ruckteschell selbst war neun Jahre zuvor während einer Übungsfahrt schon einmal in Südamerika gewesen, doch für die meisten anderen war diese Gegend völliges Neuland. Bei ihrer Ankunft in Göteborg hatten sich sechs Mann entschieden, sich dem Kapitän anzuschließen: ein Oberleutnant zur See, ein Leutnant zur See, zwei Fähnriche zur See und zwei Maschinisten. Von Ruckteschell ließ sich mit den Reisewilligen rasch in Göteborg an Land setzen, ehe das Schiff mit den verbliebenen sieben Mann unter dem Kommando des Oberbootsmanns Huxoll umgehend nach Kiel zurückkehrte. Die schwedische Polizei ließ nicht lange auf sich warten, doch da die *UZ-21* bereits verschwunden war, gab es keine Möglichkeit, den zurückgebliebenen Männern die sofortige Ausreise zu befehlen. Die Deutschen wurden auf die Polizeistation gebracht und dort befragt. Sie erklärten, dass sie nur kurze Zeit bleiben und weiter nach Südamerika reisen wollten, aber hofften, für eine Weile in Schweden Arbeit zu finden, da sie nur wenig Geld bei sich hätten. Fraglich ist, wie von Ruckteschell sich und seine Leute nach Südamerika zu bringen beabsichtigte; kein Bericht gibt darauf eine Antwort. Zwar existierten Gruppierungen in Deutschland, die fluchtwillige Gesuchte der Kriegsverbrecherliste unterstützten, doch ist zu bezweifeln, dass eine solche Gruppierung auch Seeleuten half, die nicht auf der Liste standen. Möglich aber, dass zumindest von Ruckteschell ihren Beistand genoss.

Um in Schweden bleiben zu können, mussten sich die Männer eine Aufenthaltsgenehmigung ausstellen lassen. Nachdem diese erteilt worden war, gab die Gruppe offensichtlich den Plan, nach Südamerika zu fahren, auf (wenn es denn je wirklich geplant war), und die Männer gingen in unterschiedliche Richtungen auseinander. Wohin, ist nicht bekannt – anzunehmen ist, dass die meisten nach Deutschland zurückkehrten. Der Leutnant und einer der Fähnriche verließen Schweden schon am 4. August, der Oberleutnant brach im Juni des folgenden Jahres auf, einer der Maschinisten folgte sechs Monate später, der zweite im Januar 1923. Wann der zweite Fähnrich abreiste, ist nicht zu ermitteln.

Von Ruckteschell selbst zog nach nur vier Tagen in einem Hotel in Göteborg nach Gunnebo, sechzehn Kilometer entfernt, wohin er offensichtlich Kontakte hatte. Alle Schritte scheinen geplant gewesen zu sein, vielleicht tatsächlich von einer der Kriegsverbrecher unterstützenden Gruppierungen. Schon bei seinem Antrag auf Aufenthaltsgenehmigung hatte von Ruckteschell vermerkt, dass er zunächst in Gunnebo bleiben wolle und für die Dauer seines Aufenthalts zu arbeiten gedenke. Im Juli, als seine erste Aufenthaltsgenehmigung abgelaufen war, schlug der Flüchtige jedoch einen ganz anderen Weg ein: Statt in die Wärme Lateinamerikas zu ziehen, machte er sich auf nach Norden in die kalte Weite Lapplands.

Kapitel 3 **Die Briten**

Zu dem Zeitpunkt, als Hellmuth von Ruckteschell in der Wildnis des Nordens untertauchte, waren viele der Männer, die ihr Leben an Bord der *Anglo-Saxon* verlieren sollten, noch sehr jung oder noch nicht auf der Welt. Doch gab es unter ihnen auch einige weltkriegserfahrene Veteranen. Von den 41 Mann, die sich in jener schicksalhaften Augustnacht an Bord der *Anglo-Saxon* befanden, waren 1940 fünf noch Teenager, siebzehn um die zwanzig, acht um die dreißig, sieben um die vierzig und nur vier über fünfzig Jahre alt. So stellt die Besatzung einen repräsentativen Altersquerschnitt derer dar, die während des Zweiten Weltkriegs in der britischen Handelsflotte dienten.

Alle beteiligten Länder litten unter den Auswirkungen des Ersten Weltkrieges und der folgenden schweren Zeiten. Man schätzt, dass etwa zehn Millionen Männer in Europa ihr Leben verloren. Die amerikanischen Verluste betrugen mehr als 100 000 – kaum vorstellbare Zahlen. Hinzu kommt noch eine vergleichbar hohe Anzahl Verwundeter und Kriegsversehrter, die tiefe körperliche und seelische Narben zu tragen hatten. Der Krieg riss die europäische Jugend mit sich und hinterließ eine klaffende Lücke. Es war schwer abzusehen, wie der Kontinent von diesen Wunden genesen sollte.

Auch in Großbritannien waren sämtliche Lebensbereiche von den Verlusten betroffen, doch in überdurchschnittlichem Maße galt dies für die Handelsmarine. Schon in den ersten Monaten des

Krieges verlor das Empire 252 736 Bruttoregistertonnen an Transportraum, eine erschreckend hohe Zahl. 1915 verdreifachten sich diese Verluste; im darauf folgenden Jahr überstiegen sie die Viertelmillion des ersten Kriegsjahres um fast eine Million Bruttoregistertonnen. Nach Beginn des uneingeschränkten U-Boot-Krieges 1917 verdreifachten sich erneut die Verluste von 1,23 Millionen Tonnen im Jahre 1916 auf 3,66 Millionen. Im letzten Kriegsjahr fiel diese Zahl zwar um etwas mehr als die Hälfte, doch war es mit 1,6 Millionen Bruttoregistertonnen an zerstörter Tonnage das zweitschlimmste Kriegsjahr. Diese Verluste waren hauptsächlich das Werk der U-Boote, auf deren Konto 4837 – das sind 87,6 Prozent – der insgesamt 5516 versenkten Schiffe gingen.[1] Von Ruckteschell und seine Kameraden bewiesen der Welt, welch machtvolle Waffe U-Boote sein konnten, wenn sie ohne Beschränkungen eingesetzt und von kompetenten, wagemutigen und aggressiv vorgehenden Marineoffizieren kommandiert wurden.

Erstaunlich bleibt, dass die Männer der britischen Handelsmarine den ganzen Krieg hindurch weiter zur See fuhren, mussten sie doch beinahe täglich miterleben, wie Schiffe zerstört wurden und Freunde und ehemalige Schiffskameraden mit sich in die Tiefe rissen. Zu Beginn des Krieges gab es so wenige U-Boote, dass man davon ausging, sie könnten der zahlenmäßig starken britischen Handelsflotte wenig anhaben, wohl aber die Moral der Seeleute unterminieren. Die Deutschen setzten darauf, dass die plötzlichen aggressiven Angriffe eines unsichtbaren Feindes den Seeleuten zusetzen und sie davon abhalten würden, erneut anzuheuern. Bei diesen theoretischen Überlegungen hatte man allerdings nicht bedacht, welcher Mut und Patriotismus die Männer antrieb, die unter dem «Red Duster» fuhren, dem «roten Staubwedel», wie die britische Handelsflagge scherzhaft despektierlich genannt wurde.

Zwar trug die britische Handelsmarine einen Großteil der Last der kriegerischen Auseinandersetzungen des Ersten Weltkriegs, doch auch die Seeleute der alliierten Handelsflotten waren betroffen. Zudem wurden zahlreiche Schiffe neutraler Staaten angegriffen und versenkt. Es wird geschätzt, dass die Verluste der Alliierten und neutralen Staaten zwischen 1914 und 1918 insgesamt auf über 12,5 Millionen Bruttoregistertonnen zu beziffern sind. Zu von Ruckteschells Opfern gehörten zahlreiche britische Schiffe, aber auch Schiffe aus Norwegen, Dänemark, Frankreich und Holland. Andere U-Boot-Kommandanten haben Schiffe aus Belgien, Italien, Russland und den Vereinigten Staaten versenkt.

Als der Krieg zu Ende war, sahen sich Großbritannien und seine Verbündeten vor die Aufgabe gestellt, ihre dezimierten Handelsflotten wieder aufzubauen und zu bemannen. Vor dem Ersten Weltkrieg importierte das Vereinigte Königreich beinahe 53 Millionen Tonnen Güter jährlich, darunter Nahrungsmittel, Mineralien, Textilfasern, Holz und diverse andere. Vier Jahre später, auf dem Höhepunkt des uneingeschränkten U-Boot-Kriegs, waren diese Importe um 35 Prozent zurückgegangen. Das größte Problem beim Wiederaufbau der Flotte lag in der Finanzierung. Die Schiffswerften der Alliierten waren auf Kriegsproduktion eingestellt, an der Infrastruktur haperte es also nicht. Je mehr Soldaten aus den Streitkräften heimkehrten, desto größer wurde das Heer der Arbeiter, die beim Bau der Schiffe eingesetzt werden konnten; doch kam dieser Prozess angesichts der unsicheren wirtschaftlichen Lage nach dem Krieg nur langsam in Gang. Was die Seeleute anbelangte, vor allem die Vollmatrosen, Heizer, Ingenieure und Deckoffiziere, so gab es einen festen Kern, auf den sich aufbauen ließ, ebenjene erfahrenen Männer der Handelsmarine, die die Tage und vor allem Nächte des Krieges überlebt hatten: Leute wie Philip «Paddy» Flynn, der zwanzig Jahre nach dem Ende des Ersten und am Vorabend des Zweiten Weltkrieges Kapitän der *Anglo-Saxon* war.

Philip Limpenny Flynn ist das klassische Beispiel eines jungen

Philip «Paddy» Flynn, der Kapitän der *Anglo-Saxon*, während seiner Zeit als Erster Offizier auf der *Anglo-Canadian*, kurz bevor er auf die *Anglo-Saxon* kam.

Burschen, den es zur See zieht und der alle Ränge durchläuft, bis er ein Kommando übernimmt.[2] Obwohl in Plymouth geboren und in Exeter aufgewachsen, beides Schifffahrtszentren im südlichen Devon, hatte Philip Flynns Familie keine Verbindung zur Seefahrt. Es war sein eigener Antrieb, der ihn eine erfolgreiche seemännische Karriere einschlagen ließ. In dieser Hinsicht ähnelt sein Leben dem von Ruckteschells, doch damit sind die Gemeinsamkeiten beider Männer auch schon erschöpft. Während von Ruckteschell in seiner Laufbahn bei der Marine einen logischen, streng disziplinierten Schritt nach dem anderen machte, verlief der Weg des drei Jahre älteren Flynn weniger geradlinig. Flynn war der älteste von drei Söhnen eines Zahnarztes, dessen Vornamen er trug. Als der junge Philip in der Pubertät war, zog die Familie in die Nähe von London, nach Croydon, fünfzehn Kilometer südlich der Hauptstadt. Wie in jener Zeit durchaus üblich, hoffte Flynn senior darauf, dass sein Erstgeborener in seine Fußstapfen treten würde. Eine akademische Ausbildung war nicht nötig, die Approbation zum Zahnarzt wurde erst 1921 eingeführt. Philip Flynn senior nahm seinen Sohn in die Lehre, als dieser dreizehn war. Der Vater sah eine lange, erfolgreiche Laufbahn als Zahnarzt für seinen Sohn voraus, doch der junge Philip hatte andere Vorstellungen. Vielleicht war es seine Jugend in Exeter, vielleicht waren es Bücher, die Philip Flynns Begeisterung für ein Leben auf See wachriefen; vielleicht war es auch die wenig erbauliche Aussicht auf lebenslanges

Zähneziehen. Wie auch immer, irgendetwas trieb ihn unwiderstehlich hinaus. Nach gerade einem Jahr in der Lehre bei seinem Vater rannte er davon und ging zur See.

Von seinen frühen Jahren als Matrose ist nicht viel bekannt, doch scheint bald deutlich geworden zu sein, dass der Junge motiviert war, schnell lernte und sich durchzusetzen wusste. Bei Ausbruch des Ersten Weltkrieges blickte Philip «Paddy» Flynn bereits auf dreizehn Jahre auf See zurück. Er war einer jener Handelsschiffer, die sich in permanente Gefahr begaben, um den Strom an lebenswichtigem Nachschub aufrechtzuerhalten. Gegen Ende des Krieges war Flynn, ein gestandener Seemann von Anfang dreißig, Offizier und auf dem besten Wege, ein eigenes Kommando zu übernehmen. Er hatte sich seine Position ohne jede seemännische Ausbildung und unter den äußerst schwierigen Bedingungen des Krieges auf die denkbar härteste Weise erworben. Doch genau diese Erfahrungen sollten ihm noch gute Dienste erweisen, denn er wusste bis in das kleinste Detail, was es bedeutete, als Matrose und Offizier in der Handelsmarine zu dienen. Dies brachte ihm Respekt und Bewunderung der ihm unterstehenden Mannschaften ein.

Mitte der dreißiger Jahre hatte Paddy Flynn die Position eines Ersten Offiziers inne, Zweiter in der Kommandofolge auf der *Anglo-Canadian* der Lawther Latta Line. Mit ihm diente der zweiundzwanzig Jahre jüngere Barry Denny als Zweiter Offizier.[3] Flynns umgängliche Art und sein Sinn für Humor sowie Dennys Professionalität sorgten schnell für gute Zusammenarbeit. Denny stammte aus einer Familie mit langer Seefahrertradition, wie sein mittlerer Name, Collingwood, verrät. Über fünf Generationen trugen die Angehörigen der Familie Denny den Namen von Barrys Ur-Ur-Urgroßvater. Admiral Cuthbert Lord Collingwood war einer der großen britischen Seehelden aus den Tagen der Napoleonischen Kriege und kämpfte an Nelsons Seite bei Trafalgar.

Der Erste Offizier der *Anglo-Saxon*, Barry Denny. Das Bild wurde auf der *Anglo-Canadian* aufgenommen, kurz bevor Denny auf die *Anglo-Saxon* kam.

Er führte auf seinem Flaggschiff, der *Royal Sovereign*, die leeseitige Kolonne der britischen Schiffe in die Schlacht, griff die vereinten französischen und spanischen Flotten als Erster an und zog dadurch Lord Nelsons Bewunderung auf sich. Überliefert ist Nelsons Ausspruch: «Schaut nur, wie dieser edle Gefolgsmann Collingwood sein Schiff in den Kampf führt!»[4] Barry und seine Brüder Anthony und Desmond trugen also einen Namen, auf den jeder Engländer stolz gewesen wäre. Es lag durchaus in Dennys Absicht, sich dieses Namens als würdig zu erweisen. Doch fühlte sich Barry Collingwood Denny nicht von der Royal Navy angezogen, sondern vom Dienst in der Handelsmarine, die auf eine noch längere Tradition zurückblicken konnte als die Navy. Cuthbert Collingwood Denny, der im Essex Regiment gedient hatte, und seine Frau Violet schickten ihren Zweitgeborenen zur seemännischen Ausbildung, als dieser Teenager war. Barry kam für drei Jahre auf die *Mercury*, das Ausbildungsschiff, das 1878 unter dem Namen *Gannet* in Dienst gestellt worden war. Gegen Ende der zwanziger Jahre verließ er den Fluss Hamble und die *Mercury* und trat seine erste Arbeitsstelle als Kadett bei der Lamport & Holt Line in Liverpool an. 1934 führte ihn sein Weg als Dritter Offizier auf die *Anglo-African*. 1935 diente er als Zweiter Offizier mit Paddy Flynn auf der *Anglo-Canadian*, bevor er auf die *Anglo-Saxon* wechselte.

Weit nördlich von London bereitete sich ein anderer Offizier der *Anglo-Saxon* auf seinen Dienst bei der Handelsmarine vor. Edward Ernest Milburn fand seinen Platz im hoch spezialisierten und gut bezahlten Bereich der Schiffstechnik.[5] Die Milburns lebten im Nordosten Englands am Fluss Tyne. Edwards Vater war Klempner und Gesundheitsinspektor, ein Onkel arbeitete als Mechaniker und Ingenieur auf den Werften am Tyne, und so war es für den jungen Edward Milburn nahe liegend, den Posten eines Schiffsingenieurs in der Handelsmarine anzustreben.

Der Leitende Ingenieur der *Anglo-Saxon*, Edward Ernest Milburn. Er hinterließ seine Frau Ethel und die Söhne Ted und Derek.

Mit vierzehn nahm Eddie Milburn seinen ersten Job als uniformierter Telegrammbote an, und in dieser Eigenschaft dürfte er zum ersten Mal das wundersame Durcheinander eines Maschinenraums gesehen haben, als er Telegramme auf Schiffen zustellte. Die Faszination für Motoren und das «glamouröse» Leben eines Seemanns, das sich weit jenseits seines kleinen Dorfes North Shields in Northumberland abspielte, lockte den Jungen.

Es gab zu jener Zeit keine spezielle Ausbildung zum Schiffstechniker, also musste, wer sich für diese Tätigkeit interessierte, eine lange Lehrzeit durchlaufen, um die Fertigkeiten und Bescheinigungen zu erwerben, die ein Ingenieur-Geselle auf See brauchte. Für Milburn dauerte diese Lehrzeit fünf Jahre, und als er 1922 endlich qualifiziert war, machten es ihm die wirtschaftlichen Umstände schwer, ein Schiff zu finden. Doch hatte er schon immer hart arbeiten können, und so fand er zunächst eine Anstellung bei der London & North Eastern Railway. Aus heiterem Himmel er-

Dritter Ingenieur Lionel Henry Hawks, einer der drei Offiziere in der Jolle. Dieses Foto, veröfffentlicht im *Evening Chronicle*, Newcastle, ist das einzige von ihm bekannte Bild.

hielt er im Mai 1926 die Nachricht, dass auf der S.S. *Chertsey* für ihn eine Koje als Vierter Ingenieur bereitstand, und er wechselte von heute auf morgen den Arbeitsplatz. Nach zwei Jahren auf See verließ er die *Chertsey* und legte nach einem Sonderstudium an der Thorn's Marine Engineering Academy seine Prüfungen zum Zweiten Ingenieur ab. Diese Position erlaubte es ihm endlich zu heiraten, und im Oktober 1929 ehelichte er Ethel May Hall – zwei Wochen vor dem Börsencrash an der Wall Street und der folgenden Weltwirtschaftskrise. In dieser wirtschaftlich schwierigen Zeit gründeten die Milburns ihre Familie: Ted, ihr erster Sohn, wurde 1931 geboren, und nachdem Eddie Milburn 1933 seine Prüfungen zum Ersten Ingenieur abgelegt hatte, kam der zweite Sohn Derek zur Welt. Eddie Milburn finanzierte seinen seemännischen Aufstieg mit immer neuen Anstellungen bei der Lawther Latta Line und unternahm gelegentliche Fahrten mit den «Geordie Colliers», die Kohlen von Newcastle transportierten. Ende der dreißiger Jahre war Milburn ein angesehener, hoch qualifizierter Schiffsingenieur und trat an Bord der *Anglo-Saxon* seinen nächsten Posten als Leitender Ingenieur an.

Mit dieser Position befand sich Eddie Milburn auf dem Höhepunkt seiner beruflichen Laufbahn. Einer seiner Assistenten, der in derselben Gegend lebte, stand dagegen noch am Anfang seines Weges. Lionel Henry Hawks war sechzehn Jahre jünger als Milburn und gerade erst ein Jahr alt, als von Ruckteschell nach Schweden floh.[6] Hawks war in Dudley in der Nähe von Newcastle geboren, doch seine Familie zog schon kurze Zeit später nach Benton, Newcastle-upon-Tyne. Auf der *Columbia Star*, seinem ersten

Schiff, bekleidete er den Posten des Vierten Ingenieurs, den untersten Rang als schiffstechnischer Offizier. Der nächste Schritt seiner Laufbahn führte ihn als Dritten Ingenieur an Bord der *Anglo-Saxon*, wo er Milburn unterstellt war.

Der von seinen Schiffskameraden überaus geschätzte Zweite Funkoffizier der *Anglo-Saxon*, Roy Pilcher.

Ein weiterer Schlüsseloffizier auf der *Anglo-Saxon* war noch jünger als Hawks. Roy Hamilton Pilcher kam drei Tage vor von Ruckteschells Abreise aus Gunnebo in Durham auf die Welt, nicht weit vom Tyne und von den Orten, in denen Milburn und Hawks zu Hause waren.[7] Während seiner Schulzeit lebte er in Farncombe, südwestlich von London. Von dort nahm er den Zug nach Guildford, wo er mit seinem Freund David Enticknap die Royal Grammar School besuchte. Auch Enticknap fuhr im Zweiten Weltkrieg zur See, und auch er erlebte den Verlust eines Schiffes. In der Schule trug Roy Pilcher den Spitznamen «Fish», entstanden aufgrund der klanglichen Nähe seines Familiennamens zu «Pilchard», einer Fischart; nachdem die Familie nach Canterbury gezogen war, erhielt er dort den Spitznamen «Bun», den er ohne große Proteste annahm und lange Jahre trug. Mitte der dreißiger Jahre fuhr er jeden Sommer von Canterbury nach Shoreham, wo er bei der Familie seines Cousins Roderick wohnte und Cliff Walder kennen lernte, mit dem er ein Leben lang befreundet blieb. Während dieser Sommer gingen die Freunde schwimmen, fuhren Fahrrad und genossen das Leben an der Küste.

Roy Pilchers Weg auf die *Anglo-Saxon* als Funkoffizier zur See begann mit seinem Entschluss, Radiotechnik zu studieren. Darin folgte er in gewisser Weise seinem Vater Bernard Pilcher, der im Ersten Weltkrieg als Telegraphist bei der Armee diente und nach dem Krieg in dieser Eigenschaft bei der Post arbeitete. Seine Ausbildung erhielt Roy Pilcher auf der Schule der Marconi Company an der Menai Strait zwischen Nordwales und der Isle of Anglesey, die als beste Ausbildungsstätte ihrer Art angesehen wurde. Dort muss er sich bewährt haben, denn die Marconi Company stellte ihn ein und schickte ihn auf verschiedene Schiffe. Durch seine Freundschaft mit Cliff Walder lernte er Marion Blake kennen. Marion gefiel der gut aussehende, sanfte, belesene, intelligente junge Mann. Da ihre Geldmittel begrenzt waren, kamen Restaurantbesuche nicht infrage, stattdessen gingen Roy, Marion, Cliff und dessen Freundin Daphne öfter ins Kino oder fuhren zu der leicht verruchten «Bungalowtown», die am Strand aus dem Boden geschossen war. Die Reisen nach Shoreham allerdings wurden seltener, als die Marconi Company Roy zur See schickte, zunächst als einzigen Funkoffizier auf der *Salvonia*, einem großen Nordseetrawler, dann auf große Fahrt an Bord des Frachtschiffes *Beacon Grange*.

Eine weitere wichtige Person im Drama der *Anglo-Saxon* kam im selben Jahr wie Pilcher zur Welt, hatte aber einen vollkommen anderen familiären Hintergrund und führte ein gänzlich anderes Leben. Während Pilcher als kultiviert und selbstironisch galt, war Wilbert Charles Roy Widdicombe eher ein aufdringlicher Prahlhans.[8] Roy Widdicombe kam in Totnes, Devonshire, als Sohn von Adam Widdicombe, einem Schiffszimmermann, und seiner Frau Lily zur Welt. Im Alter von vier Jahren, nach dem Tod seiner Mutter, änderte sich sein Leben drastisch. Mit einem gewissen Hang zum Dramatischen berichtete er später, dass seine Mutter ihn, seine ältere Schwester und seine beiden jüngeren Brüder eines Tages auf einen Spaziergang mitgenommen habe, wobei der Jüngste im Kinderwagen saß. Als ihre Mutter unterwegs zusammenbrach und starb, luden die Kinder sie in den Wagen und schoben sie heim. Nach ihrem Tod lebte Roy bei den Großeltern Widdicombe in Dartmouth, wo er sehr unter der strengen Erziehung seiner Großmutter litt. Zweimal lief er davon und schlug sich zu den Großeltern Bowhey durch, wo sein jüngerer Bruder George lebte, doch beide Male musste er zurück zu den Widdicombes. Obwohl intelligent, konnte er sich nicht für die Schule begeistern, immer wieder schwänzte er und trieb sich bei den Schiffen auf dem Dart und im Hafen herum. Und immer wieder lieh er sich ein Ruderboot oder Schlauchboot aus, ohne vorher groß um Erlaubnis gefragt zu haben.

Vollmatrose Roy Widdicombe. Das Foto zeigt ihn Anfang Dezember 1940 nach über vierwöchiger Genesungszeit am Steuerriemen der Jolle der *Anglo-Saxon*.

Kurz vor seinem elften Geburtstag, so Roy Widdicombe später, habe er das Ausbildungsprogramm an Bord des Schulschiffs *Conway*, das im Mersey River in Liverpool vor Anker lag, begonnen. Diese Anstalt, 1858 gegründet, um «Jungen zu Offizieren in der Handelsflotte heranzuziehen», genoss einen ausgezeichneten Ruf und vermittelte ihren Schülern während der dreijährigen intensiven Ausbildung grundlegende maritime Kenntnisse. Da zu den Ehemaligen berühmte Männer wie der englische *poeta laureatus* John Masefield gehörten, war es durchaus prestigeträchtig, ein «Conway Boy» zu sein. Es ist jedoch zweifelhaft, ob Roy Widdicombe jemals dort gewesen ist.[9] Weder die Akten der *Conway* im Archiv des Merseyside Maritime Museum noch die Schülerlisten, die Lohnlisten oder das Verzeichnis sämtlicher Kadetten führen zwischen 1927 und 1934 einen Widdicombe. Auch für die *Indefatigable*, ein anderes Liverpooler Schulschiff, auf dem «die Söhne von Seeleuten und verzweifelte und verwaiste Knaben zu Handelsmatrosen» ausgebildet wurden, findet sich kein Eintrag.[10] Ob und wo Widdicombe eine Ausbildung absolvierte, wird wohl ein Rätsel bleiben, doch seine Neigung, die eigene Herkunft auszuschmücken und einen höheren gesellschaftlichen Stand vorzugeben, ist typisch für ihn.

Erwiesen ist jedoch, dass Roy Widdicombe im Sommer 1933 im Alter von vierzehn Jahren seinen Dienst auf See als Schiffsjunge an Bord eines Schiffes der Union Castle Line begann, das auf große Fahrt nach Kapstadt in Südafrika ging. Nach einem Jahr hatte er sein Patent zum Vollmatrosen in der Tasche. Eingeschifft an Bord der *Arandora Star*, besuchte er 1937 zum ersten Mal Nassau auf den Bahamas, doch übte die Stadt keinen großen Reiz auf ihn aus. Widdicombe, der stets auf der Suche nach Möglichkeiten war, sich einen höheren Status zu verleihen, als er ihn tatsächlich innehatte, verfiel mit einigen Kameraden auf die Idee, sich Offiziersuniformen zuzulegen. An Bord durften sie die Uniformen nicht tragen, wohl aber an Land. Bei den Seestreitkräften gab es strenge Strafen für den Tatbestand, sich als Offizier auszugeben; in der Handelsmarine jedoch konnte jeder mit Hilfe einer Uniform den Eindruck eines höheren Ranges erwecken und sich von den Mitmenschen «nach Augenschein» einstufen lassen, solange er nicht tatsächlich behauptete, Offizier zu sein. Der bauernschlaue Widdicombe hatte wieder einmal einen Weg gefunden, sich für etwas auszugeben, das er nicht war.

Schon bald wechselte er von Passagierschiffen auf Frachtschiffe, weil er dort einen größeren Teil seiner Heuer sparen konnte. Der Grund für diesen Eifer war eine lebhafte, schlanke junge Frau. Das Seemannsleben hatte Widdicombe rund um die Welt geführt, und mit seiner stattlichen Größe von 1,85 Metern und seinem dunklen Teint machte er durchaus etwas her. Er hatte schon andere Freundinnen gehabt, darunter eine Edith, deren Name, zusammen mit Herz und Dolch, unauslöschlich auf seinem linken Unterarm prangte – eine von vielen Tätowierungen, die er trug. Doch als er durch die Straßen von Newport in Südwales zog, begegnete er einem Mädchen, das offenkundig etwas Besonderes war. Sie war mit einer Gruppe von fünf Frauen unterwegs und strahlte ein ähnliches Selbstvertrauen aus wie er selbst. Anders als die meisten anderen Frauen, die er bisher kennen gelernt hatte, fiel ihm Cynthia Pitman vor allem dadurch auf, dass sie sich nicht einschüchtern ließ. Sie lehnte seine Einladung ins Kino ab, bot ihm aber stattdessen an, ihm in den folgenden Tagen Newport zu zeigen. Doch sein Aufenthalt war nur kurz, und schon bald befand er sich auf Fahrt nach Südamerika. Nach seiner Rückkehr frischte er die Romanze mit Cynthia wieder auf, und angesichts einer möglichen Heirat sah er sich nach einer lukrativeren Stelle um. Er wusste, dass die Heuer bei Seeleuten, die das Risiko eingingen, Fracht in das vom Bürgerkrieg geschüttelte Spanien zu bringen, höher war. Doch Widdicombe boten die Fahrten nach Spanien nicht nur Gelegenheit, mit der dreifachen Heuer bei Erreichen der Kampfzone mehr Geld zu verdienen. Er sah auch Möglichkeiten, auf eigene Rechnung zu handeln. Er heuerte auf der *Stanway* an, die unter anderem nach Bilbao und Alicante fuhr, um die republikanischen Verbände mit Nachschub zu versorgen. In den Häfen tauschte Widdicombe seinen großen Vorrat an amerikanischen Zigaretten, die er andernorts billig einkaufen konnte, gegen teure spanische Produkte, vermutlich auch Geschenke für Cynthia und modische Kleidung, für die er ein Faible hatte. Das war durchaus riskant, denn die Häfen wurden häufig mit Granaten beschossen. Schließlich ging Widdicombe Cynthia zuliebe von Bord der *Stanway* und heuerte auf der *Anglo-Saxon* an.

Eine ganz andere Persönlichkeit war der junge Vollmatrose Robert George Tapscott.[11] Tapscott, zwei Jahre jünger als Widdi-

Vollmatrose Bob Tapscott, die Hand am Mast der Jolle der *Anglo-Saxon* unter dem zerschlissenen Segel, nach über vier Wochen Genesungszeit 1940 in Nassau.

combe, wurde in Bristol geboren und wuchs in einem bescheidenen Zuhause in dem Dörfchen Usk auf, zwölf Kilometer stromaufwärts von Newport, bevor er nach Cardiff umsiedelte. Die dörfliche Atmosphäre seiner frühen Jugend am Twyn Square mit dem steinernen viktorianischen Glockenturm und dem Pfarrhaus im Schatten der Ruine von Usk Castle mag Tapscott geprägt haben. Sein Leben lang galt er als anständig und verantwortungsbewusst. Als Bob Tapscott gerade zwei Jahre alt war, starb sein Vater, der in Cardiff Lotse gewesen war. Seine Mutter musste mit der mageren Pension von 18 Shilling in der Woche auskommen, die ihr die Lotsenbruderschaft zukommen ließ, und war gezwungen, als Hausangestellte zu arbeiten, um dazuzuverdienen. Bob war das jüngste von sechs Kindern und wuchs unter der Obhut seiner älteren Schwester auf. Er verlebte eine glückliche Kindheit. Der gesunde, stämmige Bursche von gut 1,80 Metern, der gern Fußball spielte und schwamm, besuchte verschiedene technische Schulen. Er war gewitzt und kam gut voran, räumte jedoch ein, dass es ihm schwer fiel, Walisisch zu lernen.

Mit etwa fünfzehn Jahren war es für Bob Tapscott an der Zeit, sich auf eigene Füße zu stellen, und mit Unterstützung seiner Mutter fand er eine Koje auf einem Trampdampfer. Die Heuer für einen Schiffsjungen betrug magere sechseinhalb Pence am Tag, doch waren Kost und Logis frei; allerdings bestanden die Mahlzeiten aus Pökelfleisch und Bohnen, Bohnen und noch mehr Bohnen. Die grausame Wirklichkeit einer Jungfernfahrt nach Buenos Aires unter einem fordernden Ersten Offizier ließ ihn daran zweifeln, ob das Leben auf See wirklich das Richtige für ihn war. Nach einem Jahr und drei Fahrten nach Südamerika und zurück hatte Tapscott seinen Vertrag erfüllt und musterte prompt ab. Er hatte etwas von der Welt gesehen, schwer gearbeitet und war härter geworden. Nun trieb es ihn zurück an Land, wo er sich als Knecht anstellen ließ, doch die «leichtere» Arbeit auf dem Bauernhof war ihm noch schneller zuwider als jene auf einem Schiff.

Francis Penny, Marineinfanterist a. D., wurde im Zweiten Weltkrieg in den Dienst als Kanonier auf der *Anglo-Saxon* einberufen.

Er suchte sich schon bald eine Stellung als Messejunge auf der *Grainton* und erweiterte seine Kenntnisse und Fähigkeiten, um sein Patent als Vollmatrose zu machen. An Bord des aus Newport stammenden Trampdampfers fuhr er nach Kapstadt, wo Maismehl für Rotterdam geladen wurde; von dort ging es nach Portland, Oregon, und zurück nach Wales. Doch wie Widdicombe lockte auch ihn der lukrativere Dienst auf Schiffen, die den Nachschub für die Republikaner im Spanischen Bürgerkrieg sicherten.

Ein weiteres Besatzungsmitglied der *Anglo-Saxon* sei noch erwähnt. Francis Penny war kein Seemann, sondern Veteran der Royal Marines, einer der berühmtesten Einheiten des britischen Militärs mit langer Tradition.[12] Zwar hatten einige von Pennys zukünftigen Schiffskameraden während des Ersten Weltkriegs im gefahrvollen Dienst der Handelsmarine gestanden, doch Francis

Schmierer Jim Fowler. Er ging mit der *Anglo-Saxon* unter.

G. Penny hatte in Frankreich an vorderster Front gekämpft. Während der Schlacht an der Somme im Sommer und Herbst 1916, vielfach als die blutigste Schlacht in der gesamten Militärgeschichte bezeichnet, wurden eine Million Männer getötet oder verwundet. Penny war zweimal verwundet worden und trug die Military Medal.

Ende der dreißiger Jahre, Francis Penny war bereits Mitte vierzig, quittierte er den Dienst beim Militär. Doch verfügte er über Artilleriekenntnisse, die schon bald wieder gefragt waren. 1937 jedoch konnte er sich wohl kaum vorstellen, dass er seine Frau Edith und ihr gemeinsames Heim in der Hafenstadt Portsmouth würde verlassen müssen, um erneut in einen Krieg zu ziehen.

Diese Männer und dreiunddreißig weitere Seeleute waren am Vorabend des Kriegsausbruchs auf dem Weg zur *Anglo-Saxon*. Die einundvierzigköpfige Besatzung war bunt gemischt, was Alter und Herkunft anging; die Männer stammten aus dem gesamten britischen Königreich. Einige von ihnen, wie Jim Fowler, Schmierer, Frederick Tenow, Heizer und Kohlentrimmer, und Leslie Morgan, der Hilfskoch, kamen aus Newport, Wales. Männer aus Tyneside im Nordosten waren ebenso darunter wie andere aus Merseyside im Nordwesten, Männer aus Irland und aus Stromness auf den Orkney-Inseln. Einige stammten aus Devon und Cornwall im Südwesten, andere aus London und von der Südküste. Hinzu kamen Männer aus Russland, Dänemark und Estland.

Kapitel 4 **Die Deutschen**

Während die britischen Seeleute ein Schiff verließen und auf einem nächsten wieder anheuerten und die Ausbildung absolvierten, die sie für weitere Fahrten benötigten, schien Hellmuth von Ruckteschells Marinekarriere vollständig zum Erliegen gekommen zu sein. Von Ruckteschell hatte ein Schiff der deutschen Marine kommandiert, es in ein anderes Land geschafft und versucht, die Besatzung zur Aufgabe ihres Dienstes und zur Flucht nach Südamerika zu bewegen. Trotz der chaotischen Lage im Juni 1919, die schließlich mit der Unterzeichnung des Versailler Vertrages endete, erregte von Ruckteschells Tat internationales Aufsehen. Seine Erklärung vor der Presse und an seine Besatzung, dass nämlich Deutschland angesichts der Vertragsunterzeichnung «Ehre und Glück» verloren habe, klang ganz wie die eines desillusionierten Patrioten. Angesichts der über ihm schwebenden Anklage als Kriegsverbrecher könnte man jedoch leicht zu dem Schluss kommen, dass diese patriotische Aussage nur Deckmantel reinen Selbsterhaltungstriebs war. Höchstwahrscheinlich wurde von Ruckteschell von beiden Motiven getrieben. Wut und Enttäuschung über das Schicksal seines ehemals stolzen Landes waren sicher ebenso ausschlaggebend wie die Erkenntnis, dass es keinen Sinn hatte, sein Leben auf dem Altar einer verlorenen Sache zu opfern.

Zwei Indizien deuten darauf hin, dass von Ruckteschells Flucht und ihre Umstände, wenn schon nicht von höherer Stelle abgesegnet, so doch zumindest gutgeheißen und sogar bewundert wurden.

Erstes Indiz ist die Tatsache, dass er seinen Plan mit Wissen seines direkten Vorgesetzten, Kapitänleutnant Stoas, ausführte. Zwar konnten Stoas und von Ruckteschell nicht wissen, dass nicht die gesamte Besatzung in Schweden bleiben und dass das Schiff mit einigen Männern zurückkehren würde, doch auch ohnedies nahm Stoas das Risiko auf sich, dass das Schiff verloren gehen und er dafür zur Verantwortung gezogen werden könnte. Angesichts der zweiundsiebzig Schiffe der deutschen Hochseeflotte, die von ihren Besatzungen versenkt wurden, wäre der mögliche Verlust eines nur 20 Bruttoregistertonnen großen Patrouillenbootes allerdings kaum ins Gewicht gefallen. Zudem wurde die Flucht auf eine Weise vollzogen, die höhere Ränge durchaus mit Respekt betrachteten. Von Ruckteschell leugnete nicht seine Identität, um mit falschen Papieren außer Landes zu gehen und sich einen neutralen Zufluchtshafen zu suchen. Er bewies Selbstvertrauen, ließ denselben Wagemut erkennen, der ihn zu einem erfolgreichen U-Boot-Kommandanten hatte werden lassen, und nutzte klug die Ressourcen, über die er verfügte. Und zweifellos gab es einige Offiziere höherer und niederer Ränge, ob sie nun auf der Kriegsverbrecherliste standen oder nicht, die bewunderten, wie er seine bedrängte Situation zu nutzen wusste, um öffentlich Stellung gegen die Politiker zu beziehen, die nach Meinung vieler Militärs ihr Vaterland verraten hatten.

Der offizielle Segen für die schwedische Eskapade von Ruckteschells kam fünf Monate später. Die Kaiserliche Marine gab es nicht mehr, Deutschlands Militär wurde vom Reichswehrministerium befehligt. Nach von Ruckteschells Flucht führten die Offiziere, in deren Händen nun der Oberbefehl lag, eine sorgfältige Untersuchung des Falles durch und kamen zu folgendem Schluss: Statt einer scharfen Verurteilung und Degradierung wurde von Ruckteschell ehrenhaft entlassen.[1] «Versüßt» wurde diese Maßnahme durch zwei weitere Zugeständnisse. Erstens erhielt von

Ruckteschell die Erlaubnis, bei der Suche nach Arbeit seine Offiziersuniform zu tragen, was ihm helfen sollte, eine seiner ehemaligen Position angemessene Stellung zu finden, und zweitens wurde ihm in diesem Zusammenhang die Uniform eines Kapitänleutnants zugestanden – des nächsthöheren Marinedienstgrads.

Die Ironie dieser «Beförderung» lag darin, dass es vermutlich sehr lange gedauert haben dürfte, bis von Ruckteschell davon Nachricht erhielt. Als im Juli seine erste vorübergehende Aufenthaltserlaubnis ablief und er eine Verlängerung genehmigt bekam, verließ er Gunnebo und begab sich in das Dorf Porjus, vierzig Kilometer nördlich des Polarkreises.[2] Für einen Veteranen, den der Kriegsausgang zutiefst desillusioniert hatte, der große Verluste an Menschenleben miterlebt und sich und seine Männer bei zahlreichen Gelegenheiten selbst in Gefahr gebracht hatte, war es durchaus nicht ungewöhnlich, ein völlig anderes Leben anzustreben. In von Ruckteschells Fall war dieser Bruch jedoch extrem. Hätte er die Marine verlassen und wäre in Deutschland geblieben, hätte er höchstwahrscheinlich eine Anstellung gefunden, die seiner Ausbildung und seinen Fähigkeiten entsprach. In Porjus aber legte er alle Äußerlichkeiten seines bisherigen Lebens ab zugunsten einer zutiefst einfachen Existenz. Die einzige Arbeit, die es in dieser entlegenen Gegend gab, war Holzfällen. Von Ruckteschell hatte noch nie körperlich schwer gearbeitet, einmal abgesehen vom Leben auf See, wo die dauernde Schiffsbewegung ständige Anspannung bedeutet. Um unter solchen Umständen bis zur Erschöpfung arbeiten zu können, müssen alle an Bord in guter körperlicher Verfassung sein. Von Ruckteschell allerdings war gegen Ende seines U-Boot-Kommandos ein kranker Mann, und es scheint, als habe die Zeit in der Arktis eine kathartische Wirkung gehabt. Er stürzte sich in eine neue, harte Arbeit an der klaren Luft, fern der Sorgen, Ängste und Nöte, die ihn in Deutschland gequält hatten.

Die Besatzungsmitglieder, die die *UZ-21* verlassen hatten und in

Schweden geblieben waren, hatten kaum Schwierigkeiten, in der Gegend um Göteborg Arbeit zu finden. Hermann Baron, einer der Maschinisten, arbeitete in einer Maschinenfabrik; Willy Möller, ebenfalls Maschinist, in einer Schokoladenfabrik.[3] Es wäre nur nahe liegend gewesen, wenn auch von Ruckteschell mit seinem Wissen und seiner Erfahrung in dieser Region Arbeit gesucht hätte, doch fürchtete er, entdeckt und vor Gericht gestellt zu werden. Befragt, warum er seinen Plan, nach Lateinamerika zu gehen, aufgegeben habe, sagte er Zeitungen gegenüber, dass es sicher sehr schwer gewesen wäre, dorthin zu gelangen, da seine Feinde auf dem Atlantik auf ihn warteten.[4] Es ist zu bezweifeln, dass dem wirklich so war, doch für von Ruckteschell lag hier der Grund, sich zurückzuziehen. Warum er sich für Porjus entschied, ist nicht bekannt, aber die Wahl erwies sich als ausgezeichnet: Der Ort war abgelegen, ihn dort zu finden schwer, und es gab Arbeit.

Das nördliche Schweden verfügte über drei natürliche Ressourcen, die in den frühen zwanziger Jahren zunehmend ausgebeutet wurden: Holz, Eisenerz und Wasserkraft. 1914 wurde in Porjus ein Kraftwerk errichtet, das die Eisenbahn mit Strom versorgte, die Eisenerz und Holz in den norwegischen Hafen Narvik brachte, ein Ort, der für von Ruckteschell und seine zukünftigen Schiffskameraden von Bedeutung werden sollte. Das Kraftwerk war der ökonomische Motor der Region.

Von Ruckteschell begann als Holzfäller.[5] Sich den schlanken, drahtigen Dreißigjährigen mit der Axt in den arktischen Wäldern vorzustellen fällt schwer, und es ist wenig verwunderlich, dass seine Fähigkeiten und seine Intelligenz ihm bald eine Stelle im Sägewerk einbrachten. Anschließend arbeitete er vermutlich als Waldhüter und «Kronjäger» – und jagte in offiziellem Auftrag in den Staatswäldern. Er hatte Kenntnisse der Mechanik, und so war es nur folgerichtig, dass er bei der Erweiterung des Kraftwerks in Porjus mitarbeitete. Vom Herbst 1919 bis 1921 war er in dieser Region tätig. Seine letzte Stelle in Lappland führte ihn wieder an Bord eines Schiffes: als Steuermann auf einen Schlepper auf dem Luleälv, der sich von Porjus aus 100 Meilen nordwestwärts bis fast an die norwegische Grenze erstreckt.

Darüber, welchen Kontakt von Ruckteschell mit seiner Familie oder mit Kameraden in Deutschland gehabt hat, kann nur spekuliert werden, doch scheinen ihm Informationen zugegangen zu sein, die ihn ermutigten, sich vorsichtig aus seinem arktischen Rückzugsgebiet herauszuwagen und in den weltoffeneren Süden Schwedens zu ziehen. Im Frühjahr 1922 arbeitete er als Lagerist in einer Autofabrik in Malmö, auf der Kopenhagen gegenüberliegenden Seite des Öresunds. Dort wägte er ab, ob er es riskieren sollte, nach Deutschland zurückzukehren.

Die Verhältnisse in der Weimarer Republik waren weiterhin turbulent. Die Freikorps, paramilitärische Gruppierungen ehemaliger Soldaten, agierten als lose miteinander verknüpfte, sprunghafte und schwer zu kontrollierende Einzelverbände. 1921 gründeten Freikorps eine kleine gewalttätige Gruppe namens Organisation Konsul, die auch das Mittel des Attentats zur Herbeiführung eines Machtwechsels für geboten erachtete. Im selben Jahr wurde Adolf Hitler Vorsitzender der Nationalsozialistischen Deutschen Arbeiterpartei NSDAP.[6] Trotz der anhaltenden Unruhen drängte es den deutschen Patrioten von Ruckteschell, in die Heimat und zu seiner Familie zurückzukehren. Am wichtigsten jedoch war wohl die Tatsache, dass er nicht länger Gefahr lief, als Kriegsverbrecher angeklagt zu werden.

Die umfangreiche Liste mit nahezu 3000 Namen möglicher Kriegsverbrecher, zusammengetragen von allen Nationen der Allianz, war gegen Ende 1919 auf weniger als 1600 reduziert worden.[7] Doch auch die Anklage und Prozessführung vor internationalen Gerichten gegen 1600 Personen schien undurchführbar. Die Liste wurde erneut gekürzt, und im Februar 1920 einigten sich die Alliierten auf eine Liste von 890 Namen. Eine hitzige internationale Debatte entbrannte angesichts der Problematik, die Kriegsverantwortlichen für die Gräuel zur Verantwortung zu ziehen. Die Debatte wurde noch heikler, als es um mögliche Prozesse gegen ehemalige Staatsführer ging, um Ikonen ihrer Zeit, in letzter Konsequenz gar um den Kaiser persönlich.

Die politischen Auswirkungen der Kriegsverbrecherprozesse, insbesondere die Frage der Überstellung der Angeklagten an die Alliierten, drohten die Stabilität der Weimarer Republik zu gefährden. Es gab ernst zu nehmende Befürchtungen, dass der Versuch, die Artikel 228 bis 231 des Versailler Vertrages durchzusetzen, die Destabilisierung der deutschen Regierung herbeiführen und somit eine revolutionäre Machtübernahme heraufbeschwören könnte. Die Alliierten erklärten sich bereit, auf die Überstellung zu verzichten und die Prozesse in Deutschland durchführen zu lassen – nach deutschem Recht, mit alliierten Anklägern. Im Mai 1921 begannen die Anhörungen vor dem höchsten Gericht Deutschlands, dem Reichsgericht zu Leipzig. Am Ende kam es nicht zu 3000 Anklagen, auch nicht zu 1600 oder 890, sondern nur zu 47. Aus Enttäuschung über diese mangelnde Strafverfolgung setzten Frankreich und Belgien eigene Prozesse *in absentia* gegen jene in Gang, die auf der Liste vom Februar 1920 standen. Im Gegenzug arbeitete sich das zuständige deutsche Gericht pro forma durch die Februarliste und entlastete im Kern all jene, die in anderen Ländern unter Anklage standen, ohne sich dort persönlich verteidigen zu können. Die alliierten Bemühungen, Kriegsverbrecher der Bestrafung zuzuführen, konzentrierten sich damit ganz und gar auf die verbliebenen 47 Prozesse. Eine der zwölf von den Briten in diesem Rahmen vorgebrachten Anklagen richtete sich gegen den U-Boot-Kommandanten Oberleutnant zur See Patzig; da dieser geflohen war, wurden die beiden ihm untergebenen Leutnants unter anderem dafür verurteilt, nicht gegen die Anweisung ihres Kommandanten gehandelt zu haben, als dieser befahl, auf Überlebende in einem Rettungsboot zu feuern.

Während der Leipziger Prozesse tauchte von Ruckteschells Belastungszeuge im Fall der *En Avant* wieder auf.[8] Nach Kriegsende war Otto Wiedemann in seine inzwischen auch staatsrechtlich existente polnische Heimat zurückgekehrt und diente 1921 als Bootsmann auf dem polnischen Segelschulschiff *Lwow*, das in Amsterdam im Auftrag der polnischen Regierung überholt wurde. Die Arbeit an Bord wurde überwacht von T. Burton, einem Lieutenant Commander der Royal Naval Reserve. Wiedemann kannte Burton gut und berichtete ihm Einzelheiten über den grausamen Tod der französischen Seeleute. Burton erfasste das Ausmaß dieses Verbrechens und fragte Wiedemann, ob er bereit sei, seine Aussage schriftlich niederzulegen und möglicherweise vor Gericht auszusagen. Wiedemann reichte seine schriftliche Aussage ein, die dem britischen Generalstaatsanwalt zugestellt wurde. Der Generalstaatsanwalt ließ bei der britischen Admiralität prüfen, ob Informationen zu dem Fall vorlagen, was diese verneinte, da es sich um ein französisches Schiff handelte und es offenbar keine Überlebenden gab.[9] Da es ausgesprochen schwierig gewesen, ja einem politischen Fiasko gleichgekommen war, die wenigen Leipziger Prozesse überhaupt in Gang zu bringen, schlossen «Ihre Lordschaften, dass es keinerlei Zweck [hat], die Angelegenheit weiter zu verfolgen».[10] Offenbar wurden die Anschuldigungen nicht einmal den Franzosen übermittelt, sodass diese hätten weiter nachforschen können. Hellmuth von Ruckteschell entging jeglicher Anklage, ebenso Wilhelm Werner, der sich 1921 wie dieser der Anklage entzogen hatte.

Das Ziel der Briten, das Prinzip des uneingeschränkten U-Boot-Krieges verurteilen und verbieten zu lassen, scheiterte auf ganzer Linie. Die Anklage gegen den Großteil der U-Boot-Kommandanten lautete auf «Grausamkeit durch Versenken ohne Vorwarnung», gefolgt von einer genauen Auflistung der betroffenen Schiffe.[11] Keiner dieser «einfachen» Fälle kam je vor Gericht. Wären von Ruckteschell oder einer der anderen Offiziere zur Verantwortung gezogen und verurteilt worden, hätten die Briten Gelegenheit gehabt, ihren Standpunkt darzulegen, und vielleicht hätte ein verurteilter Kommandant Genugtuung gefunden in dem Gedanken, dass sein Beispiel diese Praxis verbieten und zukünftige Kriege ein wenig humaner machen würde. Es mag unwahrscheinlich klingen, dass ein verurteilter U-Boot-Kommandant in dieser Tatsache Trost finden könnte, doch genau diesen Gedanken äußerte von Ruckteschell ein Vierteljahrhundert später.[12] 1922 jedoch war die Gefahr eines drohenden Prozesses gegenstandslos geworden, und von Ruckteschell kehrte in die Heimat zurück.

Die Ironie des Schicksals aber lag darin, dass er, wenn er in Deutschland geblieben und nicht nach Schweden geflohen wäre und drei Jahre lang das Leben eines Flüchtlings im selbst gewählten Exil geführt hätte, möglicherweise Karriere in der neuen Marine hätte machen können, die zwar deutlich kleiner war, sich aber langsam aus den Trümmern zu erheben begann. Anstatt also zum Korps der 1600 Offiziere dieser Nachkriegsmarine zu gehören, stellte von Ruckteschell nach seiner Rückkehr 1922 fest, dass er nicht mehr existent war – nicht buchstäblich, aber doch in vielerlei Hinsicht. Seine Mutter lebte noch, er hatte also ein Heim, aber nichts sonst. Verschwunden war das Zusammengehörigkeitsgefühl, der Stolz auf Uniform und Vaterland, die Kameradschaft unter den Offizieren, der spürbare Beweis der Erfolge anhand der Auszeichnungen und Beförderungen. In jenem Sommer segelte von Ruckteschell viel auf der Ostsee und grübelte über seine Zukunft nach. 1918 war die Marine-Offiziers-Hilfe gegründet worden, um entlassenen Marineoffizieren Unterstützung zu gewähren, doch von Ruckteschell kam vier Jahre zu spät und hatte keinerlei Kontakt mehr zu ehemaligen Kameraden, von denen viele bald nach dem Krieg Zuwendungen erhalten hatten. Es ist nicht überliefert, ob er jemals die Unterstützung des Fregattenkapitäns Freiherr von Bülow suchte, der die Hilfsgesellschaft leitete. Möglicherweise wurde auch seine Flucht nach Schweden mittlerweile nicht mehr positiv gesehen, vielleicht sogar als feige empfunden, waren andere doch geblieben und hatten stoisch ihr Schicksal ertragen. Als von Ruckteschells Geldmittel gegen Ende des Sommers erschöpft waren, wandte er sich einer neuen Berufslaufbahn zu und konzentrierte sich auf seine künstlerischen Fähigkeiten, die während seiner Jahre bei der Marine zu kurz gekommen waren. Im Alter von zweiunddreißig Jahren begann er die erste von mehreren Lehren bei Tischlermeistern und anderen Handwerkern im Schwarzwald, einer seit Jahrhunderten für ihre Holzschnitzkunst bekannten Gegend.[13] Im März 1923 nahm das scheinbar einsame, nomadische Leben von Ruckteschells eine neue Richtung, als er Annemarie Lörbroks heiratete. 1924 bestand er seine Prüfungen als Zimmermannsgeselle und Tischler und half seinem Bruder Walter einige Monate lang, ein Haus zu bauen. Walter arbeitete seit seiner Rückkehr nach Deutschland als Künstler; seine Skulpturen waren inspiriert durch seine Zeit in Afrika, wo er an General von Lettow-Vorbecks erfolgreichem Feldzug teilgenommen hatte.

1926 lebten von Ruckteschell und seine Frau in Bremen, nicht weit von seinem alten U-Boot-Stützpunkt Bremerhaven und dem Marinehafen Wilhelmshaven, wo acht Jahre zuvor Fräulein Schmidt ohne sein Wissen sein Kind zur Welt gebracht hatte. Eine Zeit lang übernahm er bei Schäfer & Co. hoch spezialisierte und komplizierte Tischlereiarbeiten beim Ausbau der vielfältig gewölbten Schiffsrümpfe. Im darauf folgenden Jahr bestand er seine Prüfung zum Tischlermeister vor der Bremer Handwerkskammer und war damit berechtigt, ein eigenes Geschäft zu eröffnen. Alles sprach dafür, dass sein Leben von nun an auf ebenem Kiel verlaufen würde. In den folgenden Jahren entwarf und errichtete er seine eigene Werkstatt und sein Haus, eine Möglichkeit, eigene Ideen zu verwirklichen. Deutliche Einflüsse der Worpsweder Schule, bekannt für handgefertigte Möbel mit filigranen Schnitzereien, waren unverkennbar. Seine Arbeiten waren so gut, dass sie im Rodelius-Haus in Bremen ausgestellt wurden. Gemeinsam mit seinem Bruder arbeitete er an Objekten für zwei Kirchen, zum einen für die Bismarck-Gedächtnis-Kirche in Aumühle, zum anderen für die Osterkirche in Altona bei Hamburg. Die Schnitzarbeiten am Altar dort wirken dramatisch und modern und spiegeln die afrikanischen Einflüsse seines Bruders Walter wider.

Hellmuth von Ruckteschells Leben schien, rein äußerlich betrachtet, gesetzt und erfolgreich, doch sollte sich dies bald wieder ändern. 1932 wurde die Ehe mit Annemarie, aus der keine Kinder hervorgegangen waren, nach neun Jahren geschieden. Ob Auslöser für die Trennung oder deren Folge, jedenfalls verließ von Ruckteschell Bremen und fuhr wieder zur See. Auf einer Reise von Hamburg nach Rotterdam, über den Atlantik nach Newport News, Virginia, und dann nordwärts nach New York kam er zum zweiten Mal in Kontakt mit jenen Menschen, die kaum ein Jahrzehnt später seine Feinde sein sollten. Von New York aus fuhr er zurück nach Bremen, und ein neues Kapitel in seinem Leben begann – allein, ohne Frau, aber in einem Land mit wieder erwachendem Nationalismus.

Nicht nur für von Ruckteschell, auch für sein Land war 1932 ein Übergangsjahr gewesen. Der Zusammenbruch der amerikanischen Börse im Oktober 1929 löste in den Industrienationen eine weltweite Wirtschaftskrise aus. In Deutschland ebnete diese wirtschaftliche Depression Adolf Hitler den Weg bei seinem schnellen Aufstieg zur absoluten Macht. 1932 hatte Hitler bereits genügend Selbstvertrauen, um gegen Paul von Hindenburg bei der Reichspräsidentenwahl anzutreten; zwar verlor er die Wahl, doch 13 Millionen Stimmen für ihn bewiesen, dass er eine nicht zu unterschätzende politische Kraft darstellte.[14] Bei den Juli-Wahlen errang seine Partei 230 Sitze im Reichstag und stellte damit die stärkste Fraktion. Hitlers Macht und Prestige wuchsen weiter, da ihn nicht nur die Arbeiter unterstützten, sondern auch die Großindustrie und vor allem das Militär. Im Januar 1933 ernannte Präsident Hindenburg Hitler zum Reichskanzler. Im Februar brannte der Reichstag – die Brandstiftung verstand Hitler den Kommunisten in die Schuhe zu schieben. Um die politische Krise zu bannen, verliehen Parlament und Präsident Hitler genau jene Vollmachten, die dieser benötigte, um seine Sache weiter voranzutreiben. Dem einfachen Bürger musste es vorkommen, als stünden die NSDAP und ihr charismatischer Führer bereit, Deutschland auf dramatische Weise wieder in eine tragende Rolle auf der Weltbühne zurückzuführen, und es gab einen regelrechten Ansturm auf die Parteimitgliedschaft, wohl weil am Ende niemand dastehen wollte als Oppositioneller oder doch als einer, der die Vision des erstarkenden Deutschland nicht teilte. Hellmuth von Ruckteschell gehörte zu diesen «Märzgefallenen».[15] Bei den Wahlen vom März 1933 errang die NSDAP 288 Sitze im Reichstag und sicherte sich durch die Koalition mit der Deutschnationalen Volkspartei die Mehrheit im Parlament. Sofort nach den Wahlen verabschiedete die Koalition das Ermächtigungsgesetz, was einer Ausschaltung des Parlaments gleichkam.

Warum von Ruckteschell, ein Mann, der ein einfaches Leben als Handwerksmeister führte, mit dem Strom schwamm und Parteimitglied wurde, lässt sich nicht mit letzter Bestimmtheit sagen. Ein Grund mag gerade seine Stellung als Handwerker gewesen sein, seine Identifizierung mit dem kleinen Mann, dem Arbeiter, der Herz und Seele des Landes war – in jenen schwierigen wirtschaftlichen Zeiten hatte es sich die Nationalsozialistische Arbeiterpartei zumindest nominell auf die Fahnen geschrieben, das Los der Arbeiter zu verbessern. Ein zweiter Grund könnte die wachsende

Unterstützung der Partei durch das Militär gewesen sein. Angesichts seiner einstigen militärischen Karriere erscheint es verständlich, dass er sich der Partei verbunden fühlte, die vom Militär unterstützt wurde. Zudem hatten die Kernaussagen der NSDAP zum deutschen Nationalismus und zum Nationalstolz für ihn eine große Bedeutung. Nach fünfzehn Jahren der Demütigung und des Gefühls, von anderen Nationen nur ausgenutzt worden zu sein, sah er womöglich in der Partei eine Kraft, die in der Lage schien, das Land zu altem Stolz und zu alter Größe zurückzuführen. Diese und andere Gründe mögen Hellmuth von Ruckteschell bewogen haben, in die NSDAP einzutreten.

1934 starb Reichspräsident Hindenburg. Die Armee schwor ihren Eid von nun an auf Hitler, der zum obersten Staatsmann des Landes, zum Führer avancierte. Im selben Jahr wurde der Tischlermeister von Ruckteschell als Reserveoffizier wieder in die Marine aufgenommen und zu regelmäßigen Reserveübungen einberufen.[16] Sein Land war erneut auf dem Weg, eine bedeutende Rolle zu spielen, und von Ruckteschell wollte sein Teil zu diesem Aufstieg beitragen, nicht nur als Bürger und Handwerker, sondern als Marineoffizier mit Aussicht auf ein eigenes Kommando. Vor ihm lag eine glänzende, andere würden sagen verhängnisvolle Karriere.

Während von Ruckteschell die ersten Schritte hin zu neuer Verantwortung unternahm, machten sich junge Männer bereit für ihren Dienst unter seinem Kommando. Die Besatzung der *Widder* zählte fast 400 Mann, darunter erfahrene Köpfe, doch bei den meisten handelte es sich um junge Seeleute und Offiziere, die gerade erst volljährig geworden und in den dreißiger Jahren in die Marine eingetreten waren. Herkunft und Lebensweg von drei Offizieren, die unter von Ruckteschell dienten – Malte von Schack, Konrad Hoppe und Jürgen Herr –, charakterisieren beispielhaft die Männer, die dieser neuen Marine angehörten.

Malte von Schack, der älteste der drei, geboren am 17. April

1915 in Windhuk in Deutsch-Südwestafrika, stammte aus einer Familie mit militärischen Wurzeln im «alten» Deutschland.[17] Sein Großvater war Kommandeur einer Kavalleriedivision in Ostpreußen; Siegfried von Schack, sein Vater, ein fähiger junger Kavallerieoffizier am Hof des Großherzogs von Mecklenburg-Schwerin, hatte die Gelegenheit erhalten, eine kaiserliche Pferdezuchtfarm in Deutsch-Südwest aufzubauen. Dort lernte er die Lehrerin Lucie Meyer kennen und heiratete sie. Die Tätigkeit in Afrika ersparte ihm und seiner Familie die Härten des Ersten Weltkriegs, doch nach dem Verlust der Kolonien durch die Niederlage im Krieg und den Versailler Vertrag kehrten die von Schacks 1921 nach Deutschland zurück. In der schwierigen wirtschaftlichen Nachkriegslage und den Jahren politischer Unruhe besuchte Malte von Schack in Linz am Rhein, wohin seine Familie gezogen war, die Schule. Nach dem Abitur musste er sich für eine berufliche Laufbahn entscheiden. Die Kavallerietradition der Familie konnte den geselligen jungen Mann nicht locken; die Kavallerie war längst von Panzereinheiten verdrängt. Stärker reizten ihn die Möglichkeiten von Ruhm und Karriere, die die Marine ihm bot, und im selben Jahr, in dem von Ruckteschell wieder in die Marine eintrat, nahm von Schack, der sich bald als einer seiner fähigsten jungen Offiziere erweisen sollte, seinen Dienst auf.

Auch ein anderer junger Mann, der später unter von Ruckteschell auf dessen Hilfskreuzern diente, begann in diesem Jahr seine Ausbildung bei der Marine. Konrad Hoppe stammte nicht aus einer Familie mit militärischer Tradition, doch fand er bei der Marine die Unabhängigkeit, die er suchte.[18] Sein Großvater war ein angesehener Baumeister und Steinmetz gewesen, dem eine erfolgreiche Firma gehört hatte. Nach seinem Tod übernahm der jüngste Sohn, Konrads Onkel, die Firma, die während der Weltwirtschaftskrise schwer zu kämpfen hatte. Konrads Vater, in Sorge um das Wohlergehen seines Sohnes, stritt um sein Erbteil. Dieser

Familienzwist war für Konrad unerträglich, und er suchte nach einem Ausweg. Wie die meisten anderen Jungen auch war er in der Hitlerjugend gewesen und hatte sich dort an Uniformen und militärische Disziplin gewöhnt. 1934 besuchte ein Anwerbungsoffizier der Marine seine Schule, und Konrad Hoppe ließ sich begeistert von dessen Seegeschichten verführen. Er glaubte eine Möglichkeit gefunden zu haben, sich unabhängig zu machen und den Familienzwistigkeiten zu entgehen, und entschied sich für den Dienst bei der Marine. Seine erste Ausbildung erhielt er an der Marineschule Stralsund, darauf folgte ein Ausbildungskurs auf dem veralteten Linienschiff *Schlesien*, das 1902 gebaut worden war und auf dem er praktische Erfahrungen sammelte. Anschließend besuchte er ein Jahr lang die Marineschule in Flensburg-Mürwik, dasselbe Ziegelsteingebäude, in dem auch von Ruckteschell sein erstes Jahr absolviert hatte. Nach weiterer Ausbildung auf der *Königsberg*, einem kleinen Kreuzer, beschloss Hoppe, sich auf das neue Gebiet der Marineluftfahrt zu spezialisieren. Er besuchte Lehrgänge in Navigation, Marineartillerie, Torpedoeinsatz und Funk, doch sein Spezialgebiet war das des Flugbeobachters. Im Oktober 1938 wurde er als Oberleutnant zur See dem Marinefliegerhorst auf der Nordseeinsel Borkum zugewiesen. Das Leben auf Borkum gefiel dem jungen Offizier, er mochte seine Arbeit in der Verwaltung, er mochte die Insel, die Menschen dort und vor allem die jungen Frauen. Sechzig Jahre später noch erinnerte sich Hoppe an die Zeit auf Borkum als die schönste seines Lebens – trotz des näher rückenden Krieges.

Als Hoppe und von Schack zur Marine gingen, erhielt ein anderer junger Mann eine Ausbildung ganz anderer Art. Jürgen Herr, mehrere Jahre jünger als Hoppe und von Schack, war 1936 der erste Austauschschüler eines Landes außerhalb des englischen Sprachraums an der Kent School in Kent, Connecticut.[19] Die ausgezeichnete weiterführende Privatschule, die eine hohe akademische Reputation besaß und als innovativ galt, ging ein gewisses Risiko ein, als sie einen deutschen Schüler aufnahm, doch Gleiches lässt sich auch von Jürgen Herr sagen, der den Mut bewies, als Erster an diesem neuen Austauschprogramm teilzunehmen. Er besuchte die Kent School von Juni bis Dezember 1936 und fand dort Freunde fürs Leben. Doch nicht einmal ein Jahr nach seiner Rückkehr stand er bei der Marine in Ausbildung und sollte in einen Krieg ziehen, in dem seine ehemaligen Klassenkameraden aus Kent auf der anderen Seite kämpften.

Jürgen Herrs Vater war Offizier bei den Panzerverbänden; während des Zweiten Weltkriegs stieg er bis zum General der Panzertruppe auf. Angesichts der Erneuerung der deutschen Marine war es ein folgerichtiger Schritt für Jürgen Herr, sich im Oktober 1937 zur Offiziersausbildung zu melden. Nach der Grundausbildung in Stralsund hatte er das Glück, seine Ausbildung auf einem funkelnagelneuen Schulschiff, dem Rahsegler *Horst Wessel*, zu absolvieren, der heute als *Eagle* der US Coast Guard dient. Zunächst segelte die *Horst Wessel* zu den Kanarischen Inseln, dann über den Atlantik nach Trinidad und hinauf zu den Bermudas, bevor sie im Sommer 1938 heimkehrte. Herr hielt diese Reise für das schönste Erlebnis seiner Zeit bei der Marine. Eine weitere Fahrt auf der *Schlesien* führte ihn nach Havanna, Barbados, Jamaika und Cork in Irland. Er beendete gerade seine Ausbildung an der Marineschule in Flensburg, als 1939 der Krieg begann.

Nach ihrer modernen, gründlichen Ausbildung zogen von Schack, Hoppe und Herr unter Hellmuth von Ruckteschells Kommando in den Krieg. Nach dem Deutsch-Englischen Flottenabkommen von 1935 und der dadurch erreichten Lockerung der Beschränkungen aus dem Versailler Vertrag war eine Vergrößerung der Flotte möglich geworden. Von Ruckteschells Marinelaufbahn kam wieder in Bewegung, verkomplizierte aber zugleich sein Leben. Die fünf Jahre seit seiner Reaktivierung als Reserveoffizier waren kontrastreich und widersprüchlich verlaufen. Obwohl es sich angeboten hätte, in Bremen zu bleiben, von wo aus die größeren Marinestützpunkte leicht zu erreichen waren, verkaufte von Ruckteschell 1935 sein Haus. Das dürfte ihm nicht leicht gefallen sein, denn er verkaufte sein selbst entworfenes, mit seiner Hände Arbeit geschaffenes Eigentum. Es war das Haus, in dem er mit Annemarie gelebt hatte und mit dem sich vermutlich gute wie schlechte Erinnerungen verbanden. Die wirtschaftliche Lage des Landes war noch nicht sonderlich gefestigt, und da ihm geschäftlicher Ehrgeiz fehlte, zog er nach Baden-Baden, wo seine Brüder Walter und Gerhard lebten, und eröffnete gemeinsam mit Gerhard eine Werkstatt.

Vermutlich zu diesem Zeitpunkt kam von Ruckteschell auf der Suche nach Sinn und einem geistigen Halt in Berührung mit der religiösen Gruppierung der Christengemeinschaft, die aus der anthroposophischen Bewegung Rudolf Steiners hervorgegangen war.[20] Es gab eine lockere familiäre Bindung zu Steiner, da von Ruckteschells ältere Schwester Margarethe 1879 Eduard F. A. von Sievers und 1914 Rudolf Steiner Marie von Sievers geheiratet hatte. Zudem war Marie von Sievers entfernt mit der Familie von Ruckteschell verwandt. Dieser Verbindung mag es zuzuschreiben sein, dass Hellmuth von Ruckteschell unter den Einfluss der Ideen Steiners geriet. Da Steiner selbst Bildhauer und Baumeister war und zugleich Förderer der Kunst und der Musik, ist es vorstellbar, dass von Ruckteschell ihm nacheiferte, als er sein neues Haus entwarf und baute, und darüber hinaus ein anerkannter Holzschnitzer wurde. Von Ruckteschells weiteres Leben war geprägt von Spiritualität und religiösen Überzeugungen, die seine Persönlichkeit und sein Agieren im Zweiten Weltkrieg nur noch rätselhafter erscheinen lassen.

Bald nach der Rückkehr in den Schwarzwald traten die gegensätzlichen Impulse seines neuen Lebens deutlich zutage. Einerseits war von Ruckteschell Handwerker, ein deutscher Durchschnittsbürger, aber eben auch ausgezeichneter Marineoffizier mit einem ihm eigenen Sinn für Disziplin und Ehre. Er absolvierte zweiwöchige Reserveübungen und studierte zugleich an der Kunstakademie in Karlsruhe. In dieser Zeit fand er einen Menschen, der ihm für den Rest seines Lebens zum Ruhepol wurde. 1938 heiratete er die Witwe Amalie Margaret Femerey Reinhardt, die einen Sohn und zwei Töchter aus erster Ehe mit in die Familie brachte.[21] Diese neue Familie von Ruckteschell und der Bruder Gerhard mit seiner Familie zogen gemeinsam auf den Markenhof in der Nähe von Kirchzarten, Hellmuth von Ruckteschells Zuhause für den Rest seines Lebens. Doch verbrachte er nur wenig Zeit dort. Kurz nachdem er sich in Kirchzarten niedergelassen hatte, wurde er in den aktiven Marinedienst einberufen. Von Ruckteschells Leben und das Hunderter anderer sollte grundlegende Veränderungen erfahren durch sein Wirken in dem Krieg, der bald darauf begann.

Kapitel 5 **Kaperschiff!**

Die jungen deutschen Offiziere, die kurz vor Kriegsbeginn ihre Ausbildung beendeten, hatten keine Vorstellung davon, auf was für einem Schiff sie Dienst tun würden. Möglichkeiten gab es viele: Panzerschiffe, Kreuzer, Zerstörer, Torpedoboote und U-Boote. Offiziere wie Konrad Hoppe lechzten danach, in Schlachten heroische Taten zu vollbringen. Hätte man ihnen ein Bild des Schiffs gezeigt, auf dem sie bald dienen sollten, sie wären zutiefst enttäuscht gewesen angesichts des gewöhnlichen HAPAG-Frachters, der Fahrten in den Fernen Osten unternahm – nicht gerade das Schiff der glorreichen Träume eines Marineoffiziers.

Die HAPAG wurde am 12. Mai 1847 gegründet und erlebte ihre Blüte in der zweiten Hälfte des 19. Jahrhunderts als Transporteur von Auswanderern nach Amerika. Nachdem sich das Vertriebsgenie Albert Ballin der Firma angenommen hatte, begann die HAPAG unter seiner Leitung das größte Passagierschiff der Welt zu bauen und das Konzept der Vergnügungsreise zu entwickeln. 1900 brach die *Deutschland* auf ihrer Jungfernfahrt mit durchschnittlich knapp 22,5 Knoten den Geschwindigkeitsrekord für Atlantiküberquerungen und errang das heiß begehrte «Blaue Band». Am Vorabend des Ersten Weltkriegs war die HAPAG mit 175 Schiffen die größte Reederei der Welt. Der Krieg war nicht nur für Deutschland eine Katastrophe, sondern auch für die HAPAG, die all ihre Schiffe verlor. Aus Verzweiflung über den Ruin seiner Firma beging Albert Ballin am 9. November 1918 Selbstmord.

Doch die HAPAG ging nicht unter, und das erste Schiff in ihrem Wiederaufbauprogramm hieß *Albert Ballin*, in Dienst gestellt 1923. Im Laufe der nächsten fünf Jahre kamen weitere Schiffe hinzu, und die HAPAG eröffnete die alten Routen wieder. Die am 12. Dezember 1929 in Dienst gestellte *Neumark*, die von den Howaldtswerken AG gebaut wurde, war der erste von sechs Frachtern, die für den Fernostdienst in Holländisch-Ostindien bestimmt waren. 1930 ließ die HAPAG trotz der Weltwirtschaftskrise die fünf übrigen Frachter der Serie bei fünf verschiedenen Werften bauen und schickte sie auf See. Innerhalb von drei Jahren wurde der deutsche Staat größter Anteilseigner der HAPAG, und die *Neumark* sollte in Regierungsdienste gestellt werden. Im Herbst 1939, nur wenige Wochen nachdem Frankreich und England Deutschland nach dem Einmarsch in Polen den Krieg erklärt hatten, wurde die *Neumark* zum Furcht einflößenden Kaperschiff *Widder* umgebaut.

Die Tradition der Kaperei lässt sich weit zurückverfolgen. Kaperei wird, von Einzelnen betrieben, als Verbrechen angesehen, und doch rufen die Piraten Faszination und romantische Bewunderung hervor – verwunderlich angesichts ihres oftmals brutalen Vorgehens. Wird die Kaperei von Nationen betrieben, scheiden sich die Geister. Sir Francis Drake, der große englische Seefahrer des 16. Jahrhunderts, war sicherlich ein Pirat. Zur Kompensation eigener Verluste und der seines Landes übte er, geschützt durch Königin Elizabeth I., an den Spaniern Vergeltung. Im Laufe der folgenden zweihundertfünfzig Jahre wurde diese Praxis durch so genannte «Kaperbriefe» legitimiert, die von den jeweiligen Regierungen, auch den Vereinigten Staaten, für Schiffe in Privatbesitz ausgestellt wurden und diesen die Erlaubnis gaben, Schiffe einer feindlichen Nation anzugreifen und aufzubringen. Mit einem solchen Freibrief wurden Piraten zu potenziellen Nationalhelden. Ein 1856 in Paris unterzeichnetes Abkommen der «zivilisierten» Nationen der Welt beendete, zumindest theoretisch, diese Praxis.

Die Atempause war nur von kurzer Dauer. Nicht einmal fünf Jahre nach Unterzeichnung des Abkommens wurden die Vereinigten Staaten vom Bürgerkrieg erschüttert, und die wenig industrialisierte Konföderation der Südstaaten griff zu verzweifelten Maßnahmen. Sie verfügte über eine unbedeutende Marine und wenige Frachtschiffe, die sich den Nordstaaten mit ihrer United States Navy und der umfangreichen Flotte von Frachtschiffen und Walfängern stellen mussten. Hinzu kam, dass die Union der Nordstaaten zahlreiche Schiffswerften besaß, bei denen weiter Schiffe gebaut wurden. Die Konföderation stellte anfänglich Freibriefe aus, entwickelte zugleich aber auch längerfristige Pläne, Kaperschiffe, die den Status eines Kriegsschiffes haben sollten, zu bauen und einzusetzen. Bei der Realisierung dieses Plans kamen englische Werften zu Hilfe, britische Seeleute wurden rekrutiert, und die britische Regierung, die sich von einem Sieg der Konföderierten Vorteile versprach, unterstützte das Vorhaben.[1] Diese Schiffe wurden zum Vorbild der *Widder* und anderer deutscher Handelsstör- oder Hilfskreuzer im Zweiten Weltkrieg.

Die C.S.S. *Alabama* war der erfolgreichste «Raider» der Konföderation und von den Frachtschiffen der Union überaus gefürchtet.[2] Es gibt bemerkenswerte Parallelen zwischen bestimmten Einsatztaktiken der *Alabama* unter dem Kommando des wagemutigen Raphael Semmes und jenen von Ruckteschells auf seinen Hilfskreuzern. Beide fuhren unter falscher Flagge und neigten dazu, gegnerische Schiffe zu versenken, statt sie als Beute zu nehmen. Beide nahmen Gefangene auf ihr Schiff, luden sie aber so bald wie möglich auf andere Schiffe um oder setzten sie in Landnähe in ihren Booten aus, und beide griffen in jeweils einem Fall zwei Schiffe gleichzeitig an. Trotz dieser Übereinstimmungen im Vorgehen lassen sich auch deutliche Unterschiede ausmachen, bedingt schon durch die historisch gänzlich anderen Umstände und die verschiedenen Charaktere der Kommandanten.

Die Bemühungen der Konföderation zeitigten keineswegs die Ergebnisse, die die Südstaatler und die Briten sich erhofft hatten. Die Konföderation verlor den Krieg und damit auch alles, was in die Aufrüstung der Marine investiert worden war. Einige der britischen Seeleute hatten ihr Leben gelassen, kaum einer sollte die volle Heuer, geschweige denn irgendwelche der versprochenen Beutegelder erhalten. Nachdem das Ausmaß der britischen Beteiligung an den Kriegseinsätzen bekannt geworden war, führte dies zu einem erheblichen Prestigeverlust Großbritanniens, und als ein internationales Tribunal festlegte, dass Großbritannien den Vereinigten Staaten die ungeheure Reparationssumme von 15,5 Millionen Dollar zu zahlen hatte, war auch der finanzielle Schaden immens.

Noch Jahrzehnte nach dem Amerikanischen Bürgerkrieg wurde die Frage der Handelsstörschiffe und der Umwandlung von Frachtschiffen zu Kriegsschiffen kontrovers diskutiert. Vielen Ländern schien es selbstverständlich, in Kriegszeiten die großen, schnellen Frachtschiffe ihren konventionellen Marineeinsatzkräften zuzuschlagen. Aus diesem Grunde trafen sie Vorkehrungen, Schiffe, vor allem Passagierschiffe, in gut bewaffnete Kriegsschiffe umzuwandeln. Die zweite Haager Friedenskonferenz von 1907 gab eine Erklärung ab, in der das «akzeptierte» Protokoll für diese Art von Schiff festgelegt wurde.[3] Es musste die Flagge der eigenen Nation führen, unter dem Befehl dieser Nation stehen und von einem Kommandanten befehligt werden, der von dem Land, unter dessen Flagge das Schiff fuhr, bestellt war. Die Besatzung unterstand der Befehlsgebung der Marine und hatte die Kriegsordnung zu achten. Im Rahmen dieser und einiger weiterer Festlegungen galten Frachtschiffe als legitime Kriegsschiffe.

Allerdings gab es noch eine wichtige Unterscheidung: Handelte es sich bei diesen Schiffen um Handelsgeleit oder Handelsstörer? War das Schiff ein Frachter, der bewaffnet und in ein Kriegsschiff umgewandelt worden war, um andere Schiffe zu begleiten und gegen Angriffe zu verteidigen oder auf Handelsrouten zu patrouillieren? Oder war es zu einem Kriegsschiff umgebaut worden, um Frachtschiffen des Feindes aufzulauern? Wurden Attacken, wie dies oft geschah, unter Tarnung durchgeführt, dann handelte es sich bei dem Angreifer unwiderlegbar um ein Kaperschiff.

Im Ersten Weltkrieg setzten sowohl die Briten als auch die Deutschen bewaffnete Frachtschiffe ein, wenn auch mit wechselndem Erfolg.[4] Umgebaute Passagierschiffe erwiesen sich als ineffizient, weil sie ungeheure Mengen an Kohle verbrauchten und oft nachbunkern mussten. Frachter waren zwar langsamer, aber wirkungsvoller, weil sie unscheinbar wirkten, weniger Brennstoff verbrauchten und große Mengen an Kohle mitführen konnten. Der deutsche Korvettenkapitän Graf zu Dohna-Schlodien zum Beispiel nutzte die Möglichkeiten eines solchen Schiffs äußerst umfassend. Nachdem er den Auftrag, mit einem umgebauten Frachtschiff ein Minenfeld zu legen, ausgeführt hatte, setzte er die unscheinbare *Möwe* als Angreifer ein und versenkte fünfzehn Frachter, bevor er in seinen Heimathafen zurückkehrte. Nach diesem Erfolg machten sich weitere Kaperschiffe auf den Weg über die Weltmeere. Am romantischsten, wenn auch nicht am erfolgreichsten, war wohl die Dreimastbark *Seeadler*. Der Segler, der ein Bild der Unschuld bot, wurde kommandiert von Felix Graf von Luckner, der noch Jahrzehnte nach dem Krieg in aller Welt faszinierende Vorträge über seine Kriegsabenteuer hielt. Ein anderes Schiff, die *Wolf*, war fünfzehn Monate ununterbrochen unterwegs, so lange, dass die Admiralität die Angehörigen der Besatzungsmitglieder benachrichtigte, das Schiff sei höchstwahrscheinlich untergegangen. Ihr Kommandant Dr. Karl August Neger erhielt für diese Rekordfahrt den Orden Pour le Mérite, auch «Blauer Max» genannt, und sein Bericht wurde zum Lehrbuch für die Kaperkapitäne des Zweiten Weltkriegs.

Nach dem Kriegseintritt Englands war es für die schlecht vorbereitete deutsche Marine keine Frage, dass sie auch Handelsstörer einsetzen würde. Nach den Bestimmungen des Londoner Flottenabkommens von 1935 durfte die deutsche Marine nur über eine Anzahl von 35 Prozent der Überwasserschiffe und 45 Prozent der U-Boote verfügen, die bei der Royal Navy in Dienst standen.[5] Eine weitere Klausel sah vor, dass die U-Boot-Stärke jener der Briten angepasst werden durfte, wenn im Gegenzug die Deutschen in anderen Bereichen Tonnage aufgaben. Die Deutschen ihrerseits hatten eingewilligt, dass sich ihre U-Boote im Falle eines Krieges an das internationale Recht halten würden, welches das Versenken von Schiffen ohne vorherige Warnung untersagte. Mit dem Beharren auf diesem Abkommen hatten die Briten ihre seit langem gehegte Ablehnung eines uneingeschränkten U-Boot-Krieges bekräftigt. Anfänglich war Hitler davon überzeugt gewesen, seine Expansionspläne durchsetzen zu können, ohne in einen Krieg mit Großbritannien gezogen zu werden, für den er eine starke Marine brauchen würde. Sein Hauptaugenmerk lag Mitte der dreißiger Jahre eher auf der Ausweitung des Heeres und der Luftwaffe, nicht auf dem Ausbau der Marine. 1938 war sich Hitler allerdings nicht mehr sicher, ob sich ein Konflikt mit England vermeiden ließe. Er kündigte das Abkommen auf, nachdem er zunächst unter seinem Schutz in der U-Boot-Stärke gegenüber den Briten aufgeholt hatte. Deutschland bereitete sich auf einen Krieg gegen die größte Seemacht der Welt vor, und das obwohl das Land trotz der plötzlichen Anstrengungen in der U-Boot-Produktion für einen größeren Krieg zur See nicht gerüstet war.

Als Frankreich und England am 3. September 1939 Deutschland den Krieg erklärten, äußerte Erich Raeder, Großadmiral und Oberbefehlshaber der Kriegsmarine, dass für seine Marine angesichts der geringen Zahl an Schiffen und der mangelnden Einsatzbereitschaft kaum mehr zu erreichen wäre, als «kämpfend und in

Ehren unterzugehen».[6] Die Auseinandersetzung, die Hitler geglaubt hatte vermeiden zu können, stand unausweichlich bevor, und die deutsche Marine verfügte nur über geringe Ressourcen. Wie schon im Ersten Weltkrieg lagen die Hoffnungen insbesondere auf der U-Boot-Flotte, doch dauerte es, bis dieser Teil der Marine aufgebaut war. Raeder wusste aus Erfahrung, wie abhängig die Britischen Inseln von ihren Frachtschiffen waren und wie verwundbar gerade in diesem Punkt. Um 1939 brachten über 2500 Schiffe fast 70 Millionen Tonnen an Gütern jährlich auf die Insel. Die Strategie der Deutschen zielte darauf ab, den Willen der Briten zu schwächen, indem diese Nachschublieferungen behindert wurden. Eine schnelle Möglichkeit, die britischen Transporte empfindlich zu treffen, lag in den Kaperschiffen. Man konnte vorhandene Frachter aus ihrer Verwendung nehmen, sie kurzfristig umbauen und in die Offensive schicken. Niemand rechnete damit, dass die Störkreuzer mittels der von ihnen versenkten Tonnage einen wesentlichen Kriegsbeitrag leisten könnten, doch ging man davon aus, dass die psychologische Wirkung nicht zu unterschätzen wäre. Kriegsschiffe würden von anderen Einsätzen abgezogen werden müssen, um Jagd auf die Handelsstörer zu machen, und dies würde den alliierten Seestreitkräften zusetzen. Zwar zeigten die Angriffe durchaus Wirkung, doch hatten sie nicht den gewünschten demoralisierenden Effekt. Wie schon im Ersten Weltkrieg unterschätzten die Deutschen auch diesmal Stärke und Einsatzbereitschaft der britischen Seeleute.

Zwei Tage nach der Kriegserklärung erging der Ruf nach Hilfskreuzern. Die Deschimag-Schiffswerft in Bremen erhielt den Auftrag zum Umbau der *Goldenfels*, Blohm & Voss in Hamburg den für die *Kurmark* und die *Neumark*. Das deutsche Marineoberkommando verlangte, dass diese Schiffe in wenigen Monaten bereitzustehen hatten. Ende November wurde der Umbau von weiteren neun Schiffen geordert, alle zwölf Hilfskreuzer sollten im Frühsommer 1940 einsatzbereit sein. Schnell wurde klar, dass dieser Terminplan nicht einzuhalten war. Da das gesamte Militär in kürzester Zeit mobilisiert wurde, waren Rohstoffe kostbar, und jede Teilstreitkraft der Wehrmacht kämpfte um ihre Projekte. Die Werften bemühten sich um Stahl, Aluminium, Decksausrüstung, Funkgeräte, Kompasse und Waffen und sahen sich vor die schwierige Aufgabe gestellt, die Frachter in schlagkräftige Kriegsschiffe zu verwandeln, ohne deren Erscheinungsbild zu verändern.

Diese Probleme stellten sich auch den Ingenieuren und Arbeitern von Blohm & Voss beim Umbau der *Neumark*, eines mittelgroßen Frachters von 145 Metern Länge und 7851 Bruttoregistertonnen.[7] Das entsprach einer Ladekapazität von über 16 800 Kubikmetern für Schüttgut wie Korn und zusätzlichen 2800 Kubikmetern tiefgekühlten Raums für verderbliche Güter. Vor 1939 waren die Kessel, die den Dampf für die vier Turbinen produzierten und die ursprünglich mit Kohle befeuert wurden, auf Öl umgestellt worden. Ein Schiff dieser Größe hatte in der Handelsmarine eine Besatzung von 64 Mann. Nach ihrem Umbau zum Hilfskreuzer *Widder* sollte die *Neumark* eine Besatzung von mehr als 360 Offizieren und Mannschaften aufnehmen.[8] Dies bedeutete, dass der Laderaum umgewandelt werden musste in Wohndecks, in denen die Besatzung schlief, ein Messedeck zur Verpflegung und in nutzbare Werkstätten, die die *Widder* auf langer Fahrt so unabhängig wie möglich machen sollten. Dazu gehörte auch eine Reparaturwerkstatt mit dem erforderlichen technischen Gerät für größere Instandsetzungsarbeiten, die angesichts der fünfzehn Jahre alten Maschinen unerlässlich waren. Neben den Decks zur Unterbringung und Verpflegung der Mannschaft wurde Platz zum Bunkern von Treibstoff, Nahrungsmitteln, Ersatzteilen und anderem mehr benötigt. Besonders wichtig waren die Kammern für die gefährliche Munition und die Aufzüge, um diese Munition zu den Geschützen zu befördern. Die *Widder* hatte zudem zwei Flugzeuge an Bord, die verborgen und vor der Witterung geschützt gestaut werden mussten, bis sie zu Aufklärungsflügen eingesetzt werden konnten. Und der Umbau sollte Platz schaffen für die Gefangenen – die Besatzungen der gekaperten Frachtschiffe sollten aus ihren Rettungsbooten geholt und in besonders gesicherten Unterkünften tief unten im Rumpf des Schiffs einquartiert werden. Die *Widder* hatte, wie auch andere Hilfskreuzer, einen Raum für die gefangen genommenen Offiziere und einen weiteren für die Mannschaften. Der von Rassendünkel geprägten Zeit entsprechend gab es sogar Bemühungen, die Unterbringung der Gefangenen zudem getrennt nach Hautfarbe vorzunehmen. Da die Gefangenen versorgt werden mussten, war weiterer Stauraum für Nahrungsmittel vonnöten.

Den Innenraum des Schiffes aufzuteilen und zu berechnen, welche Auswirkungen diese Veränderungen auf seine Stabilität und seine Manövrierfähigkeit haben würden, war an sich schon eine schwierige Aufgabe, noch komplexer jedoch gestaltete sich dieses Problem auf dem Oberdeck. Die *Widder* sollte von Waffen strotzen und trotzdem weiterhin den Anschein eines Frachtschiffs erwecken. Das Erscheinungsbild musste den Ausguck auf anderen Schiffen ebenso täuschen wie Aufklärungsflugzeuge, die ein Schiff mehrfach zwecks Inspektion überflogen. Ein einziger Schwachpunkt konnte zur Katastrophe führen, die alliierten Streitkräfte alarmieren und den Jäger zum Gejagten machen. Am wichtigsten war die Frage, wo die größten Geschütze platziert werden sollten, sechs alte Marineartilleriekanonen aus dem Ersten Weltkrieg mit Projektilen von 15 Zentimetern Durchmesser. Diese schlagkräftigen Waffen brauchten für ihre Fundamentierung verstärkte Decks, die ihre fünf Tonnen Gewicht tragen und den Rückstoß auffangen konnten. Fünf dieser Kolosse wurden auf dem Hauptdeck aufgebaut, wo allerdings das Schanzkleid aus massivem Stahl rings ums Deck den Feuerwinkel einschränkte und insofern ein Problem darstellte. Die Lösung war eine einfache, wenn auch mühsame Technik: Das Schanzkleid wurde in Abschnitte aufgeteilt und am Boden mit Scharnieren versehen. Auf Befehl hin löste die Mannschaft, die sich hinter diese Stahlwände kauerte, die einzelnen Abschnitte und legte sie an Deck oder über die Seiten. Vier der Geschütze standen auf dem Oberdeck vor den Aufbauten, je zwei an Backbord und zwei an Steuerbord hinter dem abklappbaren Schanzkleid.

Von Nachteil bei dieser Anordnung war, dass auf dem Vorschiff stets nur zwei der vier Geschütze gleichzeitig feuern konnten, da sich immer jeweils zwei auf der dem Gegner abgewandten Seite des Schiffs befanden. Die anderen beiden Geschütze standen hinter den Aufbauten auf der Schiffsmittellinie, sodass sie sowohl nach Backbord als auch nach Steuerbord geschwenkt werden konnten, wodurch die *Widder* immerhin vier ihrer schweren Geschütze gleichzeitig auf ein Ziel richten konnte. Entscheidend war nun die Tarnung dieser Geschütze. Auf anderen Schiffen verbargen sie sich in falschen Rettungsbooten oder waren als Decksgerät getarnt. Auf der *Widder* sahen sie aus wie gewöhnliche Decksfracht und Deckshäuser. Frachter transportierten häufig sperriges Gut wie Lokomotivkessel und andere Maschinen- und Ausrüstungsteile, die zu groß waren, um unter Deck geladen zu werden, auf Oberdeck, und oft waren diese Teile in riesigen Holzkisten verstaut, um sie vor der Witterung zu schützen. Die «Decksladung» der *Widder* bestand aus zwei großen Kabelrollen auf beiden Seiten vor den Aufbauten. In ihnen verbargen sich die Geschütze. Die anderen vier Kanonen waren in kleinen Deckshäusern vor und hinter den Aufbauten versteckt, die schnell abgebaut werden konnten, um die Geschütze freizugeben. Mit dieser Bewaffnung verfügte das Schiff über die Möglichkeit, im Abstand weniger Sekunden eine Vierfachsalve von Explosivgeschossen auf bis zu zehn Meilen entfernte Ziele abzufeuern.

Hinzu kam noch ein weit reichendes 7,5-cm-Geschütz direkt am Bug des Schiffs, eine schlagkräftige Waffe, die nach beiden Seiten feuern konnte und vor allem eingesetzt wurde, um einem möglichen Opfer einen Schuss vor den Bug zu geben und es so zum Aufstoppen zu bewegen. Auch am anderen Ende des Schiffs war eine tödliche Waffe installiert, ein doppelläufiges 3,7-cm-Automatik-Geschütz mit der unschuldig klingenden Bezeichnung «Pompom». Der Name rührte von dem Geräusch her, das das Geschütz machte, wenn seine Läufe abwechselnd feuerten. Zu beiden Seiten der Brücke sowie direkt hinter der Bugkanone befanden sich außerdem vier kleinere, aber nicht weniger wirkungsvolle 2-cm-Schnellfeuer-Flugabwehrgeschütze.

Die *Widder* war also gut bewaffnet und in der Lage, jeden Frachter, dem sie begegnete, zur Aufgabe zu zwingen; doch musste sie ihre Opfer auch versenken können. In einigen Fällen setzte nach Aufgabe des feindlichen Schiffs eine Mannschaft über, um Sprengsätze anzubringen, die aus sicherer Entfernung gezündet wurden. Die Hilfskreuzer hatten auch die Möglichkeit, ihr Ziel zu torpedieren. Es war nicht leicht, die großen Rohre zu verstecken, aus denen die Torpedos mit einem Durchmesser von 53 Zentimetern abgefeuert wurden. Auf der *Widder* waren sie zu beiden Seiten der Brücke im Rumpf montiert, die Auslässe verdeckt von Stahlschotten, die oben mit Scharnieren und Gegengewichten versehen waren und einfach wie Markisen aufgeklappt werden konnten. Zu dieser Bewaffnung kamen noch zwei Heinkel-He-114B-Wasserflugzeuge, die den Überwachungsraum des Handelsstörers erheblich erweiterten und Bomben abwerfen konnten. Die Maschinen waren Spezialkonstruktionen, deren Tragflächen sich zwecks besseren Stauens nach hinten abklappen ließen.

Schon als die Umbauarbeiten an der *Neumark* begannen, wurde die Mannschaft für die *Widder* zusammengestellt und über das Kommando entschieden. Reguläre Marineoffiziere, die eigentlich die erste Wahl gewesen wären, lehnten das Kommando ab. Es fragt sich, ob sie den Einsatzmöglichkeiten eines Handelsstörkreuzers skeptisch gegenüberstanden oder nur vor diesem speziellen Schiff zurückschreckten. Vermutlich war es keine verlockende Vorstellung für reguläre, erfahrene Offiziere, mit einem abgetakelten Frachter in See zu stechen und wehrlosen Handelsschiffen aufzulauern, ganz gleich, wie gut bewaffnet ihr Schiff auch sein mochte. Vielleicht hofften sie auf einen glanzvolleren Posten, doch brachten die Erfolge der *Widder* der Mannschaft und ihrem Kommandanten später großen Ruhm ein. Sicher gab auch der Zustand des Schiffes zu denken: ein zehn Jahre alter Frachter mit einem noch älteren Dampfantrieb, der große Mengen Treibstoff brauchte und weniger wirkungsvoll und zuverlässig war als die leistungsstarken Dieselmotoren neuerer Schiffe. Nicht weniger als vier Offiziere lehnten das Kommando auf dem Hilfskreuzer ab.

Hellmuth von Ruckteschells zurückgezogenes Leben im Schwarzwald im Kreise seiner Familie endete 1939. Zwei Tage nach der Kriegserklärung, am Tag der Auftragsvergabe für den Umbau der *Neumark*, wurde von Ruckteschell, Kapitänleutnant der Reserve, wieder in den aktiven Dienst übernommen. Er meldete sich in Bremen zur Ausbildung und erhielt drei Monate später, zwei Tage nach Weihnachten, das Kommando über die *Kobra*, einen Minenleger. Als jedoch ein Offizier nach dem anderen das Kommando auf der *Widder* ablehnte, wurde von Ruckteschell zum Korvettenkapitän befördert und übernahm nach nur zwanzig Tagen auf der *Kobra* am 18. Februar 1940 das Kommando auf dem Hilfskreuzer. Jüngere Offiziere mochten die Möglichkeit haben, ihnen angetragene Kommandos abzulehnen, doch von Ruckteschell, der fast fünfzig war und aus der Reserve kam, konnte nicht wählerisch sein.

Das angepeilte Ziel, die ersten drei Hilfskreuzer, die *Atlantis*, die *Orion* und die *Widder*, im Winter 1939/40 in See stehen zu haben, war schon lange aufgegeben worden, denn die Werften hatten große Mühe, die komplizierte Aufgabe zu bewältigen. Dazu kamen Verzögerungen durch mechanische Probleme und Eisgang auf der Ostsee. Unter den Offizieren der *Widder*, von denen die meisten zur regulären Marine gehörten, regten sich einige Zweifel an der Tauglichkeit eines Reservisten zum Kommandanten; tatsächlich war von Ruckteschell der einzige Reserveoffizier, der einen Hilfskreuzer befehligte. Die Sorge der Offiziere verstärkte sich, als ihr Kommandant kurz nach Dienstantritt an Grippe erkrankte und ihnen bei Probefahrten und beim Ausrüsten des Schiffes keine Hilfe war. Die Offiziere, darunter Torpedooffizier Malte von Schack, Fliegeroffizier Konrad Hoppe und der Erste Offizier Ernst-Günther Heinicke, übernahmen die weiteren Vorbereitungen.

Es lässt sich nur noch schwer feststellen, was genau an Vorräten für die erste Reise an Bord genommen wurde, doch mag die Ladeliste des Hilfskreuzers *Komet* einen Einblick geben.[9] Die *Komet* bahnte sich über die Nordostpassage den Weg in ihr Einsatzgebiet im Pazifik. Mit Hilfe russischer Eisbrecher durchquerte sie das Eismeer nördlich der Sowjetunion und gelangte von Norden in den Pazifik. Der Kommandant Richard Eyssen war vom Ersten bis zum Zweiten Weltkrieg ununterbrochen Berufsoffizier gewesen und hatte gute Kontakte zur Logistik; anscheinend bekam er, was er wollte. Er stand zudem im Ruf, sich gern ein schönes Leben zu machen und üppige Feste zu geben, von daher mögen einige Mengen höher angesetzt gewesen sein als auf anderen Hilfskreuzern; andererseits hatte die kleine *Komet* 100 Mann weniger an Bord als die *Widder*. Die *Komet* begann ihre Fahrt mit folgenden Vorräten an Nahrungsmitteln: 35,6 Tonnen Fleisch, 30 Tonnen Kartoffeln, 60 Tonnen Mehl, 38,1 Tonnen Gemüse, 12,3 Tonnen Fett, 3 Tonnen Kaffee, 5 Tonnen Marmelade, 12 000 Dosen Milch, 10 000 Eier, 1,2 Millionen Zigaretten, 46 000 Zigarren, 100 000 Liter Bier, 5000 Flaschen Schnaps, 25 000 Tafeln Schokolade und

6000 Packungen Kekse. Zudem waren zur Zerstreuung der Besatzung 99 Filme, 540 Schallplatten und eine Bücherei mit 569 Bänden an Bord. Die Ausrüstung der *Widder* dürfte ähnliche Größenordnungen gehabt haben. Dabei ist jedoch zu bedenken, dass die Schiffe sich monatelang selbst versorgen mussten. Auf der *Komet* scheint es alles gegeben zu haben, nur kein Klavier; das aber gab es auf der *Widder*: Fliegeroffizier Konrad Hoppe war begeisterter Hobbypianist und hatte dafür gesorgt, auch auf See klassische Musik spielen zu können.

Die *Widder* war zudem mit 4500 Tonnen Heizöl beladen, was bei einer Geschwindigkeit von zehn Knoten für eine Fahrt einmal um die Welt gereicht hätte; sie verfügte ferner über 1800 Geschosse für die 15-cm-Geschütze, 4000 Schuss für das 3,7-cm-Pompom, 8000 Schuss für die 2-cm-Flakgeschütze, 200 Bomben für die Flugzeuge und Reservetorpedos für die vier Torpedorohre – Rüstung für eine lange und gewalttätige Fahrt.[10]

Die ersten beiden Kaperschiffe hatten die Sperrriegel der Royal Navy, die die deutschen Häfen bewachte, bereits überwunden und befanden sich auf hoher See. Die *Atlantis* war Anfang März aufgebrochen, die *Orion* am 29. März. Anfang Mai 1940 war auch die *Widder* bereit, in See zu stechen.

Kapitel 6 **Die *Widder* auf Kriegsfahrt**

Die Kommandanten der Hilfskreuzer genossen das ungewöhnliche Privileg, den Namen für ihr Schiff selbst wählen zu dürfen. Große Kriegsschiffe trugen Namen mit nationaler und patriotischer Bedeutung, wie die *Admiral Graf Spee* oder die *Deutschland*, kleinere Schiffe Buchstaben und Zahlen, wie *UZ-21*.[1] Die Frachter hießen offiziell einfach «Schiff», gefolgt von einer Nummer. Für seinen Hilfskreuzer *Schiff 21* wählte von Ruckteschell den symbolischen Namen *Widder*. Das kraftvolle Bild des Schafbocks mit mächtigen gebogenen Hörnern, bereit, alle in seinem Revier anzugreifen, passte gut zu seiner Aufgabe. Auf der Schiffszeitung war ein Widderkopf unter Reichsadler und Hakenkreuz abgebildet. Von Ruckteschell und seine Besatzung wollten diesem Namen gerecht werden. Als der Kommandant den Namensvorschlag einreichte, erhielt er umgehend die Genehmigung. Es gab noch einen weiteren Grund für diese Wahl, einen sehr persönlichen, der vielleicht von Marineleitung oder Besatzung nicht gutgeheißen worden wäre: Von Ruckteschell war im März im Sternzeichen des Widders geboren, und so wurde das Schiff dank seines Namens in gewisser Weise zu einem Teil des Kommandanten selbst.

Es gab auch an höherer Stelle Zweifel an von Ruckteschells Eignung für dieses Kommando, unter anderem in Hinblick auf seine Zornesausbrüche; so soll er einen Matrosen bei einem solchen Ausbruch getreten haben.[2] Zu derartigen Eruptionen, die manche seiner Offizierskameraden als «cholerisch» bezeichneten, kam es während der Reise der *Widder* des Öfteren; vor allem die Offiziere mussten sich vor ihnen hüten. Andere Überlegungen betrafen von Ruckteschells Gesundheitszustand. Schon zu seiner Zeit als U-Boot-Kommandant, während deren er unter hoher Anspannung gestanden hatte, waren erste Krankheitssymptome aufgetreten, und es ist nur wahrscheinlich, dass sich diese ob der Lebensumstände unter den Bedingungen der Flucht und später in den zwanziger und dreißiger Jahren noch verschärft hatten. Auf der *Widder* plagten ihn Magenprobleme und heftige Migräneanfälle. Trotz allem erwies er sich als zäh und erfüllte eisern seine Pflicht, doch belasteten seine Probleme die Beziehungen zu den Offizieren wie den Mannschaften.

Am Sonntag, dem 5. Mai 1940, rechnete die Besatzung der *Widder* nach einem obligatorischen Gottesdienst an Bord mit Landgang.[3] Direkt im Anschluss an den Gottesdienst jedoch befahl von Ruckteschell zu aller Erstaunen und Unmut, seeklar zu machen. Es sollte durch den Kaiser-Wilhelm-Kanal, heute Nord-Ostsee-Kanal, gehen, an dessen Ende sie die Elbe und die Gefahrenzone kriegerischer Aktivitäten erwartete. Da die Abreise aus Kiel nicht angekündigt worden war, waren nur wenige Familienangehörige und Freunde anwesend, als die *Widder* ablegte. Eine Frau jedoch winkte von der Holtenauer Hochbrücke über dem Kanal: Es war die Gattin des Kommandanten, die offenbar von der Abreise gewusst hatte. Damit begann die einhundertachtzig Tage dauernde Reise der *Widder*.

Die Seekriegsleitung (SKL) hatte entschieden, dass die *Widder* ganz allein in einem der wichtigsten Einsatzgebiete des Atlantiks patrouillieren sollte. Die wesentlichen Schifffahrtsrouten zwischen den nordamerikanischen Häfen und Großbritannien lagen nördlich dieses Einsatzgebietes, im Nordatlantik, aber dort agierten die U-Boote. Doch auch in von Ruckteschells Gebiet gab es regen Schiffsverkehr von und nach Europa, dem Mittelmeer, der Karibik und Südamerika. Das Einsatzgebiet war riesig, und die *Widder* konnte ungehindert Jagd auf feindliche Schiffe machen. Doch bevor sie das Gebiet erreichte, wo sie unter dem Befehl der SKL stand, musste sie den Sperrriegel entlang der deutschen Küste durchbrechen und die Royal Navy abschütteln. Während der Anreise bis in den Südatlantik unterstand die *Widder* der Kontrolle der Marinegruppe West mit Sitz in Wilhelmshaven. Bei Sonnenaufgang, keine 24 Stunden nach dem Auslaufen, befahl die Marinegruppe West der *Widder*, die Elbe zu verlassen. Die Eskorte von drei Schnellbooten und Begleitflugzeugen dürfte der Besatzung der *Widder* einerseits das befriedigende Gefühl gegeben haben, dass ihr Schiff wichtig genug war, einen derartigen Schutz in Anspruch zu nehmen, sie gab aber andererseits auch Anlass zu der Sorge, dass sie sich nun in eine Gegend wagte, die einen solchen Schutz erforderlich machte. Schon nach wenigen Stunden entdeckten sie ein Periskop, doch dank ihrer Eskorte konnte die *Widder* dem Angreifer ausweichen. Angesichts dieser realen Bedrohung wuchs die Anspannung an Bord. Um 16 Uhr 29 wurden die Blasenbahnen zweier Torpedos gesichtet. Von Ruckteschell als erfahrenem U-Boot-Kommandanten des Ersten Weltkriegs gelang es, der Attacke britischer U-Boote auszuweichen. Um weiteren Angriffen vorzubeugen, beschleunigten die *Widder* und ihr Geleitschutz auf 14,8 Knoten, wechselten häufig den Kurs und fuhren im Zickzack nordwärts, um es einem U-Boot so schwer wie möglich zu machen, Peilung zu nehmen. Nach Sonnenuntergang konnten sie mit zwei Eskorten voraus und einer als Nachhut direkten Kurs auf die norwegische Küste halten. Seit Kriegsausbruch galt Norwegen als neutrales Land, auch wenn man dort Sympathien für Großbritannien hegte. Norwegen hielt streng an seiner Neutralität fest und hoffte, so eine deutsche Invasion zu vermeiden. Die Deutschen jedoch befürchteten, dass die Briten wie schon im Ersten Weltkrieg einen Minengürtel von den Orkney-Inseln bis an die norwegische Küste legen könnten, der die deutschen U-Boote und Schiffe eingekesselt oder sie von ihren Stützpunkten und dem Nachschub abgeschnitten hätte. Zudem wäre der Nachschub an schwedischem Eisenerz versiegt, das per Eisenbahn aus der Region Porjus (ebendort, wo sich von Ruckteschell als Flüchtling aufgehalten hatte) zum norwegischen Hafen Narvik transportiert und von dort nach Deutschland verschifft wurde.[4] Aus deutscher Sicht war die strategische Bedeutung Norwegens wichtiger als seine Neutralität. Am 9. April 1940 begannen die Deutschen mit einem massiven Angriff von Marine, Heer, Fallschirmspringern und Luftwaffe auf die größeren Städte Oslo, Kristiansand, Stavanger, Bergen, Trondheim und Narvik. Der norwegische Widerstand brach nach kaum zwei Monaten zusammen, am 7. Juni ging der norwegische König ins Exil. Die *Widder* fuhr am 7. Mai in norwegische Gewässer ein und befand sich damit inmitten der Kampfzone. Schon im ersten Monat ihres Feldzugs hatten die Deutschen die Häfen unter ihre Kontrolle gebracht, doch noch gab es die Bedrohung durch Minen. 24 Stunden nach Verlassen der Elbe, nach zwei vereitelten U-Boot-Angriffen, bahnte sich der kleine Flottenverband einen Weg durch die Minenfelder vor der norwegischen Küste; das eigene Minenräumgerät war im Einsatz, und der Konvoi folgte zwei kleinen Minensuchbooten. Ein weiteres Periskop wurde achtern gesichtet, doch es kam zu keinem Angriff. Nachdem fünf Minen unschädlich gemacht worden waren, ankerte die *Widder* auf Reede vor Bergen.

Nach einer Ruhepause von 24 Stunden in Bergen, das sich zwar in deutscher Hand befand, von den Alliierten aber aus der Luft angegriffen wurde, lief die *Widder*, jetzt nur von zwei Minensuchern begleitet, im Schutz der Dunkelheit und bei schlechtem Wetter wieder aus. Eins der Minensuchboote ging bei einem Luftangriff am frühen Morgen des 9. Mai verloren, als der Verband den Hafen von Bergen verließ. Es war höchste Zeit für die *Widder*, sich von einem unscheinbaren deutschen Frachter mit Geleitschutz in den neutralen schwedischen Frachter *Narvik* zu verwandeln. Alle Mann, von den wachfreien Heizern über die Unteroffiziere bis hin zu den Offizieren, arbeiteten fieberhaft daran, die Tarnung perfekt zu machen. Die *Widder* fuhr nun allein und war bei aufklarendem Wetter besonders verwundbar. Man hatte ihr Luftaufklärung zugesagt, um sie vor möglichen Gefahren zu warnen, doch traf diese nie ein. Von Ruckteschell zog sich in die Bindness-Bucht im Hjeltefjord nördlich von Bergen zurück und wartete dort auf Luftunterstützung oder trübes Wetter, um einen Ausbruch zu wagen. Vom Ufer aus war das Schiff leicht zu sehen, also wurde der Großteil der Besatzung während der drei Tage, die sie dort vor Anker lagen, unter Deck befohlen. Alle Männer an Deck trugen Zivil. Diese Vorsichtsmaßnahme machte sich bezahlt: Neun britische Flugzeuge überflogen das Schiff, ohne Verdacht zu schöpfen.

Seeleute hegen den Aberglauben, es könnte Unglück bringen, an einem 13. in See zu stechen. Eine Stunde vor Mitternacht brach die *Widder* am 12. Mai auf, um weiter nach Norden zu fahren. Bei Sonnenaufgang tauchte das versprochene Aufklärungsflugzeug auf, eine Heinkel-He-111. Doch der Regen wurde immer stärker, und die Luftunterstützung musste abdrehen. Kurz vor 13 Uhr löste sich in der Entfernung ein bedrohlicher Schatten aus einem Regenschauer. Von Ruckteschell unternahm Ausweichmanöver, doch das Schiff folgte und kam näher. Die Tarnung der *Widder* schien nicht so perfekt zu sein, wie sie gehofft hatten, und ihr Verfolger eröffnete aus einer Entfernung von acht Meilen das Feuer. Die ersten Salven lagen zu kurz. Die *Widder* versuchte immer noch zu fliehen, doch der Angreifer, das britische U-Boot H.M.S. *Clyde*, ging davon aus, dass ein tatsächlich neutrales Schiff schon nach den ersten Schüssen gestoppt und eine Inspektion zugelassen hätte, und setzte den Angriff fort. Von Ruckteschell ließ das Heckgeschütz enttarnen. Daraufhin begann ein anderthalbstündiges Artilleriegefecht, in dessen Verlauf zahlreiche Salven abgegeben, aber keine Treffer gelandet wurden.

Gegen 15 Uhr 30 brach das U-Boot den Angriff ab, nachdem eine Salve des Hilfskreuzers bedrohlich nahe eingeschlagen war. Von Ruckteschell hatte wieder einmal Glück gehabt, dank seiner Fähigkeiten hatte das Schiff den Angriff unbeschadet überstanden; doch es drohten neue Gefahren. Es war damit zu rechnen, dass andere britische Schiffe nach dem mysteriösen Frachter mit seinen professionellen Schießkünsten suchen würden. Um einer Entdeckung zu entgehen, zog sich von Ruckteschell erneut zurück. Er ankerte im Sandsfjord, nördlich von Stadlandet, nahe der Insel Sandsøy, von wo aus er das Gefecht seinen Vorgesetzten meldete und um weitere Luftaufklärung bat. Am folgenden Morgen erhielt er die Nachricht, dass die Luftüberwachung keine britischen Schiffe in der Region gemeldet habe, woraufhin die *Widder* wieder in See stach, diesmal bei stürmischem Wetter, was von Vorteil für sie war. Sie ließen die Küste hinter sich, kreuzten die Schifffahrtsroute für den Verkehr zwischen Großbritannien und Narvik und überschritten am 15. des Monats den Polarkreis. Nach der Begegnung mit vier U-Booten, von denen zwei zu Angriffen führten, und nach der Durchquerung von Minenfeldern bei ständiger Bedrohung aus der Luft hatte die *Widder* den ersten Teil des «Ausbruchs» erfolgreich hinter sich gebracht. Die Kampfgebiete der Nordsee und der norwegischen Küste lagen hinter ihr, doch nun musste die nördliche Umschiffung Islands und die Passage durch die Dänemark-Straße zwischen Island und Grönland gemeistert werden.

Der durchweg hohe Brennstoffverbrauch der *Widder* erforderte ein Nachbunkern, bevor das Schiff Kurs auf den Mittelatlantik nehmen konnte. Es wurde ein Treffen mit dem Versorgungsschiff *Nordmark* weit jenseits des Polarkreises in der Nähe der Insel Jan Mayen vereinbart. Neue Gefahr lauerte, als die *Nordmark* in Sicht kam – Eis. Die *Nordmark* hatte bei Kollisionen mit Eisschollen an

Bug und Heck schwere Schäden erlitten; dennoch gelang es, das benötigte Öl an die *Widder* zu übergeben, die daraufhin mit Kurs Südwest auf ihr vorgegebenes Einsatzgebiet zulief. Die Passage durchs Eis der Dänemark-Straße blieb ereignislos, mit Ausnahme eines Ausweichmanövers, um nicht in Sichtweite eines Dampfschiffs zu geraten, das von Reykjavik nach Jan Mayen fuhr. Die Passage wurde erleichtert durch einen deutschen Trawler, der der *Widder* vorausfuhr. Trotz Nebel und Eis schafften Schiff und Mannschaft am 20. Mai den Ausbruch durch die Straße. Im Atlantik, direkt südlich von Kap Farvel an der Südspitze Grönlands, fuhren sie genau nach Süden entlang des 40. Längengrades West in ihr Operationsgebiet. Zu diesem Zeitpunkt stellten sie fest, dass sich eine starke Vibration aufbaute, wenn das Schiff Fahrt aufnahm, und als sie bei ruhiger See einen Taucher außenbords schickten, mussten sie feststellen, dass sie der Arktis doch nicht unbeschadet entkommen waren. Ein Flügel ihrer einzigen Schraube war verbogen und konnte auf See nicht gerichtet werden; von nun an war das Schiff in seiner Geschwindigkeit stark eingeschränkt.

Um in das vorgesehene Einsatzgebiet mitten im Atlantik zu gelangen, musste die *Widder* die Hauptschifffahrtsrouten zwischen Nordamerika und England kreuzen, die stark von Konvois befahren waren. Die *Anglo-Saxon* war erst einen Monat zuvor auf dem Weg von Halifax nach London hier vorbeigekommen, und eine knappe Woche später würde sie diese Route von London nach Hampton Roads befahren; doch das Schicksal wollte es, dass sich die beiden Schiffe erst nach weiteren drei Monaten begegneten. Ziel der *Widder* war es, die Schifffahrtsrouten unbemerkt zu überqueren, ohne Verdacht zu erregen. Die wenigen Schiffe, die dank des Ausgucks hoch in den Masten gesichtet wurden, konnten gemieden werden, und am 26. des Monats erreichte das Schiff, das nun unter dem Kommando der Seekriegsleitung stand, sein Einsatzgebiet, das größer war als die gesamten Vereinigten Staaten.

Die Aufgabe, in einem solchen Gebiet zu operieren, war ungeheuer, doch konzentrierte sich von Ruckteschell auf einige traditionelle Routen, die er für besonders ergiebig hielt. Am 7. Juni wurde die *Widder* erneut betankt, diesmal von der *Königsberg*; danach bezog das Schiff Position in einer Gegend, die Schiffe auf dem Weg von den Azoren nach Trinidad passierten.

Nach nicht einmal drei Tagen kam ihr erstes Opfer in Sicht. Der Hilfskreuzer passte Kurs und Geschwindigkeit an, um das Schiff abzufangen, das vom Kommandanten als in Ballast laufender Tanker identifiziert wurde, der unterwegs nach Trinidad war, um eine Ladung Öl aufzunehmen. Der erste Kriegseinsatz der getarnten *Widder* war überaus erfolgreich, wenngleich schweres Geschütz aufgefahren werden musste. Der Tanker verfügte über ein einziges 10-cm-Geschütz zur Abwehr, und von Ruckteschell ging kein Risiko ein. Als die *Widder* noch etwa vier Meilen entfernt war, ließ er aus allen zur Verfügung stehenden Rohren feuern. Die ersten beiden Salven verfehlten ihr Ziel, doch die dritte traf und zerstörte die Schiffsantennen, sodass das Opfer keine Gelegenheit mehr hatte, Notsignale zu senden. Die *British Petrol*, aus Glasgow kommend, verwandelte sich in ein Flammenmeer. Der Großteil der Mannschaft floh auf die der *Widder* abgewandte Seite des Schiffs und ging in die Rettungsboote. Achtzehn Minuten nachdem die ersten Schüsse abgefeuert worden waren, explodierte ein Torpedo tief im Rumpf, und eine halbe Stunde später verschwand das Schiff von der Meeresoberfläche.

Die *Widder*, die bei dem Angriff völlig unbeschädigt blieb, nahm die verstörte Mannschaft ihres ersten versenkten Schiffs an Bord. 45 Offiziere und Besatzungsmitglieder wurden gefangen gesetzt. Auch die Krankenstation des Hilfskreuzers war belegt, da neun der Seeleute verletzt worden waren, fünf von ihnen schwer. Am nächsten Morgen verstarb Courthorpe Carrington, einer der Engländer, und von Ruckteschell setzte eine Zeremonie unter der Teilnahme der deutschen Besatzung und der englischen Bordkameraden des Verstorbenen an, um den Toten der See zu übergeben, eine Zeremonie, die seine von der Rudolf Steiner nahe stehenden Christengemeinschaft beeinflusste religiöse Einstellung verriet. Von Ruckteschells Worte vor versammelter Mannschaft lauteten:

> Englische und deutsche Seeleute! Kameraden!
>
> Heute morgen stehen wir vor der sterblichen Hülle eines Menschen, den der Tod von uns genommen hat.
>
> Das Schicksal, das die Menschen heutzutage dazu bringt, sich feindlich gegenüberzustehen, zu töten, zu verletzen und zu quälen, findet seinen Sinn nicht in dieser Zerstörung unser selbst – es sei denn, daß wir dadurch erwachen und nach den guten Seiten in uns suchen und sie finden.
>
> Rings um uns erstreckt sich die offene See, die uns allen vertraut ist, über uns wölbt sich der ewige Himmel mit der Sonne am Tag und den Sternen bei Nacht.
>
> Sie kreisen, folgen den Gesetzen Gottes und verleihen dem Wasser seine Bewegung. Denselben göttlichen Gesetzen folgend, steigen die Seelen vom Himmel herab, um hier auf dieser Erde ihr Schicksal als menschliche Wesen zu erfüllen.
>
> Gleich dem Wandel einer Raupe in ihrer veränderlichen Hülle, die dahinschwinden muß, um einen wunderschönen bunten Schmetterling zu gebären, muß auch unsere sterbliche Hülle schwinden – doch steigt daraus die Seele wie ein Sonnenvogel empor, befreit, hinauf zu ihrem Schöpfer, um dort neue Kraft zu schöpfen und erneut auf die Erde zu sinken, bis die Menschheit erkennt, wie sie in vollkommenem Frieden unter der Sonne leben kann.

Wir begleiten mit Freundlichkeit und innigem Gebet
die befreite Seele unseres Kameraden, und wir bitten sie,
uns Hilfe zu schicken von dort oben aus dem Reich
der Sonne, damit wir als friedliebende Menschen lernen,
in Frieden miteinander zu leben.
Ja, so muß es sein![5]

Dieses bemerkenswerte Dokument spiegelt wohl am deutlichsten die Rätselhaftigkeit Hellmuth von Ruckteschells wider. Im Ersten Weltkrieg hatte er sich als aggressiv operierender U-Boot-Kommandant behauptet, der eine Vielzahl von Schiffen versenkt und ihre Besatzungen in den Tod geschickt hatte. Bei seinem ersten Angriff im Zweiten Weltkrieg zerschoss er das feindliche Schiff und wurde wenig später bei einer Totenfeier geradezu poetisch. Seine Worte enthalten viele Kernbegriffe der Steiner'schen Anthroposophie, Naturbilder, mystische Anklänge und die Vorstellung von der «Wiederverwertung» der Seele. Es wird im weiteren Verlauf der Ereignisse immer schwieriger werden, den Mann hinter diesen Worten mit dem Soldaten in Verbindung zu bringen, der mit zunehmender Härte vorging und dem wegen seiner Kommandotätigkeit auf der *Widder* nach Kriegsende der Prozess als Kriegsverbrecher gemacht wurde. Vereinfacht ausgedrückt hatte es den Anschein, als sei er erbarmungslos im Umgang mit einem namenlosen Feind, doch wurde der Gegner zum Gefangenen, begegnete er ihm rücksichtsvoll, wenn nicht sogar mit Respekt.

Die folgenden zehn Tage brachten mehr Enttäuschungen als Erfolge, vor allem, weil sich die Wasserflugzeuge als nicht einsatzfähig erwiesen. Aufgrund von Motorschäden an beiden Maschinen, die sich nicht reparieren ließen, war die *Widder* von Beginn ihres Einsatzes an ohne Aufklärung. Von Ruckteschell entschied, die 23 Tonnen hochexplosives Flugbenzin und die 200 Flugzeugbomben mit jeweils 50 Kilogramm Sprengstoff über Bord zu werfen, um die Gefahr für das Schiff im Falle eines Beschusses zu verringern. Aber es waren nicht nur die Flugzeuge, die Probleme bereiteten. Das Schiff musste für sechs Stunden aufstoppen, damit an den Ventilen gearbeitet werden konnte; der erste von vielen Maschinenschäden. Kaum war die Maschine repariert, reagierte das Schiff auf einen Geheimdienstbericht, dass sich ihm ein Tanker nähere. Zwei Tage lang suchte die *Widder* und entdeckte schließlich den norwegischen, 9323 Bruttoregistertonnen großen Tanker *Krossfonn*. Das Aufbringen der *Krossfonn* war eine von zwei unblutigen Enterungen der *Widder*: Es wurden zwei Warnschüsse vor den Bug abgefeuert, man sandte eine Nachricht und warnte vor dem Einsatz der Funkgeräte, hisste die Flagge der deutschen Kriegsmarine und brachte so die *Krossfonn* zum Stehen. Es handelte sich um die einzige Prise, die die *Widder* machte. Die Norweger wurden gefangen gesetzt, zu den englischen Gefangenen an Bord genommen, und eine Mannschaft von der *Widder* verbrachte die *Krossfonn* nach Lorient im besetzten Frankreich.

Bald sah sich die *Widder* verwickelt in die heiklen Regeln internationaler Politik: Sie kreuzte an der südlichsten Grenze ihres Einsatzgebietes direkt an der panamerikanischen Neutralitätszone, die Frachtschiffe ohne Furcht vor Angriffen befahren konnten. Angesichts der Unwägbarkeiten ungenauer Navigation war es möglich, dass sich sowohl das Kaperschiff als auch das Opfer knapp innerhalb oder außerhalb der Zone bewegten. Als ein sich in der Sicherheit der neutralen Zone wähnendes Schiff der *Widder* direkt vor den Bug kam, führte das zu einem Angriff, der von großer Bedeutung für von Ruckteschells Leben sein sollte. Die Umstände dieses Angriffs waren Grundlage des ersten der Anklagepunkte, mit denen er später in seinem Prozess als Kriegsverbrecher konfrontiert wurde. Ohne jede Vorwarnung eröffneten die 15-cm-Geschütze das Feuer auf den siebzehn Jahre alten britischen Frachter

Davisian. Die ersten sieben 45-Kilo-Geschoss-Salven zerstörten die Funkeinrichtungen und brachten den beschädigten Frachter zum Stoppen. Als die Besatzung die Rettungsboote abfierte, stellte die *Widder* korrekterweise das Feuer ein. Wenige Minuten später wurden mehrere Männer gesichtet, die sich zum Heck vorwagten. Obwohl das Schiff sich offenkundig ergeben hatte, entschied von Ruckteschell, dass es sich um einen mutigen, wenn auch hilflosen und praktisch selbstmörderischen Versuch handelte, an das Schiffsgeschütz zu kommen. Er befahl, mit dem Pompom und den 2-cm-Flakgeschützen das Feuer zu eröffnen. Die Männer wurden buchstäblich zerfetzt.

Die vierzig überlebenden Besatzungsmitglieder der *Davisian*, darunter vier Schwer- und zwei Leichtverwundete, wurden geborgen, das aufgebrachte Schiff durchsucht und die Vorräte an Kartoffeln, Dosennahrung, Tabak und Seife übernommen. Versuche, den Frachter durch Fluten zu versenken, scheiterten, also schickten die Deutschen das störrische Schiff mit einem Torpedo auf Grund. Von Ruckteschell sah sich vor ein nicht unerhebliches Problem gestellt: Er hatte 100 Gefangene an Bord, und die Krankenstation war belegt mit Verwundeten. Doch die Jagd an der Grenze zur neutralen Zone hatte sich als erfolgreich erwiesen, und während von Ruckteschell über die Überbelegung des Schiffes und die Auswirkungen auf die Vorräte nachgrübelte, verfolgte er weiter seine grenzgängerische Strategie. In den Marinen vieler Länder war es üblich, dass Offiziere besser verpflegt wurden als die Mannschaft. Offiziere, Mannschaft und Gefangene auf der *Widder*, wie auch auf anderen Hilfskreuzern, bekamen dasselbe Essen in derselben Menge. Bei hundert zusätzlichen Mann wurde die Lage allerdings prekär.

Am 13. Juli näherte sich das gut getarnte Kaperschiff, ohne Misstrauen zu wecken, bis auf wenige Meilen dem 5228 Bruttoregistertonnen großen britischen Frachter *King John*, der von London nach Vancouver unterwegs war. Der Hilfskreuzer feuerte eine volle Breitseite. Der unmittelbare Schaden war so groß, dass das Schiff erkennbar geschlagen war; da meldete Kapitänleutnant Kindler, dass die *King John* «SOS» funkte. Erneut wurde der Frachter heftig unter Beschuss genommen; das Pompom zerstörte die Brücke und das Geschütz am Heck, wo zudem die gelagerte Munition explodierte. Damit war der Angriff rasch beendet, doch von Ruckteschells Gefangenenproblem wurde noch drängender.

Die Besatzung der *King John* zählte 59 Mann, da das Schiff 21 Überlebende eines panamaischen Frachters aufgenommen hatte, der von einem U-Boot versenkt worden war. Von Ruckteschell sah sich mit einer unerträglichen Situation konfrontiert. Es handelte sich hier nicht nur um eine recht große Gruppe, sondern bei der Besatzung des panamaischen Dampfers zudem noch, wie er später abfällig vermerkte, um «Jugoslawen, Portugiesen, Maltesen und ein[en] Spanier, ‹ein dreckiges und verlaustes Volk›»[6]. Von Ruckteschell nahm nur den Kapitän der *King John*, den Leitenden Ingenieur und sieben verwundete Besatzungsmitglieder an Bord; die anderen ließ er in den Booten; eine Entscheidung, deren Folgen noch Jahre später diskutiert wurden.

Von Ruckteschell wusste, dass es bis zu den Kleinen Antillen nur 240 Seemeilen waren. Er ließ die Rettungsboote der *King John* und das größte seiner eigenen Rettungsboote mit Vorräten, Wasser, Schwimmwesten, Segeln und Kompassen ausrüsten. 40 Mann und der Erste Offizier der *Davisian* wurden zu der Besatzung der *King John* in die drei Boote gebracht. Anschließend wandte man sich wieder der *King John* zu, die sich nur schwer versenken ließ.[7] Sprengstoff musste an Bord gebracht, ein weiterer Torpedo eingesetzt, und nicht weniger als 42 Schuss aus dem 7,5-cm-Geschütz mussten abgefeuert werden. Kapitän George E. Smith gab in einer späteren Aussage an, dass von Ruckteschell vor Ärger über diese lästige Arbeit einen Wutanfall bekam.

Nachdem die *Widder* sich von einem Teil der Gefangenen befreit hatte, nahm sie mit Höchstgeschwindigkeit Kurs nach Norden. Als sie außer Sichtweite der Boote war, drehte sie scharf nach Osten ab, um das Gebiet zu verlassen, in dem es mit Sicherheit zu einer Suchaktion kommen würde, sobald die ausgesetzten Seeleute Land erreicht und von dem Geschehen berichtet hatten.

Von Ruckteschells Überlegung, dass es den zurückgelassenen Männern gelingen werde, an Land zu gelangen, erwies sich in diesem Fall als richtig, doch ist fraglich, ob er sich der Konsequenzen seines Handelns bewusst war. Die Boote erreichten am 18. Juli Anguilla, und die Männer erstatteten umgehend Bericht. Die alliierten Marinebehörden wussten nun, warum eine Reihe von Schiffen überfällig war: Im Atlantik fuhren Handelsstörer. Und sie wussten auch, dass einer davon als schwedischer Frachter *Narvik* getarnt war. Es war dies der erste Augenzeugenbericht, der bei den Behörden einging. Die Besatzung der *Davisian* berichtete von der grausamen Vorgehensweise von Ruckteschells, womit dessen Weg hin zu einem Kriegsverbrecherprozess vorgezeichnet war. Die Tarnung der *Widder* war aufgeflogen, und das Schiff musste nun so schnell wie möglich sein Erscheinungsbild ändern. Also verließ es die üblichen Schifffahrtsrouten.

Im Laufe der nächsten zwei Wochen beseitigte die Besatzung jeden Hinweis darauf, dass das Schiff früher einmal die *Narvik* gewesen war, und gab ihm das neue Äußere der *El Neptuno*. Die Erkenntnis, dem Feind seine Anwesenheit verraten zu haben, veranlasste von Ruckteschell, sich Gedanken über die Zukunft des Schiffes zu machen. Er rief seine Offiziere zusammen, und nachdem Kaffee und Gin serviert worden waren, legte er seine neue Taktik dar. Sie stammte noch aus seiner Zeit als U-Boot-Kommandant, und sein Erster Offizier Heinicke, der in den Anfangstagen des Zweiten Weltkriegs ebenfalls U-Boot-Kommandant gewesen war, durchschaute schnell das Konzept. Die *El Neptuno* sollte sich einem Opfer bei Tag heimlich nähern und dann im Schutz der Dunkelheit überraschend frontal angreifen. Der wichtigste Antrieb bei dieser neuen Taktik war die Sorge um Schiff und Besatzung. Sie hatten erfahren, dass alle britischen Schiffe den Befehl erhalten hatten, im Fall eines Angriffs sofort einen Funkspruch abzusetzen.[8] Der Positionsangabe sollte «RRRR» vorangehen, wenn der Angriff von einem unbekannten Kriegsschiff erfolgte, «QQQQ», wenn es sich um ein Kaperschiff handelte, und «SSSS», wenn es ein U-Boot war. Darüber hinaus war den Engländern befohlen worden, sich zu verteidigen, also das Feuer zu erwidern, was den Kaperschiffen gefährlich werden konnte. Von Ruckteschell war es offenkundig lieber, einen Feind derart mit Geschützfeuer zu belegen, dass dieser sich nicht mehr wehren konnte, als seine Besatzung in Gefahr zu bringen. Es wurde auch gemunkelt, dass die englischen Seeleute den Befehl hatten, noch von den Rettungsbooten aus mit Pistolen und Gewehren zu kämpfen, doch war dies Gerücht möglicherweise eine Propagandalüge der Nazis, denn es erscheint ziemlich unwahrscheinlich, dass ein in Seenot geratener Seemann auf einem winzigen Boot den selbstmörderischen Versuch unternimmt, mit Pistole oder Gewehr auf ein sich vor ihm auftürmendes gut bewaffnetes Kriegsschiff zu feuern. Doch all diese unbestätigten Informationen schienen von Ruckteschell nervös und argwöhnisch zu machen. Während seiner Einsätze im Ersten Weltkrieg hatte er keinen einzigen Mann verloren, und offenkundig wollte er diese Bilanz halten, ganz gleich, was er dafür würde tun müssen.

Es dauerte nicht lange, bis er Gelegenheit bekam, seine neue Taktik in die Praxis umzusetzen, doch nahmen die Ereignisse eine besonders grausame Wendung. Am Morgen des 4. August wurde ein Tanker gesichtet, und die heimliche Annäherung begann. Die *Widder* hielt sich etwa zwanzig Meilen entfernt. Nach Einbruch der Dunkelheit kam das Kaperschiff auf anderthalb Meilen heran und eröffnete aus allernächster Nähe aus den 15-cm-Geschützen das Feuer auf den norwegischen Tanker *Beaulieu*. Der Tanker erhielt neun Volltreffer und kam schwer beschädigt zum Stehen. In einem Hagel von 3,7-cm- und 2-cm-Geschossen flüchteten sich die überlebenden Besatzungsmitglieder in die Rettungsboote und ließen sie zu Wasser. Der Jäger umkreiste seine Beute und versuchte, das Schiff mit einem Torpedo zu versenken; als sich dieser als defekt erwies, wurden Sprengladungen eingesetzt. Aus Furcht, dass andere Schiffe, vor allem Kriegsschiffe, die sich womöglich in der Nähe aufhielten, auf die Flammen aufmerksam werden könnten, befahl von Ruckteschell zum Entsetzen vieler seiner Offiziere und Mannschaften abzudrehen, ohne auch nur den Versuch zu unternehmen, nach Überlebenden zu suchen. Diese Entscheidung, die Männer in ihren offenen Booten 1200 Meilen von jeder Küste entfernt auf offener See zurückzulassen, war vor allem deswegen unverständlich, weil der Hilfskreuzer über Platz für weitere Gefangene verfügte. Insbesondere der Erste Offizier Ernst-Günther Heinicke äußerte sich dementsprechend. Von Ruckteschell versuchte sich vor seinen Offizieren und der Mannschaft zu rechtfertigen, hatte damit aber nur wenig Erfolg.

Andere Hilfskreuzer-Kommandanten, wie zum Beispiel Kurt Weyher von der *Orion*, gingen anders vor.[9] Weyher suchte fünf Stunden lang nach Überlebenden der *Turakina*, und das, obwohl das Schiff noch Notsignale hatte geben können und Weyher wusste, dass Kriegsschiffe auf dem Weg waren, die *Orion* aufzustöbern. Als erste Besatzungsmitglieder nervös wurden, weil sich ihre Flucht hinauszögerte, wurden sie streng ermahnt, nicht zu vergessen, welche Verantwortung sie für andere Seeleute trügen. Zwar verlange der Krieg, so der Kommandant, das Versenken von Schiffen, was zum unglücklichen Verlust von Menschenleben führe, doch kämpfe man, war dieser Kampf vorüber, gegen den gemeinsamen Feind, die See, um so viele Seelen zu retten wie nur möglich. Viele Männer auf der *Widder* fühlten sich keineswegs wohl bei dem Gedanken, dass die Seeleute der *Beaulieu* ihrem Schicksal überlassen worden waren. Diese kaltblütige Tat führte später zum zweiten Anklagepunkt gegen von Ruckteschell.

Wenige Tage nach diesem ersten nächtlichen Angriff führte der Schiffsarzt Dr. Negenborn ein persönliches Gespräch mit von Ruckteschell und überzeugte ihn offenbar davon, sich möglichen Überlebenden gegenüber humaner zu zeigen. Nach dem nächsten Überfall wurden alle 34 Besatzungsmitglieder des holländischen Frachters *Oostplein* abgeborgen; niemand war verletzt worden, niemand wurde vermisst. Der Angriff war verlaufen wie im Fall der *Beaulieu*: Beschatten am Tage, übermächtiger Angriff und schneller Sieg bei Nacht. Von Ruckteschell war erfreut über die Effektivität, die seine neue Taktik bewies. Bei seinem nächsten Opfer bedurfte es nicht einmal der nächtlichen Deckung.

Am 10. August schien ein Bild aus längst vergangenen Tagen am Horizont aufzutauchen. Vor ihnen auf dem umkämpften Atlantik segelte ein wahrhaft anachronistisch anmutendes Schiff: eine von Malte von Schack korrekt identifizierte Bark. Die majestätische finnische *Killoran* war ein neutrales Schiff, das von einem neutralen Hafen zu einem anderen segelte, von Buenos Aires nach Las Palmas, an Bord eine harmlose Ladung Zucker. Wie schon Raphael Semmes auf der *Alabama* 120 Jahre zuvor in diesen Gewässern bemühte sich nun auch von Ruckteschell, die komplizierten Besitzverhältnisse zu bewerten. Er stellte zu seiner Befriedigung fest, dass sich die Ladung in britischem Besitz befand und dass das Schiff deshalb zu versenken sei. Nachdem er die 18 Mann Besatzung an Bord genommen und einen Teil der Ladung requiriert hatte, schickte er dieses Relikt aus vergangenen Tagen auf den Grund des Meeres – unter vollen Segeln. Das nächste Opfer der *Widder* war die *Anglo-Saxon*.

Kapitel 7 **Der Weg in den Krieg**

Das Schiff und die Männer, die der *Widder* zum Opfer fielen, näherten sich auf ganz verschiedenen Wegen ihrem Schicksal in jener Augustnacht. Bei Kriegsausbruch waren die Schiffe und Seeleute der britischen Handelsmarine in aller Welt unterwegs. Im Bordsafe eines jeden Schiffs befand sich ein geheimes Päckchen, bekannt als «Umschlag Z», das nach Eintreffen eines speziellen Funkspruchs vom Kapitän geöffnet werden sollte. Als die Nachricht vom Beginn des Krieges eintraf, befand sich die *Anglo-Saxon* auf dem Heimweg von Australien in der Tafelbucht bei Kapstadt in Südafrika. Inhalt des Umschlags Z waren grundsätzliche Handlungsanweisungen für den Kriegsfall, dazu die Instruktionen, nur in Notsituationen zu funken und neue Routen einzuschlagen, um feindlichem Hinterhalt zu entgehen. Daneben wurde ein geheimes Rufzeichen für das Schiff festgelegt, das bei jeglichem Funkverkehr zu verwenden war.

Mit Öffnen des Umschlags war «Paddy» Flynn, der die *Anglo-Saxon* 1937 übernommen hatte, erneut Handelsseemann in einem Krieg, und er wusste nur zu gut, welche Mühen und Gefahren drohten. Sein Schiff war auf der Werft der Short Bros. Ltd. am Wear gebaut worden, und zwar im selben Jahr wie die *Widder*. Es hatte am Vorabend der Weltwirtschaftskrise 95 000 Pfund Sterling gekostet und die ersten zehn Jahre im konventionellen Frachtschiffsdienst gestanden. Das 130 Meter lange Schiff war mit einer Vierzylinder-Expansions-Dampfmaschine ausgestattet. Der größte Zylinder hatte einen Durchmesser von gut 170 Zentimetern, und drei Kessel erzeugten genug Dampf, um das Schiff mit zehn Knoten voranzutreiben. Kapitän Flynn und sein Erster Offizier Barry Denny hatten schon auf anderen «Anglo»-Schiffen Dienst getan und waren ein eingespieltes Team. Die Besatzung, von der nur die wenigsten Männer Kriegserfahrungen hatten, schaute zu ihnen auf.

Zwei Tage nach Kriegsausbruch verließ die *Anglo-Saxon* die Sicherheit der Tafelbucht und machte sich auf den Weg nach Freetown in Sierra Leone, wo sie zwei Wochen später eintraf. Freetown, das nur wenige Grad nördlich des Äquators liegt, nicht weit der schmalsten Stelle des Atlantiks und der Grenze zum Nordatlantik an der größten Ausbuchtung des afrikanischen Kontinents, war der geeignete Ort, um Konvois für die gefährliche Rückfahrt nach Großbritannien zu bilden. Schiffe, die vom Kap der Guten Hoffnung kamen, vom Kap Horn oder aus Südamerikas Häfen an der Ostküste, konnten dort zusammenfinden. Während des Ersten Weltkriegs hatte sich das System der Konvois als die effektivste Abwehr gegen die U-Boote erwiesen, die die Gewässer rings um Großbritannien unsicher machten und bis in den Alantik hinaus operierten, daher hatte die Admiralty für den Fall eines neuen Krieges Pläne für ein solches System vorbereitet. Man wusste aus Erfahrung, dass die Verlustrate bei unabhängig fahrenden Schiffen viermal so hoch war wie bei jenen, die sich in einen Konvoi einreihten. Neben Freetown galt auch Halifax in Neuschottland als Schlüsselhafen für den Ost-West-Verkehr der Konvois über den Nordatlantik. Nach und nach umspannte ein Netz aus Konvoirouten den ganzen Erdball. Die Erfahrungen während des Krieges zeigten, dass größere Konvois sicherer waren als kleine; so kam es 1944 unter anderem zu einem Nordatlantik-Konvoi von 187 Schiffen. Zu Beginn des Krieges jedoch war es für Kapitän Flynn beruhigend, sich überhaupt einem Konvoi anschließen zu können, der in die Heimat fuhr. Die *Anglo-Saxon* fand in dem Verband aus 23 Schiffen einen sicheren Platz.[1] Als zweites in der zweiten Reihe hatte sie andere Schiffe vor, hinter und neben sich, die Schutz vor einem Angriff boten. Glücklicherweise kam es nicht zu einer Attacke, und drei Wochen später, am 18. Oktober 1939, lief die *Anglo-Saxon* sicher in den Hafen von Avonmouth, England, ein.

Trotz des Funkverbots war die Arbeit eines Funkoffiziers, wie sie Roy Pilcher an Bord des Frachters *Beacon Grange* leistete, zu Kriegszeiten mühsamer und wichtiger denn je. Zwar war der aktive Funkverkehr stark eingeschränkt, doch galt es, die Frequenzen permanent abzuhören: zum einen auf Nachrichten und Anweisungen, die für das Schiff bestimmt waren, zum anderen, um Informationen zu erhalten, was auf See vor sich ging, und um Notsignale zu empfangen, die vor Gefahren warnen konnten. Pilcher hatte eine schnelle Auffassungsgabe und eine gute Ausbildung, und so waren seine Fähigkeiten auf jedem Schiff gefragt. Nach Ausbruch des Krieges und der drohenden Invasion Großbritanniens machte er sich nicht nur Sorgen um das Schiff, auf dem er fuhr, sondern auch um seine Freunde an der englischen Südküste, wo die Deutschen im Falle einer Invasion das Anlanden von Truppen zuerst versuchen würden; und vor allem sorgte er sich um Marion Blake, seine 18-jährige Freundin, die in Shoreham-by-the-Sea wohnte und in Brighton arbeitete. Die beiden waren nicht verlobt, aber Marion erinnert sich noch heute, dass sie «daran dachten». Die Verlobung war für Roy Pilchers Heimaturlaub nach seiner zweiten Fahrt auf der *Anglo-Saxon* geplant. Sollte Roy Pilcher auch um sein Leben gefürchtet haben, nach außen hin bewahrte er eine positive Einstellung. Er wusste um die Wichtigkeit seiner Fähigkeiten, und sein größter Kummer war die Trennung von Marion. Er beneidete seinen Freund Cliff Walder, der als Konstrukteur von Flugzeugmotoren nicht zum Wehrdienst eingezogen wurde und so seine Verlobte Daphne regelmäßig sehen konnte.

Der Vollmatrose Roy Widdicombe geriet schon in den ersten Monaten in die Wirren des Krieges. Bei Kriegsausbruch war er auf hoher See gewesen, und bereits nach kurzer Zeit war das Schiff auf eine Mine gelaufen und gesunken; Widdicombe und seine Kameraden konnten sich in die Boote retten. Sie waren gut ausgestattet und hatten warme Kleidung, Decken, genügend Nahrungsmittel und sogar Rum bei sich. Später deutete er an, dass das achttägige «Martyrium» im Rettungsboot kaum mehr gewesen sei als eine Unannehmlichkeit. Immerhin hatte Widdicombe viel Zeit zum Nachdenken, und er entschloss sich, Cynthia Pitman zu heiraten. Das war allerdings nicht ganz einfach, denn Cynthias Mutter beobachtete die Beziehung argwöhnisch und war gegen die Verbindung. Aber die beiden überwanden diese Schwierigkeiten, und nachdem das Aufgebot bestellt war, heiratete Roy Widdicombe in einem todschicken spanischen Anzug, den er gegen Zigaretten getauscht hatte, im April 1940 in der Trinity Church in Newport, Wales, Cynthia Pitman.

Mit den Ersparnissen aus seinen riskanten Fahrten nach Spanien konnte er ein schlichtes Reihenhaus in der Lewis Street in Newport erwerben. So wurde der gewitzte Seemann mitten im größten Aufruhr des ersten Kriegsjahres Ehemann und Hausbesitzer, und angesichts dieser neuen Situation spielte er mit dem Gedanken, an Land zu bleiben. Auf seiner Fahrt auf der *Quebec City* an die Ostküste der USA sann er darüber nach, den Seemannsberuf ganz an den Nagel zu hängen. Ihm war klar geworden, wie gefährlich dieses Leben war, und ihn schreckte die Vorstellung, möglicherweise erneut versenkt zu werden. Zurück in Newport, schien er in seinem neuen Heim, mit neuer Perspektive und dem Ansehen, die ihm beides verlieh, regelrecht aufzublühen. Im Juli 1940 fühlte er sich hin- und hergerissen zwischen dem Wunsch, bei Cynthia zu bleiben und die Schrecken der deutschen Bombenangriffe, die nun auch Newport erreicht hatten, gemeinsam zu tragen, und dem Zwang, ihren Lebensunterhalt verdienen zu müssen. Er beschloss, ein letztes Mal zur See zu fahren. Am 26. Juli heuerte der Vollmatrose Widdicombe auf der *Anglo-Saxon* an.

Ein anderer Bewohner der Lewis Street hatte gerade eine Tour auf der *Robert L. Holt* hinter sich gebracht und suchte nach einer Koje als Hilfskoch. Leslie Morgan war ein kräftiger, gut aussehender Mann Anfang zwanzig, geboren und aufgewachsen in Newport. Er war lebensfroh und redselig, wenn auch nicht der Schlauste, und der Job als Schiffskoch schien ihm genau das Richtige.

Überall in der Seefahrtsgemeinde Newport waren die Menschen bemüht, mit den Verhältnissen des Krieges fertig zu werden. Die bereits aus dem Ersten Weltkrieg bekannten Rationierungen waren wieder eingeführt worden, um Nahrungsmittel zu sparen und für eine gerechte Verteilung der begrenzten Ressourcen zu sorgen. Die Anspannung aufgrund der deutschen Luftangriffe wuchs. Jim Fowler, siebenunddreißig Jahre alt, hatte den größten Teil seines Lebens auf See verbracht und als «Schmiermax», als ungelernter Mechaniker, in den Maschinenräumen vieler Schiffe gearbeitet.[2] Wie Widdicombe suchte er nach einer Möglichkeit, das Bordleben hinter sich zu lassen, doch auch er spürte den wirtschaftlichen Druck, wieder zur See fahren zu müssen. Er war zwar Junggeselle, doch der Hauptverdiener seiner Familie, zu der auch seine geliebte Nichte Betty zählte. Nach seiner Rückkehr vom Dienst auf der *City of Cairo* war er an Tuberkulose erkrankt und musste eine ganze Weile im Krankenhaus bleiben. Einmal schenkte er der zehnjährigen Betty in einem spendablen Augenblick einen Shilling, den sie, wie er hoffte, in den schlechten Zeiten für sich ausgeben würde. Stattdessen kaufte Betty ihrem Onkel Jim einen neuen Rosenkranz, den er nach seiner Genesung mit auf die *Anglo-Saxon* nahm.

Während diese Männer von einem Schiff auf das nächste wechselten, um schließlich auf der *Anglo-Saxon* zu dienen, brachte das Schiff Ladung um Ladung an Getreide und Kohle über den Atlantik. Ende 1939 verließ es Cardiff mit dem abgehenden Konvoi 42 und unternahm eine Fahrt, die exakt seiner späteren letzten Fahrt entsprach. Mit einer Ladung Kohle ging es nach Buenos Aires, wo die *Anglo-Saxon* 32 Tage später eintraf. Nach einem Zwei-Tages-Abstecher weiter südlich nach Bahia Blanca nahm sie eine Ladung Getreide für den Rückweg auf. Fahrten wie diese wechselten mit kurzen Heimataufenthalten. Während das Schiff im Londoner Hafen festgemacht hatte, verbrachte der gesellige Kapitän «Paddy» Flynn seine freie Zeit zu Hause bei seiner Frau Monica, die Lehrerin war, und mit seinen Brüdern. Man lachte und sang, und Monica begleitete Paddy auf dem Klavier. Zu Desmond, dem Sohn seines Bruders, sagte er augenzwinkernd: «Wenn dieser Krieg vorüber ist, nehme ich dich für ein Jahr mit als Kadett auf mein Schiff, die *Anglo-Saxon*, und mache einen Mann aus dir.» Desmond war später Hauptmann der Artillerie im Kampfeinsatz in Birma.

Die *Anglo-Saxon* schloss sich bei ihrer nächsten Fahrt dem Konvoi OA/OGF 32 an, der von London nach Philadelphia unterwegs war, wo sie eine Ladung Stahl aufnahm. Sie fuhr für zwei Tage nach Halifax und reihte sich dort für den Rückweg in einen anderen Konvoi ein. Die Verlobte des Offiziers Bill Ellis, die in Vancouver an der Pazifikküste lebte, reiste mit dem Zug quer durch Kanada und wartete in Halifax auf Bill und sein Schiff.[3] Dort heirateten die beiden, und mehrere seiner Schiffskameraden, darunter der Erste Offizier Barry Denny und Artillerist der Marine Francis Penny, nahmen an der Hochzeit teil. Am folgenden Tag brach die *Anglo-Saxon* mit Ziel Newport auf, wo sie am 19. Juli eintraf und zu Instandhaltungsarbeiten ins Trockendock kam. Auf der Fahrt nach Halifax hatte es zu den Aufgaben von Bill Ellis gehört, die Rettungsboote mit Notvorräten auszustatten.[4] In weiser Voraussicht dachte er dabei auch an die beiden Jollen. Diese Tatsache sollte in den folgenden Monaten über Leben und Tod entscheiden. Das Schicksal meinte es gut mit Bill Ellis: Er ging von Bord der *Anglo-Saxon* und heuerte auf einem anderen Schiff an.

Der Leitende Ingenieur Eddie Milburn fuhr in Begleitung seiner Frau und seines achtjährigen Sohnes Ted im November 1939 nach einem Heimaturlaub mit dem Zug von Newcastle nach Cardiff, um sich wieder einzuschiffen. Der kleine Ted durfte an Bord der *Anglo-Saxon* bleiben, wo Artillerist Penny auf ihn aufpasste, damit seine Eltern ein wenig Zeit für sich an Land hatten. Ted, der sich riesig über die Gelegenheit freute, überall auf dem Schiff herumstöbern zu können, schaute sich alles genau an: die Unterkünfte, Pennys Geschütz auf dem Achterdeck, ja sogar die kleinen Boote an Bord und auch die Jolle, die nach dem Drama um die *Anglo-Saxon* eine so bedeutende Rolle spielen sollte. Zu guter Letzt bekam Ted Milburn noch ein Geschenk, das er lange hütete – das Mützenabzeichen der Marineinfanteristen von seinem neuen Freund Francis Penny.

Am Vorabend des Zweiten Weltkriegs war Bob Tapscott Leichtmatrose auf dem alten, 1913 gebauten Passagierdampfer S.S. *Atlantis* der Royal Mail Line. Seine erste Fahrt im August 1939 führte ihn in verschiedene Häfen der Ostsee und dann nach Deutschland. Während des Transits durch den Kaiser-Wilhelm-Kanal auf dem Weg nach Hamburg kam deutsches Militär an Bord der *Atlantis* und konfiszierte gewaltsam alle Filme aus den Fotoapparaten der Passagiere. Während dieser Durchfahrt erhielt die *Atlantis* den Befehl, umgehend nach Southampton zurückzukehren; dort traf sie am 25. August ein, acht Tage vor Kriegsausbruch. Innerhalb weniger Tage wurde die *Atlantis* zum Lazarettschiff umgebaut, lief wieder aus und befand sich bei Kriegsausbruch im Mittelmeer. Nach der sicheren Rückkehr nach England wurde Tapscott als Vollmatrose eingestuft; er musterte auf dem Lazarettschiff ab und heuerte auf einem Truppentransporter an, dem vormaligen P&O-Passagierschiff *Orford*, das auf dem Weg nach Australien war. Am 27. Dezember, nach einem Monat Fahrt, traf es in Freemantle ein und fuhr von dort aus nach Sydney, um 1500 Mann mit Ausrüstung und Nachschub an Bord zu nehmen, die am Afrikafeldzug teilnehmen sollten. Im Frühling erreichte das Schiff, im Konvoi mit anderen Truppentransportern, das Mittelmeer und landete Männer und Ausrüstung an. Dann wurde die *Orford* beauftragt, 2000 französische Zivilisten auf Madagaskar an Bord zu nehmen und nach Marseille zu bringen, das in einem zu diesem Zeitpunkt heftig umkämpften Gebiet lag. Auf seiner letzten Fahrt half das Passagierschiff bei der Evakuierung von Truppen des freien Frankreich aus dem Süden des Landes, als es zwischen Toulon und Marseille von deutschen Bombern angegriffen wurde, schweren Schaden erlitt und in Brand geriet.[5] Der Kapitän ließ die *Orford* absichtlich auf Grund setzen, um das Leben der Männer an Bord zu retten. Das *South Wales Echo* berichtete damals über Tapscott: «Er rettete sich als guter Schwimmer selbst ans Ufer.»[6] Die meisten Menschen an Bord überlebten; 14 Mann kamen um, weitere 25 wurden verletzt. Kapitän Savage, die Offiziere und Mannschaften der *Orford* schlugen sich per Eisenbahn nach Cherbourg durch. Obwohl beinahe 1000 Schiffe jeder Art bei der Evakuierung von Dünkirchen eingesetzt waren, fanden sie einen Kanaldampfer, der sie nach England übersetzte. Am 1. Juni 1940 musterte Bob Tapscott auf der *Orford* ab. Der Eintrag in seinem Musterbuch lautete: «Schiff aufgegeben.» Der nächste Eintrag, schon auf der *Anglo-Saxon*, sollte lauten: «Schiff gesunken.»

Der Untergang der *Orford* und der Krieg, der ringsum tobte, zeitigten Wirkung bei Tapscott; nach seiner Rückkehr nach England blieb er zwei Monate an Land. Anfang August war er wieder bereit, zur See zu fahren, sowohl aus finanziellen Erwägungen als auch aus Gründen der Pflichterfüllung für sein Land. Zusammen mit zwei Freunden beschloss er, wieder anzuheuern, doch als sie sich nach einem Schiff umschauten, fanden sie keines, das drei Kojen frei hatte. Zwei Tage vor dem Auslaufen fehlte der *Anglo-Saxon* noch ein Mann, und Kapitän Flynn suchte händeringend nach einem Vollmatrosen. Hilfsbereit, wie er war, heuerte Bob Tapscott an, wenn er auch seine Freunde nur ungern zurückließ.

Während Tapscott mit seinen Freunden noch einen Tag an Land verbrachte, trafen nach und nach weitere Besatzungsmitglieder ein und gingen an Bord. Jim Fowler wurde von seiner Familie begleitet, darunter seine Schwester Liz und ihre Tochter Betty. Sie verabschiedeten sich voneinander, und Jim passierte die Absperrung am Alexandra-Pier, um an Bord zu gehen. Er hörte eine Stimme und drehte sich zu Betty um, die an den Wachen vorbeischlüpfte und auf ihn zueilte. Er fing sie in seinen Armen auf, und um sie zu beruhigen, griff er in die Tasche und zog den Rosenkranz hervor, den sie ihm für ihren kostbaren Shilling gekauft hatte. Wenn er zurückkehre, sagte er, würde er sich Arbeit an Land suchen und bleiben und sich um die Familie kümmern. Er gab Betty den Rosenkranz und bat sie, für ihn darauf aufzupassen. Das kleine Mädchen drückte den Rosenkranz an sich und sah ihren Onkel an Bord verschwinden.

Nach seinem letzten Abend an Land ging Bob Tapscott an Bord und legte sich achtern im Mannschaftsdeck in die Koje, um noch etwas zu schlafen, bevor die *Anglo-Saxon* die Leinen loswarf. Am 6. August verließ das Schiff Newport und fuhr das kurze Stück nach Milford Haven am Westzipfel von Südwales, um sich dort zwei Schiffen aus Häfen entlang des Bristol-Kanals anzuschließen. Nachdem die *Anglo-Saxon* die Nacht zum 7. August in Milford Haven geankert hatte, verließ sie den Hafen mit nördlichem Kurs.

Die *Anglo-Saxon* gehörte zu Konvoi OB 195, der gegen Mittag des 8. August von Liverpool auslief.[7] 27 Schiffe unterstanden dem Kommando von F. A. Sommerville, Kommodore der Royal Naval Reserve. OB 195 bestand aus zwanzig britischen und drei griechischen Schiffen sowie jeweils einem norwegischen, dänischen, schwedischen und holländischen Schiff. Ihre Zielhäfen lagen in Nord-, Mittel- und Südamerika, in der Karibik und sogar in Indien, Australien und Indonesien. Angesichts des massiven Luftkriegs über Südengland nahm der Konvoi die nördliche Route hinaus in den Atlantik. Nachdem die Schiffe die Aufgabe gemeistert hatten, sich vor der Isle of Man den Weg durch eine Fischereiflotte zu bahnen, erreichten sie das offene Meer. Zu ihrem Schutz stand ein kleiner, aber entschlossener Geleitschutzverband bereit, bestehend aus der H.M.S. *Vanoc*, einem alten Zerstörer aus dem Ersten Weltkrieg, und zwei kleineren Korvetten. Diese beiden Schiffe vermittelten trotz ihrer wenig Furcht einflößenden Namen H.M.S. *Periwinkle* und H.M.S. *Geranium* (*Immergrün* und *Geranie*) allen im Konvoi das beruhigende Gefühl, dass die Royal Navy sie zumindest auf der ersten und gefährlichsten Etappe ihrer Reise schützte. Obwohl Flugzeuge und Piloten in der Luftschlacht um England dringend benötigt wurden, erhielt der Konvoi Luftunterstützung, die ihn bis zum Einbruch der Dunkelheit des 11. August begleitete.

OB 195 war im Vergleich zu den riesigen transatlantischen Konvois der späteren Kriegsjahre eher klein, aber dennoch beeindruckend: 27 Schiffe in enger Formation, in neun Reihen zu je drei Schiffen. Höchstwahrscheinlich fuhr der Zerstörer voran, und die beiden Korvetten blieben an den Flanken und hielten Ausschau nach Periskopen. Der Kommodore und zwei Stellvertreter hielten die Gruppe in Formation, sodass jeder die Verantwortung über drei Reihen hatte. Die schwierige Aufgabe, Position in der Formation zu halten, oblag jedem einzelnen Kapitän und dessen Wachoffizieren und Mannschaften.[8] Sie hatten genauestens auf mögliche Signale des Kommodores hinsichtlich Geschwindigkeit und Kurs zu achten, und sie mussten die Schiffe vor und neben sich im Auge behalten. Die Männer im Maschinenraum mussten sicherstellen, dass der Antrieb reibungslos funktionierte und die Befehle betreffs Geschwindigkeit genauestens befolgt wurden; dabei galt es, winzige Änderungen an der Zahl der Umdrehungen der Schraubenwelle vorzunehmen, um exakt die Geschwindigkeit des führenden Schiffs einzuhalten. Wenn Schiffe derart nah beieinander fuhren, gab es nur wenig Zeit und Platz zum Manövrieren, sollte ein voraus fahrendes Schiff langsamer werden oder aus dem Ruder laufen. Die Männer im Ausguck hatten nicht nur die anderen Schiffe des Konvois im Auge zu behalten, sondern auch die Aufgabe, das Wasser nach Periskopen oder Blasenbahnen von Torpedos abzusuchen.

All dies war an klaren Tagen und bei ruhiger See schon kompliziert genug, doch das Wetter auf der Fahrt des OB 195 war alles andere als friedlich. Dank der Fähigkeiten der Kapitäne und des Könnens ihrer Mannschaften blieb der Konvoi auch bei schlechtem Wetter geschlossen. Zwei der Schiffe gerieten in Schwierigkeiten und ließen sich in der Nacht zum 10. August zurückfallen. Der S.S. *Photina*, die sich mitten im Konvoi befand, gelang dies ohne weitere Zwischenfälle, obwohl sie von vorn, achtern und beiden Seiten von Schiffen eingekeilt war. Für die Offiziere und Besatzungsmitglieder, die auf der *Anglo-Saxon* auf Wache standen, dürfte es ernüchternd gewesen sein zu beobachten, wie steuerbord neben ihnen die holländische *Bukelo* langsam achteraus ging, um allein und ohne Schutz weiterzufahren. Der Holländer konnte sich problemlos zurückfallen lassen, da er sich mit der *Anglo-Saxon* und vier weiteren Schiffen in den letzten Reihen des Konvois befand. Dies war eine gute Position. Zwar betrug die Durchschnittsgeschwindigkeit des Konvois etwa 5,7 Knoten und war damit geringer als die eines U-Boots, doch näherten sich diese selten von achtern. U-Boote griffen für gewöhnlich von vorn oder von den Seiten an, weil der Torpedo nur dann mit verhältnismäßig großer Geschwindigkeit auf das Schiff zuraste, was es dem anvisierten

Schiff schwerer machte auszuweichen. In den Anweisungen für OB 195 fand sich zudem folgender Absatz: «Im Falle, dass eines der Schiffe im Konvoi beschädigt wird, stehen die S.S. *Rabaul* und die *Treworlas* als Rettungsschiffe bereit, um Leben zu retten und dann wieder zum Konvoi aufzuschließen.»[9] Die *Rabaul* und die *Treworlas* befanden sich neben der *Anglo-Saxon* in der letzten Reihe. Das war beruhigend, machte aber zugleich auch deutlich, welche Gefahren auf sie lauerten.

Bis auf zehn der Schiffe in diesem Konvoi fuhren alle in Ballast, also ohne Fracht. Sie liefen Häfen rings um die Welt an, um dort die Güter aufzunehmen, die England brauchte. Die wenigen, die neben den kriegswichtigen Gütern, die sie heimwärts brachten, Stückgut oder Kohle transportierten, wie die *Anglo-Saxon* und die *Assyrian*, erzielten zudem noch Gewinne aus dem Verkauf ihrer Ladung. Jedes dieser Schiffe war wichtig; daher waren Begleitschutz und Luftunterstützung des Konvois in jeder Hinsicht gerechtfertigt. Allerdings währten diese Schutzmaßnahmen nicht die ganze Fahrt, und einen Tag nachdem die Unterstützung aus der Luft abgezogen worden war, erreichten die Kriegsschiffe die westliche Grenze ihres Einsatzgebietes und kehrten um, um einen heimwärts laufenden Konvoi zu sichern. Nachdem Konvoi OB 195 die gefährlichen heimatlichen Gewässer hinter sich gelassen hatte, war er nun auf sich allein gestellt.

Auf der *Anglo-Saxon* gewöhnten sich Offiziere und Besatzung allmählich an das Bordleben. In dieser auf engem Raum lebenden kleinen Gemeinschaft hatten zahlreiche Faktoren Einfluss auf Ruhe und Frieden – zum Beispiel die traditionellen Rivalitäten wie jene zwischen der Decksmannschaft und der Maschinenbesatzung. Die Voll- und Leichtmatrosen der Decksmannschaft halten sich für die eigentlichen Seefahrer und bezeichnen die Männer im Maschinenraum abfällig als Mechaniker zur See. Umgekehrt betrachten die Maschinisten sich als die modernen Seeleute, Beherrscher der Maschinerie, die das Schiff durch die Meere vorantreibt, wohingegen die Decksleute nicht einmal mehr Segel haben, um die sie sich kümmern müssten. Diese Rivalität ist so stark, dass beide Gruppen auf den meisten Schiffen getrennt untergebracht sind.

An Bord der *Anglo-Saxon* lebten sie in getrennten Quartieren in einem Bereich, der noch immer Back genannt wird, obwohl er achtern liegt. Die Unterkünfte der «Seeziegen» lagen backbord, die der «Ölfüße» steuerbord. Die Hierarchie innerhalb der Besatzung und die zugrunde liegende Tradition spiegelten sich in der Unterbringung eines jeden Einzelnen wider. Kapitän Flynn hatte natürlich die beste Kammer auf dem oberen Bootsdeck, direkt unter der Brücke und vor dem Funkraum. Diese «Funkenpusterbude» war zudem Unterkunft des Ersten Funkoffiziers Michael O'Leary und des Zweiten Funkoffiziers Roy Pilcher. Direkt unter der Kammer des Kapitäns, auf dem Hauptdeck, lagen die Kammern des Ersten Offiziers Barry Denny, des Zweiten und des Dritten Offiziers, Alistair Duncan und Walter Pickford, in einem Deckshaus weiter achtern die Kammern der Ingenieursoffiziere. Die Kammer des «Leitenden» Eddie Milburn lag backbord. Milburn war nach dem Kapitän – noch vor dem Ersten Offizier – aufgrund seiner Ausbildung und der Verantwortung, die er trug, der höchstbezahlte Mann an Bord. Die anderen Ingenieure, Houston, Hawks und Rice, waren ebenfalls in diesem Deckshaus untergebracht. Und so ging es weiter, der Bootsmann und der Artillerist Penny bewohnten eine eigene Kajüte weiter achtern, und auch die Smuts und Stewards und alle anderen hatten ihre eigenen Kammern. Dieser komplizierte Unterbringungsplan trug den Traditionen der Seefahrt ebenso Rechnung wie die verschiedenen Positionen, die die einzelnen Mitglieder der Besatzung einnahmen. Sie saßen zwar buchstäblich alle in einem Boot, aber es gab eine feste Struktur, die ihr tägliches Leben bestimmte.

Doch nicht nur die Stellung eines Besatzungsangehörigen oder der Ort, wo sich seine Koje befand, spielte an Bord eine Rolle, es gab noch eine subtilere und flexiblere Struktur, die sich schon in den ersten Tagen an Bord herausbildete. Es liegt in der Natur des Menschen, sich eine Hackordnung zu schaffen. Auf jedem Schulhof entpuppt sich einer als Grobian, ein anderer als Vermittler und Friedensstifter, wieder ein anderer als Führungspersönlichkeit. Dieser Prozess fand auch auf der *Anglo-Saxon* statt. Die Tatsache, dass 15 Mann bereits die vorherige Fahrt auf dem Schiff mitgemacht und wieder angeheuert hatten, bewies, dass Kapitän Flynn und sein Erster Offizier Denny führen konnten. Diese 15 Männer kannten sich schon untereinander, doch die anderen 26 waren Neulinge an Bord, und es musste sich erst eine Art Rangordnung herausbilden. Im Deck der Matrosen entpuppten sich drei der Neuen als starke Persönlichkeiten.[10] Einer davon war der umgängliche, gut gelaunte James «Paddy» Gormley. Die anderen beiden waren Roy Widdicombe und Bob Tapscott, die sich die Wache mit Gormley teilten. Der selbstsichere Widdicombe erwies sich als der harte Kerl, der er schon in seiner Jugend gewesen war. Sich mit ihm anzulegen schien nicht ratsam, da er durchaus dazu neigte, Streitigkeiten mit der Faust zu regeln. In völligem Gegensatz dazu stand Tapscott, der eher der Problemlöser und stets darauf bedacht war, alles wieder ins rechte Lot zu rücken.

Der Führungsanspruch dieses Trios zeigte sich schon wenige Tage nach dem Auslaufen, als die Besatzung wegen des Ersatzkaffees zu murren begann. 1940 war echter Kaffee bereits ein Luxusgut, auf See wie an Land, üblich war Muckefuck, zum Beispiel aus gerösteten Zichorienwurzeln. Zwar waren die Seeleute traditionell Kaffeetrinker, doch war der Ersatz auf der *Anglo-Saxon* so schwach, dass sie nach Tee verlangten. Tapscott, Widdicombe und Gormley erklärten sich bereit, die Beschwerde dem Kapitän vorzutragen. Dieser wurde ganz seinem Ruf als fairer und vernünftiger Mann gerecht, obwohl er zunächst nicht viel unternehmen konnte. Es gab nicht genug Tee an Bord, um ihn morgens, mittags und abends ausschenken zu können, aber Flynn versprach, im nächsten Hafen mehr Tee zu übernehmen. Dieses Versprechen, das bei der Mannschaft als Erfolg gewertet wurde, etablierte das Trio als Führung im Logis. Aus ihrem Gespräch mit dem Kapitän und seiner Einschätzung, wann es möglich sein würde, Tee zu bunkern, konnten die Männer zudem schließen, dass sie sich auf dem Weg nach Südamerika befanden; bis zu diesem Zeitpunkt war ihr Ziel geheim geblieben.

Ihr neuer Status führte bei einem der drei zu einer offenen Zurschaustellung seiner Macht. Das Essen spielte eine wichtige Rolle an Bord, um die Monotonie des Lebens auf See ein wenig zu lindern, und es kam zu einem Streit über die Fähigkeiten des Smuts. Widdicombe, ein Freund des Kochs, fühlte sich angesichts einiger Bemerkungen Stan Elliots, eines anderen Seemanns, beleidigt.[11] Widdicombe mit seiner dunklen Erscheinung, den vielen Tätowierungen und einer Körpergröße von knapp 1,85 Metern war ein einschüchternder Gegner. Als Widdicombe Elliot aufforderte, mit ihm an Oberdeck zu kommen und die Sache zu regeln, ging der kleinere Elliot darauf ein. Widdicombe war bereits aufgestanden, und gerade als Elliot sich erheben wollte, schlug er ihm unvermutet ins Gesicht. Elliot stürzte zu Boden. Widdicombes Ring hatte ihn im Gesicht verletzt, und der Kampf war vorüber, bevor er überhaupt begonnen hatte. Damit war seinen Schiffskameraden klar, dass man um Roy Widdicombe tunlichst einen weiten Bogen machen musste.

Der Konvoi kam ungehindert voran, und nachdem man die U-Boot-Bedrohung hinter sich gelassen hatte, nahmen die Schiffe nach und nach Kurs auf ihre jeweiligen Zielhäfen. Es muss für den Dritten Offizier Pickford und für Roy Widdicombe ein merkwürdiges Gefühl gewesen sein, die *Shivan* und die *Quebec City*, auf denen sie zuvor gefahren waren, Kurs halten zu sehen, als die *Anglo-Saxon* nach Süden abdrehte und damit die Vermutungen bestätigte, dass sie eine ähnliche Reise vor sich hatten wie zu Beginn des Jahres, als sie nach Argentinien gefahren waren.

Die zweite Woche auf See ging zu Ende, ohne die Sicherheit, aber auch ohne die Einschränkungen des Konvois. Die Besatzung der *Anglo-Saxon* gewöhnte sich bald an ihre tägliche Routine. Sie hatten Newport am Dienstag, den 6. August verlassen, nun war es Dienstag, der 20. August. Die Besatzung ging davon aus, dass der nächste Tag ihrer einmonatigen Fahrt nach Buenos Aires genauso verlaufen würde wie die Tage zuvor.

Kapitel 8 **Der Angriff**

In der Nacht des 20. August erschien Kapitän von Ruckteschell während der von 20 Uhr bis Mitternacht dauernden Abendwache unangekündigt auf der Brücke, wie dies Kapitäne öfter tun. Er ertappte den wachhabenden Offizier, Leutnant zur See Scharnberg, einen ehemaligen Handelskapitän, dabei, wie dieser offenbar dösend an der Reling lehnte.[1] Wütend darüber, dass der Mann das Schiff gefährdete, ließ von Ruckteschell den Offizier sofort ablösen und rief die dienstgradälteren Offiziere zusammen, um den Fall zu besprechen. Von Ruckteschell tobte, verlangte, den Mann an Ort und Stelle vor ein Kriegsgericht zu stellen, und instruierte die Offiziere dieses Gerichts, dass er die Todesstrafe für Scharnberg forderte.[2] Er hatte die Absicht, ein Exempel zu statuieren. Er wollte, dass Scharnberg erschossen würde.

Die Offiziere unter von Ruckteschells Kommando waren an diese Wutausbrüche gewöhnt und hatten gelernt, damit umzugehen. Schwieriger zu ertragen war, wie sich der Kommandant darum bemühte, sich bei den Mannschaften an Bord beliebt zu machen. Die Offiziere hatten ihre Ausbildung erst vor kurzer Zeit abgeschlossen und empfanden von Ruckteschell als eine Art Anachronismus aus der Kaiserlichen Marine. Bei einer Reihe von Gelegenheiten hatte er versucht, die Gunst der Mannschaften zu gewinnen, indem er die Offiziere vor den Matrosen lächerlich machte und einige von ihnen als Stümper abkanzelte.[3] Das war riskant, weil es ihn seinen eigenen Offizieren nur noch mehr entfremdete. Er baute jedoch auf ihre Professionalität, ohne zu murren ihren Dienst zu verrichten. Einigen von ihnen, darunter auch Konrad Hoppe, verlangte dies größte Selbstbeherrschung ab.

Die Offiziere des Kriegsgerichts befanden sich in einer besonders misslichen Lage. Der Kommandant wollte im Schnellverfahren zu einem Urteil kommen und hatte vorgegeben, wie das Ergebnis lauten sollte. Es bedurfte einigen Mutes vonseiten der Offiziere, dem Drängen des Kommandanten zu widerstehen, um einen ordentlichen Verlauf der Gerichtsverhandlung sicherzustellen und ein angemessenes Urteil zu sprechen. Am Morgen des 21. August kam das Gericht zu einem Entschluss und sprach Scharnberg schuldig.[4] Statt ihn jedoch zum Tode zu verurteilen, erhielt er drei Jahre Gefängnis, wurde vom Leutnant zur See zum Matrosen degradiert und verlor sein Kapitänspatent. In Kriegszeiten im Dienst zu schlafen ist ein schweres Vergehen; die *Widder* hatte sich allerdings weitab von Land befunden, und es waren noch andere Männer auf Wache gewesen. Die Offiziere des Kriegsgerichts hielten die von ihnen gewählte Bestrafung für angemessen. Für von Ruckteschell war das Urteil ein neuerliches enttäuschendes Beispiel für die Inkompetenz seiner Offiziere und für deren ablehnende Haltung gegenüber seinen Anordnungen. Der 21. August an Bord der *Widder* begann mit einer Auseinandersetzung, die einer Krise nahe kam. Von Ruckteschell tobte, und die Offiziere wollten sichergehen, dass kein weiterer Zwischenfall den Zorn des Kapitäns weiter anheizte. In dieser Situation wurden die Mastspitzen der *Anglo-Saxon* gesichtet.

War ein feindliches Schiff entdeckt und hatte die *Widder* den Kurs geändert, um es zu verfolgen und sich selbst in eine günstige Angriffsposition zu bringen, wurde einer der Ausguckposten von einem Offizier abgelöst, zumeist von Konrad Hoppe oder Malte von Schack.[5] Beide waren geübt darin, feindliche Schiffsbewegungen zu beobachten und das eigene Schiff so zu manövrieren, dass

Sichtkontakt gehalten werden konnte, ohne dass sie selbst entdeckt wurden. Zwar war das Kriegsgericht das Hauptgesprächsthema, doch kümmerten sich alle Mann an Bord der *Widder* um ihre Aufgaben. Man war sich durchaus der Tatsache bewusst, dass man ein weiteres Opfer beschattete, und sprach voller Stolz davon, seiner «Abschussliste» in der kommenden Nacht wieder ein Schiff hinzufügen zu können. Bei ihren Vorbereitungen auf die nächtliche «Arbeit» gingen die Männer absolut methodisch vor. Der Artillerieoffizier Oberleutnant zur See Damschen und seine Männer kontrollierten alle Geschütze und sorgten dafür, dass sie feuerbereit und die Visiere korrekt justiert waren. Der Oberleutnant stellte auch sicher, dass die drei Entfernungsmesser an Bord entsprechend kalibriert waren. Seine Männer holten die nötige Munition aus den Munitionskammern tief im Innern des Schiffs und legten die 45-kg-Granaten und die Treibladungen in ihren Messinghalterungen für ein massives Überraschungsfeuer bereit. Die erfahrenen, gut trainierten Geschützmannschaften an den sechs schweren Geschützen konnten alle 25 Sekunden laden und feuern, eine bemerkenswerte Leistung angesichts der noch aus dem Ersten Weltkrieg stammenden Waffen, die von Hand geladen und gestopft werden mussten.

Kapitänleutnant Rödel, der Navigationsoffizier, war den ganzen Tag damit beschäftigt, einen akribisch genauen Plot zu zeichnen, der die Routen der *Widder* und ihres Opfers wiedergab. Er stand in engem Kontakt mit dem Kommandanten und dem Ersten Offizier, um den richtigen Zeitpunkt und die richtige Position für den Beginn des Anlaufs festzulegen. Im Funkraum hörten Oberleutnant zur See Kindler und seine Männer die Funkfrequenzen nach Hinweisen auf andere Schiffe in der Region, vor allem Kriegsschiffe, ab. Sie bereiteten sich außerdem darauf vor, mögliche Funkversuche des Opfers durch das Abstrahlen einer Trägerwelle auf derselben Frequenz zu stören.

Geschützmannschaften der *Widder* besetzen auf dem Vordeck an Steuerbord die zwei 15-cm-Geschütze. Das Geschütz im Vordergrund ist als Kabelrolle getarnt, eine durchaus übliche Decksfracht, das Geschütz im Hintergrund verbirgt sich in einem Deckshaus oder einer großen Kiste. Rechts unten sind die Abschnitte der schwenkbaren Schanz zu erkennen, die auf Deck bzw. über Bord geklappt sind.

Da keines der Flugzeuge mehr einsatzbereit war und Konrad Hoppe somit keinen Flugdienst hatte, war er derjenige Offizier, der Stunde um Stunde im Krähennest verbrachte, die Masten des Opfers beobachtete und seine Kursansagen durch ein simples Sprachrohr an die Brücke gab. Dies setzte Oberleutnant zur See von Schack frei, mit seinen Leuten an den Torpedorohren backbord und steuerbord alles für den bevorstehenden Einsatz vorzubereiten. Beide Rohre wurden mit einem Torpedo bestückt und alle Rohrdeckel, Ziel- und Abschussvorrichtungen mehrmals überprüft, um nur ja keinen Fehlschlag zu riskieren, der die Wut des Kommandanten erneut angefacht hätte. Im Maschinenraum kümmerten sich Kapitänleutnant Penzel und seine Leute rund um die Uhr um ihre widerspenstige Maschine. Für sie hatte sich die Fahrt wegen der dauernden Probleme der Maschine als besonders mühselig erwiesen. Ihre Arbeit war derart aufreibend gewesen, dass von Ruckteschell vermerkte, «die Männer sind jetzt ununterbrochen seit Anfang April im Betrieb, davon 2 ½ Monate in den Tropen».[6] Um ihnen die Arbeit zu erleichtern, unternahm er den ungewöhnlichen Schritt, ein Dutzend Mann aus den anderen Divisionen dazu auszubilden, im Maschinenraum Wache zu stehen, damit die Heizer sich ein wenig erholen konnten. Zum Wohle des Schiffes wurde hier die traditionelle Rivalität der Seeleute und Maschinisten außer Kraft gesetzt.

Auch die Krankenstation und der Operationsraum waren in die Vorbereitungen eingeschlossen. Die Schiffsärzte Dr. Negenborn und sein Assistent Dr. Schröder bereiteten sich auf das Schlimmste vor. Zwar hatte in der Vergangenheit noch keines ihrer Opfer die Anwesenheit des Kaperschiffs bemerkt und zurückgeschlagen, doch lag dies durchaus im Bereich des Möglichen, ebenso eine Kollision. Die Ärzte mussten bereitstehen, um die Verwundeten und Verletzten beider Schiffe zu versorgen.

Den ganzen Tag über wurden alle nur denkbaren Vorkehrungen getroffen, und als sich die Besatzung der *Widder* zum Abendbrot setzte, waren sich alle sicher, dass ihr Kommandant einen Sieg erringen würde, der ihnen weiteren Ruhm einbrachte.

An Bord der *Anglo-Saxon* ging alles seinen täglichen Gang. Das angenehme Wetter erleichterte die Arbeit an Deck. Was erledigt werden musste, war mittlerweile Alltagsroutine auf dem Ozean. Noch waren es zwei Wochen bis Buenos Aires. Die kleinen Boote des Schiffs wurden regelmäßig überprüft. In Friedenszeiten lagen sie in Böcken festgezurrt an Deck, und die Fallen waren an den

Davits belegt, mit denen man sie anheben, ausschwingen und zu Wasser lassen konnte. Die Rettungsboote wurden nur im Notfall benutzt; die Jollen, die als Beiboote dienten, wurden zu Einsätzen und Arbeiten im Hafen herangezogen. Ein Boot auszubringen war eine mühsame und Zeit raubende Arbeit und brauchte bis zu einer Viertelstunde gemeinsamer Anstrengungen vieler Besatzungsmitglieder.[7] Im Notfall gab es dafür nicht genügend Zeit und abkömmliche Männer, deshalb wurden die Boote während des Krieges in Außenbordposition gefahren. Sie wurden vor der Ausfahrt aus dem Hafen ausgeschwungen; die beiden Rettungsboote und die zwei Jollen der *Anglo-Saxon* waren also bereit zum Einsatz.

Eine der regelmäßigen Aufgaben der Decksmannschaft bestand darin, die Taljen zu kontrollieren, also die Blöcke und die Leinen, die durch sie hindurchlaufen und dazu verwendet werden, die Boote zu Wasser zu lassen. Sie überprüften, ob die Leinen keine Scheuerstellen aufwiesen, ob die Rollen in den Blöcken geschmiert waren und frei drehen konnten und ob die Festmacher – Gurte, die die Boote fixierten und daran hinderten, mit den Schiffsbewegungen hin und her zu schwingen – dichtgeholt und in gutem Zustand waren. Mit dem Schnitt eines rasierklingenscharfen Seemannsmessers oder einem Axtschlag konnten die Festmacher durchtrennt und die Boote zu Wasser gelassen werden. Die Jollen hingen zu beiden Seiten der Aufbauten, ein Deck unterhalb der Brücke; die beiden Rettungsboote für jeweils dreißig Mann befanden sich backbord und steuerbord oberhalb des Maschinistendecks achtern.

Die Decksmannschaft kontrollierte auch die Laschungen der vier Rettungsflöße, die in Kriegszeiten hinzugekommen waren. Sie waren nur spärlich ausgerüstet und verfügten lediglich über ein automatisches Rettungslicht, konnten aber im Notfall eine Reihe von Männern tragen. Die Flöße waren an den Wanten festgezurrt, die von den Spitzen der Lademasten zur Schiffsreling führten. Sie ließen sich losmachen und über Bord werfen, oder sie rissen sich los, wenn das Schiff unterging, und konnten so etwaigen Überlebenden von Nutzen sein. Die Mannschaft wusste, wie wichtig diese Boote und Flöße waren, und führte sorgfältige Inspektionen durch, obwohl sich die Bedrohung durch U-Boote drastisch verringert hatte.

Unter diesen Umständen schien auch das Heckgeschütz weniger überlebenswichtig, doch kümmerte sich Francis Penny so akribisch darum wie sonst auch. Er nahm die Persenning ab, überprüfte das Geschütz und vergewisserte sich, dass sich mehrere Kisten Munition in nächster Nähe befanden, die von der Geschützmannschaft, zu der auch Roy Widdicombe gehörte, sofort eingesetzt werden konnte. Man könnte argumentieren, dass ein einzelnes Geschütz einem Schiff mehr Schaden als Nutzen brachte, da ohne dieses Geschütz ein Angreifer keinen Grund gehabt hätte, auf das Handelsschiff zu feuern. Ein einzelner Schuss des Angreifers über den Bug und der Befehl an die Besatzung, zu stoppen und das Schiff zu verlassen, bevor man es versenkte oder als Prise nahm, würde genügen. Andererseits wäre das Schiff ohne jede Bewaffnung auch einem kleinen, gut bewaffneten Gegner hilflos ausgeliefert gewesen. Mit dem Geschütz ließ sich immerhin ein Überwasserangriff von U-Booten abwehren, wenn diese sich zwecks Einsatz ihrer Deckskanonen näherten. Doch ein Frachter mit einem veralteten 10-cm-Geschütz konnte sich wohl kaum wirksam zur Wehr setzen gegen ein schwer bewaffnetes feindliches Kriegsschiff. Genau diese Art von Schiff aber hatte die *Anglo-Saxon* schon den ganzen Tag verfolgt.

Die Mannschaft der *Anglo-Saxon* hatte die Arbeiten und Wachen des Tages hinter sich gebracht und das Backen und Banken beendet. Die Würstchen und Fleischbällchen, die einen Großteil der Mahlzeit ausmachten, stießen auf Zuspruch, doch einige, wie Widdicombe, hatten Besseres vor.[8] Er verschmähte das Essen und nutzte die Zeit, um sich sechs Zigaretten zu drehen, die er auf seiner Abendwache von 20 Uhr bis Mitternacht rauchen wollte. Der Rest der Mannschaft, darunter auch Jim Fowler, war entweder auf Wache, schlief schon, falls er die Hundewache von Mitternacht bis 4 Uhr besetzen musste, oder entspannte sich sonst wie. Manche schrieben Briefe an Freunde oder Verwandte, die im nächsten Hafen abgeschickt werden sollten. Andere lasen, spielten Karten oder unterhielten sich. In der Mannschaftsmesse direkt vor den Mannschaftsunterkünften an Backbord war eine Partie Cribbage im Gang, eines der traditionellen Freizeitvergnügen an Bord britischer Schiffe; vier Mann, drei Deckshände und ein Heizer aus dem Maschinenraum, waren darin vertieft.

Bei acht Glasen, die das Ende einer vierstündigen Wache anzeigten, zog die neue Wache auf. Heizer und Maschinisten stiegen in die Hitze hinab, um sich um Kessel und Dampfmaschine zu kümmern, die leise vor sich hin zischte, während der Kolbenhub die Schraubenwelle drehte und das Schiff in Richtung Argentinien vorantrieb. Gormley, Widdicombe und Tapscott traten ihre Deckswache an. Gormley ging als Ausguck aufs Vorschiff. Widdicombe übernahm als Rudergänger auf der Brücke das Steuer. Tapscott, Ersatzmann für die erste Hälfte der Wache, blieb in der Messe zurück, um noch seine Partie Cribbage zu Ende zu spielen.

Auf der *Widder* hatte seit 19 Uhr 10 der blinde Anlauf begonnen. Aufgrund der Dunkelheit und weil ihr Opfer mit abgeblendeten Positionslichtern fuhr, konnten sie die *Anglo-Saxon* nicht mehr sehen. Hätte das britische Schiff die Anwesenheit des Kaperschiffs bemerkt und eine scharfe Wendung nach Backbord oder Steuerbord gemacht, wäre es höchstwahrscheinlich im Schutz der Nacht entkommen. Die Deutschen hätten ohne Radar große Mühe gehabt, ihr Opfer erneut aufzuspüren. Doch die Briten ahnten nicht, dass sie verfolgt wurden, und behielten den Kurs bei. Der blinde Anlauf führte die *Widder* direkt auf Kollisionskurs. Von

Ruckteschell, der noch immer wütend war über das Urteil des morgendlichen Kriegsgerichts, stand auf der Brücke und befehligte das Schiff. Bei ihm waren der Navigationsoffizier Kapitänleutnant Rödel, der Erste Offizier Heinicke und Oberleutnant zur See Hoppe, der Flugbeobachter. Hoppes Aufgabe bestand darin, die dem Angriff abgewandte Seite des Schiffs zu beobachten, um sicherzustellen, dass sich kein anderes Schiff näherte, während sie angriffen.

Es ging auf 20 Uhr zu, und alle Mann waren auf Gefechtsstation. Als sie direkt vor sich ein schwaches Licht entdeckten, war klar, dass sie ihr Opfer aufgespürt hatten. Durch die Annäherung von vorn sorgte von Ruckteschell dafür, dass das Geschütz der *Anglo-Saxon* nicht eingeschwenkt und auf sie abgefeuert werden konnte. Das Timing war perfekt: Der vier Tage zuvor volle Mond war noch nicht aufgegangen. Kurz vor den ersten Schüssen notierte von Ruckteschell im Kriegstagebuch: «Er muß uns gesehen haben, hat aber statt nach St. B. nach B. B. abgedreht.»[9] Von Ruckteschell befahl Ruder steuerbord und gab Feuer frei aus weniger als anderthalb Meilen Entfernung.

Roy Widdicombe hielt ruhig Wache auf der Brücke, denn die *Anglo-Saxon* war leicht auf Kurs zu halten. Vielleicht schlug Gormley am Bug Alarm, vielleicht der Wachoffizier, Dritter Offizier Walter Pickford; vielleicht erkannte Widdicombe auch einen Schatten, der sich vor dem Steuerbordbug auftürmte. Instinktiv legte er das Ruder nach Backbord, und die *Anglo-Saxon* änderte ihren Kurs.[10] Ohne dass es auch nur Alarm gegeben hätte, schlug wenige Sekunden später die erste tödliche Salve ein. Widdicombe stürzte in die Brückennock, sah das brennende Heck und begriff sofort, dass es sich bei dem Schatten um ein Kaperschiff handelte.

Die Schiffe liefen nun parallel zueinander. Innerhalb einer Minute wurden aus kürzester Entfernung drei Salven schwerer Sprenggranaten abgefeuert; dann feuerte der Angreifer aus den besonders gefährlichen kleinkalibrigen Geschützen. Von Ruckteschell behauptete später, der Frachter habe versucht, die Nachricht «RRRR» und die Position abzusetzen, um einen Kaperangriff durchzugeben. Das könnte möglich sein, doch nach wenigen Augenblicken zerschossen das Pompom und die 2-cm-Automatikgeschütze den Funkraum und machten damit jede Möglichkeit zunichte, Hilfe zu rufen. Kapitän Paddy Flynn war in seiner Kammer unterhalb der Brücke. Als ihm klar wurde, dass sie angegriffen wurden, packte er die Schlüssellisten und anderes Geheimmaterial zusammen, um sie in einem mit Gewichten beschwerten Sack zu versenken. Er hatte keine Gelegenheit mehr dazu. Der Erste Offizier stürmte in die Kapitänskajüte und stellte fest, dass Paddy Flynn tödlich getroffen worden war.[11]

Der erste Schuss schlug in den Mannschaftsdecks ein; all jene, die sich im Maschinistendeck steuerbord aufhielten, waren sofort tot. Das Cribbagespiel auf der anderen Seite des Schiffes war augenblicklich beendet, die Matrosen packten ihre Schwimmwesten und rannten zum Oberdeck. Gerade als Bob Tapscott an Deck kam, gab es einen grellen Blitz, als die Munition der *Anglo-Saxon* rings um das zerschossene Schiffsgeschütz explodierte. Er wurde von der Druckwelle erfasst und gegen ein Deckshaus an Steuerbord geschleudert.[12] Dort blieb er bewusstlos liegen.

Die Besatzung der *Anglo-Saxon* konnte nichts zu ihrer Verteidigung unternehmen. Ihre einzige Hoffnung lag darin, in die Rettungsboote zu gelangen und das Schiff hinter sich zu lassen, das vom Präzisionsfeuer des Feindes regelrecht zerfetzt wurde. Die Geschütze belegten die Decks mit ihrem Feuer und zerstörten alles, was ihnen ins Visier kam; das brachte, mit den Worten von Ruckteschells, «die Mannschaft dazu, zu den Booten zu eilen».[13] Ein fataler Irrweg, wie sich zeigte: Die Geschütze trafen die flüchtenden Seeleute auf Deck genauso wie die Boote, die sie zu erreichen suchten.

Nach ein paar Minuten kam Bob Tapscott wieder zu Bewusstsein, blieb aber benommen liegen. Während einer Feuerpause kämpfte er sich zur Backbordseite des Schiffs vor, um aus dem Schussfeld zu gelangen. Die Geschütze setzten ihr Zerstörungswerk in einem atemberaubenden Feuerzauber aus roten, gelben, weißen und blauen Leuchtspuren der 2-cm-Geschütze fort. Sie wurden aus sicherer Entfernung abgefeuert, sirrten durch die Nacht und durchschlugen beim Aufprall Stahl, Holz oder menschliches Fleisch, schleuderten beim Explodieren ihren entzündlichen Inhalt in alle Richtungen und setzten in Brand, was brennbar war.

Der im Ersten Weltkrieg ausgezeichnete Artillerist Francis Penny hatte nicht den Hauch einer Chance zurückzufeuern. Sein Geschütz und die Munition wurden schon in den ersten Augenblicken des Angriffs zerschossen. Wie alle anderen an Bord kämpfte auch Penny ums bloße Überleben. Er hastete aus seiner Kammer und mühte sich, auf die Backbordseite zu kommen.

Widdicombe blieb für kurze Zeit allein auf der Brücke, als sich der Dritte Offizier entschied, den leidlichen Schutz, den der mit Beton verstärkte Steuerstand bot, zu verlassen, um weitere Instruktionen einzuholen. Er kam nicht zurück, doch nach wenigen Minuten eilte der Erste Offizier Barry Denny die Backbordleiter herauf, vorbei an der Jolle, auf die Brücke.[14] Er erkannte die Aussichtslosigkeit der Lage. Der Angriff tobte unvermindert weiter, der Kapitän war tot, und der Erste Funkoffizier Michael O'Leary meldete, dass die Funkgeräte zerstört seien. Denny befahl Widdicombe, weiter Kurs zu halten, und verschwand, um sich einen Überblick zu verschaffen. O'Leary, ein Fatalist, der verkündet hatte, bei einem Angriff mit dem Schiff untergehen zu wollen, verschwand in Richtung Schnapsschrank in der Pantry zwei Decks tiefer. Dort kam er zu Tode. Widdicombe, einundzwanzig Jahre alt, stand allein auf der Brücke des sinkenden Schiffs.

Paddy Gormley, der Ausguck auf dem Vorderdeck, verließ seinen Posten und kroch mittschiffs zu dem ihm zugewiesenen Rettungsboot. Doch die Boote wurden im Hagel der Kugeln und Granaten zerschossen. Von Lärm, Feuer und Explosionen wie von Sinnen, bahnten sich die Männer ihren Weg von einem Boot zum nächsten, fanden aber überall dasselbe Bild der Zerstörung. Inmitten dieses Wirrwarrs suchte Leslie Morgan einen Fluchtweg.[15] Er hatte sich in seiner Koje ausgeruht und Radio gehört, als ein Geschoss aus der ersten Salve das Steuerbordschott durchschlug und das Radio mit sich riss. Morgan stieß auf den Chefsteward Harry Willis, der wie er aus Newport stammte, und gemeinsam liefen sie zu den Rettungsbooten. Erneut strich eine Salve aus den 2-cm-Geschützen übers Deck; sie tötete Willis. Morgan lief allein zum Rettungsboot an Steuerbord und musste mit ansehen, wie auch dieses zerstört wurde. Das Feuer dort traf auch eine Reihe von Männern, die zu dem Boot geeilt waren.

Der Bootsmann Thomas Maher, ein alter Seebär von vierunddreißig Jahren, überlebte die Salve, gemeinsam mit Morgan kämpfte er sich voran und kroch auf Händen und Knien über das von Einschlägen übersäte Deck zum Rettungsboot an Backbord. Maher wurde von einer Kugel getötet. Der riskante Versuch erwies sich als sinnlos: Als Morgan die Backbordseite erreichte, fand er sich bei einer kleinen Gruppe von Männern wieder, die das zerschossene Rettungsboot anstarrten. Zu diesen Männern zählte auch der Dritte Ingenieur Lionel Hawks. Hawks war anfänglich zum Bootsdeck aufgeentert, musste dort aber feststellen, dass das Boot ein Wrack war und er sich in äußerst exponierter Position befand. Er zog sich schnell auf die relativ sichere Backbordseite zurück, wo er durch das Deckshaus der Ingenieure leidlich vor den Kugeln geschützt war.

Als Tapscott den Innengang desselben Deckshauses erreichte, nutzte er die Chance und kroch über den Lukendeckel, um an der Backbordseite der Aufbauten Schutz zu suchen. Dort traf er auf

Penny; noch während sie sich besannen, erwischte Penny ein Durchschuss am Handgelenk. Sie warfen sich auf das Stahldeck; Kugel um Kugel pfiff an ihnen vorbei und traf Schiff und Kameraden. Tapscott tastete sich weiter voran und stieß auf den leblosen Körper seines Wachkameraden Gormley. Er machte sofort wieder kehrt, als ein Schrapnell Pennys Oberschenkel aufschlitzte. Die Männer suchten verzweifelt nach einem Ausweg, als sie auf dem Deck über sich etwas bemerkten.

Der Erste Offizier Barry Denny machte eine schnelle Runde über das Achterdeck, befahl allen, die dazu noch in der Lage waren, das Schiff zu verlassen, und rannte zurück zur Brücke.[16] Die Backbordjolle war noch intakt, und Denny rief Widdicombe zu, er solle ihm helfen, das Boot auszusetzen. Das war eine außerordentlich schwere Aufgabe für zwei Männer, doch die beiden versuchten es; sie durchtrennten eilig die Festmacher und fierten die Jolle langsam ab. Jeder Fehler hätte bedeutet, dass ihr rettendes Boot ins Meer gestürzt und unkontrolliert abgetrieben wäre. Dazu wäre es beinahe gekommen. Als sie die Festmacher durchtrennten, zerrte das Gewicht des Bootes am Tau in Widdicombes Hand. Das ausrauschende Tau riss Widdicombe buchstäblich die Hose vom Leib, wickelte sich um seine Hand und riss sie gegen den Block. Dort wurde sie schmerzhaft eingeklemmt. Beide Männer mühten sich, die Hand wieder frei zu bekommen, dann ließen sie das Boot hinab.

Tapscott und Penny ein Deck tiefer erschien das Boot wie ein Geschenk des Himmels. Als es vorbeischwebte, sprangen sie in Windeseile hinein. Tapscott, ganz Seemann, nahm den Bootshaken und stieß das Boot von der Bordwand des rollenden Schiffs ab, um sicheren Abstand zu halten. Wenige Augenblicke später glitten der Erste Offizier Denny und Widdicombe schnell die Bootstalje herab und rissen sich dabei die Hände an den Leinen auf.

Zu Beginn des Angriffs hatte der Zweite Funkoffizier Roy Pil-

Die Backbordjolle an Bord der *Anglo-Saxon* Mitte der dreißiger Jahre. Denny und Widdicombe ließen sich vom Bootsdeck hinab; Tapscott und Penny kletterten in die Jolle, als diese während des Abfierens am Hauptdeck vorbeischwebte.

cher den Aktenkoffer, der seine Notausrüstung enthielt, gegriffen und sich von Rettungsboot zu Rettungsboot vorgearbeitet. Mit verwundetem Fuß tauchte er plötzlich über der Jolle auf und ließ sich hinabgleiten, gerade als die Taljen ausgepickt worden waren und das Boot achteraus ging. Die fünf Männer in dem Boot sahen hinauf zu dem zerschossenen Backbordrettungsboot und erblickten eine Gruppe von Männern, die über die Reling zu ihnen hinabschauten. Mit blankem Überlebenswillen warfen sich zwei von ihnen, Hawks und Morgan, über die Reling und schlugen ins Boot. Andere, möglicherweise Eddie Milburn, dessen Kabine sich genau dort befand, oder Jim Fowler, falls er nicht schon beim ersten Angriff in den Mannschaftsdecks ums Leben gekommen war, starrten ihnen verwirrt nach, als das Boot unter ihnen wegdriftete.[17]

Den sieben Männern im Boot drohte weitere Gefahr: die riesige schlagende Schiffsschraube. Da die *Anglo-Saxon* mit dem Bug voran unterzugehen drohte, ragte die Schraube teilweise aus dem Wasser, und die Jolle lief Gefahr, von ihr angesogen und zerschlagen zu werden. Tapscott und Widdicombe packten die langen Riemen zum Abstoßen, um sich gegen den Sog des Strudels zu wehren, den die Schraube erzeugte. Einen Augenblick lang sah es so aus, als drohe ihnen der Untergang, doch plötzlich kamen sie frei, und ihr brennendes, zerschossenes Schiff mit 34 Freunden und Kameraden an Bord glitt langsam ohne sie davon. Obwohl die *Anglo-Saxon* ein treibendes Wrack war, hielt das Geschützfeuer der *Widder* an. Es war so intensiv, dass von Ruckteschell in seinem Kriegstagebuch vermerkte: «Die Flak ... ist kaum abzubremsen, macht einen solchen Lärm, daß das ‹Feuereinstellen› viel zu spät durchkommt.»[18] Es ist mehr als erstaunlich, dass es nach sieben früheren Angriffen immer noch Schwierigkeiten mit so wichtigen Befehlen wie «Feuer einstellen» gegeben haben soll; die Folgen jedenfalls waren für die *Anglo-Saxon* und ihre Besatzung verheerend. Mehr als 400 Salven aus den 2-cm- und 3,7-cm-Geschützen, also zehn Schuss pro Mann auf dem britischen Schiff, waren ins Dunkel der Nacht abgefeuert worden.

Die Jolle trieb nach achtern ab. Die Männer versteckten sich, um nicht die Aufmerksamkeit der deutschen Kanoniere auf sich zu ziehen, die noch immer feuerten. Einige Seeleute auf der *Anglo-Saxon* kletterten mit dem Todesmut der Verzweiflung auf die Reling, lösten zwei der Rettungsflöße aus ihren Laschungen und warfen sie außenbords. Von Ruckteschell sagte später aus, die kleineren Geschütze seines Schiffs hätten immer nur die Decks bestrichen, ohne auf bestimmte Ziele gerichtet gewesen zu sein, doch widersprach ihm darin der Amerikaner George Duffy. Der Dritte Offizier Duffy stieg auf seinem Schiff, der *American Leader*, in die Takelage, um während des Angriffs der *Michel* ein Rettungsfloß loszumachen.[19] Er sagte aus, dass er sofort unter gezielten Beschuss geraten sei. Dies könnte in jener Augustnacht auch auf der *Anglo-Saxon* der Fall gewesen sein. Ein flüchtiger Anblick von Lichtern, die auf dem Wasser neben dem Schiff auf und nieder gingen, ließ bei den sieben Männern in der Jolle die Hoffnung aufkeimen, dass einige ihrer Kameraden dem Inferno entkommen waren und sich auf die Flöße hatten retten können. Ihre Hoffnungen fanden jedoch ein jähes Ende, als sie sahen, dass die Flöße von der *Widder* unter Beschuss genommen wurden.[20] Danach waren die Lichter nicht mehr zu sehen. Diese Tat, für die es sieben Zeugen gab, zog einen jener Anklagepunkte gegen von Ruckteschell nach sich, die die sichere Todesstrafe bedeuten konnten.

Da die Aufmerksamkeit der *Widder* offenkundig auf den zusammengeschossenen Frachter gerichtet war, holten die Männer in der Jolle ihre Riemen hervor und versuchten, sich so leise wie möglich vom Ort des Geschehens zu entfernen. Aufgrund der Heimtücke der Vorgehensweise waren sie fest davon überzeugt, dass der Kommandant des Angreifers keine Überlebenden wollte, die hätten aussagen können, was in jener Nacht geschah. Während sie in die Dunkelheit davonglitten, beobachteten sie noch, wie der Hilfskreuzer sein Opfer umkreiste. Ein Suchscheinwerfer leuchtete das brennende Heck der *Anglo-Saxon* nach dem Namen ab, damit die «Beute» korrekt gemeldet werden konnte. Um 21 Uhr 01, kaum eine Stunde nach Beginn des Angriffs, löste sich ein Torpedo aus einem der Rohre der *Widder*, und wenige Sekunden später gab es im Rumpf der *Anglo-Saxon* eine ungeheure Explosion. Der Trampdampfer versank über das Heck, der Bug hob sich aus dem Wasser, und das Schiff glitt rückwärts in die Tiefe. Mit ihm versanken 34 Männer der britischen Handelsmarine. Ihre Frauen und Freundinnen, Eltern und Kinder, Freunde und Verwandten daheim konnten in jener Nacht noch nicht ahnen, welchen Verlust sie erlitten hatten.

Teil II WILLENSKRAFT

Kapitel 9 Nur ein winziger Fleck im Ozean

Entsetzt über die Heftigkeit des Angriffs, den sie erlebt hatten, waren die Männer in der Jolle der Überzeugung, das Kaperschiff habe es regelrecht darauf abgesehen, alle an Bord der *Anglo-Saxon* zu vernichten. Aus diesem Grunde unternahmen sie alles nur Mögliche, um nicht gesehen zu werden, und gaben auch keine Notsignale mit der Taschenlampe des Offiziers, da sie dies für reinen Selbstmord hielten.

Der Erste Offizier Barry Denny übernahm sofort das Kommando an der Pinne, und die anderen pullten, um von dem Angreifer wegzukommen – trotz ihrer zum Teil schweren Wunden und Verletzungen. Das Pullen wurde immer mühseliger, und sie bemerkten, dass Wasser in die Jolle drang. Offenbar saßen sie in einem beschädigten Boot, das bald schon voll gelaufen sein würde, sodass sie im Atlantik schwimmen müssten, der trotz des tropischen Sommers noch immer kalt war. Tapscott und Widdicombe fingen an, das Boot auszuschöpfen, Hawks und die verletzten Kameraden Penny, Pilcher und Morgan pullten. Doch sie kamen nicht gegen das steigende Wasser an. War das Boot doch getroffen worden? Gab es beschädigte Planken? Sie mussten das Leck finden, um das Ausmaß der Gefahr abschätzen zu können. Tapscott kam schließlich der rettende Gedanke, dass es sich vielleicht um das Spundloch handelte. Der Offizier Denny tastete in dem dunklen, immer höher steigenden Wasser herum, und tatsächlich, der Pfropfen hielt nicht dicht. Durch ein paar kurze Schläge mit dem

Axtkopf setzte er ihn fest, das Eindringen des Wassers war gestoppt, und die beiden Wasserschöpfer konnten die Jolle ausspützen.

Nachdem der Angreifer verschwunden war, entschied Denny, dass sie die Nacht über an Ort und Stelle bleiben sollten; vermutlich hatte er die Hoffnung, dass sie mögliche Überlebende hören und am nächsten Morgen finden würden.[1] An Bord der Jolle gab es einen Treibanker, einen kegelförmigen Segeltuchkörper, der nicht bis auf den Grund sank, sondern unter der Wasseroberfläche schwebte und als Bremssack diente. Die Vollmatrosen Tapscott und Widdicombe brachten den Anker an einer langen Leine aus; auf diese Weise ließ sich das Boot gegen die Wellen ausrichten. Barry Denny hielt es für richtig, die Riemen bemannt zu halten, da das Wasser noch immer über den Bug hereinspritzte. Sie teilten «Wachen» ein, zum Einsatz kamen die Männer mit den weniger schweren Verletzungen, Denny und der Dritte Ingenieur Hawks in der einen Wache und Tapscott und Widdicombe in der anderen. Als sie in jener ersten Nacht die Positionen in dem überfüllten Boot wechselten, bemerkten sie, dass der Zweite Funkoffizier Roy Pilcher große Schmerzen hatte. Er glaubte, ihm sei der Fuß abgerissen worden.[2] Denny wusste, dass es nicht so schlimm sein konnte, da Pilcher hatte rudern können, besah sich aber den Fuß im Schein seiner Taschenlampe. Das Wasser im Boot war trübe von Blut, doch Denny versicherte Pilcher, dass der Fuß am Bein sei und er sich am Morgen sofort um alle Verletzungen kümmern werde. Trotz der beruhigenden Worte muss Pilcher geahnt haben, wie es um ihn stand. Unter größten Schmerzen versuchte er wie die anderen, ein wenig Ruhe zu finden. Niemand konnte in dieser ersten Nacht schlafen. Sie unterhielten sich leise, versuchten, sich gegenseitig Mut zu machen, verloren aber kein Wort über ihr untergegangenes Schiff.

Die Jolle war nur ein winziger Fleck auf dem Ozean. Sie bedeckte gerade einmal sieben Quadratmeter Wasseroberfläche. Ein Quadratkilometer entspricht einer Million Quadratmetern, und der Atlantik ist etwa 106,5 Millionen Quadratkilometer groß! Und doch war dieses unendlich kleine Gefährt die Rettung für sieben Männer. Die Jolle war ein äußerst kompaktes geklinkertes Arbeitsboot von fünfeinhalb Metern Länge. Vom Bug weitete es sich zu einer Breite von gut 1,80 Metern aus und wurde dann zu seinem Spiegelheck hin wieder schmaler. Es besaß nicht nur Riemen, sondern auch einen Mast und ein trapezförmiges Segel, das oben mit einer Holzspiere gehalten wurde. Dieses Segel ist Hauptbestandteil der Lugger-Takelung, die über Jahrhunderte hinweg als zuverlässige Arbeitstakelung diente. Es war leicht zu setzen und zu handhaben, wenn es auch den Nachteil hatte, dass man es niederholen und auf der anderen Seite neu heißen musste, wollte man halsen oder wenden. Die Jolle wurde mit einer am Ruderblatt befestigten Pinne gesteuert; die Sache funktionierte, obwohl der unterste Ruderbeschlag fehlte. Das Boot hatte eine breite Bank im Heck, die in Sitzflächen überging, die sich zu beiden Bootsseiten entlangzogen und am Bug zusammentrafen. Drei Duchten liefen quer und boten weitere Sitzmöglichkeiten. Diese Bänke und Duchten waren mit acht schweren, galvanisierten Winkeln, so genannten Knien, jeweils vier auf jeder Seite, angenietet und fest mit dem Rumpf verbunden. Auf diesen Bänken und Duchten also mit ihren vorstehenden Knien und Nieten, in einem Boot von fünfeinhalb Metern Länge, versuchten sich die sieben zerschundenen, verwundeten, schockierten, aber lebenden Männer in der ersten verwirrenden, feuchten kalten Nacht auszuruhen.

Sie hielten sich immer noch nahe dem Ort des Schiffsuntergangs, und beim ersten Schein des Tages suchten sie das Meer ringsum nach Lebenszeichen ab, nach Spuren ihres Schiffs oder seiner Besatzung. Von der *Anglo-Saxon* war nichts geblieben. Es gab nur noch die einsame Jolle und die sieben Männer, die das

Schicksal zusammengeführt hatte. Es handelte sich um drei Offiziere, zwei Seemänner, den Hilfssmut und den Marineinfanteristen. Barry Denny war einunddreißig Jahre alt, Penny vierundvierzig, die anderen, Pilcher, Hawks, Tapscott, Widdicombe und Morgan, waren noch junge Männer zwischen neunzehn und dreiundzwanzig.

Als Erster Offizier der *Anglo-Saxon* war Barry Collingwood Denny prädestiniert, «Kapitän» der Jolle zu werden, und ganz im Sinne der Tradition seiner Familie stürzte er sich mit allem Eifer in diese Aufgabe, um der Verantwortung gerecht zu werden, die ihm aufgebürdet worden war. Am Vordringlichsten war es, sich um die Männer zu kümmern und einen Eindruck von ihrer körperlichen Verfassung zu gewinnen. Als die Sonne aufging und die Kälte der Nacht vertrieb, untersuchte Denny jeden Mann und überlegte, wie er sie behandeln konnte.

Pilcher hatte es am schwersten getroffen. Bei Tageslicht wurde das Ausmaß seiner Verletzung deutlich. Sie waren erstaunt, dass er in seinem Zustand überhaupt hatte pullen können und die ganze Nacht ruhig geblieben war. Pilchers linker Fuß war zerfetzt, er baumelte nutzlos an seinem Bein. Die Männer hoben Pilcher vorsichtig in den Bug, wo er am wenigsten gestört wurde, und legten sein Bein in eine Schlinge, die die Schläge mildern sollte, die dem kleinen Boot in den Wellen zusetzten. Penny war mit seinen Verletzungen nur wenig besser dran; sein Handgelenk war durchschossen, und am Oberschenkel hatte er eine klaffende Schrapnellwunde. Auch er wurde in den Bug gesetzt. Der Hilfskoch Morgan hatte eine ausgezackte Wunde am rechten Bein, direkt über seinem verletzten Knöchel. Die Verwundung war zwar schmerzhaft, aber nicht so schwer wie die der beiden anderen. Das galt auch für Tapscott. Er hatte sich den oberen rechten Vorderzahn ausgeschlagen und mehrere kleine Granatsplitter abbekommen, als ihn eine Explosion übers Deck schleuderte, war aber ansonsten einsatzfähig.

Die anderen Verletzungen, Dennys vom Seil verbrannte Hände und Widdicombes gequetschte Hand, waren vergleichsweise geringfügig.

Denny überlegte, wie er die schwersten Verletzungen versorgen konnte; er wusste, dass er einen optimistischen Ton anschlagen und den Männern ein Gefühl von Hoffnung und Entschiedenheit vermitteln musste. Während der Nachtstunden hatte er offenbar alle Optionen erwogen und sich einen Plan zurechtgelegt. Es bestand die Möglichkeit, dass sie trotz der geringen Größe der Jolle von einem vorbeifahrenden Schiff gesehen und aufgenommen würden. Darin lag ihre größte Hoffnung, denn Schiffe, die dieselbe Route fuhren wie sie, konnten eine rasche Rettung bedeuten. Doch durften sie sich nicht auf einen solchen glücklichen Umstand verlassen; sie mussten versuchen, sich selbst durchzuschlagen.

Barry Denny war ein fähiger Seemann und Navigator, doch sah er sich nun einer nahezu unlösbaren Aufgabe gegenüber. Er kannte ihre Position zum Zeitpunkt des Untergangs, aber abgesehen von einem Kompass, der zum Boot gehörte, hatte er keinerlei Navigationstabellen oder -instrumente. Das nächste Land lag 800 Meilen entfernt, die Azoren im Nordosten, die Kanarischen Inseln östlich und die Kapverdischen südöstlich von ihnen. Ihr kleines Boot mit seiner Lugger-Takelung und dem flachen Kiel konnte nur schlecht gegen den Wind segeln. Dies ließ den Versuch, die Azoren oder Kanaren zu erreichen, extrem schwierig erscheinen, da sie gegen die vorherrschenden Winde würden ankreuzen müssen, wobei sowohl der Wind als auch die Strömung sie von ihrem Ziel wegtrieben. Es erschien leichter, in Richtung der Kapverden voranzukommen, da sie auf dem Weg dorthin vor dem Wind oder mit seitlichem Wind segeln konnten, doch barg diese Möglichkeit eine andere Gefahr. Ausgestattet nur mit einem Kompass, käme es angesichts der nicht wahrnehmbaren Kursabweichung durch Wind und Strömung einem Wunder gleich, würden sie die kleine Inselgruppe überhaupt finden. Und wenn sie an den Kapverden vorbeiliefen, segelten sie in die gigantischen Weiten des leeren Südatlantiks.

Die zweite Möglichkeit lief der instinktiv vorzuziehenden «kapverdischen Variante» vollkommen zuwider, sie setzte nämlich voraus, das nächstgelegene Land hinter sich zu lassen und Kurs in die entgegengesetzte Richtung zu nehmen, auf Inseln zu, die mehr als doppelt so weit entfernt waren. Der Vorteil aber lag darin, dass die vorherrschenden Winde es ihnen leichter machen würden, ebenso die Strömungen, die sie selbst bei Flaute auf ihr Ziel zutrieben. Der Kurs sollte sie zu den Windward oder Leeward Islands führen, die die Gruppe der Inseln über dem Winde bilden, die sich über fast 500 Meilen von Norden nach Süden erstreckt und das Karibische Meer im Osten begrenzt. In den ersten Stunden ihrer langen Bootsreise argumentierte Denny, dass die Chancen, eine dieser Inseln zu finden, erheblich größer seien, als genau auf die kleineren Inselgruppen im Osten zu stoßen. Zwar bestünde auch bei der Reise westwärts die Gefahr, durch die Kette hindurchzusegeln, ohne die Inseln zu sichten, doch dann befänden sie sich in den stark befahrenen Gewässern der Karibik, und der amerikanische Kontinent läge vor ihnen. Es war nicht leicht, sich für eine dieser Möglichkeiten zu entscheiden; die Verantwortung lag allein bei Denny. Nachdem die Verwundeten so gut wie möglich versorgt worden waren, erläuterte er seine Entscheidung, befahl dann, den Bootsmast aufzurichten, das Segel zu setzen und Kurs auf die Inseln über dem Winde zu nehmen.

Sie hatten Glück, dass es einen Kompass gab, doch war er mit dem Hinweis versehen, dass er einige Grade Abweichung aufwies. Diese Information war überaus wichtig, aber in ihrer Ungenauigkeit zugleich auch sehr frustrierend. Ein Fehler von «einigen Grad» summiert sich auf einer langen Reise zu mehreren hundert Meilen Abweichung zum Bestimmungsort, und die Inseln über dem

Winde lagen 1600 Meilen westsüdwestlich. Denny ordnete an, nach dem Kompass genau West zu segeln, was nach seinen Berechnungen einen tatsächlichen Kurs von Westsüdwest, also direkt auf ihr Ziel zu, ergeben musste. So gaben zwar die Inseln über dem Winde die gewünschte Richtung vor, doch hofften alle an Bord inständig, dass sie in wenigen Tagen ein Schiff entdecken und sicher in einen Hafen bringen würde.

Der Wind wehte leicht aus Nordost, und die See wiegte sich in sanfter Dünung; sie hatten ihre Lage besprochen und waren unterwegs, das Segel blähte sich weit über die Backbordseite. So kamen sie recht ordentlich voran, und das Segel war nicht hinderlich bei ihrer nächsten schwierigen Aufgabe, der Versorgung der Verletzten. Dennys Einschätzung von Pilchers Zustand in der Nacht zuvor war oberflächlich gewesen, sie hatten einen Schwerverletzten an Bord. Das Boot verfügte über einen Erste-Hilfe-Kasten, aber der war nur dazu da, im Falle jener kleinen Verletzungen, die man sich beim Einsatz des Bootes im Hafen zuziehen konnte, ebenjene erste Hilfe zu leisten, bis eine professionelle medizinische Versorgung möglich war. Diese Versorgung gab es für Roy Pilcher nicht. Was einmal ein Fuß gewesen war, bestand nur noch aus zerfetzten Sehnen, Muskeln und Fleisch, von Knochenstücken durchbohrt, und Denny erkannte, dass Pilcher, der sehr viel Blut verloren hatte, um sein Leben kämpfte. Bob Tapscott und der Dritte Ingenieur Hawks halfen, Pilchers Verletzung mit Seewasser auszuwaschen. Sie hofften, dass die Heilkraft des atlantischen Salzwassers der Wunde guttun würde. Denny verband die blutige Masse, und die Männer legten den tapferen Pilcher wieder in den Bug.

Anschließend kümmerten sie sich um Artillerist Francis Penny, der die primitive Behandlung seiner Verletzungen mit derselben stoischen Gelassenheit über sich ergehen ließ. Der Durchschuss hatte eine relativ saubere Wunde hinterlassen. Sie wuschen die Hand, behandelten sie mit Jod und verbanden sie. Die Schrapnellwunde am Oberschenkel war schwieriger zu versorgen. Denny versuchte mit seinen geringen Mitteln, die Wunde mit Jod zu sterilisieren und mit Binden zu schließen. Penny gesellte sich zu Pilcher auf der provisorischen Krankenstation im Bug der Jolle, und Denny versorgte die hässliche Beinverletzung des Hilfssmuts auf ähnliche Weise. Die Schrapnellverletzungen an Tapscotts Rücken, linkem Gesäß und an der Hand hatten aufgehört zu bluten und wurden angesichts des begrenzten Vorrats an Verbandszeug nicht versorgt. Der blank liegende Nerv seines abgebrochenen Zahns bereitete ihm heftige Schmerzen, doch Tapscott war sich bewusst, dass dies nichts war im Vergleich zu dem, was Pilcher zu ertragen hatte. Der ohnehin von allen respektierte Pilcher war in ihrer Achtung erheblich gestiegen.

Es folgte eine Untersuchung der Ressourcen, die ihnen zur Verfügung standen, und damit verbunden war die Frage, wie diese rationiert werden sollten. Zigaretten waren für alle wichtig, aber es gab nur sehr wenige. Die Männer legten ihre Vorräte zusammen, und bevor sie sich daranmachten, alles zu begutachten, gaben sie sich ganz dem Genuss einer Zigarette hin. Neben Riemen, Segelzeug, Ruder, Bootshaken, Treibanker, zwei Schöpfeimern, Axt und Kompass, alles Dinge, die sie schon benutzt hatten, förderte eine Durchsuchung der Backskiste unter der Heckbank eine Reihe von nützlichen und von überflüssigen Dingen zutage. Es gab einige wertvolle Leuchtfackeln und ein paar Streichhölzer in wasserdichten Behältern, dazu ein paar Meter Bändsel, die vielleicht noch nützlich sein konnten. Eine Öllampe, die mittels eines Eimers als Signallampe eingesetzt werden konnte, entpuppte sich als Enttäuschung, weil sie sich nicht zünden ließ. Das Kompasslicht funktionierte ebenfalls nicht, also gab es keine Möglichkeit, bei Nacht nach Kompass zu segeln. Ein Gegenstand, der in den Monaten vor der Reise keinerlei Beachtung gefunden hatte, sollte sich jedoch als ungeahnt wichtig herausstellen.

Als die Jolle noch in den Davits an Bord der *Anglo-Saxon* hing, wurde sie von einer Persenning geschützt, die sich in keinem sonderlich guten Zustand mehr befand. Die Plane war voller Löcher, und vermutlich hatte jemand den Ablaufstopfen der Jolle etwas gelockert, damit durch die Plane gesickertes Wasser wieder abfließen konnte. Nun erwies sich dieses Stück zerschlissenes Segeltuch als wertvoller Schutz gegen die Witterung. Das Boot war über die ganze Länge vollkommen offen, sodass es am Tag keinerlei Möglichkeit gab, die sengende Sonne und in den kalten Nächten die eisige Gischt abzuhalten. Der geringe Schutz, den die Plane bot, war ein wahres Gottesgeschenk.

Obwohl zu diesem frühen Zeitpunkt ihrer Reise niemand Hunger hatte, klärten sie als Nächstes die Proviantsituation. Direkt unter der mittleren Ducht befand sich eine mit Kupfer ausgeschlagene Backskiste mit einer runden, wasserdichten Luke und darin die seit Jahrhunderten traditionelle Grundnahrung an Bord von Schiffen: knapp dreißig Pfund Schiffszwieback. So appetitlich es sich anhören mag, handelte es sich jedoch tatsächlich um steinharte Vierecke aus einem Mehl-Wasser-Teig, der ohne Salz gebacken wurde. Hielt man den Zwieback trocken, blieb er viele Jahre lang essbar. Dass sie zudem noch elf Dosen Kondensmilch aufstöberten, die Bill Ellis einige Monate zuvor in Segeltuch eingenäht hatte, gab ihnen Mut. Am meisten dürften sie sich über die drei großen Dosen gekochten Hammelfleischs gefreut haben, die mehrere Festessen versprachen. Sie waren erleichtert, dass sie über anscheinend ausreichende, wenn auch nur karge Kost verfügten, doch sahen sie sich bald einem schwerwiegenden Problem gegenüber. In der Bootsmitte befand sich ein kleines Holzfass, das etwa dreißig Liter Wasser fasste. Bisher hatte nur Pilcher, der fieberte, etwas zu trinken verlangt und auch bekommen. Bei dieser Gelegenheit stellte Denny ernüchtert fest, dass das Fass nur halb voll war.

Bei seinen Berechnungen hatte Denny abzuschätzen versucht, wie lange sie bis zu den Inseln über dem Winde brauchen würden: Bei großzügig geschätzten 100 Meilen am Tag würden sie sechzehn Tage benötigen. Dies war eine sehr optimistische Annahme; eine moderne Yacht macht ausgesprochen gute Fahrt, wenn sie 200 Meilen am Tag zurücklegt, und die Jolle mit ihrer einfachen Takelung war wahrhaftig keine hochseetaugliche schnelle Segelyacht. Sie hofften natürlich darauf, dass sie ihren Wasservorrat durch Regen ergänzen könnten, doch Denny wusste, dass dies ebenso unsicher war wie die Möglichkeit, dass sie von einem Schiff entdeckt würden. Er entschied, dass die Tagesration pro Mann aus einem Achtelliter Wasser und vier Schiffszwiebacken bestehen sollte, eine fürwahr spartanische Verpflegung. Bei Beginn der Reise waren alle Männer gut genährt und die meisten körperlich fit, vier von ihnen waren nicht ernsthaft verletzt. Es schien schwierig, aber nicht unmöglich, etwas mehr als zwei Wochen bei strenger Rationierung zu leben, und es herrschte eine positive Stimmung, als sie sich an ihrem ersten Tag in der Jolle in die tägliche Routine fügten.

Es gab nur wenig mehr als die geringe Ausstattung und die knappen Vorräte auf der Jolle. An Bord eines Schiffes trugen die Männer nur wenig bei sich; die Zigaretten hatten sie schon geteilt, und viel mehr besaßen sie nicht. Denny bedauerte, dass er am Tag zuvor in seine Tropenuniform gestiegen war, ohne die Taschen seiner alten Uniform zu leeren. Außer einem Taschenmesser hatte er nichts dabei. Zwar waren die Männer aufgefordert, eine Tasche mit persönlichen Gegenständen zu packen, um sie im Notfall mit ins Rettungsboot nehmen zu können, doch nur einer von ihnen war geistesgegenwärtig genug gewesen, im Chaos des Angriffs an seine Tasche zu denken.

Roy Pilcher hatte den Aktenkoffer, der ihm als Notfalltasche diente, ergriffen und auf wundersame Weise nicht verloren, als er an die Reling gehumpelt war und sich ins Boot hinuntergelassen hatte. Unter den gegebenen Umständen gab es keinerlei Anspruch auf persönlichen Besitz. Wie schon die Zigaretten und alles andere an Bord gehörte Pilchers Koffer allen. Für die meisten war der größte Schatz darin ein ganzes Pfund Pfeifentabak. Außerdem enthielt der Koffer eine Pfeife und ein Rasiermesser. Dabei handelte es sich nicht um ein antiquiertes Schermesser, sondern um ein ausgesprochen modernes, sehr feines Instrument der Marke Rolls Razor. Der Rasierer befand sich in einem Edelstahlkästchen, zusammen mit Schleifunterlage und -griff, die man zum Schärfen der schweren, wiederverwendbaren Klinge von höchster Qualität benötigte. Er war das modernste Rasierwerkzeug jener Zeit. Des Weiteren fanden sich in dem Koffer Pilchers Brieftasche, sein Seefahrtsbuch, ein Brief an seinen Freund Cliff Walder, sein Funklogbuch und ein paar Arbeitsblätter.[3] Und noch etwas war für alle in zweifacher Hinsicht von unschätzbarem Wert: ein kleines Bändchen mit Bibelzitaten für jeden Tag des Jahres. Den Männern im Boot war klar, dass sie nicht nur Trost aus den Zitaten schöpfen konnten, sondern dass sich die Seiten auch wunderbar als Zigarettenpapier verwenden ließen.

Den ersten Tag in der Jolle verbrachten sie bei guter Laune; sie erzählten sich Geschichten, rissen Witze, waren zuversichtlich, was ihnen die Zukunft bringen mochte, und dachten nicht darüber nach, was vor weniger als vierundzwanzig Stunden geschehen war. Denny begann aus reinem Ordnungssinn ein Logbuch der Reise, wozu er die Rückseiten der leeren Arbeitsblätter aus Pilchers Koffer benutzte. Das Logbuch begann mit zwei Absätzen, in denen der Angriff des Kaperschiffs beschrieben wurde, das sie für die *Weser* hielten, da der wie immer selbstbewusste Widdicombe ihnen versicherte, er kenne das Schiff von früheren Begegnungen her, als es sich noch um ein einfaches Frachtschiff gehandelt habe. Denny gab auch einen Augenzeugenbericht von den Schüssen auf die Rettungsflöße und listete auf, wer sich im Boot befand und welche

Verletzungen die Männer erlitten hatten. Der Eintrag für den ersten Tag war kurz: Wetter, Kurs, welche medizinische Versorgung geleistet worden war, dazu ein: «Alles in Ordnung.» Nachdem er die Eintragung gemacht hatte, nahm er sein Messer und schnitt backbord am Heck eine Kerbe in die Innenseite des Setzbords. Mit diesem simplen Kalender wollte er unauslöschlich die Tage vermerken, die er in dem Boot verbrachte.

Am ersten Abend aß jeder von ihnen einen einzigen Schiffszwieback, doch niemand bat um Wasser, und es wurde auch keins ausgegeben. Die Einteilung der Wachen galt weiterhin: Denny und Hawks wechselten sich mit Tapscott und Widdicombe auch in der zweiten Nacht ab, die nicht so kalt und trockener war, weil sie mit dem Wind segelten. Da das Kompasslicht sich nicht anzünden ließ, verließen sie sich ganz auf die althergebrachte Seefahrerkunst, nach den Sternen zu navigieren.

Als die Sonne am Freitag, den 23. August aufging, ihrem zweiten Tag im Boot, griff Denny nach dem Schöpflöffel und machte sich daran, jedem seine Wasser- und Zwiebackration zuzuteilen. Es handelte sich um eine kleine Schöpfkelle, die man durch das Spundloch in das Fass führen konnte, um so das kostbare Nass herauszuschöpfen. In die Kelle passte etwa ein Achtelliter, doch um sechs Uhr früh bekam jeder nur eine halbe Kelle voll, einen halben Zwieback und ein winziges Schlückchen Kondensmilch. Zwölf Stunden später sollte es dieselbe Ration als «Abendmahlzeit» geben. Diese Wassermenge löschte bei weitem nicht den Durst der Männer, die seit mindestens vierunddreißig Stunden nichts getrunken hatten; doch keiner beschwerte sich, da alle wussten, wie knapp die Vorräte waren und wie sehr die verwundeten und fiebernden Kameraden litten.

Die vier gesunden Männer wechselten sich alle vier Stunden mit der Wache ab; die Zeit kroch dahin, und die Unterhaltung versiegte. Gegen Ende des Tages schnitt Denny eine neue Kerbe, und sie bereiteten sich auf eine weitere lange Nacht vor. Gegen Mitternacht weckte Denny aufgeregt seine Gefährten. Rettung nahte! Ihre Reise konnte bald vorüber sein. Ein Schiff steuerte auf nordnordöstlichem Kurs fast direkt auf sie zu. Denny beeilte sich, eine Leuchtfackel aus ihrer wasserdichten Hülle zu ziehen; er zündete sie an und hielt sie hoch. Der grellrote Schein der Fackel verminderte ihre Nachtsicht erheblich, und als sie ausgebrannt war, dauerte es noch eine ganze Weile, bis sie wieder etwas erkennen konnten. Sie hielten in der Dunkelheit angestrengt Ausschau nach dem Schiff, das keinerlei Positionslichter gesetzt hatte. Endlich entdeckten sie es wieder und sahen, dass es einen großen Kreis fuhr, um zu ihnen zurückzukehren. Barry Denny wurde argwöhnisch. Er traute plötzlich dem ominösen dunklen Umriss nicht, zu sehr ähnelte er ihrem Angreifer zwei Nächte zuvor. Auf Befehl des Offiziers hin gaben die Seeleute keine Zeichen mehr. Gebannt starrten sie hinaus aufs Meer.

Hatten sie am Ende das feindliche Schiff vor sich, das seine Suche nach Überlebenden der *Anglo-Saxon* fortsetzte, um sie für immer zum Schweigen zu bringen? Diese Befürchtung macht deutlich, wie sehr die Männer davon überzeugt waren, dass der Angreifer ihrer Ansicht nach genau dieses Ziel verfolgte. Das verdunkelte Schiff hielt offensichtlich nach weiteren Notsignalen Ausschau, konnte die kleine Jolle, die lautlos dahinglitt, aber nicht entdecken und ging wieder auf Kurs. Die Männer im Boot kämpften mit widerstreitenden Gefühlen: Sie hatten das Auftauchen des Schiffs zunächst als Rettung begriffen und mussten nun erleichtert sein, dass sich nicht der Angreifer mit rauchenden Kanonen über sie hermachte. Sie konnten nicht wissen, dass die *Widder* das Gebiet noch in der Nacht des Angriffs hinter sich gelassen hatte, nach Norden abgelaufen und nun schon über 150 Meilen entfernt war. Da das Operationsgebiet ausschließlich der *Widder* zugewiesen war, befand sich kein anderes deutsches

Kriegsschiff in der Nähe. Aus blankem Überlebenswillen widerstanden die Männer in einem entscheidenden Augenblick der Versuchung, eine zweite Fackel zu entzünden, und vergaben so die Chance einer frühen Rettung.

Am Sonntagmorgen machte sich ein neues Problem bemerkbar. Als sie versuchten, ihren Schiffszwieback zu kauen, stellten sie fest, dass das bisschen Speichel, das sie noch zusammenbekamen, nicht mehr ausreichte, um den Zwieback so weit einzuweichen, dass sie ihn herunterschlucken konnten. Das wenige Wasser, mit dem sie sich die ausgetrockneten Münder und Kehlen benetzten, konnten sie nicht dafür vergeuden. Wasser war zum wichtigsten Gut geworden, der Gedanke an Regen ging ihnen nicht mehr aus dem Kopf. Doch die Sonne brannte auf sie hernieder. Der Wind hatte sich gelegt, und das Boot trieb reglos dahin. Auch andere physiologische Nebenwirkungen machten sich bemerkbar. Das wenige, was sie an Nahrung zu sich nahmen, wurde vom Körper völlig absorbiert, und sie hatten keinerlei Stuhlgang mehr. Ihre Körper bemühten sich, alles bei sich zu behalten und zu verwerten, um trotz der Mangelernährung funktionstüchtig zu bleiben.

Während der Tag träge dahindümpelte, suchten die Männer unter der Plane Schutz vor der sengenden Sonne, doch war es dort viel zu heiß. Außerdem breitete sich nach und nach ein fauliger Geruch aus. Als Widdicombe sich mit dem Papier aus Pilchers Bändchen erbaulicher Verse eine Zigarette drehte, verlas er zuvor einen düsteren Spruch, der auf dem Blatt stand: «Rufet an den Herrn, die Ihr da in Seenot seid.»[4] Denny erkannte, dass es nötig war, seine Kameraden aufzumuntern, und verkündete, dass es einen Sonntagsschmaus aus Hammelfleisch geben würde.[5] Damit erzielte er einen großen Erfolg, er hob nicht nur die Moral, sondern verbesserte auch die körperliche Verfassung der Männer, die jeden winzigen Brocken des kalten, gekochten Hammelfleischs genossen. Denny wusste, dass sie in ihrem derzeitigen Zustand leicht zu viel essen konnten, also teilte er nur eine halbe Dose aus. Den Rest wollte er für den nächsten Tag aufheben. Die Fleischmahlzeit gab den Männern neue Energie, und es entzündete sich eine lange, intensive Unterhaltung über Essen und Trinken. Jeder schwärmte in höchsten Tönen von seinem Lieblingsessen und dessen besonderen Feinheiten: Roastbeef und Yorkshire-Pudding, Fisch und Chips, eingelegter Hering und so weiter und so fort. Die lebhafte Unterhaltung drehte sich alsbald um Getränke und darum, wie sie am besten zu konsumieren seien. Es war nur natürlich, dass sich Männer, denen es an praktisch allem fehlte, intensiv über ihre Lieblingsspeisen unterhielten: Um nichts anderes kreisten ihre Gedanken.

In Anerkennung der Courage und der Stimmung der Männer hielt Denny in seinem Eintrag für den Tag fest, dass die Moral «ausgezeichnet» sei. Er schrieb auch, dass sie «auf Regenschauer [hoffen], aber noch keine in Sicht» waren. Er schätzte, dass sie 225 Meilen von der Position des Angriffs entfernt seien und Kurs Westsüdwest hielten. Das mag möglich sein, war aber doch wohl eine eher optimistische Annahme, da sie den ganzen Sonntag über in einer Flaute gelegen hatten, was bedeutete, dass sie diese 225 Meilen in den ersten drei Tagen hätten zurückgelegt haben müssen. 75 Meilen am Tag wäre viel gewesen; nicht einmal das mit Segeln ausgerüstete Floß *Kon Tiki*, das Jahre später mit den Strömungen des Pazifiks segelte, brachte es an seinen besten Tagen auf diese Distanz. Und selbst wenn sie so weit gekommen wären, hätte dies einen Tagesschnitt von 56 Meilen bedeutet – ein erheblicher Unterschied zu den 100 Meilen pro Tag, die sie sich vorgenommen hatten.

Das zweite Festessen, das für den nächsten Morgen vorgesehen war, erwies sich als weniger erfolgreich, obwohl das Menü dasselbe war. Zwar hatte sich das Hammelfleisch über Nacht gut gehalten, doch aufgrund des Wassermangels fiel es den Männern schwer, das

Essen hinunterzubekommen.[6] Die Aufnahme der Proteine am Abend zuvor hatte den Großteil ihrer Magensäfte aufgebraucht. Sie hatten keinen Speichel mehr und aufgrund ihres vollkommen trockenen Magens alle Mühe, das Essen zu verdauen. Der freundliche Umgangston vom Vorabend war verschwunden. Die Stimmung verschlechterte sich.

Für die Verwundeten war die Situation noch schlimmer. Als Denny sich am Morgen daranmachte, die Wundverbände zu wechseln, wurde für alle offensichtlich, was Denny vermutet hatte, als er am Tag zuvor die Verbände an den geschwollenen Füßen Pilchers und Morgans gelockert hatte. Denny nahm den Verband von Pilchers Fuß und setzte damit eine Wolke unerträglichen Gestanks frei, der am Tag zuvor schon ab und an durchs Boot geweht war. Die verrottende Masse an Pilchers Bein war grün und schwarz geworden und stank wie Pestilenz: Wundbrand. Wenn das Blut nicht mehr durch das Gewebe zirkulieren kann, kommt es häufig zu einer bakteriellen Infektion, und diese wiederum führt zum Absterben und zur Verwesung des Fleischs. Der Funkoffizier hatte eine Wundbrandinfektion und Denny nichts, um sie zu bekämpfen.[7]

Pilcher bewies erneut Größe, indem er sich bei seinen Schiffskameraden für die Probleme entschuldigte, die er ihnen bereitete, und für den Gestank, den sein siechender Körper verströmte. Dies erhöhte sein Ansehen bei den anderen nur noch mehr. Umgetrieben von dem verzweifelten Wunsch, irgendwie zu helfen, verfiel Denny einmal mehr auf das überreichlich vorhandene Salzwasser. Pilcher, der offensichtlich rasende Schmerzen litt, aber nicht klagte, wurde so in Position gebracht, dass sein Bein außenbords hing. Tapscott verbrachte eine Stunde damit, die scheußliche Verletzung mit Eimern voller Salzwasser zu spülen. Als sie den Eindruck hatten, dass die Wunde so gut wie möglich gereinigt war, legte Denny einen frischen Verband an, und sie halfen Pilcher wieder auf seinen Platz im Bug.

Sie kümmerten sich um Morgan, dessen rechter Fuß stark geschwollen war und dessen Fleischwunde direkt über dem Knöchel keinerlei Anzeichen von Besserung zeigte. Auch seine Wunde wurde ausgewaschen und frisch verbunden. Pennys Verletzung am Handgelenk machte einen guten Eindruck, sie wurde erneut mit Jod bestrichen und verbunden. Der aufgeschlitzte Oberschenkel dagegen sah immer noch schlimm aus und machte Denny große Sorgen. Mit dem letzten frischen Verband aus dem Erste-Hilfe-Kasten versorgte er die Wunde und konnte nur noch hoffen. Er hatte alle medizinischen Hilfsmittel aufgebraucht. An diesem Tag notierte er in seinem Logbuch: «Hoffen bald Schiff zu sichten, beten aber um Schauer und einen anständigen Wind.»[8]

Doch den ganzen Tag über wollte kein Wind aufkommen, und das kleine Boot schaukelte träge auf den Wellen. Um die brütende Hitze zu mildern, wurden ganze Pützen voll Wasser über die Verwundeten geleert, um ihnen ein wenig Abkühlung zu verschaffen. Da sich das Boot in der Windstille kaum bewegte, ließen sich Denny, Hawks, Tapscott und Widdicombe abwechselnd außenbords ins Wasser gleiten. Das Boot war mit Rettungsleinen versehen, die wie Girlanden zu beiden Seiten hingen. Einige der Seeleute klammerten sich an diese Leinen und erfrischten sich so am ganzen Körper; Tapscott, der sehr gut schwimmen konnte, tauchte zur Unterhaltung der anderen mehrmals unter dem Boot hindurch. Alle, die im Wasser gewesen waren, fühlten sich belebt, als sie wieder an Bord gingen. Doch der Ernst ihrer Lage ließ sich nicht verdrängen, und sie teilten ihre Abendration aus, aufgebessert durch ein wenig Hammelfett aus der Dose. Zu diesem Zeitpunkt aßen sie nur einen halben Zwieback pro Tag. Ihr Organismus verlangte aus Wassermangel nicht nach mehr.

Nach zwei glühend heißen Tagen mit Flaute kam in der Nacht Wind auf, und sie setzten ihre Reise mit fünf Knoten fort. Mit dieser Fahrt erreichten sie die erhofften 100 Meilen pro Tag. Der

Wind hielt die ganze Nacht und noch den folgenden Tag an, und sie schöpften wieder Mut, ihrem Ziel ein gutes Stück näher gekommen zu sein. Hoffnung machten ihnen auch aufziehende Wolken, die Regen versprachen, doch wich diese Hoffnung rasch großer Enttäuschung, da keine der Wolken auch nur den geringsten Niederschlag brachte. Denny bemühte sich nach Kräften, die Männer abzulenken und ihre Moral aufrechtzuerhalten. Im Laufe des Nachmittags drehte er aus Pilchers Pfeifentabak und dem Papier aus dem Erbauungsbüchlein für jeden eine Zigarette. Aber er gab auch zu bedenken, dass sie nur noch acht Streichhölzer hatten und dass es «mit diesem Luxus bald vorbei» sei.[9]

An diesem Abend hob Denny die Stimmung, indem er, ermutigt durch die tags zurückgelegten Meilen, eine Lotterie veranstaltete. Wettspiele um Ankunftszeit und Ähnliches gehören zur festen Unterhaltung an Bord eines Schiffes, ganz gleich ob Frachter, Kriegsschiff oder Passagierdampfer; ein Mittel, alle an Bord der Zukunft erwartungsvoll entgegensehen zu lassen. Bei der Lotterie an Bord der Jolle ging es darum, ein Datum zu benennen, das dem tatsächlichen Zeitpunkt ihrer Rettung durch ein Schiff oder das Erreichen eines Ufers am nächsten kommen würde. Die sieben gewählten Daten lagen zwischen dem 9. September – dreizehn Tage in der Zukunft – und dem 15. September, bedeuteten also durchaus realistische Einschätzungen; vielleicht ein wenig zu optimistisch, aber im Bereich des Möglichen.

Die Namen zu den jeweiligen Daten wurden gelost, und die Wirkung auf die Männer war genau die von Denny erhoffte. Es entbrannte eine lebhafte Diskussion darüber, warum das jeweilige Datum das wahrscheinlichste sei. Es war eine denkwürdige Unterhaltung, die zunehmend magerer werdenden Männer sprachen mit sonnenverbrannten Lippen, trockenen Mündern und Zungen, was ihre Aussprache beeinträchtigte, nicht aber ihren Eifer. Alle freuten sich darüber, dass der schwer verwundete Pilcher sein

Ankunftsdatum wortreich verteidigte, und sie gönnten ihm den Sieg, dessen Preis in so viel Drinks bestehen sollte, wie er nur wollte und die die anderen bezahlen mussten.

Erstaunlich, dass sie sich am siebenten Abend im Boot in derart guter Stimmung auf die Nacht vorbereiteten. Ihre innere Stärke spiegelt sich in Dennys Logbucheintrag des vorangegangenen Tages: «Vertrauen darauf, in der Gegend der Leeward Islands auf Land zu stoßen, mit Gottes Wille und britischer Entschlossenheit.»[10]

Kapitel 10 **Drastische Entscheidungen**

Am Morgen des siebenten Tages erwachten sie von einem ungeheuren Gestank. Der Wundbrand breitete sich ungehindert in Pilchers Bein aus. Pennys Oberschenkelwunde zeigte dieselben Symptome, und Morgans Bein war ebenfalls von Wundbrand befallen. Es gab keine Möglichkeit, dem Gestank zu entrinnen. Pilcher entschuldigte sich immer wieder, und die anderen versuchten, ihn zu beruhigen. Es war offensichtlich, dass die Entzündung seinen gesamten Körper befallen hatte. Der Glanz in den Augen Pilchers war erloschen. Im Verlauf des Vormittags verschlechterte sich sein Zustand zusehends: Er hatte kein Gefühl mehr im Bein. Das Gute daran war, dass er auch keine Schmerzen mehr spürte, doch bedeutete dies, dass sein Organismus die Versorgung des verrottenden Beins nicht mehr aufrechterhalten konnte und es vom Blutkreislauf abgeschnitten hatte. Es war dies natürlich keine tatsächliche Amputation, und die sich ausbreitende Entzündung griff auf andere Organe über. Die unverletzten Männer waren zutiefst frustriert ob der Tatsache, dass sie Pilcher, Penny und Morgan nicht helfen konnten.

Die vier Gesunden gingen wieder außenbords und tauchten ins Wasser, in erster Linie, um der sengenden tropischen Sonne zu entgehen, ein wenig Abkühlung zu finden und dem Gestank zu entrinnen. Doch schien das Bad im Meer eine willkommene Nebenwirkung zu haben: Sie nahmen über die Haut ein wenig Wasser auf. Seit einigen Tagen schon hatten sie keinen Speichel mehr, aber nun stellten sie fest, dass sie wieder über ein wenig Mundflüssigkeit verfügten.

Verschiedene Studien belegen, dass die Haut nur eine winzige Menge Flüssigkeit aufnehmen kann und dass diese nicht besonders tief ins Körpergewebe eindringt. Die moderne Wissenschaft bestätigt, dass Wasser nach Sauerstoff die wichtigste Substanz für den menschlichen Organismus darstellt.[1] Nur genügend Wasser im Körper ermöglicht den reibungslosen Ablauf aller Funktionen, von der Verdauung bis zum Blutkreislauf. Ohne ausreichende Mengen an Wasser kommen alle grundlegenden Prozesse zum Stillstand. Das tägliche Minimum, das ein Erwachsener über Nahrung und Getränke zu sich nehmen muss, beträgt knapp zwei Liter.[2] Die Männer im Boot verfügten nur über einen Bruchteil dieser Menge, und der Wassermangel hatte verheerende Auswirkungen.

Der Durst hatte den Hunger als wichtigstes Thema verdrängt. Im Verlauf des Tages redeten sie nicht von Speisen, sondern von Getränken. Sie sprachen nicht nur über ihre Lieblingsgetränke, sondern voller Wehmut auch über saftige, süße Früchte wie Pfirsiche, Birnen und Orangen. Denny vermerkte dies in seinem Logbuch, das trotz ihres immer schlechter werdenden Zustandes weiterhin optimistisch klang. Diese Zuversicht beruhte zum Teil darauf, dass die steife Brise sie gut voranbrachte. Am folgenden Morgen jedoch bemerkten sie enttäuscht, dass der Wind abflaute und im Laufe dieses ereignisarmen Tages allmählich einschlief. Penny und Morgan schien es ein wenig besser zu gehen, doch Pilchers zunehmender Verfall war offenkundig. Alle erkannten an sich selbst erste Veränderungen; sie schwitzten zum Beispiel nicht mehr, auch nicht in der größten Mittagshitze. Angesichts mangelnder Flüssigkeit verzichteten sie auf das Viertel Schiffszwieback, das ihnen am Morgen und am Abend zustand. Die körperlichen Auswirkungen dieses Mangels an Nahrung und Wasser machten sich nun deutlich bemerkbar. Ihre geschwollenen Zungen verstopften die trockenen Hälse und Münder. Offenkundig verloren sie an Gewicht, und ihre Bekleidung, die eine Woche zuvor noch gepasst hatte, war nun zu groß.

Erschöpft bereiteten sie sich auf die Nacht vor. Sie hatten gelernt, mit den ungemütlichen Sitzbänken vorlieb zu nehmen, wenn auch die verschiedentlich vorstehenden Knie und Nieten sie immer wieder störten. Plötzlich jedoch wurden sie durch einen unmenschlichen, klagenden Schrei aus ihrem unruhigen Schlaf gerissen. Es war Pilcher.[3] Bis zu diesem Zeitpunkt hatte er alle Schmerzen mit einer Kraft ertragen, die von den Männern bewundert und respektiert wurde. Nun hörten sie eine Stimme, die nicht wiederzuerkennen war.

Denny arbeitete sich zu Pilcher vor, um zu sehen, ob er ihm irgendwie helfen konnte. Pilcher starrte ins Nichts. Der Offizier versuchte ihn dazu zu bringen, zu antworten, sich zu konzentrieren, zu reagieren, doch Pilcher war wie in einer anderen Welt. Es war der Beginn einer langen Nacht, in der sie einen delirierenden Pilcher erlebten, wie ihn keiner von ihnen kannte.[4] Den feinen, nachdenklichen Mann gab es nicht mehr, an seine Stelle war ein vom Gift des Wundbrands zerstörtes, tobendes Wesen getreten. Die Männer hatten keine Möglichkeit, dem Geschrei zu entrinnen, das Pilcher entfuhr. Er bediente sich einer Ausdrucksweise, die die anderen nie von ihm gehört hatten und von der die meisten bisher angenommen hatten, dass er sie gar nicht kannte. Es schien, als sei auch sein Verstand von der Infektion erfasst. Er fluchte, brach in hysterisches Gekicher aus, sang, fluchte und lachte wieder. Dies ging eine ganze Weile so, dann beruhigte er sich. Er mühte sich stumm, seine Schmerzen zu ertragen, stöhnte und redete leise wirr vor sich hin. Die anderen, entsetzt, aber froh, dass wieder Ruhe eingekehrt war, fielen erleichtert in Schlaf. Doch bald darauf brach wieder Pilchers Schmerzensschrei durch die Nacht, und wieder begann er zu fluchen, zu singen und irre zu kichern. Niemand fand

Ruhe, und Denny sann verzweifelt darüber nach, wie er die Lage für den Verwundeten und alle anderen erleichtern konnte. Pilcher war verloren, der Zustand von Penny und Morgan bereitete ihnen große Sorgen, und allen ging es sichtlich schlechter. Barry Denny trug eine ungeheure Verantwortung. Als die Nacht ihrem Ende zuging, hörte Pilcher auf zu toben und war kaum mehr bei Bewusstsein.

Aus dem Eintrag in Dennys Logbuch nach Pilchers wirrer Nacht spricht erste Entmutigung. Denny hatte alles getan, damit die Männer nicht den Mut verloren, er hatte stets gehofft, hatte sie daran erinnert, dass die Rettung durch ein Schiff jederzeit möglich sei und dass sie ihrem Ziel näher kamen. Doch es wurde immer schwieriger, die Männer aufzumuntern. Was sie noch mehr verzweifeln ließ, war die Tatsache, dass der Wind völlig eingeschlafen war. Die ersten beiden Zeilen des Eintrags vom 31. August lauten: «Flaute, teils bewölkt, überhaupt nichts gesichtet, hatten bisher noch keinen Tropfen Regen, leben aber von der Hoffnung.» Diese letzten Worte sind das einzig Positive in der Aufzählung von Sorgen – Flaute, bewölkt, nichts gesichtet, kein Regen. Zu alldem kam noch der Zustand des Funkoffiziers.

Pilchers Zustand wechselte den ganzen Vormittag hindurch weiter zwischen Schlaf und Wahnsinn. Sosehr sich die anderen auch anstrengen mochten, Pilchers Gebrüll zerrte an ihren Nerven und ließ sich nicht ignorieren. Der Erste Offizier war in den vielen schlaflosen Stunden widerstrebend zu einer drastischen Entscheidung gekommen.

Nach ihrer morgendlichen Ration Wasser sprach Denny leise mit Hawks, Widdicombe und Tapscott. Er hatte entschieden, dass etwas mit Pilcher unternommen werden musste; so jedenfalls konnte es nicht weitergehen. Die anderen pflichteten ihm bei, aber was sollten sie tun? Sie waren entsetzt über Dennys Vorschlag. Er war barbarisch, undenkbar: Sie mussten amputieren![5] Allein die

Vorstellung war bestürzend. Es ging um einen massiven operativen Eingriff, einen Eingriff, der einen sterilen OP-Raum verlangte, Chirurgenteams, Bluttransfusionen, Betäubungsmittel und die verschiedensten sterilen, rasiermesserscharfen chirurgischen Instrumente. Nichts davon hatten sie an Bord. Keiner von ihnen verfügte über eine medizinische Ausbildung. Denny konnte gerade einmal einen verletzten Seemann verbinden, aber keine Operation ausführen. Und diese Operation, wenn man es denn so nennen konnte, musste auf einem schaukelnden, verdreckten, bakterienverseuchten stinkenden Boot stattfinden – ohne Bluttransfusion und, noch schlimmer, Betäubungsmittel. Und womit sollten sie die feinen chirurgischen Instrumente ersetzen? Denny hatte darauf eine erschreckende Antwort: die Axt. Doch die Axt war dreckig und rostig, und sie war nicht scharf. Aber was hatten sie sonst? Es gab keine Säge, und weder Dennys Messer noch die robuste kleine Klinge aus Pilchers Rolls Razor konnte ihnen von Nutzen sein.

Gegen Dennys Argumentation war allerdings kaum etwas einzuwenden: Das Bein brachte Pilcher um. Sie mussten etwas unternehmen. Eine Amputation war die einzige Möglichkeit. Auch unter professionellen Krankenhausbedingungen wäre ein solcher Eingriff die einzige Möglichkeit gewesen, und selbst dort waren Amputationen nicht ohne Risiko, denn Penicillin gab es erst ab 1941.

Sich voll und ganz der Tragweite der Entscheidung bewusst, stellten sich Widdicombe und Hawks hinter ihren Ersten Offizier. Sie sorgten sich um Pilcher, und wenn es irgendeine Möglichkeit gab, ihm zu helfen, dann waren sie dafür. Tapscott jedoch konnte den Vorschlag nicht akzeptieren, seiner Meinung nach war die Idee aberwitzig, das Ganze nur brutale Schlächterei. Pilcher würde unerträgliche Schmerzen erleiden, denn die Amputation musste im noch lebenden, nicht befallenen Gewebe erfolgen, um überhaupt effektiv zu sein. Wie sollten sie die Blutung stoppen, den Stumpf verbinden, einer drohenden Infektion vorbeugen? Vielleicht konnten sie den Stumpf mit den Fackeln ausbrennen, wenn sie es denn schafften, das Bein abzutrennen, doch schon der Gedanke an diese entsetzliche Prozedur ließ Tapscott zurückschrecken. Er vermutete, dass die Infektion bereits Pilchers gesamten Körper erfasst hatte. Er konnte keine Vorgehensweise gutheißen, die ihm primitiv erschien und zu spät kam.

Da sie zu keinem einstimmigen Entschluss kommen konnten, versuchte der Offizier, Pilcher selbst, der gerade wieder bei klarem Verstand zu sein schien, in die Entscheidungsfindung einzubeziehen. Ob dieser allerdings noch in der Lage war, rationale Gedanken zu fassen, ist fraglich. Roy Pilcher war verzweifelt. Als ihm der Maat anbot, das Bein abzunehmen, stimmte er sofort zu, und der Entschluss stand fest. Die Axt wurde so sorgfältig wie möglich gereinigt, und sie unternahmen jede nur erdenkliche Anstrengung, um sie zu schärfen.[6] Pilcher wurde in Position gebracht, und Hawks und Widdicombe bereiteten sich darauf vor, ihn festzuhalten. Penny und Morgan, gezeichnet von ihren eigenen infizierten Wunden, schauten zu. Barry Denny packte die Axt, zögerte, suchte all seine Kraft für die Aktion zusammenzunehmen, brachte sie aber nicht auf. Er hatte nicht die Willensstärke, diesen Schritt zu tun. Keiner der anderen war dermaßen von einem positiven Ausgang überzeugt, dass er vorgetreten wäre und die grausame Aufgabe übernommen hätte. Erleichtert und zugleich enttäuscht über sein eigenes Scheitern, legte der Offizier die Axt beiseite. An Pilcher gewandt sagte er, dass sie angesichts der Möglichkeit, von einem Schiff aufgefunden zu werden, besser auf medizinische Hilfe warten sollten.

Alle sieben Männer standen unter enormer psychischer Anstrengung und kämpften mit ungeheuren körperlichen Mangelerscheinungen. Sie bewiesen erstaunliche physische und moralische Stärke.[7] Seit neun Tagen waren sie nun unterwegs, und sie hatten ein Viertel des Schiffszwiebacks, die Hälfte der Kondensmilch und des Wassers aufgebraucht. Unter Dennys fester Führung und dank ihrer Disziplin hatten sie den Rationierungsplan, errechnet für eine Reise von sechzehn Tagen, genau eingehalten. Angesichts der windstillen Tage wussten sie nun, dass sie länger unterwegs sein würden, doch an dem Prinzip, jedem Einzelnen bis zur erwarteten Ankunft täglich dieselbe Ration zuzusprechen, war nicht zu rütteln. Nach neun Tagen bei minimalen Rationen dürfte sich allen die Frage gestellt haben, wie sie mit ihren mageren Vorräten die nächsten neun Tage überstehen sollten – bis dahin würden sie sicher die Inseln über dem Winde erreicht haben.

Sie hatten noch zwei Dosen Hammelfleisch, und da es beim ersten Mal die Lebensgeister geweckt hatte, beschloss Denny, allen erneut diesen Luxus zu gönnen. Sie labten sich an jenem Samstagabend an dem Fleisch, doch diesmal bekam es ihnen nicht. Das Fleisch hatte zwar Saft, sodass sie es kauen und schlucken konnten, aber ihre geschrumpften Mägen hatten ob des Nahrungsmangels praktisch ihre Funktion eingestellt. Ein Minimum von einem Liter Flüssigkeit wäre nötig gewesen, um die Verdauungssäfte zu produzieren, mit deren Hilfe das Fleisch hätte verdaut und ausgeschieden werden können.[8] Das Salz in dem Hammelfleisch verschlimmerte nur noch ihren Durst; alle litten; ihre Körper schrien nach Wasser. Mit der für ihn typischen Entschlossenheit durchbrach Barry Denny sein strenges Regiment und verdoppelte an diesem Abend die Wasserration.[9] Das war die einzige Möglichkeit, die Qualen zu lindern, die ihnen der Verzehr des Fleischs bereitet hatte. Doch selbst der Luxus des Wassers zeitigte wenig Erfolg. Einige der Männer verbrachten eine qualvolle Nacht unter Magenkrämpfen und Brechreiz. Auch Denny blieb nicht verschont und musste sich übergeben.

Der folgende Tag, Sonntag, der 1. September, stellte einen Wendepunkt auf ihrer Reise dar. Nach der schweren Nacht machten sie sich für einen weiteren gewöhnlichen Tag auf See bereit.

Doch als die Männer Denny sahen, erschraken sie.[10] Er war verändert. Bisher waren sein einziges Problem die an der Talje aufgerissenen Hände gewesen, die nicht heilten und eiterten; doch nun war er ein anderer. Die Übelkeit in der Nacht hatte ihn Kraft gekostet. Er war blass, und noch immer litt er unter Magenkrämpfen. Barry Denny war ihr Anführer, und diese schockierende Veränderung war für die anderen nur schwer zu ertragen.

Sie fühlten sich durch den Zustand des Offiziers plötzlich bedroht und hofften inständig, dass sich Dennys Übelkeit im Laufe des Tages legen und er wieder ganz der Alte sein würde. Denny selbst mobilisierte all seine Kräfte und traf als Erstes eine Entscheidung von überaus großer Tragweite. Da er keine Karten besaß, hatte er die Position des Boots im Kopf mitverfolgt. Er hatte die Kompassabweichung eingerechnet und sich hauptsächlich in Richtung Südwest gehalten. Er hatte Geschwindigkeit und Strömung geschätzt, und er wusste, wie lange sie unterwegs waren, also konnte er grob die Entfernung berechnen, die sie zurückgelegt hatten. Offenbar hatte er den Eindruck gewonnen, dass sie sich weit genug südlich, in den Breiten der Inseln über dem Winde befanden, und er befahl, neuen Kurs nach Westen zu nehmen. Eine Karte hätte ihm gezeigt, wie weit nördlich von den gewünschten Breiten sie noch waren und dass der neue Kurs sie sogar die nördlichen Leeward Islands mit Sicherheit verfehlen ließ. Erschöpft, ohne Instrumente, ohne Karten und nautische Tabellen fällte Denny eine schicksalhafte Entscheidung.

Seine nächste Aufgabe bestand darin, gegen 6 Uhr 15 die morgendliche Wasserration auszugeben. Alle gierten nach Wasser. Pilcher, der wieder ganz der Alte zu sein schien, wenn auch erheblich geschwächt, wies seine Ration zurück mit dem Argument, die anderen hätten sie nötiger als er. Diese Geste war typisch für ihn. Unter normalen Umständen, wäre Pilcher noch Herr seiner Sinne gewesen, hätten die anderen sie mit Hochachtung aufgenommen;

nun ließ die Entscheidung darauf schließen, dass er sich keine Rettung mehr erhoffte. In solchen klaren Momenten war Pilcher offenbar in der Lage, seinen Zustand realistisch einzuschätzen.

Kaum zwei Stunden später machte Morgan, der sich im Bug ausruhte, eine traurige Entdeckung: Roy Hamilton Pilcher, einundzwanzig Jahre alt, ein vorbildlicher, von allen geschätzter Schiffskamerad, war tot. Obwohl er sich in enger Gemeinschaft mit Männern befunden hatte, die sich um ihn sorgten, war er still und einsam von ihnen gegangen, ohne dass ihm noch jemand Mut zugesprochen hätte. Die Männer hatten das Sterben auf der brennenden *Anglo-Saxon* miterlebt, nun erfuhren sie, dass der Tod ihnen auch auf ihrem kleinen Boot nachstellte. Hätte der Offizier nicht mit dem eigenen körperlichen Verfall kämpfen müssen, er hätte vermutlich für einen angemesseneren Abschied von Pilcher gesorgt; vielleicht fand er aber auch, dass die Männer nicht allzu lang über seinen Tod grübeln sollten. So entledigten sie sich Pilchers sterblicher Überreste ohne jede weitere Zeremonie.

Denny befahl Tapscott und Hawks, den Leichnam über die Bordwand zu heben und fallen zu lassen. Es wurde nicht gesprochen, kein Gebet, kein Nachruf.[11] Die Männer konnten nur ergriffen dem davontreibenden Leichnam nachschauen. Sicherlich gab ihm jeder seine Gedanken, stummen Gebete und guten Wünsche mit auf die Reise, während das Boot langsam davonsegelte, doch lastete der Schmerz des Augenblicks schwer auf ihrem Gemüt. Sie hatten gewusst, dass Pilcher schwer verletzt war, doch keiner hatte sich eingestehen wollen, dass der Tod so nahe war oder dass überhaupt einer von ihnen sterben musste. Die Hoffnung, dass ein Schiff sie entdecken würde, bevor alles zu spät war, und dass alles ein glückliches Ende fand, hatte sich als Traum erwiesen. Und nun war einer von ihnen gegangen.

Keine noch so guten Worte hätten die Trauer, die an diesem Tag alle im Boot erfasste, lindern können. Jeder von ihnen musste mit seinem Kummer um Pilchers Tod und seiner Angst vor dem, was die Zukunft bringen mochte, allein fertig werden. Vor allem für Penny und Leslie Morgan, deren Wunden ebenfalls entzündet waren, muss Pilchers Tod ein Schock gewesen sein. Sie hatten sein Siechtum und seine Schmerzen mit angesehen und mussten zudem die eigenen ertragen. Sie hatten das Fieber und das Delirium miterlebt. Sie hatten beobachtet, wie sich Pilchers Charakter veränderte. Penny wusste, dass dies das grimmige Vorspiel zu seiner eigenen Reise auf demselben langen, quälenden Pfad in den Tod war. Gerade für die anderen Offiziere, Barry Denny und Lionel Hawks, wird es erschreckend gewesen sein mitzuerleben, wie ihr Offizierskamerad alle Würde verlor, als die Infektion ihm den Verstand raubte. Sie hatten den wahren Roy Pilcher gekannt. Der Wundbrand hatte seine Persönlichkeit verändert. Alle dachten nun über ihre eigene ungewisse Zukunft nach. Auch Tapscott und Widdicombe werden sich ihre Gedanken gemacht haben, obwohl sie bei vergleichsweise guter Gesundheit waren. Pilchers Tod ließ jeden Optimismus schwinden und bewies ihnen, wie verletzlich sie waren. Nichts würde mehr so sein, wie es gewesen war.

Der Tag nach Pilchers Tod brachte keine Erleichterung. Im Gegenteil, zahlreiche Faktoren verdüsterten die Stimmung weiter, falls dies überhaupt noch möglich war. Denny riss sich zusammen und kümmerte sich um die morgendliche Wasserausgabe, doch es bereitete ihm einige Mühe, sich zum Wasserfass vorzukämpfen und die Aufgabe zu Ende zu bringen. Die anderen waren schockiert angesichts seines fortschreitenden Verfalls, und jeder von ihnen wird gegrübelt haben, wie sie durchhalten sollten, wenn Denny nicht mehr in der Lage war, sie weiter zu führen. Auch die Verwundeten machten ihnen Sorgen. Penny bewies trotz seines brandigen Oberschenkels außergewöhnliche Selbstbeherrschung. Es gab keinerlei Ausbrüche, er ließ sich die Schmerzen, die er litt, nicht anmerken, doch wurde er Tag für Tag sichtlich schwächer.

Im Gegensatz dazu benahm sich der junge Morgan äußerst merkwürdig. Seine bisherige gute Laune und seine Unterhaltsamkeit waren verschwunden, er sang nun ununterbrochen immer und immer wieder dasselbe müde Lied und machte die anderen damit schier verrückt. Dies war nicht nur der Infektion geschuldet, sondern auch der Tatsache, dass er begonnen hatte, Seewasser zu trinken. Die Männer hatten gesehen, dass er trotz aller Warnungen eine der leeren Kondensmilchdosen an sich genommen hatte und damit Wasser aus der See schöpfte, um seinen Durst zu stillen, und sie nahmen an, dass er dies nachts heimlich tat. Jeder wusste, dass es zwecklos war, Seewasser gegen den Durst zu trinken, da dies ernsthafte Auswirkungen hatte. Es lässt sich schwerlich ein Laborexperiment durchführen, um diese Auswirkungen genau zu bestimmen, doch weiß man dank der Beobachtungen von Personen mit medizinischen Kenntnissen, die während des Zweiten Weltkriegs vergleichbare Situationen erlebt haben, wie fatal der Genuss von Seewasser endet.[12] 1965 gab die Seefahrts-Abteilung der Britischen Handelskammer die Anweisung M.500 an die Handelsmarine aus, die dezidiert festhält: «Trinken Sie unter keinen Umständen Seewasser.»[13] Nicht nur Morgan trank Seewasser. Auch Tapscott hatte mehrmals versucht, seinen unerträglichen Durst mit einer Dose Wasser aus dem Ozean zu stillen, musste aber feststellen, dass die Erleichterung nur kurz anhielt. Er wusste, dass der Konsum gefährlich sein konnte, und da er seinen Verstand noch beisammenhatte, hörte er auf, weiter Salzwasser zu trinken, was unabwendbar zum Tod geführt hätte.

Der Wassermangel hatte neben den physiologischen Folgen auch psychische Auswirkungen. Studien belegen, dass man bei einer Ration von 140 bis 170 Milliliter Wasser pro Tag noch sieben Tage lang in der Lage ist, schlüssiges Verhalten an den Tag zu legen; zur wirklichen Lebenserhaltung ist allerdings erheblich mehr Wasser erforderlich.[14] Bereits nach einer Woche mit etwas mehr als 100 Milliliter pro Tag hatte die Austrocknung begonnen, das Urteilsvermögen der Männer zu beeinträchtigen, und nun befanden sie sich bereits zwölf Tage bei Minimalration auf der Jolle. Vor allem Widdicombe wirkte äußerst mitgenommen durch die Ereignisse. Er versuchte optimistisch zu bleiben, verfiel aber immer wieder in Niedergeschlagenheit. Er behauptete, früher einmal einen Hitzschlag erlitten zu haben, und genau wie Erfrierungen zu einer Überempfindlichkeit gegen Kälte führen, hatte er nun Schwierigkeiten, die unerbittlichen Strahlen der Sonne zu ertragen. Oft ließ er sich von seinem Wachkameraden Tapscott an der Ruderpinne ablösen.

In den Wochen auf der *Anglo-Saxon* und den Tagen auf der Jolle hatte Tapscott ausreichend Gelegenheit gehabt, sich ein Bild von Widdicombe zu machen, und er traute ihm nicht über den Weg. Er argwöhnte, dass Widdicombes Gejammer, er fühle sich schwach und müsse ihn, Tapscott, bitten, das Ruder zu übernehmen, nur vorgetäuscht war. Er nahm an, dass Widdicombe simulierte und ihn zu seinem eigenen Vorteil ausnutzte. Am Nachmittag des zwölften Tages weigerte er sich, auf Widdicombes Bitte zu reagieren. Widdicombe, der es gewohnt war zu bekommen, was er wollte, begann Tapscott zu beschimpfen. Ein anderer hätte vielleicht seinen verbalen Angriffen und drohenden Gesten nachgegeben, doch Tapscott war nicht leicht einzuschüchtern und stellte sich der Herausforderung. Bevor es zu Gewalttätigkeiten kommen konnte, warf sich der Dritte Ingenieur Hawks zwischen die beiden. Zum Glück, denn Tapscott hatte instinktiv nach der Axt gegriffen, und im Eifer des Gefechts hätten die Folgen verheerend sein können.[15] Von Bedeutung jedoch war die Tatsache, dass Bob Tapscott Widdicombe klar gemacht hatte, dass er sich nicht von ihm herumkommandieren ließ.

Die Rolle des Vermittlers bei dem Streit war Hawks zugefallen, obwohl dies normalerweise die Aufgabe des Ersten Offiziers gewesen wäre. Doch Denny war nicht mehr in der Lage, die aktive Rolle beizubehalten, die er in den vergangenen elf Tagen eingenommen hatte. Er litt noch immer unter der nicht zu bestimmenden Krankheit, die ihn befallen hatte, kauerte im Boot und wurde den ganzen Tag über von Krämpfen und Übelkeit geschüttelt. Dennoch hatte er die Kraft, diesen enttäuschenden Tag mit einer weiteren Kerbe und dem Logbucheintrag zu beenden. Es findet sich nicht die leiseste Spur von Optimismus in dem wie gewohnt sachlichen Eintrag, den er noch zu Papier brachte: «Crew ziemlich gedrückt, kann Zwieback nicht mehr kauen wegen geringer Wasserration.»[16] Und als ob er spürte, dass dies die letzte Gelegenheit war, Rat zu geben, der zukünftigen Schiffbrüchigen helfen mochte, fügte er noch eine Reihe von Vorschlägen an den Eintrag an. Zu den Vorräten auf den Booten sollten zwei Wasserfässer gehören, Dosenobst und Fruchtsäfte und, kurioserweise, auch gebackene Bohnen. Diese Vorschläge spiegelten keineswegs eine Übereinkunft aller an Bord der Jolle wider. Es waren die Träume eines kranken Mannes.

Die Nacht brachte keine Ruhe für den immer schwächer werdenden Denny und nur wenig für die anderen, die seinem Würgen und Erbrechen zuhören mussten. Bei Sonnenaufgang lag der Offizier zusammengekrümmt im Rumpf des Bootes und konnte sich nicht mehr erheben. Die anderen taten ihr Bestes, um ihm eine bequemere Position zu verschaffen, doch war klar, dass Denny nicht mehr in der Lage war, die fünf Männer im Boot zu führen. Es wäre normal gewesen, dass Hawks, der einzige andere Offizier an Bord, das Kommando übernahm. Roy Widdicombe widersprach dem jedoch. Hawks war ein relativ junger Offizier und noch dazu Ingenieur. Nach Widdicombes Ansicht mochte Hawks im Maschinenraum gute Arbeit leisten, doch sie segelten, und das gehörte zum Aufgabenbereich wahrer Seeleute wie er, die auf eine erheblich längere Erfahrung auf See zurückblicken konnten als der Dritte Ingenieur. Sie befanden sich unter extrem schwierigen Bedingungen auf einem kleinen Boot, und es war dies nicht der Ort für Meuterei. Hawks schlug einen Kompromiss vor, der die Aufteilung der Kompetenzen vorsah. Der Ingenieur sollte verantwortlich sein für das Logbuch und die Verteilung der Vorräte. Widdicombe sollte die Verantwortung für die seefahrerischen Belange übernehmen: Segeln und Navigieren.

Die Effizienz und Ordnung, die dieser Kompromiss versprach, sollte sich jedoch nicht einstellen.[17] Kaum bereitete sich Hawks darauf vor, die morgendliche Ration Wasser auszugeben, wurde dies von Widdicombe infrage gestellt. Er verlangte, dass die Wasserration verdoppelt würde. Hawks war der Ansicht, dass sie weiterhin sparsam bleiben und an Dennys Rationierung festhalten sollten. Wieder drohte ein Konflikt, und Widdicombe ließ erneut seine Kampfbereitschaft erkennen. Sich ihm zu widersetzen hätte vermutlich in Gewalt geendet; wieder wich der Dritte Ingenieur von seiner einmal gefassten Haltung ab. Widdicombe hatte sich durchgesetzt, und sie erhielten die doppelte Ration Wasser.

Zu Beginn der vierzehnten Nacht auf See boten sie ein Bild des Jammers. Der Wasservorrat war nahezu aufgebraucht. Drei Männer waren schwer erkrankt: Zwei litten stumm, der dritte redete irr. Es war unklar, wer von nun an die schwierigen Entscheidungen treffen sollte, denen sie sich stellen mussten. Sie hatten keine Vorstellung davon, welche Härten noch auf sie warteten.

Kapitel 11 Verzweifelte Entschlüsse

Am Abend des dreizehnten Tages im Boot schrieb der Dritte Ingenieur Hawks ins Logbuch: «Die Lage wird immer verzweifelter, 1. Offizier, der dieses Tagebuch bis hierher schrieb, siecht schnell dahin.»[1] Hawks hatte Recht mit seiner Einschätzung. Wieder verbrachten sie eine unruhige Nacht, Morgan schimpfte unentwegt, Denny musste immer wieder würgen, wenn sein Magen sich in Krämpfen wand. Alles schien sich gegen sie verschworen zu haben: Krankheit, Infektion, Hunger und Durst, dazu die Erschöpfung, weil niemand mehr schlafen konnte. Seit zwei Wochen waren sie nun unterwegs und hofften, sich den Inseln über dem Winde zu nähern. Doch selbst in ihrer Erschöpfung wussten sie, dass sie nicht die täglichen Distanzen zurückgelegt hatten, die sie in die Nähe von Land gebracht hätten. Die Lage war ernüchternd und deprimierend.

Als Hawks am Morgen zum Wasserfass ging, um die doppelte Ration auszuteilen, wurde klar, dass nach Ausgabe der Morgenration nur ein kleiner Schluck für jeden übrig blieb. Die Kondensmilch hatten sie bereits aufgebraucht, sie waren also beim letzten Tropfen Flüssigkeit angelangt. Dies war der Augenblick, den sie alle gefürchtet hatten. Sie tranken ihre morgendliche Ration, und vor ihnen lag ein weiterer schier unendlicher Tag in der erdrückenden Hitze. Da sie an nichts anderes denken konnten als daran, dass sie kein Wasser mehr hatten, wichen sie erneut von ihren Regeln ab. Statt den ganzen Tag lang darauf zu warten, dass der letzte Schluck ausgeteilt werden sollte, wurde der Vorschlag gemacht, das Wasser am helllichten Tag zu teilen. Angesichts ihres Durstes war es die reinste Folter, dazusitzen und das Fass mit dem kostbaren Nass anzustarren. Hawks als der für die Ausgabe der Nahrungsmittel zuständige Offizier wollte die Entscheidung nicht allein fällen, sondern ließ abstimmen. Es setzten sich die durch, die dafür waren, endlich die Versuchung loszuwerden und das Wasser gleich zu trinken.

Während sie sich auf den letzten Schluck konzentrierten, der sorgsam und gerecht ausgeteilt wurde, meldete sich Penny trotz seiner schweren, von Wundbrand befallenen Verletzung freiwillig als Rudergänger. Penny hatte sich seit Pilchers Tod zurückgezogen und sein Leid schweigend ertragen. Er schleppte sich ins Heck und hielt das Boot auf Kurs. Als die Jolle plötzlich vom Kurs abdrehte, wandten alle den Blick nach achtern: Francis Penny war verschwunden.[2] Die Männer suchten das Meer ab und entdeckten Penny, der, das Gesicht nach unten, bewegungslos davontrieb, als wartete er darauf, von der See verschlungen zu werden. Das Boot segelte weiter, und niemand versuchte, die anderen zu einer Rettungsaktion zu bewegen. Offenkundig hatte Penny sein Schicksal überdacht, eine Entscheidung gefällt und den geeigneten Augenblick abgepasst. Er hatte mit niemandem über sein Vorhaben gesprochen, und genau wie Pilcher starb er allein, wenn auch aus eigenem Entschluss.

Man kann nur darüber spekulieren, was in den Tagen vor dieser Tat in Penny vorgegangen sein mag. Es gab keinerlei Hinweise darauf, dass sein Geist verwirrter war als der der anderen. Er war vernünftig geblieben, reserviert, kontrolliert, stoisch. Der letzte Tropfen Wasser scheint der Auslöser für seine Tat gewesen zu sein. Indem er freiwillig über Bord ging, erreichte der Veteran zweier Weltkriege, der immer wieder Verletzungen ertragen hatte, dreierlei: Er setzte seinem Leid ein Ende. Er wählte den Tod, statt dass ihn der Tod nach tagelangem, unkontrollierbarem Delirium ereilte. Und schließlich wurde er seinen Kameraden nicht zur Last.[3] Keiner von ihnen hätte diese Tat gewünscht oder Penny gar dazu ermutigt, und sie hätten sich um ihn gekümmert, wenn sich sein Zustand weiter verschlechtert hätte. Doch Penny wollte das nicht. Genau wie Pilcher gab er seine letzte Ration Wasser und machte die winzige Menge den anderen zum Geschenk.

Hawks übernahm das Ruder, nicht um zu wenden und Penny zu bergen, sondern um die Jolle wieder auf Kurs zu bringen. Eine düstere Stimmung überkam die fünf Zurückgebliebenen. Sie hatten in den ersten zwei Wochen ihrer Not Mut, Selbstbeherrschung und Willenskraft bewiesen. Äußerlich waren sie stark geblieben, auch wenn jeder insgeheim mit dem Schicksal haderte. Pilcher war gestorben, was im Nachhinein unausweichlich schien, doch nun ergriff ein neuer erschreckender Gedanke von ihnen Besitz. Vielleicht hatten sie alle schon zuvor an eine solche Möglichkeit gedacht, doch dem Gedanken keinen Raum gelassen und ihn wieder beiseite geschoben. Penny hatte das mit einem Schlag verändert. Er hatte bewiesen, wie leicht man dem Elend ein Ende machen konnte. Diese Möglichkeit nahm sie jetzt völlig gefangen, und an jenem Nachmittag redeten sie über nichts anderes. Sie sprachen über etwas, das bis zu diesem Zeitpunkt unaussprechlich gewesen war. Niemand bemühte sich mehr, die Moral zu heben und Hoffnungen zu wecken. Sie sprachen über ihre Sterblichkeit. Das Gespräch kreiste um ihre scheinbar einzigen Möglichkeiten, nämlich entweder ein schnelles Ende herbeizuführen oder bis zum bitteren Ende zu kämpfen, wenn der Flüssigkeitsmangel den letzten Tribut verlangte. Einige sprachen über ihre Angst vorm Wasser, andere davon, dass sie das Leben einfach nicht aufgeben konnten. Nach einer Weile versiegte das Gespräch wieder. Jeder blieb mit seinen Gedanken allein – Gedanken an ihr Leid, an daheim, an das Leben, die Lieben und die verlorenen Kameraden.

Die Lethargie, die alle im Boot erfasst hatte, findet ihren Ausdruck in Hawks' Logbucheintrag. Er schrieb: «Penny erheblich schwächer, ging über Bord.» Dann, offenbar in der Hoffnung, andere würden es lesen, wenn niemand von ihnen überlebte, fuhr er fort: «Ab 22:00 heute Abend 14 Tage unterwegs, versuchten die Leeward Islands zu erreichen oder Porto Rica, Hayti, aber der deutsche Hilfskreuzer gab keinem das Recht, einen Sextanten mitzunehmen, Chronometer, extrer Wasser, Dosenobst oder Saft, kein Rum oder Brandy für verletzte Besatzung. Offenbar beabsichtigt, alle Rettungsbootsausrüstung zu zerstören, um jegliche Untersuchung zu unterbinden, aber wir kriegten die kleine Gig, sieben von uns per Wind irgendwo in der Nähe der Leeward Islands.»[4] Der Mensch kann dreißig Tage oder länger ohne Nahrung auskommen, aber nur zehn Tage ohne Wasser. Die Männer in dem Boot hatten in den vorangegangenen zwei Wochen so wenig Wasser zu sich genommen, dass sie nun am Ende ihrer Kräfte waren. Sie quälten sich bei der Verrichtung ihrer Aufgaben, und diejenigen, die nicht auf Wache waren, mühten sich zu schlafen.

Morgan, der die längste Zeit der Nacht still geblieben war, schrie am nächsten Tag in aller Frühe jämmerlich nach seiner Mutter. Die Lage war verzweifelt. Sie befanden sich mitten auf dem Atlantik, etwa 700 Meilen vom Ort des Schiffsuntergangs entfernt; bis zur Insel Barbuda, dem nächsten Land, waren es noch über 900 Meilen; sie hatten in zwei Wochen gerade die Hälfte der Strecke zu den Inseln über dem Winde zurückgelegt. Morgans Schrei nach seiner Mutter erinnerte sie daran, dass sie von niemandem Hilfe erwarten konnten.

Da es kein Wasser mehr zu verteilen gab, begann der Tag ohne diesen offiziellen Akt. Sie nahmen mühsam ihre Positionen ein, und Denny, dem es ein wenig besser ging, übernahm das Ruder und hielt Kurs West. Schon kurze Zeit später spürte er keinen Gegendruck mehr, als er die Pinne bewegte. Er schaute nach achtern und sah noch, wie das Ruder, das sie zum Ort ihrer Rettung steuern sollte, davontrieb. Das ständige Hin- und Herbewegen hatte die Beschläge gelöst. Angewidert verließ Denny seine Position und schleppte sich wieder zu seinem Schlafplatz in der Bootsmitte. Tapscott und Widdicombe, die beiden Vollmatrosen, suchten und fanden den Steuerriemen, führten ihn durch die tiefe Kerbe in der Mitte des Heckbalkens, das Hennegatt, und sicherten ihn dort. Zwar war der Riemen nicht so wirkungsvoll und leicht zu handhaben wie ein Ruder mit Pinne, doch war er ein adäquater Ersatz. Sie kamen weiter westwärts voran, die günstigen Strömungen unterstützten sie mit etwa einem halben Knoten, und der vorherrschende Wind kam Steuerbord achterlich oder gelegentlich auch direkt von achtern.

Widdicombe und Tapscott wechselten sich unter der immer gnadenloser brennenden Sonne am Ruder ab. Morgan hockte zusammengesunken am Bug, Denny und Hawks lagen mittschiffs. Die Monotonie der letzten Tage hatte sich noch dadurch verstärkt, dass es keine Essens- oder Wasserausgabe mehr gab. Stunde um Stunde verging. Sie grübelten über ihre missliche Lage und dachten an Pennys Ende am Tag zuvor. Sie hatten keine Ahnung, ob sie sich in der Nähe der Inseln über dem Winde befanden. Sie hatten keine Vögel gesichtet, und das Wasser hatte seine Farbe nicht verändert, was auf die Nähe des Kontintalschelfs hätte hindeuten können. Alle wussten, dass die vielen Tage, die sie in irgendwelchen Flauten gelegen hatten oder mit nur leichtem Wind vorangekommen waren, auf Kosten der zurückgelegten Strecke gingen. Vielleicht hofften sie immer noch, sich in Landnähe zu befinden, aber sicherlich ahnten die erfahrenen Seeleute, dass dem nicht so war.

Inmitten dieser Monotonie erhob sich plötzlich Denny, entschlossen wie immer, und erklärte, dass er über Bord gehen werde.[5] Wieder hatte einer das Unaussprechliche ausgesprochen. Sein

Entschluss zeigte, dass es für ihn, vielleicht für alle, keine Hoffnung mehr gab und nur noch der langsame, qualvolle Tod auf sie wartete. Denny wollte den Zeitpunkt seines Todes selbst bestimmen. Und er stellte die folgenschwere Frage, ob jemand anderer mit ihm gehen wolle. Alle hatten wohl ähnliche Gedanken gehegt, doch nun stand die Frage im Raum und verlangte eine Antwort. Als Erster reagierte der kranke, geschwächte, ängstliche Morgan. Er flehte die anderen, auch den Offizier, an, ihn nicht allein zu lassen, und brachte damit zum Ausdruck, dass er nicht über Bord gehen wollte.

Zu aller Erstaunen meldete sich als Nächster der Kräftigste von ihnen, Lionel Hawks, zu Wort und erklärte, er sei bereit mitzugehen. Er hatte bisher immer seine Angst vor dem Wasser betont, nun fragte er den Offizier, vor dem er größten Respekt hatte, ob er ihm beistehen würde. Denny bejahte. Dann richteten sich alle Augen auf Tapscott, den Jüngsten an Bord, noch keine zwanzig, aber ein kräftiger Bursche, der schon seit vier Jahren zur See fuhr. Er hatte stets Optimismus bewiesen, und auch jetzt lehnte er eine solche Verzweiflungstat ab – es gab noch immer die Chance, gerettet zu werden. Widdicombe hatte die Entwicklung der vergangenen Tage sichtlich mitgenommen, doch auch er war nicht bereit, diesen endgültigen Schritt zu wagen. Die Entscheidungen waren gefallen. Hawks wirkte ungeheuer erleichtert, und eine tiefe Ruhe überkam ihn. Er wolle noch ein Nickerchen machen, bevor sie ihren Plan ausführten, ließ er die anderen wissen, und das tat er auch.

Morgan, Tapscott und Widdicombe waren nicht sicher, ob die beiden Offiziere ihren Entschluss tatsächlich in die Tat umsetzen würden. Denny war äußerst schwach; er wusste, dass er sterben würde. Die Tage und Nächte, die er würgend und in Krämpfen hatte verbringen müssen, hatten ihn die letzten Tropfen Körperflüssigkeit gekostet. Hawks hingegen hatte zwar unter demselben Mangel zu leiden wie sie alle, doch war er der Einzige, der zu Beginn der Reise unverletzt geblieben war. Der Erste Offizier, kompetent, ruhig und professionell, war sein Vorbild, er fühlte sich in Dennys Gegenwart wohl und sicher, und nun legte er sein Schicksal in die Hände dieses Mannes. Möglich auch, dass Hawks die kommenden Tage fürchtete, wenn sich die Lage weiter verschlechtern und Widdicombe die Autorität, die er, Hawks, zu übernehmen gelernt hatte, aber nicht durchsetzen konnte, infrage stellen würde. Sicher glaubte er, dass der Tod unausweichlich war. Er entschied sich dafür, diesen letzten Schritt gemeinsam mit dem Mann zu gehen, zu dem er aufsah, statt weiter die Qualen, die unausweichlichen Konflikte und Auseinandersetzungen zu ertragen, die vor ihnen lagen.

Nach einer Stunde erhob sich Hawks; Denny tat es ihm gleich. Die anderen waren erstaunt über die Kraft, die der hinfällige Offizier aufbrachte, als die beiden sich bereitmachten. Mit der Ruhe eines Mannes, der mit sich im Einklang ist, entschied Hawks, noch ein letztes Mahl zu sich zu nehmen. Diese Mahlzeit bestand aus mehreren Dosen Seewasser und einem Schiffszwieback, den er zuvor in Atlantikwasser eingeweicht hatte. Er machte sich keine Gedanken mehr wegen des Salzwassers. Die beiden zogen ihre Jacken aus und überließen sie den Zurückbleibenden. Denny nahm seinen Siegelring ab und gab ihn Widdicombe mit der Bitte, ihn seiner Mutter zukommen zu lassen – eine Geste, die zeigte, wie sehr er immer noch hoffte, dass die anderen überleben möchten. Mit vertrockneten, aufgeplatzten, geschwollenen Lippen gab der Offizier einen letzten schicksalhaften Befehl: Segelt westwärts, lauft nicht weiter nach Süden.

Die Männer reichten sich zum Abschied die Hand. Als Denny die Hand von Robert Tapscott ergriff, einem Mann, der praktisch keinen Tropfen Flüssigkeit mehr im Leib hatte, schossen diesem Tränen in die Augen. Barry Collingwood Denny und Lionel Henry Hawks, der Angst vor dem Wasser hatte, stellten sich vorsichtig auf den Sitz, nahmen einander schweigend bei der Hand und sprangen über Bord. Die anderen sahen ihnen nach. Sie begriffen, dass diese beiden, anders als die ersten zwei, nicht einsam und allein starben; sie hielten sich in tödlicher Umarmung und teilten die letzten Augenblicke auf Erden.

Während das Boot davonsegelte, tauchte immer wieder Hawks' von der Sonne weiß gebleichtes Haar wie ein Signalfeuer auf dem Wasser auf. Die letzten drei Mann im Boot bemühten sich linkisch um eine Form würdiger Andacht. Sie murmelten ein Vaterunser und waren tief in Gedanken versunken bei dem Versuch, ihrer Gefühle Herr zu werden. Sie waren nur noch zu dritt. Später am Tag notierte Widdicombe knapp im Logbuch: «5. Sept. Erster Offizier und 3. Ingenieur gehen über Bord kein Wasser.»

Es besteht kaum Zweifel daran, dass Roy Widdicombe Führungsqualitäten besaß. Nie hatte er mit seiner Meinung hinterm Berg gehalten, stets eine Antwort verlangt und sich durchgesetzt, wenn es sein musste, auch mit Gewalt. So war es nur natürlich, dass er die Führung übernahm. Morgan, der Smut, kauerte verängstigt im Bug und versuchte, verwirrt, wie er war, die neue grausige Wendung der Ereignisse zu ergründen. Tapscott hatte sich bisher Widdicombes Drohungen widersetzt, sah aber in dieser Situation keine Veranlassung, dessen Autorität infrage zu stellen. Widdicombe war der Älteste der drei, hatte mehr Erfahrung auf See und war schon seit ein paar Tagen für das Segeln zuständig. So wurde die Verantwortung ohne Probleme übergeben.

Trotz oder vielleicht sogar wegen des Verlustes der beiden Offiziere war Widdicombe von neuem Mut erfüllt. Seine Versuche, seine Gefährten aufzurichten, erwiesen sich jedoch als wenig erfolgreich. Morgan und Tapscott wirkten deprimiert und teilnahmslos, als Widdicombe das Boot wieder nach Westen steuerte. Sie waren an die Grenzen ihrer Kräfte und ihrer Fähigkeit gestoßen, sich den Elementen zu widersetzen. Jede Bewegung verlangte

Kraft. Tapscott brachte noch die Willensstärke auf, die einfachen Pflichten zu übernehmen, die erledigt werden mussten. Morgan schien immer weiter in sein wirres Stammeln und lautes Zetern zu versinken. Die Sonne stieg bis in den Zenit und brannte gnadenlos heiß und blendend hell auf die Männer herab.

Da nur Widdicombe und Tapscott sich um das Ruder kümmern konnten, wechselten sie sich stundenweise ab; sie waren zu erschöpft, als dass sie längere Zeitspannen hätten überbrücken können. Wenn der Kurs leicht zu halten war, setzten sie für kurze Zeit Morgan ans Ruder, doch führten seine Fehler dazu, dass Wasser ins Boot schwappte und sie die Jolle lenzen mussten, was sie Kräfte kostete, die sie kaum mehr aufbringen konnten. Letztlich musste die Ruderwache von den beiden Vollmatrosen allein übernommen werden. Widdicombe hatte nach wie vor Schwierigkeiten, das gleißende Licht und die brennende Sonne zu ertragen, Tapscott litt immer wieder unter heftigen Magenkrämpfen und lag zusammengekrümmt im Boot. Es ist erstaunlich, dass diese drei ohne jeden Wasservorrat, in größter Hitze überhaupt weitermachen konnten.

Sie hatten allerdings keine Kraft mehr, bei Nacht zu steuern und die Segel zu trimmen. Die einzige Möglichkeit blieb der Treibanker, mit dem sie den Bug gegen die Wellen hielten, um so die Gefahr zu verringern, dass sich das Boot quer zur See legte. Den Anker auszuwerfen war absolut notwendig, aber es kostete sie jeden Tag ein paar Meilen, und das bedeutete weitere Tage der Quälerei, bevor sie Land fanden – wenn sie denn so lange lebten. Am Morgen nach Dennys und Hawks Tod legte sich der Wind, und sie trieben auf dem Meer. Auf ihrer Haut zeigten sich riesige aufgeplatzte Blasen, wie sie bei unausgesetztem Kontakt mit Salzwasser entstehen; unangenehm vor allem, wenn ein Körperteil durch Druck, zum Beispiel von harten Sitzen oder Relings, belastet wird.[6] Doch sie hatten Platz in ihrem Boot und konnten sich häufig umsetzen und sich so ein wenig Erleichterung verschaffen. Die Blasen waren entstanden durch die ständige Gischt und das Wasser, mit dem sie sich immer wieder eimerweise übergossen, ohne zu ahnen, dass sie das Problem dadurch nur noch verstärkten.

Das Seewasser war zumindest teilweise auch für Morgans zunehmende Demenz verantwortlich. Tapscott und Widdicombe beobachteten, dass er tags davon trank, und sie wussten, dass er dies auch nachts tat, wenn sie zu schlafen versuchten. Am Morgen des 8. September hatte Morgan endgültig den Verstand verloren. Er zeterte unablässig und trieb die beiden anderen damit schier in den Wahnsinn. In der einen Minute versuchten sie, Morgan Mut zu machen, in der nächsten wollten sie ihn zum Schweigen bringen, doch nichts half. Handbücher für Schiffbrüchige raten dazu, einen irre gewordenen Kameraden zu fesseln, um Schaden von ihm selbst, den anderen und dem Boot abzuwenden.[7] Der Versuch, Morgan im Bug zu isolieren, erwies sich als nutzlos, und sie brachten es nicht über sich, ihn zu fesseln und zu knebeln.

Tapscott blieb einigermaßen ruhig und ertrug Morgans Kakophonie gelassener als Widdicombe, den der Aufruhr vollkommen verrückt zu machen schien. Er hatte nichts mehr von der Ruhe und Bestimmtheit, die ihn drei Tage zuvor sich zum Bootskommandanten hatte aufschwingen lassen, und seine Ausbrüche über Morgans nicht enden wollenden Monolog unverständlichen Singsangs, Fluchens, Rufens und Vor-sich-hin-Murmelns vergrößerten die Anspannung nur. Immer wieder rief Morgan nach seiner Mutter, worauf Widdicombe wütend zurückbrüllte: «Glaubst du vielleicht, du bist der Einzige, der seine Mutter braucht?»[8] Die ehrliche menschliche Reaktion eines hart erscheinenden Burschen, der schon als Kind seine Mutter verloren hatte.

In einem Anfall von Depression schleuderte Widdicombe das leere Wasserfass über Bord. Tapscott war entsetzt, das Fass sollte als Wasserbehälter dienen, falls es regnete. Doch Widdicombe hielt die Möglichkeit von Regen für absurd. Sie waren nun seit siebzehn Tagen auf der unerbittlichen See, ohne dass es auch nur eine Spur von Regen gegeben hatte, und er konnte sich nicht vorstellen, dass sich das noch einmal änderte. Widdicombes Zorn flammte an diesem Tag noch einmal auf. Morgan hatte einen wachen Moment, und um sich ein wenig Ruhe und vielleicht auch Schlaf zu gönnen, hatten sie ihn an den Steuerriemen gesetzt. Nach wenigen Minuten schwappte, da Morgan vollkommen unkontrolliert steuerte, eine große Menge Wasser ins Boot und durchnässte Widdicombe. Wütend stürzte er sich auf Morgan und warf ihn über Bord. Tapscott, mit einer Schnelligkeit und Kraft, von der er selbst nicht gewusst hatte, dass er sie noch besaß, packte Morgan, bevor dieser außer Reichweite war, und zog den verwirrten Smut wieder ins Boot. Alle drei standen kurz vor dem Zusammenbruch. Trotz Widdicombes Flehen setzte Morgan sein endloses, zermürbendes, sinnloses Gezeter fort. Widdicombe verlor erneut die Nerven, packte die Axt und schleuderte sie in dessen Richtung. Er verfehlte sein Ziel, die Axt wirbelte über Bord und versank im Meer. Wieder war eines ihrer kostbarsten Güter verloren, und der Quälgeist war immer noch da.

Das sonnendurchglühte Boot kam bei leichtem Wind nur träge voran. Bei Einbruch der Dunkelheit setzten die ausgedörrten Männer wieder den Treibanker und versuchten zu schlafen. Morgan brabbelte die ganze Nacht hindurch weiter, und erst im Morgengrauen bemerkten die anderen, dass er in tiefe Bewusstlosigkeit gefallen war. Am Morgen kam etwas Wind, und mit zäher Entschlossenheit setzten Tapscott und Widdicombe das Segel und legten Meile um Meile zurück. Es wäre ein weiterer unbedeutender Tag geblieben, doch Widdicombe machte folgenden kryptischen Eintrag ins Logbuch: «9. Sept. 2. Smut wird verrückt stirbt. Zwei von uns noch übrig.»

Ihre Erleichterung war mit Händen zu greifen. Zwar hatten sie wieder einen Kameraden verloren, doch hatte dieser nichts zum Fortgang der Reise beitragen können, sondern ihnen das Leben nur noch schwerer gemacht. Wegen der infizierten Wunde und seines fortdauernden Konsums von Seewasser war er schon seit etlichen Tagen dem Tod geweiht. Es fiel ihnen schwer, seinen Tod zu bedauern, mussten sie doch nun nicht länger ihre Energie darauf verwenden, das nervenaufreibende Gezeter zu ertragen. Sie waren erschöpft und dem Ende nahe. Erneut dachten sie darüber nach, sich das Leben zu nehmen. Als Denny vor gerade einmal vier Tagen diese Frage gestellt hatte, hatten sich Tapscott und Widdicombe dagegen entschieden. Nun waren der Offizier und alle anderen gegangen. Vier Tage lang hatten sie nichts zu trinken gehabt. Ihr letztes bisschen Lebensmut war verschwunden. Sie sahen sich allein dem riesigen Ozean gegenüber und unterhielten sich darüber, allem ein Ende zu machen.

Dies war der Beginn einer merkwürdigen «Bruderschaft» zwischen zwei Seeleuten, die nicht unterschiedlicher hätten sein können. Es war von den ersten Tagen an Bord der *Anglo-Saxon* an klar gewesen, dass sie sich nicht mochten und einander nur auf Grundlage ihres gegenseitigen Respekts für ihre Fähigkeiten als Fahrensleute tolerieren konnten. Tapscott hatte bewiesen, dass er Manns genug war, sich dem einschüchternden Verhalten Widdicombes zu widersetzen, und das machte beide ebenbürtig. Nach neunzehn Tagen in der Jolle waren sie die letzten von sieben Mann. Beide hätten den anderen kaum freiwillig zum Gefährten gewählt und mit ihm eine zutiefst persönliche Diskussion über Leben und Tod geführt, aber sie hatten keine Wahl. Sie waren aneinander gekettet, und nur der Tod konnte ihre Verbindung lösen. Widdicombe war der Meinung, dass sie nicht aufgeben sollten, und Tapscott machte sich diesen Gedanken zu Eigen. Sie würden weitermachen.

Wie schon andere schiffbrüchige Seeleute zu allen Zeiten griffen sie auf die winzige Flüssigkeitsmenge zurück, die sie selbst produzierten, und tranken ihren eigenen dunklen, scharfen Urin.[9] Die Verzweiflung war so groß, dass sie abermals keine Wahl hatten, doch fiel es ihnen nicht leicht, Ekel und Widerwillen zu überwinden, und das Ammenmärchen, Urin sei giftig, verstärkte nur ihre Abscheu. Das Tabu ist so mächtig, dass es durchaus historische Beispiele dafür gibt, dass das Trinken von Urin bei Überlebenden zu anhaltenden Depressionen führte. Vielleicht als Versuch, den Urin aus dem Körper zu spülen, oder als Reaktion auf den rasenden Durst schöpfte Tapscott eine Dose Wasser aus dem Meer. Die jahrtausendealte Versuchung schiffbrüchiger Seeleute trieb sie beinahe in den Wahnsinn: Rings um sie erstreckte sich kühles Wasser, so weit sie nur blicken konnten. Die kleine Menge, die Tapscott trank, zeigte sofortige Wirkung, sie ließ ihn unwillkürlich würgen und alle Flüssigkeit, die er gerade zu sich genommen hatte, wieder ausspucken. Auch Widdicombe wurde von Magenschmerzen geplagt, und beide Männer litten jämmerlich. Der Tag und die Nacht vergingen, und als es Morgen wurde, schaukelte die Jolle auf einem glatten, ruhigen Meer. Sie kamen nicht voran.

Tapscott erkannte die Sinnlosigkeit ihres Tuns, doch es war der ausgedörrte und erschöpfte Widdicombe, der beschloss, sie sollten ihr Leiden beenden.[10] Als letzte Nachricht schrieb Tapscott ungelenk einen kurzen Brief an seine Mutter. Er legte ihn in den Aktenkoffer zu den anderen Aufzeichnungen ihrer Erlebnisse, von denen er hoffte, dass sie gefunden und von ihrem Schicksal berichten würden. Nachdem beide sich kurz gesammelt hatten, ließen sie sich ohne weitere Zeremonie ins Wasser gleiten, Tapscott zuerst, gefolgt von Widdicombe. Widdicombe jedoch kletterte sofort wieder ins Boot zurück. Das Wasser hatte seinen Lebensinstinkt wieder geweckt, er konnte nicht einfach aufgeben. Tapscott wollte nicht allein gehen. Auch er zog sich mühsam wieder über die Reling. Vollkommen erschöpft lagen sie in dem trägen Boot unter der sengenden Hitze.

Als die Sonne ihren höchsten Stand erreichte, erklärte Widdicombe, er sei nun bereit für den letzten Schritt. Es gab nichts mehr zu tun, und Widdicombe ging einfach über Bord. Tapscott sprang ihm nach und ließ sich vom Boot forttreiben. Als er bemerkte, dass Widdicombe zwar im Wasser war, sich aber an die Rettungsleine klammerte, drängte Tapscott ihn loszulassen, doch Widdicombe hielt weiter fest. Tapscott, der gute Schwimmer, schaffte die wenigen Schwimmzüge zurück zum regungslosen Boot. Die beiden Männer blieben an der Leine und sprachen noch einmal über ihren Entschluss. Ja, sie hatten sich entschieden, allem ein Ende zu bereiten, aber im Wasser fühlten sie sich erfrischt und wach. Das Leben flammte wieder in ihnen auf, es war immer noch zu früh, aufzugeben. Mit letzter Kraft halfen sie sich gegenseitig zurück in das kleine Boot, das ihre ganze Heimat war.

Zweimal an jenem Tag hatten sie sich dem Tod überantworten wollen, und zweimal hatten sie die Kraft gefunden weiterzumachen. Im Laufe des Nachmittags kamen sie auf eine bemerkenswerte Idee. Der Kompass, wohl der kostbarste Gegenstand unter all ihren mageren Schätzen, hatte ihnen in den vergangenen zwanzig Tagen den Weg gewiesen. Mit seiner Hilfe konnten sie das Boot auf Kurs halten. Aber der Kompass enthielt einen noch größeren Schatz: Flüssigkeit. Und zwar nicht irgendeine Flüssigkeit – die Kompassscheibe, auf der sich die Windrose mit ihren Richtungsmarkierungen befand, schwebte in einem Behälter voller Alkohol. Es konnte nur die Tat von Wahnsinnigen sein, dieses wichtigste aller Instrumente zu missbrauchen. Aber genau das waren sie, Wahnsinnige, und sie kannten nur ein Verlangen. Sie hatten keine Zukunft mehr, nur den Augenblick; und in diesem Augenblick starrten sie gierig auf eine verlockende Menge Flüssigkeit. Die Entscheidung fiel wie von selbst.[11] Tapscott schraubte vorsichtig den Stöpsel heraus. Dann goss er den gesamten Alkohol aus dem Kompass und teilte ihn gerecht auf zwei leere Kondensmilchdosen auf. In einem Anflug von Optimismus und erstaunlicher Disziplin füllte er den Behälter mit Seewasser auf und setzte den Stopfen wieder ein. Allem Anschein nach funktionierte der Kompass noch immer. Vielleicht konnten sie ihn doch noch brauchen, auch wenn das im Augenblick nur sehr schwer vorstellbar schien. Eine solche Möglichkeit lag in ferner Zukunft, jetzt aber genossen die beiden erst einmal einen Drink, einen richtigen Drink.

Der erste Tropfen Alkohol brannte sich seinen Weg die rauen Kehlen hinab in ihre ausgedörrten Körper. Die Wirkung trat augenblicklich ein, und nach kürzester Zeit verspürten sie keine Schmerzen mehr. Ihre Körper konnten den reinen Alkohol nicht absorbieren, und so entwickelte er seine ganze Kraft. Sie setzten sich, sie tranken, lachten, erzählten sich Seemannsgarn und Geschichten von wilden Landgängen, und für kurze Zeit war ihnen die Last ihres harten Schicksals genommen. Zwar tranken sie langsam, doch ging der Alkohol bald zur Neige. Sie waren betrunken, aber es war wunderbar. Alle Sorgen hatten sich im Dunst des Alkohols aufgelöst, und die beiden entkräfteten Seeleute fielen in einen langen und für dieses eine Mal glücklichen tiefen Schlaf.

Kapitel 12 **Wasser!**

Noch Stunden nach dem Gelage schliefen Tapscott und Widdicombe den Schlaf der Gerechten. Als sie mitten in der Nacht aufwachten, zahlten sie den bitteren Preis für diese Auszeit. So schnell der Alkohol gewirkt hatte, so heftig war auch der Kater: Sie litten unter Kopfschmerzen, Magenbeschwerden und Durst, und die Symptome wurden noch verschlimmert durch ihren schlechten Gesamtzustand. Sie hatten nichts, womit sie ihre Kopfschmerzen lindern, ihre rebellierenden Mägen beruhigen, nichts, womit sie ihren Durst hätten stillen können, der noch schlimmer geworden war. Es ist anzunehmen, dass sie die Plünderung des Kompassalkohols bereuten, und es ist ebenso anzunehmen, dass sie es wieder getan hätten.

Es war lange vor Morgengrauen, an diesem Tag begann ihre vierte Woche in der Jolle. In ihrer Ausgelassenheit am Abend zuvor hatten sie vergessen, den Treibanker auszubringen; nun mühten sie sich, das Versäumnis nachzuholen, und brachen anschließend zusammen. An Schlaf war nicht zu denken, unruhig warfen sie sich unter der Plane hin und her, und die Stunden vergingen. Gleichzeitig zu schlafen war riskant, doch sie waren so erschöpft, dass ihnen nichts anderes übrig blieb. Plötzlich wurden sie durch einen strahlend hellen Blitz, gefolgt von rumpelndem Donner, aus ihrem Dämmer gerissen. Einundzwanzig Tage lang waren sie ab und zu von in der Ferne auftauchenden Wolken genarrt worden. Nun befanden sie sich inmitten eines scheinbar endlosen Feuerwerks aus Blitzen und ohrenbetäubendem Donner. Hoffnung wollte dennoch nicht aufkeimen, zu oft schon waren sie enttäuscht worden. Vielleicht zog auch dieses Gewitter vorüber. Da fielen die ersten Regentropfen.

Sie beeilten sich, unter der Plane hervorzukommen. Regen war das Einzige, vor dem sie keinen Schutz brauchten, und sie legten ihre Köpfe in den Nacken, um die kostbaren Tropfen mit dem Mund aufzufangen.[1] Die Bootsplane wurde zum Auffangbassin, und schnell bildete sich eine kleine Pfütze Regenwasser an ihrer tiefsten Stelle. Die Männer packten ihre Dosen und schöpften, um sich möglichst rasch das erlösende Nass durch die Kehlen rinnen zu lassen. Ein Schluck jedoch, und sie hielten enttäuscht inne. Das Wasser war ungenießbar, reines Salz, das sie sofort wieder zum Würgen brachte. Die Plane hatte derart viel salzige Gischt abbekommen, dass sie nun ganz mit getrocknetem Salz bedeckt war. Sie mussten warten, bis der Regen das Salz von der Plane gespült hatte. Sie hatten gerade einen kleinen Schluck frisches Wasser genießen können, als der Regen schon wieder aufhörte. Der kurze Schauer zog weiter, und die beiden Matrosen hockten verwirrt und wie erstarrt in ihrem Boot.

Bei Tagesanbruch gab es keinen Schauer, sondern einen tropischen Regenguss, der die Männer und all ihre Habe durchnässte. Ihr Auffangbecken funktionierte nun wie erhofft, und sie konnten frisches Süßwasser aus der Plane schöpfen, durch ihre Kehlen rinnen lassen und ihre Körper erfrischen. Mit dem Wasser drang neues Leben in das ausgedörrte Gewebe. Trotz all ihrer Unterhaltungen und Träumereien über Getränke: Was konnte es Befriedigenderes und Schöneres geben als dieses kühle, klare Wasser? Tapscott trank zu viel und zu schnell. Sein Körper war eine solche Flüssigkeitsmenge nicht mehr gewohnt, verweigerte die Aufnahme und gab alles wieder von sich. Doch immer noch fiel Regen, und Tapscott begann einfach von neuem, nun etwas vorsichtiger.

Zum allerersten Mal, seit sie die *Anglo-Saxon* hatten verlassen müssen, konnten sie ihren Durst stillen. Als sie nach einer Möglichkeit suchten, einen Teil dieses Leben spendenden Wassers aufzubewahren, holten sie die Folgen von Widdicombes impulsiven Ausbrüchen der vergangenen Woche wieder ein. Er hatte das beste Behältnis, ihr Wasserfass, über Bord geworfen, dazu die Axt, die sie nun hätten brauchen können, um einen der wasserdichten kupfernen Schwimmtanks zu öffnen, den Tapscott unter dem Bugsitz hervorholte. Glücklicherweise gab das weiche Kupfer unter der Spitze von Dennys scharfem Messer nach, und Tapscott schnitt ein Spundloch in den Tank und ließ das Wasser von der Plane in diesen Vorratsbehälter laufen. Dann schnitzten sie aus dem Griff eines Riemens einen Spund und sicherten so ihren kostbaren Wasservorrat von etwa 23 Litern. Ein ungeheurer Reichtum! Zwei Männer verfügten nun über fast die doppelte Wassermenge, die sie zu siebt zu Beginn der Reise besessen hatten. Noch wenige Stunden zuvor war die Lage völlig aussichtslos gewesen. Nun kehrte mit dem Wasser Leben zurück.

Im Verlauf der vorherigen Wochen hatten ihre Körper mit sinkendem Flüssigkeitsaufkommen immer weniger Nahrung verlangt, ja sogar Nahrung verweigert. Seit den Schmerzen, die sie nach dem Verzehr des Hammelfleischs erleiden mussten, hatten sie absolut nichts mehr zu sich genommen. Nachdem sie nun aber ihren Durst hatten stillen können, meldete sich zum ersten Mal seit vielen Tagen wieder der Hunger. Sie hatten noch Schiffszwieback, wie geschaffen für eine erste Mahlzeit: salz- und gewürzlos, ein wenig nahrhaft und, da sie jetzt auch Wasser hatten, um ihn einzuweichen, sogar essbar. Die beiden genossen ihr Festmahl aus einem Zwieback und hatten das Gefühl, ihr Schicksal habe sich gewendet. Sie hatten unerträgliche Härten erduldet und grausame Erlebnisse hinter sich. Sie hatten unvorstellbares Leid, Agonie miterlebt. Sie hatten ihr Schiff untergehen und viele Kameraden mit sich reißen sehen. Sie hatten mit ansehen müssen, wie ihre Gefährten zugrunde gegangen waren. Sie aber lebten, hatten ein stabiles Boot und einen kleinen Lebensmittelvorrat, sie waren auf dem Weg zum Festland, und, was am wichtigsten war, sie hatten Wasser. Sie schöpften neue Hoffnung.

Als am nächsten Morgen der Wind auffrischte, setzten sie zuversichtlich das Segel und legten ein gutes Stück Richtung Westen zurück. Sie tranken so viel Wasser von ihrem scheinbar unerschöpflichen Vorrat, wie sie wollten, und verputzten ihre eingeweichten Zwiebacke. Wenige Tage zuvor hatten sie die letzte Dose Hammelfleisch probiert und, als sie nicht essen konnten, die gesamten zweieinhalb Kilo über Bord geworfen. Jetzt hatten sie Wasser, träumten von Hammelfleisch und bedauerten zutiefst ihr unbedachtes Tun. Sie mussten sich mit Schiffszwieback begnügen.

Das Wasser bewirkte auch körperliche Veränderungen. Wochenlang hatten sie trotz der drückenden Hitze keinen Schweiß mehr produziert, nun, da sie genügend Flüssigkeit aufgenommen hatten, begannen sie wieder zu schwitzen. Ihre Poren waren geschlossen, weil der Körper so besser Wasser speichern konnte, jetzt wollte der Schweiß durch die Haut dringen und schaffte es nicht. Sie bekamen am ganzen Körper Blasen, die bei der leisesten Berührung aufbrachen und nässten. Ihre dürren Beine schwollen sichtlich an. Fasziniert beobachteten sie die Auswirkungen des Wassers auf ihren Körper.

Die Brise hielt an, ein Tag folgte dem anderen; tagsüber kamen sie gut voran, bei Nacht ruhten sie sich aus. Es gab nicht viel, womit sie sich beschäftigen konnten, doch als sie ihre Vorräte überprüften, stellten sie fest, dass sie noch ein paar Streichhölzer besaßen, außerdem Pilchers Pfeife, aber keinen Tabak. Da sie alle Zeit der Welt hatten, kramten sie in Pilchers Koffer und klaubten Tabakkrümel aus allen Ecken und Falten. Es reichte nicht für eine ordentliche Pfeifenfüllung, aber nach vielen qualvollen Tagen erlebten sie wieder einen Augenblick reinen Genusses. Sie verlebten ein paar gute Tage, falls man dies unter den gegebenen Umständen so nennen kann. Sie hatten bemerkt, dass sich die Farbe des Wassers veränderte, und treibendes Seegras entdeckt – mögliche Zeichen dafür, dass sie sich Land näherten. Es konnte nur noch ein paar Tage dauern, bis sie am Horizont Land sehen würden. Getragen von dieser Zuversicht, tranken sie weiter mit Genuss uneingeschränkt von ihrem Wasser.

Wegen der Einförmigkeit der Tage hatten sie aufgehört, konsequent Logbuch zu führen. Am Tag des Sturzregens hatten sie notiert: «Ein Wolkenbruch gab uns Wasser für 6 Tage.»[2] Entweder waren sie ungewöhnlich weitsichtig mit der Voraussage, dass sie jeder pro Tag knapp zwei Liter Wasser trinken würden, oder sie machten diesen Eintrag erst sechs Tage später. Sie erlebten die Sturzflut am 12. September. Am 18. September ließ der Wind nach, und der Wassertank war leer.

Glücklicherweise dauerte es nicht lange, bis es erneut regnete; am Morgen des 20. September konnten sie wieder so viel trinken, wie sie wollten, und ihren Tank auffüllen. Vor lauter Hunger gönnten sie sich den außergewöhnlichen Luxus, fünf Schiffszwiebacke, in Regenwasser eingeweicht, zu essen. Zwar ging ihr Vorrat langsam zur Neige, doch redeten sie sich ein, dass sie in der Nähe von Land sein müssten und die Nahrungsmittel bald nicht mehr brauchten. Dass sie wieder aßen, hatte eine unerwartete Nebenwirkung. Ihr Darm, der vor fast einem Monat seine Funktion eingestellt hatte, begann wieder zu arbeiten. Es gehört zu den Wundern des menschlichen Organismus, dass lebenswichtige Funktionen über lange Zeit deaktiviert sein können, um unter veränderten Bedingungen ganz einfach wieder einzusetzen. Es sind Fälle dokumentiert, in denen die Darmtätigkeit über einen Zeitraum von 46 Tagen, zwei Wochen länger als bei Tapscott und Widdicombe, aussetzte.[3]

Auch mit einem vollen Wasserbehälter hatten die Männer immer noch alle erdenklichen Strapazen zu erdulden, darunter die Salzwasserblasen, die besonders dort schmerzten, wo ihre Knochen nicht länger von festem Fleisch gepolstert waren. Aber sie hatten Wasser. Der neuerliche Regen führte zu einem weiteren Logbucheintrag, der sich ein wenig wie ein Schlusswort liest, da beide unterzeichneten: «20. Sept. Wieder vier Tage Regen. Werden sehr schwach aber vertrauen in Gott uns durchzubringen. R. Widdicombe. R. Tapscott.» Vielleicht glaubten sie, dem Land so nahe zu sein, dass sie dies für den letzten Eintrag hielten, vielleicht wollten sie ihre Namen für die Nachwelt festhalten. In jedem Fall vergingen die nächsten vier Tage, in denen sie überreichlich Wasser hatten, ohne weiteren Eintrag. Der Wind war schwach, brachte sie aber tagsüber weiter in Richtung der fernen Inseln voran.

Wenn sie gen Horizont schauten, konnten sie unter den Wolkenformationen deutlich Land erkennen. Ihr Lebensmut stieg, und sie glaubten schon, Sand unter den Füßen zu spüren. Doch immer wieder wurden sie bitter enttäuscht, denn eine «Insel» nach der anderen löste sich in Wolken auf. Jede Fata Morgana ließ sie in umso größere Verzweiflung sinken. Sie waren den Anweisungen des Ersten Offiziers gefolgt und westwärts gesegelt, und sie näherten sich dem Längengrad der Inseln über dem Winde, ohne zu ahnen, dass sie sich mehrere hundert Meilen nördlich befanden. Und immer noch steuerten sie weiter westwärts.

Diese Enttäuschungen verblassten angesichts der ernüchternden Realität, die am 24. September über sie hereinbrach. Sie hatten ihr Wasser aufgebraucht, der Tank war wieder leer. Sie hatten schon einmal acht Tage ohne jedes Wasser hinter sich gebracht und kannten die Qual der Austrocknung. Nun drohte ihnen noch einmal dasselbe Schicksal, und sie hatten auch den letzten Schiffszwieback gegessen.

Es gibt zahlreiche Berichte von Schiffbrüchigen, die zu Kannibalen wurden und sich entweder vom Fleisch der verstorbenen Kameraden ernährten oder einen in der Gruppe töteten, um die anderen durchzubringen. So stellt sich die Frage, ob es auf der Jolle der *Anglo-Saxon* zu Kannibalismus kam. Die Antwort darauf lautet schlicht nein. Als die Besatzung von sieben auf sechs, fünf, drei und schließlich zwei Mann schrumpfte, hatte es so wenig Wasser gegeben, dass die Verbliebenen schon die vorhandene Nahrung, den Zwieback und das Hammelfleisch, nicht verdauen konnten. Erst der Regen hatte dafür gesorgt, dass Tapscott und Widdicombe wieder Nahrung zu sich nehmen konnten, und zu diesem Zeitpunkt waren die beiden Männer durch das gemeinsame Los aneinander gekettet. Diese Kameradschaft, und sei sie auch unter Männern, die sich nicht besonders mochten, stand an höchster Stelle. Sie brauchten einander, um ihr Schicksal und das, was noch vor ihnen lag, ertragen zu können. Widdicombes letzter Logbucheintrag lautete: «24. Sept. Wasser und Zwieback aufgebraucht hoffen aber immer noch Land zu finden.» Sie waren seit 34 Tagen auf dem Boot und hatten damit gerade knapp die Hälfte ihrer Reise hinter sich gebracht. Sie mussten noch weitere 36 Tage aushalten.

Zwei Tage später füllte ein nächtlicher Sturzregen den Wassertank und überschwemmte das Boot derart, dass sie das überschüssige Frischwasser über Bord pützen mussten, eine Tat, die geradezu kriminell wirkte nach aller Ausdörrung und Verzweiflung, die sie erlitten hatten.[4] Der Überfluss an Wasser verstärkte ihren Hunger. Zu Beginn der Reise waren beide Männer körperlich gesund gewesen und hatten jeweils etwa 75 Kilo gewogen. Wenn sie sich jetzt gegenseitig betrachteten, erschien ihnen ihre Verwandlung auf morbide Weise faszinierend. Ihre eingefallenen Wangen und kräftigen Kinnpartien waren von struppigen Bärten überwuchert. Sie waren dürr, und ihre Schädelknochen zeichneten sich deutlich unter der dünnen Schicht sonnengebräunter, von Blasen und Schorf übersäter Haut ab. Ihre Körper waren bis auf die Knochen abgemagert. Wenn sie tranken, amüsierten sie sich über ihre deutlich hervorstehenden Bäuche. Es war ihnen vollkommen klar, wie hinfällig sie waren. Ohne Nahrung würden sie langsam, aber sicher auszehren und Muskeln abbauen, bis sie zugrunde gingen.

Sie waren nun doppelt so lang unterwegs wie die von Denny ursprünglich prognostizierten sechzehn Tage, und trotz der gelegentlichen Flauten hätten sie längst Land sichten müssen. Tatsächlich befanden sie sich etwa 400 Meilen nordöstlich der Inselkette der Leeward Islands.[5] Hätten sie das geahnt und den Kurs geändert, hätten sie mit dem Wind von Backbord querab recht schnell nach Barbuda segeln können. Doch sie wussten nichts davon und hielten sich weiter westwärts. Um schneller voranzukommen, segelten sie nun auch wieder nachts. Das Wasser hatte ihnen zu mehr Durchhaltevermögen verholfen, doch die Aufgabe, das Boot mit seinem schweren Steuerriemen zu segeln, war anstrengend und kostete sie viel Kraft. Allein Nachtwache zu halten war, weil es niemanden zum Reden gab, nicht einfach aber unumgänglich. Irgendetwas bei der Navigation war grundsätzlich schief gelaufen, und sie mussten sich an die eine Tatsache klammern, deren sie sich sicher waren: Im Westen lag Land, und eine andere Richtung einzuschlagen war riskant. Indem sie sich an den vorgegebenen Kurs hielten, konnten sie darauf bauen, dass sie die Entfernung zu irgendwelchem Land immer weiter verringerten.

Am Morgen nach dem Regen begannen sie ihre Wasservorräte wieder zu rationieren. Vergessen war der Optimismus, sie könnten so viel trinken, wie sie wollten, weil sie doch dem Ziel so nahe seien. Da sie sich aber durchaus berechtigte Hoffnungen machten, dass es bald wieder regnen würde, erhöhten sie ihre Ration auf knapp einen halben Liter pro Tag. Sie gingen davon aus, dass sie mit dieser Menge zurechtkommen würden, solange sie nur ab und zu bei Regen ihren Durst stillen konnten. Sie dachten nur noch ans

Essen. Tag für Tag kamen sie gut voran, und die Brise hielt auch über Nacht. Durch die länger werdenden tropischen Nächte zu segeln war schwierig und anstrengend. Der Rudergänger saß im Heck, klammerte sich an den Riemen und mühte sich verzweifelt, nicht einzuschlafen. Den Kurs Richtung Westen hielten sie nach den Sternen – den Polarstern stets steuerbord querab.

Schon eine ganze Weile hatten sie große Mengen treibenden Seetang beobachtet, und Tapscott meinte, sie sollten versuchen, ob er genießbar sei. Seetang hat in der walisischen Küche durchaus seinen Platz. Die beiden Arten frei schwimmenden Seetangs, den sie nun sammeln konnten, *Sargassum natans* und *Sargassum fluitans*, waren allerdings bei weitem nicht so schmack- und nahrhaft wie der essbare Seetang, den sie aus der Heimat kannten.[6] Zwar wirkte der Tang mit seinen goldenen Ranken und den Pneumatozysten, also kleinen Schwimmkörpern, die wie Beeren in Trauben daran hingen, durchaus genießbar, doch besaßen die Beeren, wenn überhaupt, nur einen sehr geringen Nährwert. Die Männer pflückten etwas Sargassum-Tang, und nachdem sie ihn mit kostbarem Süßwasser abgespült hatten, begannen sie zu kauen. Die salzige Masse in ihrem Mund war zäh und gummmiartig und widersetzte sich jedem Versuch, sie zu zerbeißen, gab ihnen aber zumindest das Gefühl, etwas zwischen den Zähnen zu haben. Der Sargassum-Tang war nicht nur wenig nahrhaft, wegen seiner Tannine und anderer natürlicher Bestandteile schmeckte er auch abscheulich. In ihrer Verzweiflung jedoch kauten sie weiter und schluckten sogar ab und zu kleine Mengen des Tangs hinunter.

Sie hörten auf, Logbuch zu führen. Ein Tag verging wie der andere, und herausragende Augenblicke ließen sich zeitlich nicht mehr genau einordnen. Wenige Tage nachdem sie das nächtliche Segeln wieder aufgenommen hatten, in den Stunden nach Mitternacht, hatte Tapscott Wache, und Widdicombe schlief fest. Auch Tapscott nickte immer wieder ein, bis das Boot plötzlich zum Stillstand kam. Tapscott war schlagartig hellwach, Adrenalin jagte durch seinen Körper, und er hielt Ausschau nach dem Land, auf das sie nun zufällig gestoßen waren.[7] Dabei hatten sie keinerlei Spur von Land bemerkt, keine Wellen, die sich in der Ferne brachen, keine Vögel, kein Landgeruch hatte in der Luft gelegen. Und tatsächlich war kein Land zu sehen; doch war das Boot gegen etwas gestoßen. Tapscott ging nach vorn, um nachzuschauen. Die Jolle hob sich und glitt rückwärts vom Rücken eines riesigen Tieres. Sie hatten die Nachtruhe eines Wals gestört, und dieser erwiderte die Unfreundlichkeit mit einem heftigen Schlag der breiten Schwanzflosse, als er in die Tiefe glitt. Widdicombe wachte auf und kam unter der Plane hervor. Nachdem er gehört hatte, was Tapscott ihm berichtete, erklärte er überheblich, es gebe keine Wale in diesen Gewässern. Er übernahm das Ruder, und Tapscott, verärgert darüber, dass sein Schiffskamerad seine Worte anzweifelte, zog sich unter die Plane zurück und legte sich schlafen.

Doch er konnte nicht schlafen, weil er glaubte, auf der Plane einen Fisch zappeln zu hören. Diese Hoffnung war bald zunichte, es war kein Fisch zu finden. Tapscott setzte seine Suche am nächsten Morgen fort, und diesmal wurde seine Mühe belohnt. Im Rumpf der Jolle fand er einen frischen Fliegenden Fisch, der erst vor ein paar Stunden aus dem Wasser gesprungen war. Nach einer Woche mit nichts außer Sargassum-Tang gab es wieder eine Mahlzeit. Der Himmel hatte ihnen frisches Wasser geschenkt, das Meer frische Nahrung. Tapscott teilte den Fisch mit der Klinge aus Pilchers Rasierer in zwei Teile, und nachdem sich jeder eine Hälfte ausgesucht hatte, genossen sie das Fleisch des Fisches und verschlangen ihn mit Kopf, Schwanz und Flossen. Der Fisch, etwa dreißig bis fünfunddreißig Zentimeter lang und ein paar Zentimeter dick, erwies sich als äußerst schmackhaft, aber zu klein. Sie gierten nach mehr.

Sie hatten längst bemerkt, dass sich in der Nähe des Bootes stets

Fische aufhielten, doch war es ihnen nicht gelungen, auch nur einen zu fangen. Es war nicht ungewöhnlich, dass die Jolle ein paar große Raubfische anlockte. In den tropischen Gewässern, in denen sie sich jetzt befanden, gab es reichlich Haie, die das Boot weitläufig umkreisten.[8] Wenn sie sich näherten, verteidigte Widdicombe die Jolle mit einem Riemen und hielt sie so von weiterer Annäherung ab. Widdicombe wollte die Räuber fern halten, die kleineren Fische aber anlocken und fangen. Immer wieder versuchte er, mit dem Messer nach Fischen zu stechen, doch blieben alle Bemühungen erfolglos. Tapscott und Widdicombe waren standhaft und zäh, aber die Trägheit, unter der sie aufgrund des Hungers und der Austrocknung litten, hatte sie ihrer Kreativität beraubt.[9] Sie hätten zum Beispiel mit dem Messer einen der Riemen zu einer Harpune mit Widerhakenspitze umfunktionieren können, aber vielleicht hatten sie nicht mehr die Kraft, ein derart schweres Gerät zu benutzen und damit einen Fisch aufzuspießen. So kam zu all ihren Enttäuschungen noch hinzu, dass sie zwar Fische sehen, sie aber nicht fangen konnten.

Ein paar Tage nachdem sie auf dem Wal «auf Grund» gelaufen waren, entdeckten sie eine ganze Herde dieser Tiere, und Widdicombe sah sich gezwungen, widerwillig einzuräumen, dass es wohl doch Wale in diesen Gegenden gab. Die Tiere boten ein beeindruckendes und zugleich beängstigendes Schauspiel. Zwar konnten die Männer die Haie auf Distanz halten, indem sie mit dem Riemen aufs Wasser schlugen, doch die Wale waren größer als ihre Jolle und führten ihnen einmal mehr vor Augen, wie verwundbar sie waren. Sie segelten vorbei an treibenden Matten Sargassum-Tangs und wuchteten große Mengen davon ins Boot. Zu ihrer Freude fanden sie im Seetang kleine schwimmende Krebse, den *Portunus sayi* oder Sargassumkrebs.[10] Nur daumennagelgroß, boten sie doch Nahrung, lebensrettende Nahrung. Da sie von Seetang umgeben waren, schien es den Männern, als gäbe es zwar nur geringen, doch immerhin steten Nachschub. Außerdem entdeckten sie im Tang winzige Schnecken. Die *Litiopa melanostoma* mit ihrem Gehäuse von nur ein bis zwei Millimetern Durchmesser lieferte eine denkbar geringe Menge an Essbarem. Aber sie hatten alle Zeit der Welt, Zeit genug, das Schneckenfleisch mit einer Nadel aus dem Gehäuse zu pulen.

In Pilchers Koffer fand sich eine Sicherheitsnadel, die sie zu einem Haken umfunktionierten, mit einem Stück Krebs spickten und über Bord baumeln ließen. Ihre Hoffnungen wuchsen, als tatsächlich ein Fisch anbiss. Tapscott holte den Haken vorsichtig ein, und Widdicombe versuchte, mit dem Messer an den Fisch zu kommen. Der Erfolg schien nahe, bis der Fisch sich plötzlich losriss und die Nadel dabei wieder gerade bog. Rasend vor Hunger und angestachelt ob dieser so knapp verpassten Chance, etwas Essbares zu fangen, versuchten sie es immer und immer wieder, aber ohne Erfolg. Mit ihrer leicht biegbaren Nadel ohne Widerhaken war kein Fisch zu angeln. Der Verzweiflung nahe, mussten sie sich mit der mageren Ausbeute an Krebsen, Schnecken und winzigen Krabben aus den schwimmenden Tangteppichen zufrieden geben. Selbst bei sorgfältigster Suche boten diese kleinen Tiere, die sie roh aßen, nur sehr unzureichende Nahrung. Eines Tages entdeckten sie in der Bilge einen kleinen toten Fisch und verschlangen ihn, obwohl er offenkundig verdorben war. Sie warteten ängstlich auf körperliche Reaktionen, doch nichts geschah.

In der zweiten Oktoberwoche änderte sich das Wetter. Dunkle Wolken türmten sich auf, und Böen peitschten das kleine Boot. Zwar bedeutete dies, dass sie ihren Wasservorrat auffüllen konnten, doch hieß es zugleich, dass es schwieriger wurde zu segeln, zumal sie mit einem Riemen steuern mussten. Da man die Böen nicht vorhersehen konnte, waren sie besonders gefährlich. Ein einziger Fehler, und das Boot bekäme Schlagseite und liefe voll, was das Ende der Reise und der Seeleute bedeutet hätte. Das Risiko, bei derart böigen Winden zu segeln, war zu hoch. Sie beschlossen, beizudrehen, das Segel einzuholen, den Anker auszubringen und das schwere, ungestüme Wetter unter Topp und Takel abzureiten. Zum besseren Schutz krochen sie unter die zerfetzte Plane und das Segel. Sie überstanden die Nacht, doch auch der Morgen brachte nur unwesentliche Besserung. Sie blieben in ihrer notdürftigen Kajüte. Der Entschluss, sich gleichzeitig schlafen zu legen, war gefährlich, aber dieses Risiko waren sie auch früher schon eingegangen. Als Tapscott aufwachte und feststellte, dass es weiter goss, hob er die Plane, um hinauszuschauen und nachzusehen, ob mit dem Anker alles in Ordnung war.[11] Er blickte zum Horizont und entdeckte in nicht einmal einer Meile Entfernung ein Schiff, das Kurs nach Süden hielt. So schnell er konnte, weckte er Widdicombe und mühte sich, den Anker einzuholen.

Die winzige Jolle, die sich, ohne Segel gesetzt zu haben, bei strömendem Regen in den breiten Wellen hob und senkte, war praktisch nicht zu sehen. Die Männer setzten die Riemen ein und pullten mit aller Kraft, doch sie kamen dem Dampfer nicht näher. Also versuchten sie verzweifelt, Aufmerksamkeit zu erregen, winkten mit den Riemen und schrien aus Leibeskräften. Doch bei Maschinenlärm, Wind und Regen konnte niemand auf dem Schiff sie hören. Tapscott blies bis zur Erschöpfung in Dennys Pfeife, und noch immer fuhr das Schiff nach Süden. Dann drehte es nach Osten ab und verschwand. Ihre Enttäuschung war unbeschreiblich. Warum waren sie nicht bemerkt worden? Gab es keine Wachen auf dem Schiff?

Die Männer auf der Brücke des Dampfschiffes standen an einem derart widrigen Oktobermorgen, Hunderte Meilen von jedem Land entfernt, vermutlich im Ruderhaus, um trocken zu bleiben, während der Regen übers Schiff zog. Die Ausguckposten werden sich hingekauert haben, wenn sie in dicker Regenkleidung den Horizont nach anderen Schiffen absuchten, und wahrscheinlich hatten sie Schutz im Windschatten der Decksaufbauten gesucht. Tapscott und Widdicombe waren am Ende. Erneut hatten sie die Rettung vor Augen gehabt, war Hoffnung geweckt worden, und erneut hatten sie ohnmächtig mit ansehen müssen, wie diese Rettung entschwand. Das war mehr, als sie ertragen konnten.

Kapitel 13 **Willenskraft**

An dem Tag, als die beiden Seeleute erleben mussten, wie das Dampfschiff vorbeifuhr, ohne sie in den Sturmböen auf offener See zu entdecken, stellte die Post Briefe an Tapscotts Mutter, Widdicombes Braut und an alle Familien der Männer zu, die auf der *Anglo-Saxon* gewesen waren. Die Briefe stammten von der Shipping Federation, dem Verband englischer Reeder, und lauteten bis auf Namen und Rang der Männer gleich. Cynthia Widdicombes Brief begann mit den Worten: «Mit dem größten Bedauern habe ich von Lawther, Latta & Co. Ltd. erfahren, dass die S.S. *Anglo-Saxon*, auf der Ihr Gatte als Vollmatrose gedient hat, seit langem überfällig ist und wohl als verloren gelten muss.»[1] Alle Angehörigen werden gebetet haben, diese Worte niemals hören zu müssen, doch nun standen sie schwarz auf weiß auf offiziellem Briefpapier. Das Schiff war auf einer Fahrt, die einen Monat hätte dauern sollen, seit einem Monat überfällig. Die Worte des Briefs waren sorgfältig gewählt, um nicht auszuschließen, dass vielleicht doch mit Überlebenden zu rechnen sei, aber für die Empfänger war das Schreiben niederschmetternd.

Der einzige Beweis von Mitgefühl neben dem «Bedauern» in der ersten Zeile des Briefs war das Angebot, eine Zeit lang finanzielle Unterstützung zu leisten. Bürokratisch hieß es weiter: «Hinsichtlich der Vermeidung unnötiger Härten in jener Zeit, bis bekannt ist, was mit der Besatzung geschehen ist, oder bis geklärt werden konnte, wie es zu dem Verlust des Schiffes kam, bin ich gebeten worden zu untersuchen, in welchem Umfang Sie von dem Einkommen Ihres Gatten für Ihren Lebensunterhalt abhängig sind; diese Untersuchung wird als Grundlage für die Leistung etwaiger Übergangsgelder dienen.» Es folgte die Bitte, die beiliegenden Formulare auszufüllen und Dokumente wie Heirats- und Geburtsurkunde vorzulegen. Der Brief endete mit dem Hinweis: «Bitte haben Sie dafür Verständnis, dass jegliche Zahlung von meiner Seite auf die Summe anzurechnen ist, die Ihnen nach Feststellung dessen, was mit der Mannschaft geschehen und wie es zum Verlust des Schiffes gekommen ist, letztlich zusteht.»

Die furchtbare Nachricht erreichte die Angehörigen in schwierigsten Zeiten. Das erste Kriegsjahr mit diversen Niederlagen auf dem Kontinent war vorüber, und die Menschen auf der Insel hatten, abgesehen von den aufrüttelnden Worten ihres Premierministers Winston Churchill, wenig Anlass, neuen Mut zu schöpfen. Die Luftschlacht um England dauerte an.[2] Seit mehr als einem Monat litt das Land unter den Luftangriffen: Am 5. September 1940 hatte Hitler befohlen, Bevölkerung und Luftverteidigung der größeren britischen Städte, auch Londons, Tag und Nacht anzugreifen. Die Männer der Royal Air Force widerstanden den massiven Attacken zumindest für den Augenblick, und es war gelungen, jede Invasion zu verhindern; der dafür zu zahlende Blutzoll allerdings wurde immer höher. Die Luftangriffe forderten jeden Monat mehr als 3000 Opfer unter der Zivilbevölkerung; am Ende waren es über 43000. Überall in Großbritannien erhielten Familien Nachricht von militärischen und zivilen Opfern, und viele stammten aus den Reihen der Seeleute in der Handelsmarine.

Trotz der beabsichtigten Uneindeutigkeit des Briefs hinsichtlich des Schicksals der Besatzung auf der *Anglo-Saxon* beugten sich einige der Empfänger der bitteren Realität. Für die meisten jedoch bedeutete der Brief nur den Beginn einer Phase emotionaler Qual. Zwar standen darin die Worte «als verloren angesehen werden muss», doch lag selbst in dieser Formulierung noch ein Funken Hoffnung. Konnten ihre Lieben noch am Leben sein? Die Schiffe hatten Rettungsboote. Erreichten ihre Männer oder Söhne gerade in diesen Booten Land, wurden sie von einem anderen Schiff aufgenommen? Jeder kannte Geschichten von solch wunderbaren Rettungen. Waren die Schiffbrüchigen auf einer einsamen Insel gestrandet? Hatte man sie gar gefangen genommen? Es gab keine Chance, eine Antwort auf diese Fragen zu finden. Sie würden nicht einmal erfahren, welches Ziel die *Anglo-Saxon* gehabt hatte oder in welchem Teil der Welt sie überfällig war, denn das unterlag der Geheimhaltungspflicht in Kriegszeiten. War das Schiff auf dem Weg in die Vereinigten Staaten im kalten Nordatlantik verschwunden, in den Tropen, im Indischen Ozean? Jeder Empfänger des Briefes kämpfte mit einer alptraumhaften Vorstellung davon, welches Schicksal die Vermissten getroffen hatte. Die meisten klammerten sich an die Hoffnung, dass die Männer noch lebten und heimkehren würden.

Die Last des Briefs traf Ethel Milburn besonders schwer: Ihr Ehemann, der Leitende Ingenieur auf dem Schiff, wurde vermisst. Sie musste diese Bürde stoisch tragen, um ihre beiden Söhne, den neunjährigen Ted und den sechsjährigen Derek, vor dem schrecklichen Gedanken zu bewahren, dass ihr Vater nicht mehr zurückkehren würde. Für Ethel Milburn wie auch für die anderen begann eine Zeit schmerzhafter Ungewissheit, in der die Hoffnung Tag für Tag abnahm.

Briefe wie dieser hatten vorrangig die Aufgabe, denjenigen Unterstützung zuzusichern, die von den Männern auf den Schiffen finanziell abhängig waren, schützten aber zugleich auch die Reedereien davor, weiter Heuer an die Besatzungen zahlen und Vorauszahlungen an die Familien leisten zu müssen, falls Schiffe tatsächlich vermisst blieben und es keinerlei Gewinne aus den Ladungen gab, die ihr Ziel nicht erreicht hatten. Die Shipping Federation

Ethel Milburn, Gattin des Leitenden Ingenieurs Eddie Milburn, mit ihren Söhnen Derek (links) und Ted (rechts). Das Bild wurde im Juni 1940, kurz vor der Versenkung der *Anglo-Saxon*, aufgenommen. Am Jackenkragen trägt Ted das Mützenabzeichen der Marineinfanteristen, das er von Artillerist Francis Penny geschenkt bekommen hatte.

repräsentierte die gesamte britische Handelsschifffahrt und sicherte aufgrund eines Abkommens mit der Regierung den Familien Vermisster finanzielle Unterstützung zu. Der zweite Schritt des Procedere hinsichtlich der Unterhaltszahlungen folgte diesem ersten auf dem Fuß.

In einem Brief der Lawther, Latta & Co., Vertreter der Nitrate Producers Steam Ship Co., Besitzerin der *Anglo-Saxon*, datiert einen Tag nach dem Schreiben der Federation, informierte man Ethel Milburn darüber, dass der Zuteilungsauftrag, den ihr Gatte eingerichtet hatte, von der Firma widerrufen worden war. Eddie Milburns Heuer betrug 31 Pfund und fünf Shilling im Monat, fast so viel wie die des Kapitäns der *Anglo-Saxon*, Paddy Flynn.[3] Beinahe achtzig Prozent davon, 24 Pfund, hatte Eddie Milburn Ethel und seinen Söhnen jeden Monat zukommen lassen. In diesem zweiten Brief erhielt seine Frau die Nachricht, dass die Borough of Tynemouth Savings Bank angewiesen worden war, diese Zuteilung sofort einzustellen. Ethel Milburn konnte zu diesem Zeitpunkt noch nicht wissen, dass ihr Mann fünfzig Tage zuvor ums Leben gekommen war; sie sah sich also mit der unbegreiflichen Tatsache konfrontiert, ihren Lebensunterhalt nicht mehr mit seiner Heuer bestreiten zu können, bis sein Schicksal geklärt war. Plötzlich gehörte auch sie zu denen, die angstvoll auf Neuigkeiten der *Anglo-Saxon* warteten, und zu all den ungezählten Menschen, die auf Nachricht von vermissten Handelsseeleuten gewartet hatten, warteten und würden warten müssen.

Keiner der Familienangehörigen und Freunde der Männer der *Anglo-Saxon* hatte eine Vorstellung davon, ob das Schiff Opfer eines Unfalls oder eines feindlichen Angriffs geworden war. Und sie konnten nicht ahnen, dass es zwei Überlebende gab, die auf dem Atlantik um ihr Leben kämpften.

Fünfzig Tage waren seit dem Untergang der *Anglo-Saxon* vergangen, als die beiden Seeleute das Dampfschiff passieren sahen. Sie waren weiter ganz auf sich gestellt. Sie hatten fünf ihrer Kameraden überlebt und sieben Wochen ausgehalten. Ihre Willensstärke erlaubte es ihnen nicht, sich aufzugeben und einfach über Bord zu gehen. Ihr Wassertank war gefüllt, und sie konnten Krebse, Schnecken und Krabben aus dem Seetang klauben. Sie wussten, dass sie dem Land immer näher kamen. Also brachten sie erneut die Kraft auf, Segel zu hissen und auf Westkurs zu gehen.

Wenn man die Reise der Männer auf modernen Karten nachvollzieht, kann man davon ausgehen, dass sie sich zu diesem Zeitpunkt etwa 250 Meilen nördlich der Virgin Islands östlich von Puerto Rico befanden. Die Entscheidung des Ersten Offiziers Barry Denny, sich vom nächstgelegenen Land abzuwenden und Kurs nach Südwesten und dann nach Westen zu nehmen, hatte sie mit der Strömung und den vorherrschenden Winden segeln lassen, und dieser Wind kam vorrangig von steuerbord achtern oder direkt von achtern. Ihr Kurs sollte sie auch in ein Gebiet mit stärkeren Regenfällen bringen. Dennys Entscheidung, getroffen ohne jede Karte und ohne nautische Unterlagen, steht völlig im Einklang mit dem Rat, der sich in aktuellen Handbüchern findet.[4] Er konnte nicht wissen, dass der Regen, der einigen von ihnen vielleicht die Kraft und den Mut verliehen hätte durchzuhalten, nicht rechtzeitig fiel.

Denny hatte ihre Position, abgesehen vom Kompass, ohne jedes

Instrument bestimmen müssen. Er notierte im Logbuch, welchen ungefähren Kurs und welche Geschwindigkeit sie hatten, und kompensierte im Geiste Kompassdeviation und Abdrift durch Strömung. Es kann nur einen Grund für seine vorzeitige Entscheidung, auf Westkurs zu gehen, gegeben haben: Wunschdenken. Dennys Schätzungen, welche Entfernungen sie zurückgelegt hatten, waren zweifellos zu optimistisch – Schätzungen eines Mannes, dessen gesamte Willenskraft darauf gerichtet war, sein Boot voranzutreiben. Doch scheiterte diese Willenskraft an der Wirklichkeit. Nach zehn Tagen entschied Denny, dass sie weit genug südlich waren und nun nach Westen segeln sollten. Dies allerdings brachte sie auf einen Kurs, der die Reise für diejenigen, die tatsächlich jemals wieder Land betreten würden, erheblich länger werden ließ. Wenn Denny eine weitere Woche Kurs Westsüdwest gehalten hätte, wären sie auf dem Breitengrad der nördlichen Leeward Islands gewesen und bei anschließendem Westkurs wahrscheinlich um den 1. Oktober auf einer der Inseln, möglicherweise Antigua oder Barbuda, angelandet. Es ist müßig zu spekulieren, welche Schwierigkeiten dabei hätten auftauchen können oder ob sie früh genug Regen gehabt hätten. Vielleicht wären sie in den schweren Brechern an einem steilen Küstenabschnitt vor Antigua zerschellt. Müßig auch die Frage, ob die Reise leichter gewesen wäre oder wer von den Männern überlebt hätte. Die einzige Gewissheit ist, dass die Entfernung kürzer gewesen wäre. Die Grundlagen von Dennys Entscheidungen waren vernünftig: Es regnete, auch wenn der Regen für die meisten zu spät kam, der Wind stand günstig, und die Strömungen halfen ihnen, nach Westen voranzukommen.

Rings um das Nordatlantische Becken zieht sich im Uhrzeigersinn ein Kreis von Strömungen.[5] Der kräftige Golfstrom verlässt den Golf von Mexiko und fließt um die Südspitze Floridas und an der Ostküste der Vereinigten Staaten entlang. Diese Strömung dreht südlich von Neuschottland hinaus in den offenen Atlantik und trifft dort auf eine andere, die von der Labrador-Straße herunterkommt. Diese Strömung zwingt den Golfstrom quer über den Atlantik, bis er sich gabelt. Ein Teil fließt nach Norden in Richtung England, Irland und Norwegen. Der stärkere Teilstrom jedoch wendet sich vor der spanischen Küste nach Süden und zieht weiter südwestwärts in Richtung Azoren, Kanaren und Kapverdische Inseln. Danach dreht er wieder westwärts ab, fließt durch den Atlantik in Richtung Westindische Inseln und Golfstrom, wo sich der Kreis schließt.

Angesichts dieser Strömungsverhältnisse führte Dennys Entscheidung, nach Westen zu segeln, tatsächlich dazu, dass das Boot schließlich auf Land stoßen musste, sofern es nicht unterging. Das Logbuch würde ihre Geschichte erzählen, falls das Boot menschenleer aufgefunden werden sollte. Als die Reise gegen Ende August begann, trieb die Strömung von den Azoren sie mit einem halben Knoten westwärts, obwohl sie Kurs Westsüdwest hielten. Wird ein Boot Stunde um Stunde, Tag um Tag und Woche um Woche derart von der Strömung beeinflusst, kann das eine beträchtliche Abweichung ausmachen. Ein Floß, das mit einem halben Knoten versetzt wird, legt pro Tag bis zu zwölf Meilen zurück, das sind fast hundert Meilen in der Woche. Wird eine Reise also von der Strömung begünstigt, kann dies von Vorteil sein. Segelt man gegen die Strömung an, behindert sie das Fortkommen in demselben Maß.

Auch den September über versetzte die Strömung die beiden Männer westwärts.[6] Widdicombe und Tapscott befanden sich auf einem Kurs, der sie zu den Turks- und Caicos-Inseln am südlichen Ende der Bahamas brachte, sollte die Strömung ausbleiben. Wenn dieser transatlantische Strom jedoch die Westindischen Inseln erreicht, fließt er nicht weiter westwärts, sondern dreht nach Nordwesten ab und schließt sich dem Golfstrom an. Gegen Mitte Oktober kam die Jolle weiter westwärts voran in Richtung der hinter dem Horizont liegenden Inseln, doch die Drift versetzte sie gleichzeitig ein Stück nach Nordwest. Die Frage war, welche Kraft sich als stärker erweisen würde – das Segeln nach Westen oder die Strömung, die sie an den Inseln vorbeitreiben konnte.

Die Eintönigkeit der Tage, abwechselnd schlafen und Wache halten, wurde nur unterbrochen durch die Suche nach Essbarem in den Seetangmatten. Sie waren nur noch dürre Schatten ihrer selbst. Jeder von ihnen hatte etwa dreißig bis fünfunddreißig Kilo abgenommen. Ihre Haut bedeckte bloße Gerippe. Schulterknochen, Ellbogen, Hüftknochen und Knie ragten hervor und drückten sich durch die Haut, die trotz der Bräunung durch die unerbittliche Tropensonne blass wie Lehm wirkte. Ihre Kleidung bestand nur noch aus Fetzen, die ihnen wenig Schutz vor Sonne und See boten. Nach zwei Monaten hatten sich ihre Haare in eine zerzauste, salzverkrustete Filzmatte verwandelt. Sie blickten teilnahmslos, ihre Augen lagen tief in den Höhlen. Nur in schwierigen Augenblicken kehrte noch Leben in diese Augen zurück. Die größte Leistung, die beide Männer vollbrachten, war die Erhaltung ihrer geistigen Fähigkeiten trotz Austrocknung und fortdauernder Unterernährung. Sie waren nun schon fast sechzig Tage unterwegs. Ihr Zustand war jämmerlich, aber unter den gegebenen Umständen noch immer erstaunlich gut.

Der Mensch kann sechzig bis siebzig Tage lang hungern.[7] Dabei durchläuft der Körper drei Phasen.[8] Zunächst verarbeitet er die eigenen Ressourcen. In dieser ersten Phase, die Tapscott und Widdicombe schon lange hinter sich hatten, produziert der Körper die Glukose, die nötig ist, um den Blutzuckerspiegel zu halten, indem der Leber das in ihr gespeicherte Glykogen entzogen wird. Danach werden Fett- und Proteinspeicher abgebaut. In der zweiten Phase wird das körpereigene Fett verbraucht. Fett wird in Fettsäuren umgewandelt, die den Muskeln Energie liefern, und in Glyzerin, das die Hirntätigkeit aufrechterhält. Für Tapscott und Widdicombe endete diese Phase vermutlich, kurz nachdem die Nahrungsmittel aufgebraucht waren. Anfang Oktober befanden sie sich in der letzten Phase, in der der Körper in Ermangelung weiteren Fetts beginnt, das verbliebene Protein abzubauen, das sich zumeist in den Muskeln findet. Nach und nach braucht sich der Körper so selbst auf, achtet dabei aber geradezu methodisch darauf, die Reserven mit dem geringstmöglichen Schaden für den Organismus anzugreifen, und sorgt stets dafür, noch die wichtigsten Systeme wie zum Beispiel das Gehirn zu unterhalten, bevor weitere Bedürfnisse gestillt werden. Bei Tapscott und Widdicombe verlief dieser Prozess nahezu wie im Lehrbuch.

Noch während des Zweiten Weltkriegs führten Dr. Ancel Keys und andere an der University of Minnesota eine Untersuchung durch, die Aufschluss über die Körperreaktionen bei dauerhafter Mangelernährung geben sollte.[9] Eine Gruppe von Wehrdienstverweigerern erklärte sich freiwillig bereit, an der Studie teilzunehmen, um Hilfsorganisationen, die den ausgehungerten Menschen im vom Krieg zerrissenen Europa Unterstützung zukommen lassen wollten, Informationen über die körperliche und geistige Verfassung Unterernährter zu geben. Die Freiwilligen ließen eine sechsmonatige Reduktionsdiät über sich ergehen, und ihre Erfahrungen deckten sich mit dem, was Tapscott und Widdicombe zu erleiden hatten. Die Freiwilligen beschäftigten sich vorrangig mit Essen, führten lange Gespräche darüber und phantasierten von Mahlzeiten. Die Hungerschübe wurden immer stärker. Auch für die beiden Seeleute war das Hungergefühl zeitweilig unerträglich schmerzhaft. Die wissenschaftliche Untersuchung verzeichnete zudem Gefühls- und Persönlichkeitsveränderungen, die denen der zwei Matrosen ähnelten. Massive Gefühlsirritationen waren die Regel, und einige der Probanden verfielen in Depressionen. Zwar wechselten Tiefpunkte mit Augenblicken höchster Glücksgefühle, doch waren die darauf folgenden Depressionen nur umso stärker. Dies galt auch für Tapscott und Widdicombe, zum Beispiel in dem Augenblick, als sie das Schiff entdeckten und an ihre bevorstehende Rettung glaubten, um in völlige Verzweiflung zu versinken, als es davonfuhr. Und wie bei den beiden Männern auf dem Meer führte auch der Gemütszustand der Probanden zu Reizbarkeit, Wut, Angst und Apathie.

Die Reise der Männer näherte sich dem Ende; entweder sie wurden gerettet, oder sie kamen um. Rettung war nicht in Sicht, und nur die blanke Willenskraft trieb sie noch voran. Stürme und schweres Wetter waren ihnen bislang großteils erspart geblieben. Ihre Route übers Meer verlief direkt südlich vom Wendekreis des Krebses. Hier lagen die Wassertemperaturen höher als im nördlichen Nordatlantik, wo die deutschen U-Boote weiter Schiffe versenkten und Überlebende in Boote oder auf Flöße stiegen oder ins kalte Wasser mussten. Aber das warme Wasser, das den Männern in der Jolle von Vorteil war, barg auch eine ernste Gefahr. Genau über dieses warme Wasser im südlichen Nordatlantik ziehen die tropischen Unwetter, die sich vor dem afrikanischen Kontinent aufbauen und häufig über dem offenen Meer an Stärke zunehmen. Diese Wetterunbilden können sich zu tropischen Tiefdruckgebieten mit stark abfallendem Druck auswachsen, in denen der Wind auffrischt und gegen den Uhrzeigersinn dreht. Gelangen diese Wetter über das noch wärmere Wasser der Karibik, nehmen sie weiter an Stärke zu und können sich zu tödlichen tropischen Stürmen oder Orkanen entwickeln. Die Zeit der Stürme über dem Atlantik beginnt im Juni und hält bis in den Herbst an, mit den schwersten Aktivitäten Ende August und den September über. Der Oktober markiert das Ende dieser Zeit, aber auch dann noch können Stürme entstehen, die sich rasend schnell aufbauen und alles zerstören, was sich ihnen in den Weg stellt.

Aufgrund ihrer Route, die 200 Meilen nördlich des üblichen Weges der Stürme lag, hatten die Seeleute bisher mit keinem der wütenden Unwetter kämpfen müssen, die im Sommer 1940 heraufgezogen waren.[10] Vor dem Oktober hatte es sechs Stürme gegeben, der erste ein tropischer mit Windgeschwindigkeiten von 60 bis 120 Stundenkilometern. Stürme mit Windgeschwindigkeiten über 120 Kilometer gelten offiziell als Hurrikanes. Dieser erste Sturm des Sommers entwickelte sich einen Monat vor Abreise der *Anglo-Saxon* nördlich der Dominikanischen Republik zu einem tropischen, zog dann nordwärts, drehte schließlich nordöstlich von Kap Hatteras in North Carolina ab und zog auf den Atlantik hinaus. Im August gab es drei weitere Orkane, von denen zwei die Vereinigten Staaten trafen. Der dritte streifte Kap Hatteras, bevor er schnell nach Norden abdrehte und vor der Küste von Neuengland aufs Meer verschwand. Tapscott und Widdicombe wünschten sich sicher, schon eine größere Strecke zurückgelegt zu haben, doch es war ihr Glück, dass sie zehn Tage zu spät kamen. Am 10. September tobte der erste tropische Sturm des Monats 300 Meilen östlich von Barbuda, in ebenden Gewässern, die vor der Jolle lagen. Er zog seine zerstörerische Bahn genau auf der Route, der sie bald folgen sollten, drehte nach Norden ab, hatte aber noch genug Kraft, Neuschottland und Neufundland zu überqueren, und bereitete den Nordatlantikkonvois, die unterwegs nach Großbritannien waren, einige Schwierigkeiten. Der zweite Sturm im September und der erste Sturm im Oktober trafen die Seeleute auf dem Atlantik nicht, da sie ihren Ursprung in der Nähe von Panama hatten und durch den Golf von Mexiko zogen, der eine in Richtung Louisiana, der andere verschwand in den Weiten des Golfs. Doch der letzte Sturm des Jahres baute sich an der Nordküste der Dominikanischen Republik auf und nahm genau die Route der beiden Männer in ihrem Boot.

Tagelang segelten sie unter Regenschauern mit starken Winden aus ständig wechselnden Richtungen.[11] Diese Böen waren nur ein Vorgeschmack dessen, was noch kommen sollte, nur die äußeren

Bereiche des großen tropischen Sturmsystems, das sich südlich von ihnen entwickelte. Nach mehreren Tagen rauen Wetters legte sich zu Tapscotts und Widdicombes Erleichterung der Wind, und die Sonne schien wieder, wenn auch auf merkwürdige, nie gesehene Weise.[12] Durch die dichte, dunstige Atmosphäre sahen sie die Sonne im Westen untergehen. Hinter sich, im Südosten, erkannten sie die drohende Wand eines herannahenden Sturms.

Trotz ihres körperlichen Verfalls waren sie noch immer gute Seeleute, und sie hatten früher schon mit Stürmen und Böen gekämpft. Klugerweise entschieden sie, nicht gegen den Sturm anzugehen, sondern beizudrehen, das Segel einzuholen und die Nacht in der relativen Sicherheit vor Treibanker und im Schutze der Plane durchzustehen. Sie banden zwei Riemen aneinander und befestigten sie als zusätzliche Treibanker an der Ankerleine. Nachdem sie alles so gut sie nur konnten gesichert hatten, legten sie sich schlafen, nass und hungrig, denn sie hatten seit Tagen nicht mehr im Seetang nach Essbarem suchen können. Diese Nacht sollte anders werden als alle Nächte zuvor.

Der Sturm zog von der Dominikanischen Republik aus nach Norden, berührte die Ostküste der Großen Inagua-Insel und wandte sich dann nach Nordosten.[13] Das war Glück für die beiden Männer, die sich in ihrer kleinen Jolle auf die Nacht vorbereiteten. Wäre der Sturm nach Nordwesten gezogen, dann wären sie in seinen gefährlichen Halbbogen geraten und hätten seine ganze Kraft zu spüren bekommen. Bei südlichen Winden von fast 120 Stundenkilometern wären sie vom Kurs abgetrieben und weiter hinaus in den Atlantik verblasen worden. So befanden sie sich im beschönigend so genannten navigierbaren Halbbogen des Sturms. Ein starkes Schiff mochte unter diesen Verhältnissen noch navigieren können. Im Fall der Jolle tat der Sturm sein Bestes, ihre Odyssee zu beenden.

Tief in der Nacht wurde Tapscott von einer Böe geweckt.[14] Die

Wellen türmten sich hoch, und die Jolle wand sich am Treibanker wie ein Fisch an der Angel. Tapscott erkannte, dass das Boot nur schwerfällig reagierte. Auch Widdicombe erwachte, und sie sahen, dass sie viel Wasser genommen hatten. Das Boot war fast voll bis an die Bänke, auf denen sie noch Augenblicke zuvor geschlafen hatten. Das Wasser schwappte gefährlich vor und zurück, das Boot krängte hin und her und drohte zu kentern. Sie packten Pütz und Dosen und lenzten verzweifelt. Das Boot lag tief und nahm immer mehr Wasser, es schien unmöglich, dagegen anzukommen. Immer wieder füllten sie ihre Behälter und kippten das Wasser über Bord, doch langsam verließen sie ihre Kräfte. Endlich bemerkten sie, dass der Pegel sank; wieder einmal waren sie dem Tod knapp entronnen. Sie schöpften langsamer und systematischer, um so viel Wasser wie möglich aus dem Boot zu bekommen und seinen Auftrieb wieder zu vergrößern.

Sie wussten, dass ihnen tödliche Gefahr drohte. Der Treibanker mit seinem zusätzlichen Gewicht aus zwei Riemen hatte den Bug in den Wind und die stürmische See gedreht; nun wurden die anbrandenden Wellen zu hoch, und der Bug tauchte beunruhigend tief ein. Weiter am Treibanker zu bleiben wäre Selbstmord gewesen, aber auch die Alternative, vor dem Wind zu laufen, damit Wind und Wellen von achtern kamen, war von unabsehbarem Ausgang. Tapscott und Widdicombe war das Risiko ihres Handelns bewusst. Sie mussten irgendwie den Treibanker loswerfen, das Boot wenden, es so schnell wie möglich unter Kontrolle bekommen und mit Wind und Wellen segeln. Sie fuhren riesige Wellen hinauf, stießen durch die Kämme und glitten scheinbar auf der anderen Seite den Berg aus Wasser wieder hinunter, der sich in Wirklichkeit unter ihnen hindurchwälzte. Sie holten den Treibanker ein und zogen die Bremsriemen an Bord. Dann heißten sie das gereffte Segel. Ein paar Schläge mit dem Steuerriemen brachten das Boot in die gewünschte Richtung, und augenblicklich drückte der Wind die Jolle weiter herum. Das Segel spannte sich zum Bersten, das Boot vollendete seine Pirouette und nahm Fahrt auf.

Sie mühten sich, den Wind stets von steuerbord achtern zu haben, um so die beste Kontrolle über das Boot zu behalten, wenn es vom Kamm der turmhohen Wellen, die der Sturm vor sich herschob, bergab schoss.

Tapscott und Widdicombe kannten die blanke Gewalt tropischer Stürme und Hurrikanes auf dem Atlantik und wussten, dass sie sich in den Klauen eines Wirbelsturms befanden. Das Boot flog voran, getrieben vom Wind und von den gewaltigen Wassermassen. Beide Männer klammerten sich an den Steuerriemen, da keiner die Kraft hatte, ihn allein zu halten, während das Boot von den Naturgewalten geschüttelt wurde. Hinter ihnen bauten sich Furcht erregende Wellenberge auf, bis sie beinahe über dem Boot standen. Wenn sie es schafften, die vordere Wand einer Welle zu durchstoßen, mussten sie alles daransetzen, die Reaktion des Bootes auf das wirbelnde Wasser und die tosenden Winde einzuschätzen und den Steuerriemen entsprechend zu halten, damit das Boot nicht außer Kontrolle geriet. Stundenlang trieb sie Welle um Welle über den Atlantik. Bei Anbruch des Tages drang schwaches Licht durch die dichten Sturmwolken und enthüllte das ganze Ausmaß der Gefahr.

Der Tag verging, doch der Sturm nahm weiter zu, und die Wellen wurden noch höher. Der ununterbrochene Regen und die windgepeitschte, beißende Gischt durchnässten sie bis auf die Haut. Immer wieder schafften sie es, das wild schwankende Boot in der Senke zwischen zwei Wellen auszurichten, bevor sie erneut in die Höhe gehoben wurden. In regelmäßigen Abständen pützte einer das Wasser aus dem Boot, das vom Himmel fiel und über die Seiten einstieg. So schnell wie möglich kroch er dann wieder zu seinem Gefährten am Riemen, um weiter um ihr Überleben zu kämpfen. Den ganzen Tag hielten sie dem Sturm stand. Ihr einziger Trost war, dass ihr mit Seewasser gefüllter Kompass funktionierte, dass sie weiter in die richtige Richtung getrieben wurden. Selbst ein kurzes Nachlassen ihrer Konzentration konnte das Boot vom Kurs abbringen und sie quer zur See stellen, was bedeutet hätte, dass die nächste Welle sie mit Sicherheit begraben, das Boot zum Kentern bringen, das Segel zerfetzen und den Mast brechen lassen würde. Das Boot könnte selbst dann noch weitertreiben, da es über zwei wasserdichte Auftriebstanks verfügte. Gingen diese über Bord, gab es keine Rettung mehr.

Woher Tapscott und Widdicombe die Kraft nahmen, diesen Kampf ums Überleben zu führen, statt zitternd im Boot zu kauern und darauf zu warten, dass der Sturm sie holte, ist unerklärlich. Sie mobilisierten alle erworbenen Fähigkeiten, ihren Verstand, ihren Instinkt und das letzte bisschen Kraft, um der Katastrophe zu entgehen. Nach achtzehn Stunden spürten sie, dass der Wind schwächer zu werden begann, aber noch immer durften sie keinen Augenblick in ihrer Wachsamkeit nachlassen. Die ganze Nacht hindurch klammerten sie sich an den Riemen, handelten wie ein Mann und manövrierten sich durch kreischende Winde und ungeheure Wellenberge. Mal fiel der eine, mal der andere in kurzen, erschöpften Schlaf, doch immer wieder schreckten sie hoch und erkannten, dass der Alptraum anhielt, und ihre Körper arbeiteten instinktiv weiter.

Die Nacht wich dem zweiten Tag, und sie waren noch am Leben. Der Wind war nach wie vor sehr stark, behielt aber eine konstantere Richtung bei. Die Wellen waren zwar höher als am Vortag, aber die Berge standen weiter auseinander, waren vorhersagbarer und besser zu meistern. Die Regenflut hatte aufgehört. Gegen Abend wurden sie mit ein wenig Sonne belohnt. Dies war ein ermutigendes Zeichen, doch blieben sie weiter auf ihrem Posten und kämpften sich durch die dritte Nacht. Sie spürten, dass der Sturm nachließ, und hofften auf das, was der kommende Tag ihnen bringen möchte. Dieser letzte Sturm des Jahres 1940 bewegte sich langsam nach Nordost und verlor an Stärke, als er auf das kalte Wasser des mittleren Nordatlantiks traf. Bei Anbruch des dritten Tages wussten die Seeleute, dass sie die allergrößte Prüfung überstanden und dem Zorn der Elemente getrotzt hatten. Bei Sonnenaufgang entschieden sie, dass es sicher war, den Treibanker zu setzen und beizudrehen. Sie holten das zerschundene, gerissene Segel ein, und nach mehr als fünfzig Stunden Quälerei fielen Tapscott und Widdicombe in tiefen Schlaf.

Als die Mittagssonne sie weckte, schien das Band zwischen ihnen stärker als je zuvor. Stolz stillten sie ihren Durst mit dem Wasser, das vom Sturm ein wenig salzig geworden war. Gegen den zermürbenden Hunger kauten sie auf Streifen Sargassum-Tang.[15] Dankbar für die Wärme der Sonne, die ihre durchtränkten Kleider und all ihre Habe trocknete, holten sie erneut den Treibanker ein und setzten Segel. Sie waren guter Hoffnung, dass der Sturm sie zumindest dem Land ein großes Stück näher gebracht hatte.

Am nächsten Tag, am darauf folgenden und auch noch am übernächsten sahen sie nicht nur kein Land, sie waren zudem völlig ausgehungert. Der Sturm hatte den Seetang auseinander getrieben, und wenn sie auf welchen stießen, fand sich daran so gut wie kein einziges der kleinen Tiere, die sie in den Wochen zuvor mit ein wenig Protein versorgt hatten. Selbst bei genauester Durchforstung des gesammelten Tangs entdeckte Tapscott nicht mehr als drei winzige Krebse. Er stopfte sich die Tiere in den Mund, zerkaute sie und schluckte sie hinunter. Mehr gab die See nicht her. Voller Verzweiflung rissen sie das Gummi aus Pilchers Tabaksbeutel und kauten stundenlang darauf herum. Es hatte zwar keinerlei Nährwert, aber im Akt des Kauens fanden sie eine gewisse Befriedigung. Ihr körperlicher Zustand verschlechterte sich weiter, und es gab nichts mehr, was sie diesem Verfall hätten entgegensetzen können. Sie fingen an, sich die Haut vom verbrannten und blasenübersäten Leib zu schälen und sie zu essen.

Fata Morganas gab es nun zuhauf. Jede niedrige Wolkenformation am Horizont sah nach Land aus, und ihre Hoffnung wuchs, doch immer und immer wieder löste sich das Wolkenkuckucksheim in nichts auf.

Sie machten weiter, so gut sie es vermochten. Sie hatten kaum noch die Kraft, sich durchs Boot zu schleppen, und von Wachegehen konnte keine Rede mehr sein. Als der Wind nachließ, trieben sie mit der Strömung weiter. Ohne dass sie es wussten, war dies nur zu ihrem Besten. Im Oktober kommt eine Strömung auf, die vom nordöstlichen Hauptstrom abzweigt und westwärts auf die mittleren Bahamas zustrebt.[16] Der Sturm hatte sie genau in diese Strömung getrieben. Während sie bei Flaute dösten, kamen sie den Inseln langsam näher. Wehte der Wind, zwangen sie sich an den Riemen und hielten Kurs nach Westen. Auch dies brachte sie dem Land immer näher.

Die ganze Reise über hatten sie miteinander geredet und sich gegenseitig ermuntert, zu tun, was getan werden musste. Jetzt waren sie dazu nicht mehr in der Lage. Sie hatten sich nichts mehr zu sagen und fanden keinerlei Trost in der Gesellschaft des anderen. In dieser Trübsal brach Widdicombe in wilde Tiraden über sein Schicksal aus, um ebenso plötzlich wieder dumpf vor sich hin zu brüten. Er schien dahinzusiechen, und seine Abscheu davor, der Sonne zu lange ausgesetzt zu sein, wurde immer stärker. Beide hockten mürrisch und in sich versunken da, und ihr Verstand wurde allmählich ebenso langsam, wie es ihre Körper längst waren. Der Tod würde nicht mehr lange auf sich warten lassen. In ihren Augen, die tief in den Höhlen lagen, flackerte kaum noch ein Fünkchen Leben.

Bei Wind kroch Tapscott ans Ruder und übernahm seine Wache; Widdicombe jedoch steuerte nur für kurze Zeit, wenn er an der Reihe war. Immer wieder bat er Tapscott, ihn abzulösen, wie er es auch in der Vergangenheit oft getan hatte. Tapscott hatte sich in ihrem dritten Monat auf dem Boot an dies Verhalten gewöhnt, aber seine Nerven waren zum Zerreißen gespannt. Etwa um den 28. Oktober herum hatte er genug. Widdicombe saß am Steuerriemen und bat seinen Kameraden, ihn abzulösen. Tapscott wollte nicht, gab aber um des lieben Friedens willen wieder einmal nach.[17] Nachdem sie die Plätze getauscht hatten, schlief Widdicombe prompt ein. Nach mehreren Stunden am Ruder weckte Tapscott ihn und sagte, er solle wieder übernehmen; Widdicombe zeigte keine Reaktion. Völlig frustriert gab Tapscott einfach seinen Platz am Ruder auf und ließ das Boot vom Kurs abkommen. Er hockte mitten im Boot und beobachtete argwöhnisch Widdicombe. Der hatte sich erhoben, seine Augen funkelten. Tapscott hatte diesen Blick schon einmal gesehen und nicht vergessen.

Mehrere Monate zuvor hatte Widdicombe in der Messe der *Anglo-Saxon* Stanley Elliot mit einem gezielten Schlag niedergestreckt. Der Ausdruck auf Widdicombes ausgemergeltem Gesicht war eindeutig derselbe wie damals. Doch diesmal war es Tapscott, der nicht gern einen Streit vom Zaun brach, aber auch nicht vor einer unvermeidlichen Auseinandersetzung zurückschreckte, der zuerst zuschlug. Die beiden Männer, die seit über zwei Monaten auf diesem Boot gefangen waren, die Schrecken und Tragödien erlebt, Hunger und Durst erduldet, die überstanden hatten, was die Natur ihnen in den Weg gestellt hatte, kämpften miteinander. Sie krochen durch das Boot, lagen ineinander verknäult und schlugen mit ihren dürren Armen und Beinen aufeinander ein. Sie hatten nicht mehr die Kraft, sich zu verletzen, und der Kampf war schnell vorbei. Völlig erschöpft ließen sie voneinander ab. Doch die Sache war entschieden, und ohne jeden Kommentar schleppte sich Widdicombe nach achtern und übernahm das Ruder.

Tapscott entschuldigte sich im Laufe des Tages bei ihm, doch Widdicombe antwortete nicht. Die Feindseligkeit, die sie schon bei ihrer ersten Begegnung bemerkt hatten, war erneut spürbar. Ihre schlechte Laune hielt den ganzen Tag, die Nacht und noch den nächsten Tag über an. Sie waren am Tiefpunkt ihrer Reise angekommen. Wollten sie überleben, waren sie aufeinander angewiesen. Eine tiefe Kluft hatte sich zwischen ihnen aufgetan, ihre Verbundenheit hatte sich in ein absurdes Gerangel verflüchtigt.

In der zweiten Nacht nach dem Kampf legte sich der Wind, und erneut ließen sie das Boot in der Strömung treiben. Später in der Nacht glaubte Tapscott, wieder einen Fisch im Boot zappeln zu hören. Trotz seines Hungers begann er erst bei Tagesanbruch, nachdem er durch den Schlaf etwas Kraft geschöpft hatte, im Boot herumzukriechen und den Fisch zu suchen. Er rollte vom Sitz herunter und entdeckte voller Freude einen kleinen Fisch. In diesem Augenblick verkündete Widdicombe eine weit ungeheuerlichere Entdeckung: Land. Tapscott erhob sich und starrte hinaus. War das möglich? Nach all den Enttäuschungen, die sie schon erlebt hatten? Doch diesmal gab es keinen Zweifel. Vor ihnen lag ein endlos langer Strand mit niedrigem Buschwerk. Endlich, so dachten sie, hatten sie die lang ersehnten Inseln über dem Winde erreicht.

Doch noch lag ein immens gefährliches Hindernis vor ihnen. Der Strand befand sich jenseits eines tückischen Riffs. Zudem gab es keinerlei Anzeichen von Leben an diesem gottverlassenen Fleck. Wenn sie das Risiko eingingen, das Riff zu überqueren, mussten sie damit rechnen, sich völlig ausgelaugt auf einer trostlosen, unbewohnten Insel wiederzufinden, auf der sie keine Chance hatten zu überleben. Doch sie waren dem Tode nahe, sie mussten das Riff überqueren oder bei dem Versuch untergehen.

Wie der Dritte Ingenieur Hawks sich eine letzte Mahlzeit bereitet hatte, bevor sein Leben endete, nahm nun Tapscott die Klinge aus Pilchers Rasierer, schnitt den Fisch in zwei Hälften und teilte das Fleisch mit seinem Gefährten. Vor ihnen lagen, verborgen von tosender Brandung, zerklüftete Korallenbänke, die mit Leichtigkeit den Rumpf der Jolle aufreißen konnten; die Folge wäre, dass sie zwischen messerscharfen Korallenarmen und wilden Barrakudas, die in dem Riff hausten, ins brodelnde Wasser stürzten. Es galt, mit aller Sorgfalt durch das Riff zu steuern. Der Wind kam von achtern, wodurch sich das Boot relativ leicht manövrieren ließ, doch war es unter solchen Verhältnissen praktisch unmöglich, sich aus einer misslichen Lage zu befreien. Vor ihnen lag, was jeder Seemann fürchtet: eine Küste in Lee, und der Wind trieb sie auf das Riff zu.

Sie entdeckten eine ruhige Stelle in den Turbulenzen über dem Riff und manövrierten das Boot mit Segel und Steuerriemen; Widdicombe steuerte, Tapscott saß am Bug und gab die Richtung an.[18] Tapscott schaute hinab in das kristallklare Wasser und sah die wunderschönen, mörderischen Korallen, die mit ihren Armen nach ihnen zu greifen und sie in die Tiefe zu locken schienen. Sie schlugen erst die eine, dann die andere Richtung ein und entgingen den Korallen. Das Riff blieb zurück, sauberer weißer Grund, gesprenkelt mit exotisch bunten Fischen, tauchte unter dem Boot auf. Sie hatten die letzte Herausforderung gemeistert, und die Jolle glitt leise auf den weichen Sand.

Kapitel 14 **Hilfskreuzer *Widder***

Als die beiden ausgemergelten Männer über das Dollbord der Jolle an Land krochen, erblickten fast 4000 Meilen weiter östlich auch Kommandant von Ruckteschell und die Besatzung der *Widder*, die vor der Küste Frankreichs lag, wieder Land – zum ersten Mal, seit sie sechs Monate zuvor die norwegische Küste verlassen hatten. Das deutsche Schiff hatte seit der Versenkung der *Anglo-Saxon* sein zerstörerisches Werk fortgesetzt. Tapscott, Widdicombe und die anderen hatten mit angesehen, wie der Angreifer sein Opfer umkreist hatte und, nach dem Untergang der *Anglo-Saxon*, ostwärts abgelaufen war, ohne nach Überlebenden Ausschau zu halten. Wie er es schon bei seinem ersten Nachtangriff auf die *Beaulieu* siebzehn Tage zuvor getan hatte, überließ von Ruckteschell die Überlebenden ihrem Schicksal. Im Kriegstagebuch der *Widder* begründete er seine Entscheidung: «Es wurden nur kurze Zeit zwei Lichter in der Nähe beim Dampfer beobachtet – scheinbar von zwei Booten, die einmal einen kurzen Morseverkehr unterhielten, der aber nicht abzulesen war. Dann wurden keine Lichter oder Boote mehr gesehen. Da keinerlei S.O.S.-Anrufe gemacht wurden, unternahm ich auch keine Suchaktion mehr.»[1]

Von Ruckteschells Eintragung diente einzig dem Selbstschutz. Auf der Suche nach Begründungen dafür, den Ort des Geschehens so schnell wie möglich zu verlassen, ging er davon aus, dass einige Männer der Besatzung sich in die Boote gerettet hatten und unversehrt waren. Tatsächlich aber hatte er nichts gesehen, nicht die Jolle und auch sonst kein Boot. Die Lichter waren nur kurz zu erkennen, wurden aber schnell gelöscht. Es ist unwahrscheinlich, dass von Ruckteschell selbst den Befehl zum Feuern gab; wahrscheinlich hatte ein übereifriger Soldat seine automatische Waffe einen Augenblick auf die Lichter gehalten und sie ausgelöscht, so wie es die Männer in der Jolle beobachteten.[2] Wenn von Ruckteschell wirklich davon ausging, dass sich Männer auf die Boote gerettet hatten, konnte er noch lange nicht sicher sein, dass sie unverletzt und in der Lage waren, in Richtung Land zu segeln. Weit über 400 Salven waren auf die *Anglo-Saxon* abgefeuert worden, und von Ruckteschell wusste nur zu gut, wie effizient seine Artillerie war und welche Zerstörungen diese Art von Beschuss bewirkte. Er konnte nicht ahnen, wie viele Männer sich in Booten drängten, wie schwer verletzt sie waren, über welche Nahrungsmittelvorräte oder über welchen Antrieb und welche Navigationsinstrumente sie verfügten.

Kühl notierte er in das Kriegstagebuch: «Die Entfernung bis zu den Kanaren ist ca. 800 sm mit halbem Wind, für die Bote also zu erreichen.»[3] Er ging davon aus, dass etwaige Überlebende mit allenfalls seitlichen Winden die 800 Meilen weite Reise zurücklegen und dabei so präzise navigieren konnten, dass sie die kleinen Inseln der Kanaren erreichten. Die *Widder* fuhr mit 12 Knoten in nördlicher Richtung davon, um möglichst schnell Distanz zwischen sich und den Ort des Versenkens der *Anglo-Saxon* zu bringen. Gegen Mittag des folgenden Tages kreuzte die *Widder* in einem Gebiet 125 Meilen nördlich. Ihr Logbuch hält präzise den Aufenthaltsort des Schiffs an jenem Tag fest, und daraus geht eindeutig hervor, dass es sich bei dem Schiff, das der Jolle in der zweiten Nacht ihrer Reise begegnete, nicht um die *Widder* handelte. Am Nachmittag ließ von Ruckteschell alle Mann antreten, um das Kriegsgerichtsurteil gegen Leutnant Scharnberg, den Offizier, der während der Wache geschlafen hatte, zu verkünden. Zwar hatte er die Todesstrafe gefordert, doch die hohe Strafe, die verhängt worden war, diente immerhin als Warnung für alle auf der *Widder*, dass das wachsame Auge des Kommandanten auf sie gerichtet war. Die Stimmung an Bord hob sich doch noch ein wenig durch die Meldung, dass ihr Zweiter Schiffsarzt Vater einer Tochter geworden war und dass Mutter und Kind wohlauf waren.

Sie widmeten sich wieder ihrer Aufgabe. Von Ruckteschell fuhr weiter nach Norden und ein paar Grad nach Osten, sodass mögliche Opfer, von der *Widder* aus gesehen, im Westen auftauchen würden. In dieser Position erlaubte es ihm der späte Mondaufgang, aus dem noch im Dunkeln liegenden Osten anzugreifen statt von Westen, wo sich das Schiff vielleicht in der Dämmerung als Silhouette abzeichnete. Gegen Mittag des 26. August traf das Kaperschiff auf zwei mögliche Opfer, die in entgegengesetzte Richtungen fuhren.[4] Das eine war ein Tanker mit Ziel Trinidad; das andere ein Frachter, der zu den Kanaren oder den Kapverdischen Inseln unterwegs war. Von Ruckteschell hätte am liebsten beide gleichzeitig angegriffen, entschied sich dann aber dafür, den Frachter zu verfolgen. Dies sollte sich als Fehler herausstellen: Die *Widder* konnte nicht mit dem schnellen, modernen Schiff mithalten. Zugleich hatte der Entschluss, den Frachter anzugreifen, die Distanz zum Tanker zu groß werden lassen, sodass es aussichtslos war, umzukehren und diesen zu verfolgen.

Von Ruckteschell erwähnt in seinem Kriegstagebucheintrag vom 2. September den ärgerlichen Zwischenfall: «Ich bin jetzt fast 4 Wochen in diesem Gebiet, habe 3 Schiffe versenkt, eines bei Nacht nicht angegriffen wegen Mondschein und die zwei gesehen, die mir vor 7 Tagen, am 26. 8., davonliefen.» Dann fügt er beinahe wie zum Postskriptum an: «Die Leute von *Anglo-Saxon* können jetzt Land erreicht haben.»[5] Zum Zeitpunkt dieser Niederschrift befanden sich die Überlebenden der *Anglo-Saxon* weiter von Land entfernt als zu Beginn ihrer Reise; der Eintrag wurde einen Tag vor dem Tod Roy Pilchers verfasst. Die Gründe für von Ruckteschells Anmerkung bleiben unverständlich. Es mag sich um einen nachträglichen Einfall gehandelt haben, doch dies entspräche nicht seinem ansonsten so disziplinierten Stil. Versuchte er, sein Schuldbewusstsein durch Wunschdenken zu beruhigen? Oder befürchtete er, seine Vorgesetzten oder andere könnten eines Tages sein offizielles Kriegstagebuch lesen und ihn als herzlos, vielleicht gar kriminell verurteilen, weil er sich keinerlei Gedanken um mögliche Überlebende gemacht hatte? Mit dem Eintrag vom 2. September beendete von Ruckteschell seine schriftliche Dokumentation des Überfalls vom 21. August und wandte sich wieder dem aktuellen Geschäft zu.

Dieses «Geschäft» wurde am Morgen des 2. September gegen 9 Uhr 32 in Form eines weit entfernten Tankers gesichtet. Kurz vor dieser Entdeckung hatte die *Widder* übermäßig viel schwarzen Rauch abgelassen, als sie auf 12 Knoten beschleunigte. Die Rauchfahne war auf dem Tanker gesichtet worden, der daraufhin einen Ausweichkurs einschlug. Die *Widder* fuhr davon und näherte sich erneut heimlich, um in Position für einen Überraschungsangriff zu kommen, damit, so von Ruckteschell, «das Wild nicht wieder vergrämt wird». Offenbar betrachtete er sich als Jäger auf der Pirsch. Seine Bemühungen waren erfolgreich. Gegen zwanzig vor neun an jenem Abend, nachdem sie fast zwölf Stunden lang Katz und Maus gespielt hatten, gingen sie zum Angriff über. Es dauerte nur zwölf Minuten, bis sie das Schiff überwältigt hatten, die Kessel zerstört waren und die Brücke in Flammen stand. Die *Widder* umkreiste das Opfer und stellte fest, dass es sich um die *Cymbeline* handelte, einen 6300 Bruttoregistertonnen großen Tanker aus Liverpool. Eine Stunde und drei Minuten nach Beginn des Angriffs wurde das Schiff mit einem Torpedo versenkt. Es ist nicht bekannt, ob die Besatzung oder der Sanitätsoffizier dagegen protestierten, die Seeleute einfach ihrem Schicksal zu überlassen, wie sie es nach der

Versenkung der *Beaulieu* getan hatten – jedenfalls verbrachte von Ruckteschell vier Stunden mit der Suche nach Überlebenden. Sie retteten 26 Mann, zehn weitere, darunter der Kapitän der *Cymbeline*, blieben vermisst. Von Ruckteschell wusste nicht, dass der Kapitän J. A. Chadwick am Morgen nicht nur den Kurs geändert hatte, als er die Rauchfahne des Kaperschiffs entdeckte, sondern das verdächtige Schiff auch der zuständigen britischen Marinebehörde gemeldet hatte. Nach diesem Hinweis der *Cymbeline* würden die Behörden nun im angegebenen Gebiet nach dem Feind suchen. Der Kapitän überlebte den Angriff. Er und zwei weitere Seeleute wurden vierzehn Tage später von ihrem Rettungsboot geborgen und nach Venezuela gebracht.

Die *Widder* hatte nun 142 Gefangene an Bord. Von Ruckteschell erfuhr von den Überlebenden der *Cymbeline*, dass sie am 9. August, also fünf Tage nach dem Angriff der *Widder*, die 28 Norweger der *Beaulieu* abgeborgen und nach Gibraltar gebracht hatten. Er erfuhr auch, dass Kapitän Chadwick die Anwesenheit eines Kaperschiffs gemeldet hatte. Damit sah sich von Ruckteschell einer ernsthaften Bedrohung gegenüber. Sofort ließ er die Tarnung des Schiffs ändern. Mit Schweißbrennern wurde ein Teil der deutlich erkennbaren Schwergutbäume abgetrennt und über Bord geworfen. Der Kapitän glaubte, dem Schiff durch einen grauen Anstrich der Aufbauten den Anschein verleihen zu können, es handele sich um einen «Engländer».[6] Außerdem verschwanden so alle weißen Elemente an Deck der *Widder*, die im Mondlicht besonders auffällig geleuchtet hatten. Ein weiteres Problem war die Brennstoffübernahme, vorgesehen zwei Wochen später in der Nähe des Ortes, an dem die *Cymbeline* versenkt worden war. Von Ruckteschell beschloss, die Briten in eine andere Gegend zu locken, indem er dort seine Anwesenheit verriet, und hielt Kurs nach Süden, in die südöstliche Spitze seines Einsatzgebietes.

Während dieser Fahrt erhielt er die Funkmeldung, dass der

deutsche Tanker *Eurofeld* auf dem Weg nach «Westfrankreich», also in die französischen Karibikbesitzungen, das Operationsgebiet der *Widder* passieren würde. Die Meldung war äußerst wichtig, denn bei seinen nächtlichen Angriffen behandelte von Ruckteschell jedes Schiff als «jagbares Wild». Seine Taktik, am Tag aus großer Entfernung zu beschatten, um sich nach Einbruch der Dunkelheit dem Ziel zu nähern und mit mörderischer Gewalt zuzuschlagen, fragte nicht danach, um welches Schiff es sich bei dem Opfer handelte. Die *Widder* musste also informiert werden, wenn «befreundete» Einheiten sich in ihrem Gebiet aufhielten, um ein tödliches Missverständnis zu vermeiden.

Als sie die Südgrenze ihres Operationsgebietes erreichten, gerieten sie in ein Tiefdruckgebiet, das sich wenige Tage später und ein paar hundert Meilen westlich zum fünften tropischen Sturm des Jahres entwickelte. Während sie sich mit dem scheußlichen, aber nicht bedrohlichen Wetter abmühten, fing die Maschine an zu «spucken». Am darauf folgenden Morgen des 8. September verschärfte sich das Problem. Die Geschwindigkeit des Schiffs musste auf acht Knoten gedrosselt werden, und der Leitende Ingenieur Penzel und seine Männer machten sich an die Reparatur. Gegen Abend hatte Penzel die Maschine wieder in Gang gebracht, die nun wieder 12 Knoten schaffte, und als die Dunkelheit hereinbrach, entdeckten sie in einiger Entfernung die Positionslichter eines Schiffs. Nachdem sie dessen Kurs und Geschwindigkeit bestimmt hatten, stellten sie fest, dass sich der Abstand zwischen beiden Schiffen verringerte, die Peilung aber stand, was bedeutete, dass sie praktisch auf Kollisionskurs waren. Die *Widder* brauchte nur Kurs und Geschwindigkeit beizubehalten, und die Beute würde ihnen direkt in die Arme laufen.

Im geeigneten Augenblick setzte die *Widder* ihre Positionslichter. Das Schiff reagierte, indem es seine Nationalflagge, die Griechenlands, anstrahlte. Von Ruckteschell erwiderte dies mit einer

Leuchtgranate, die die Umgebung taghell werden ließ, und gab dann per Morselampe die Anordnung aufzustoppen. Das wehrlose griechische Schiff *Antonios Chandris* hatte keine Wahl; der griechische Kapitän überantwortete seine Besatzung der Gnade der Deutschen. Die Route des Frachters entsprach jener der *Anglo-Saxon*; er sollte Kohle von Südwales nach Buenos Aires bringen, doch nun war sein Schicksal besiegelt. Das Aufbringen des griechischen Schiffs war eine der wenigen unblutigen Eroberungen der *Widder*, nicht ein Schuss wurde abgefeuert.[7] Gnade allerdings gab es in jener Nacht kaum. Von Ruckteschell hatte bereits 142 Gefangene an Bord und wollte keine weiteren. Er entschied, dass die Männer der *Antonios Chandris* sich allein durchschlagen mussten, und gestattete dem Kapitän Georgios Gafos, seine Rettungsboote für eine lange Reise auszustatten. Das nächste Land, die afrikanische Küste oder Südamerika, lag 1000 Meilen entfernt.

Die 22 Seeleute des griechischen Frachters traten eine alptraumhafte Reise an. Von Ruckteschell begründete in seinem Kriegstagebuch das Aussetzen der Besatzung wie folgt: «Zum Segeln war das Wetter gut, und ich hatte ein Interesse daran, dort gemeldet zu werden. An Wasser werden sie keinen Mangel zu leiden haben, denn Regen gibt es genug.»[8] Falls er dies wirklich tat, um den Aufenthalt der *Widder* in diesem Gebiet publik zu machen, dann wählte von Ruckteschell eine äußerst ineffektive Methode. Er konnte nicht wissen, wie lange es dauern würde, bis die Männer in den Rettungsbooten gefunden wurden oder auf Land stießen oder ob sie überhaupt überlebten. Es war völlig ungewiss, ob sie früh genug Meldung machen konnten, um die Aufmerksamkeit vom geplanten Nachschubrendezvous der *Widder* abzulenken. Er hätte sein Ziel erheblich einfacher erreichen können, wenn er den Frachter die Funkwarnung hätte absetzen lassen, dass er von einem Kaperschiff angegriffen wurde. So hätte er auch die Besatzung an Bord nehmen können, anstatt sie unwägbaren Gefahren auszusetzen. Nachdem die griechische Besatzung davongesegelt war, wurde die *Antonios Chandris* in den frühen Morgenstunden des 9. September versenkt. An diesem Tag starb Leslie Morgan auf der Jolle, und Tapscott und Widdicombe waren die beiden letzten Überlebenden. In England wiederum wartete man in den Büros der Lawther, Latta & Co. Ltd. besorgt auf die Nachricht von der sicheren Ankunft der *Anglo-Saxon* in Buenos Aires.

Von Ruckteschell baute darauf, bis zum etwaigen Eintreffen der Briten das Gebiet weit hinter sich gelassen zu haben. Er schlug einen nordwestlichen Kurs von 320 Grad ein, schleppte sich aber mit gerade einmal acht Knoten voran. Die Besatzung freute sich über das Frischfleisch, das sie von der *Antonios Chandris* übernommen hatte, bevor das Schiff versenkt worden war. Die Maschinenprobleme mehrten sich, die Höchstgeschwindigkeit fiel auf fünf Knoten, dann auf null, da das Schiff gestoppt werden musste, um die nötigen Reparaturen durchführen zu können. Die *Widder* war in diesem Moment kein Jäger mehr, sondern nur noch eine lahme Ente, leichte Beute für jedes Kriegsschiff der Alliierten. Einen ganzen Tag lang trieben sie hilflos, keine 120 Meilen vom Ort des Angriffs auf die *Antonios Chandris* entfernt. Die schiffstechnische Besatzung, die wusste, dass ihr Leben und das ihrer Schiffskameraden davon abhing, die Maschine wieder in Gang zu bringen, arbeitete fieberhaft.

Die Lage war nicht nur bedrohlich für das Schiff und seine Besatzung, sondern auch für die 142 Gefangenen in ihren abgesperrten Quartieren tief unten im Schiff. Die Gefangenen waren sich ihrer Situation stets bewusst, vor allem der wachsenden Gefahr, wenn das Schiff sich zum Gefecht bereitmachte. Jederzeit konnte die *Widder* unter Beschuss genommen werden, und dann säßen sie in der Falle. Tatsächlich erlitten Gefangene auf anderen Kaperschiffen dieses Schicksal. Als der Kreuzer H.M.S. *Cornwall* den Hilfskreuzer *Pinguin* angriff, konnte niemand an Bord ahnen, dass sich auf dem deutschen Schiff eine Vielzahl alliierter Seeleute befanden.[9] Während der Kampf noch tobte, erkannte der deutsche Kapitän Ernst Felix Kruder, dass sein Schiff verloren war, und befahl, die Gefangenen aus ihren Zellen zu befreien. Augenblicke später zerriss eine Explosion den Hilfskreuzer. Von den 225 Gefangenen überlebten nur zweiundzwanzig.

Die *Widder* lag bewegungslos im Wasser, die Maschinen standen still, die Maschinisten versuchten das Schiff wieder flottzubekommen. Von Ruckteschell wartete sehnlich auf die Begegnung mit der *Eurofeld*, bei der er vielleicht die Chance hatte, einen Teil seiner Gefangenen abzugeben. Nachdem sie eine Woche lang auf den verabredeten Treffpunkt zugeschlichen waren, entdeckte der Ausguck die *Eurofeld*, und sie manövrierten zum Tanker. Die *Eurofeld* allerdings reagierte misstrauisch angesichts des sich nähernden Hilfskreuzers, sie floh. Eine zuvor gefunkte Nachricht war offensichtlich auf der *Widder* nicht aufgenommen oder nicht beantwortet worden, und Tankerkapitän Blessin ging in diesem Spiel auf Leben und Tod kein Risiko ein. Viereinhalb frustrierende Stunden lang jagte die *Widder* den Tanker, bevor dieser den Hilfskreuzer erkannte und das Treffen stattfinden konnte. Allerdings gab es keine Gelegenheit, Gefangene auf die *Eurofeld* umzusetzen, weil der Tanker nicht nach Europa zurückkehrte, sondern im Atlantik bleiben und die *Rekum* ablösen sollte, jenes Schiff, das bisher die *Widder* versorgt hatte. Doch immerhin konnte ein Teil der Gefangenen an die *Rekum* abgegeben werden, die zurück ins besetzte Frankreich fuhr.

Der Hilfskreuzer und die *Eurofeld* gingen gemeinsam auf Südkurs, um sich mit der *Rekum* zu treffen. Die drei Schiffe blieben zwei Tage nahe beieinander, und die *Widder* übernahm die letzten 1600 Tonnen Dieselöl aus den Bunkern der *Rekum*, sodass diese gerade ausreichend Treibstoff hatte, um es bis nach Frankreich zu schaffen. Zu seiner großen Erleichterung konnte von Ruckteschell knapp die Hälfte der Gefangenen übersetzen. Am letzten Abend, an dem die drei Schiffe zusammen waren, wurden 65 Gefangene unter Bewachung zu dem leeren Tanker gebracht, der nach St.-Nazaire an der Mündung der Loire aufbrechen wollte. Die *Widder* behielt alle 77 britischen Gefangenen an Bord.

Von Ruckteschells Entscheidung ist nur schwer nachvollziehbar.[10] Eine mögliche Erklärung ist seine ausdrückliche Abscheu vor dem «dreckigen und verlausten Volk» von der *King John*, zu dem «Jugoslawen, Portugiesen, Maltesen und ein Spanier» gehörten; durch die Übergabe an die *Rekum* konnte er also eine Art ethnische Säuberung durchführen und die *Widder* von den Gefangenen befreien, deren Anwesenheit er für weniger wünschenswert hielt. Eine zweite Möglichkeit wäre, dass von Ruckteschell aus taktischen Gründen die Briten als Geiseln an Bord behalten wollte. Angesichts der versagenden Maschinen konnte sein Schiff schnell in die Fänge der Royal Navy geraten. Vielleicht würde sich eine mögliche Versenkung der *Widder* im Falle der Entdeckung ihrer Kampfunfähigkeit aufgrund eines Maschinenschadens verhindern lassen, wenn der Kommandant zu erkennen gab, dass er eine große Anzahl britischer Gefangener an Bord hatte.

Ganz gleich aus welchen Gründen, alle außer den Briten wurden auf die *Rekum* gebracht. Von Ruckteschell übergab dem Versorgungsschiff außerdem mehrere Berichte, Briefe der Besatzung an ihre Familien und Lieben daheim und eine Ausfertigung seines Kriegstagebuchs. Er war stolz auf das, was er und seine Mannschaft geleistet hatten. Zwar waren zuvor schon Berichte per Funk als besonders verschlüsselte Kurzmeldungen gesendet worden, aber er wollte, dass die zuständigen Dienststellen die ganze Geschichte in seinen Worten zu lesen bekamen. Das Kriegstagebuch berichtete detailgetreu von den verschiedenen Angriffen, auch vom Aussetzen der Seeleute der *King John*, der *Beaulieu*, der *Anglo-Saxon* und der *Antonios Chandris*. Der Kommandant war sich durchaus bewusst, wie verwundbar sein Schiff war und dass er und die Mannschaft vielleicht nicht nach Hause kommen würden. Indem er also eine Kopie seines Kriegstagebuchs weitergab, erhöhte er die Chance, dass ein Exemplar davon die Seekriegsleitung erreichte und somit der Erfolg der *Widder* in seinem ganzen Ausmaß in die Annalen der Kriegsmarine einging. Kurz nach Mitternacht des 21. September trennten sich die Schiffe. Die *Rekum* nahm Kurs auf Europa, die *Eurofeld* machte sich auf den Weg zur *Thor*, einem anderen Hilfskreuzer, der im Südatlantik im Einsatz war, und die *Widder* hoffte ihre Angriffe auf nichts ahnende Opfer fortzusetzen.

Während sie noch mit der Übernahme des Nachschubs beschäftigt waren, erhielt von Ruckteschell die Nachricht, dass ihr Einsatzgebiet nach Osten, unterhalb des dreißigsten nördlichen Breitengrades, ausgedehnt worden war. Dies bedeutete, dass er bis zu den Kanaren und den Kapverdischen Inseln operieren und somit auch auf den aktiven Schiffsrouten des östlichen Atlantiks angreifen konnte. Von Ruckteschell und seine Divisionsleiter hatten allerdings ihre Zweifel, ob sie dieses erweiterte Einsatzgebiet auch tatsächlich nutzen konnten. Die Maschinisten arbeiteten immer noch daran, die Maschine und die dazugehörigen Pumpen, Ventile und Lager funktionstüchtig zu halten. Es gab nur geringe Hoffnung, dass ein deutsches Schiff kommen und sie auf den Haken nehmen könnte, und es war fraglich, ob zwei Schiffe, die aufgrund der Last des zu schleppenden Kaperschiffs nur langsam vorankämen, es sicher bis Frankreich schaffen würden. Ebenso ungewiss war es, dass ein Rettungsschiff sie erreichen und die gesamte Besatzung und die Gefangenen, knapp 500 Mann, an Bord nehmen könnte. Wegen der schwachen Maschine der *Widder* verzichtete von Ruckteschell auf die Gelegenheit, weiter ostwärts neue Jagdgründe aufzusuchen.

Nach tagelangen ununterbrochenen Arbeiten, die es immer

wieder erforderlich werden ließen aufzustoppen, konnte das Kaperschiff wieder acht Knoten Fahrt machen. Als gegen Mittag des 26. September ein langsam fahrender Kohlenfrachter in Sicht kam, musste die Besatzung der *Widder* enttäuscht feststellen, dass sie nicht einmal mehr genug Fahrt aufnehmen konnte, um dieses lohnende Ziel zu verfolgen und anzugreifen. Der mächtige Hilfskreuzer war gezwungen, sich vor einem einfachen Frachtschiff verborgen zu halten; eine weise Entscheidung, denn am selben Abend noch lief das Lager der Mitteldruckturbine aus, und die *Widder* lag erneut still. Am folgenden Morgen geschah, was sie am meisten gefürchtet hatten: Während sie unbeweglich und schutzlos trieben, machten sie ein Schiff aus, das direkt auf den Hilfskreuzer zuhielt. Es blieb ihnen nichts anderes übrig, als zu bluffen. Die *Widder* hisste die norwegische Flagge und zwei große schwarze Bälle aus Segeltuch, das internationale Zeichen für «manövrierunfähiges Fahrzeug ohne Fahrt», also ein treibendes steuerloses Schiff.[11] Die Besatzung der *Widder* ging auf Gefechtsstation, Kanonen und Schützen blieben verborgen. Eine «Simulackergruppe, Koch und Bootsleute», in Wirklichkeit aber Geschützführer, gaben vor, sie seien die normale Mannschaft eines Frachters, an Deck mit irgendwelchen Tätigkeiten beschäftigt. Die *Widder* war kampfbereit, konnte aber nur ihr Schicksal abwarten. Das Schiff kam immer näher. Als es in zweieinhalb Meilen Entfernung vorbeifuhr, erkannten sie den französischen Frachter *Capitaine Paul Lemerle*, den die SKL schon in der Gegend gemeldet hatte. Der Franzose, der Zucker geladen hatte, war auf dem Weg von Martinique nach Casablanca, und zur großen Erleichterung des manövrierunfähigen Hilfskreuzers fuhr er einfach weiter.

Den ganzen 27. September bis in die Nacht dauerten die Bemühungen, die Maschine zu reparieren. Am folgenden Morgen war sie wieder einsatzklar, und die *Widder* konnte bei 1000 Umdrehungen pro Minute acht Knoten machen. Im Laufe des Tages konnten sie die Geschwindigkeit auf zwölf Knoten erhöhen und sich wieder auf die Jagd begeben. Gegen 19 Uhr versagte das Turbinenlager erneut, und der Hilfskreuzer lief aus, bis keine Fahrt mehr im Schiff war. Unter derartigen Umständen hätte mancher Kapitän die Nerven verloren und den Leitenden Ingenieur und dessen Leute für diese Katastrophe verantwortlich gemacht, doch von Ruckteschell hatte größtes Vertrauen in Kapitänleutnant Penzel und seine Männer. Er wusste um die Schwachpunkte des Schiffs, als er das Kommando übernahm, und er wusste, dass seine Schiffstechniker ihr Bestes gaben, um die *Widder* einsatzbereit zu halten. Diesmal trieben sie exponiert fast eine Woche lang dahin, da die Maschinisten, die tagelang rund um die Uhr gearbeitet hatten, Ruhe brauchten und weil neue Lager gegossen werden mussten.

Von Ruckteschell war klar, dass die *Widder* ihren Auftrag wohl nicht weiter würde durchführen können. Sein Mitgefühl für die Besatzung und seine Enttäuschung werden deutlich in einem Tagebucheintrag, in dem es heißt: «Mein armer L. I. und sein prachtvolles Personal tun mir leid. Und dann meine Besatzung, die so tatendurstig ist! Ich weiß es so gut wie sicher, daß wir heim müssen, und darf es doch nicht sagen!»[12] Am 4. Oktober waren sie wieder flott, schafften aber gerade mal sieben Knoten. Die Lager liefen heiß, begleitet von merkwürdigen Geräuschen und Vibrationen. Von Ruckteschell klagte in seinem Kriegstagebuch: «Jetzt können wir froh sein, wenn wir überhaupt noch nach Hause kommen.»[13]

Sie waren gezwungen, noch einmal zwei Tage Pause einzulegen, in denen der Kommandant schließlich die Entscheidung fällte, die Operation abzubrechen und heimzukehren. In der Nacht zum 6. Oktober schickte von Ruckteschell seinen Vorgesetzten in der SKL voller Bedauern die Meldung: «Beabsichtige Unternehmung abzubrechen wegen Maschinenschaden. … Mein Standort ist Quadrat DR. … Beabsichtige Hafen französische Westküste zu gehen. November Anfang des Monats.»[14] Zunächst erhielt er keine Reaktion auf seine Nachricht, also gab er sie am folgenden Tag erneut durch. Während er auf Antwort wartete, wurden die Opfer seines letzten Angriffs, die 22 Mann von der *Antonios Chandris*, von der portugiesischen *Serpa Pinto* gerettet. Sie hatten während eines leidvollen und entbehrungsreichen Monats, den Elementen ausgesetzt, 1400 Meilen zurückgelegt.

Am 9. Oktober erhielt von Ruckteschell die Bestätigung und die Erlaubnis, Kurs auf Frankreich zu nehmen, dazu die gute Nachricht, dass die *Rekum* sicher in St. Nazaire eingetroffen war. Der Kommandant teilte dies allen an Bord mit, denn es bedeutete, dass die Privatpost aufs Festland gelangt war. Für von Ruckteschell, der sich nicht sicher war, ob sein Schiff es noch bis Frankreich schaffen würde, hieß dies, dass sein Kriegstagebuch angekommen war und seine Erfolge in vollem Umfang bekannt wurden. Am selben Tag notierte er: «Nun weiß die SKL doch wenigstens, was wir gemacht haben, falls wir verloren gehen sollten.»[15]

Am 10. Oktober, dem Tag, an dem Tapscott und Widdicombe bei stürmischen Winden den Dampfer vorbeiziehen sahen, gab Hellmuth von Ruckteschell 1200 Meilen weiter östlich den Befehl, das lahme Schiff auf Heimatkurs zu bringen. Die *Widder*, die nun nicht länger Jäger war, fuhr langsam nordwärts, vorbei an den Positionen, wo sie die *Anglo-Saxon*, die *Cymbeline*, die *Oostplein* und die *Killoran* versenkt hatte. Am 18. Oktober wurde sie erneut der Marinegruppe West unterstellt, die schon ihren dramatischen Ausbruch vor beinahe sechs Monaten beaufsichtigt hatte. Auf ihrem Heimweg passierten sie mehrere Schiffe auf Distanz. Am 25. Oktober sichteten sie 550 Meilen westlich von Kap Finisterre an der Nordwestküste Spaniens ein Schiff der berühmten englischen Blue Funnel-Line, die von Alfred Holt & Co. bereedert wurde; Schiffe dieser Linie hielten stets Ausschau nach verdächtigen Fahrzeugen. Sollte die *Widder* entdeckt werden, würde sie mit Sicherheit Interesse wecken. Eine Warnung von einem Schiff der Blue Funnel-Line, noch dazu so nahe den Britischen Inseln, würde sofort die Royal Navy auf den Plan rufen. Trotz schweren Wetters mit Windstärke sieben auf der Beaufort-Skala versuchte der abgetakelte Hilfskreuzer auszuweichen.

Der *Widder* gelang es trotz nur mühsam erreichter sechs Knoten, der Entdeckung zu entgehen. Der Sturm half ihnen dabei; am 27. des Monats nahmen sie Kurs direkt nach Ost und liefen auf die französische Küste zu. Im Verlauf des Tages tauchte ein U-Boot auf, das sich zu ihrer Erleichterung als verbündeter Italiener entpuppte. Das U-Boot meldete die Position des Hilfskreuzers an die Marinegruppe West, die von Ruckteschell bei Annäherung an die französische Küste am folgenden Tag Schutz durch Luftaufklärung zusicherte. Es stürmte auch noch am nächsten Tag; Flugzeuge waren nicht zu sehen. Am 29. Oktober sichteten sie gegen kurz nach neun Uhr früh ein deutsches Flugzeug über sich. Der Hilfskreuzer blies Qualm ab und feuerte Signalraketen, um Aufmerksamkeit zu erregen, blieb aber unentdeckt. Das Flugzeug, das sie vor möglichen Gefahren schützen sollte, war nicht einmal in der Lage, sie auch nur zu sichten. Die *Widder* fuhr allein weiter.

Später am selben Abend, es war kein Schiff in Sicht, blinkte der Morsecodebuchstabe L wie aus dem Nichts in der Dunkelheit auf.[16] Der Hilfskreuzer, der sich einem U-Boot steuerbord voraus gegenübersah, antwortete per Morselampe mit dem korrekten Buchstaben X. Nach spannungsgeladenen Augenblicken blinkte der unzweideutige Gruß «Heil Hitler» zurück. Die *U-29* war als Eskorte der *Widder* entsandt worden. Am 30. Oktober tauchte die Küste Frankreichs aus dem Nebel auf, und Hilfskreuzer und Eskorte liefen zwischen dem Pointe du Raz und der Isle de Sein hindurch auf Brest und den sicheren Hafen zu.

Teil III BESTIMMUNG

Kapitel 15 **Rettung**

Ihr Boot hatte sich fest in den von winzigen Brocken roter Koralle braunrosa gefärbten Sand gebohrt. Tapscott und Widdicombe ließen sich über Bord fallen und stolperten und wankten den Strand hinauf zu dem niedrigen Gestrüpp, um im Schutz der Sträucher Schatten zu suchen. Dort brachen sie zusammen. Seit 85 Tagen hatten sie keinen festen Boden mehr unter den Füßen gehabt. Ihr Gleichgewichtssinn, der sich an die schnellen Bewegungen des kleinen Boots gewöhnt hatte, konnte nicht auf die plötzliche Festigkeit des Strandes reagieren. Ihre Gedanken überschlugen sich angesichts der Tatsache, dass sie endlich Land gefunden hatten, aber ihre Körper wollten nichts anderes als den Schutz des Schattens.

Mehr als zwei Monate lang waren sie besessen gewesen von dem Ziel, die Inseln über dem Winde zu erreichen. Nun waren sie zwar auf einer Insel, aber nicht auf der, die sie angesteuert hatten. Sie hatten die Inselkette verpasst, auch jene Inseln, die die nördliche Grenze der Karibik bilden, aber die wohlmeinenden Oktoberströmungen hatten sie an einen wunderschönen Strand geworfen. Sie befanden sich auf Eleuthera, einem schmalen Band aus Korallen und Sand, von Norden nach Süden etwa 150 Kilometer lang und meist nur drei, vier Kilometer breit. Der östliche Strand der Insel geht auf den Atlantik hinaus, und das Meer schlägt unablässig gegen die Korallenriffe, die sich die ganze Küste entlangziehen. Die vom Meer zu Pulver gemahlenen Korallen vermischen sich mit

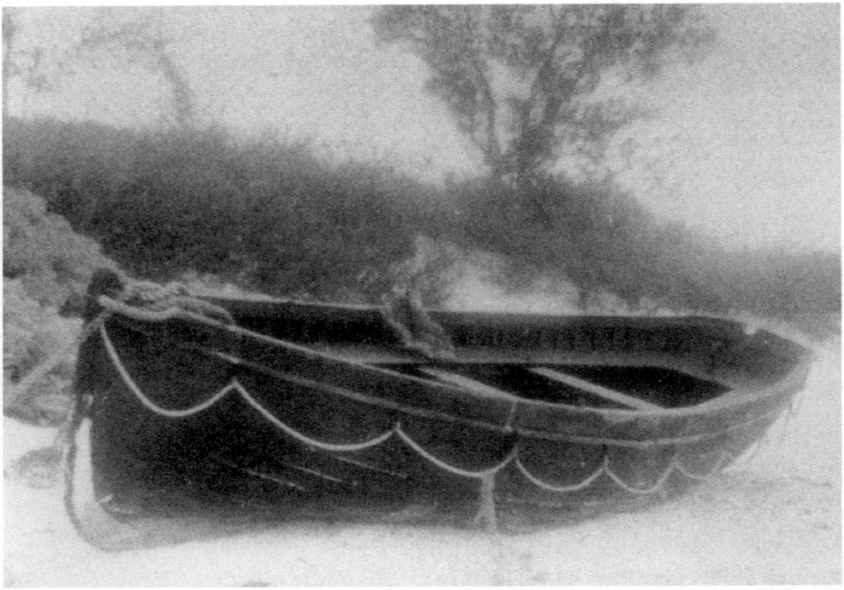

Das einzige bekannte Foto der robusten, aber mitgenommenen Jolle am Strand der Ostküste von Eleuthera in der Nähe der Alabaster Bay.

dem unglaublich feinen Sand zu einer Art trockenem braunem Zucker. Das Westufer der Insel wird von den ruhigen Wassern des Exuma-Sunds umspült, den die Insel vor den Ozeanwinden und der Atlantikdünung schützt. Eleuthera ist der Inbegriff einer tropischen Insel, ein üppig überwuchertes Paradies mit endlosen Stränden, strahlender Sonne und friedlicher Stille.

Für die meisten Menschen wäre dies ausgesprochen verlockend, doch die beiden ausgezehrten Seeleute fürchteten, auf einer unbewohnten Insel gelandet zu sein, auf der es keine Hilfe gab. Sie konnten sich kaum mehr selbst weiterhelfen. Die Sonne, nach der so viele Urlauber lechzen, war ihr Feind geworden, und sie konnten ihre sengenden Strahlen nicht länger ertragen. Der schöne Strand, der sich zu beiden Seiten erstreckte, so weit das

Auge reichte, war kein Paradies, sondern ein unendlich langer Weg auf der Suche nach Hilfe, Wasser oder Nahrung. Aber sie konnten nicht mehr gehen. Und selbst wenn sie die Kraft aufbrächten, aufzustehen und loszustolpern, welche Richtung sollten sie einschlagen? Sie entdeckten keinerlei Anzeichen von Leben. Das üppige Grün der Bäume, Büsche und Pflanzen, das den Strand begrenzte und ins Inland vordrang, so weit ihr Blick reichte, stellte eine undurchdringliche Barriere dar. Das Gestrüpp war zu einem brusthohen dichten Gewirr verwachsen. Es gab keinerlei Möglichkeit, sich einen Weg durch dieses Dickicht zu bahnen, das selbst anlandende Invasionstruppen aufgehalten hätte. Sie hatten es bis hierher geschafft, Qualen über Qualen erlitten, und das wohl grausamste Schicksal wäre es nun, am Strand zugrunde zu gehen. Und das schien ihnen zu drohen, wenn nicht wundersame Rettung nahte.

In der Nacht zuvor hatten sich die Bahamaerin «Baby» Florence Thompson Johnson und ihr Mann Lewis nach einem anstrengenden Tag zum Schlafen gelegt – ihr kleines Haus lag hoch oben auf Gidd's Hill am südlichen Ende von James Cistern, einem Dorf auf der Westseite der Insel am Exuma-Sund, zwölf Meilen nördlich des Hauptortes Governor's Harbour. Wie die Mehrheit der Inselbewohner waren auch die Johnsons hart arbeitende Menschen und engagierten sich in der Methodist Church, in der Lewis Chorleiter war.

Lewis Johnson hatte acht Kilometer entfernt in Hatchet Bay gearbeitet und war am Vortag heimgekehrt. In dieser Nacht schlief er sehr fest. Florence hingegen schlief unruhig und plagte sich mit einem lebhaften Traum, der ihr wie eine Vision erschien. Als sie vor Sonnenaufgang aufwachte, musste sie einfach tun, was dieser Traum von ihr verlangte, nämlich an den Strand zu gehen, wo sie «etwas finden» würde. Sie war davon überzeugt, dass diese Botschaft sehr wichtig war und dass man sie nicht ignorieren durfte,

Florence Johnson aus James Cistern, Eleuthera, deren Traum sie an den menschenleeren Strand von Eleuthera und zur Rettung von Tapscott und Widdicombe führte.

und vielleicht konnte sich die Geschichte für die Johnsons als vorteilhaft erweisen. Da die Strände der Ostseite der Insel auf den Atlantik hinausgehen, dessen vorherrschende Winde und Strömungen alles mögliche Treibgut an dieses Ufer spülen, gehörte es durchaus zur Freizeitbeschäftigung der Inselbewohner, den Strand abzusuchen. Florence Johnson weckte ihren ziemlich verärgerten Mann, und motiviert durch die starke Botschaft des Traums, brachen sie auf, noch bevor die Sonne ganz aufgegangen war. Sie gingen die steile Straße am Gidd's Hill hinunter, bogen am Fuß des Hügels links ab und kamen südlich der Hauptstraße an den Feldern vorbei, die sie und ihre Nachbarn bewirtschafteten. Der Strand, zu dem sie wollten, befand sich etwa sechs Kilometer südlich von James Cistern. Die Alabaster Bay zu ihrer Rechten, verließen sie die Straße und liefen nach Osten Richtung Meer und Strand. Lewis ging voran mit seinem rasiermesserscharfen «Cutlass»[1], wie die Machete hier genannt wird, und bahnte ihnen einen Weg durch das dichte Gestrüpp. Die Sonne kletterte über den Horizont, und sie kamen langsam, aber stetig vorwärts.

Während der ganzen Reise hatte Widdicombe über Schwindelgefühle geklagt und war oft nicht fähig gewesen, sich der sengenden Sonne auszusetzen, doch nun war er in besserem Zustand als sein Gefährte. Tapscott hatte häufig eine zweite Wache übernommen, wenn Widdicombe sich dazu nicht in der Lage fühlte, jetzt war er völlig entkräftet. Nach einer Weile schlug Widdicombe vor, am Strand entlangzugehen, doch Tapscott konnte nicht laufen. Sie lagen wie im Koma. Widdicombe drehte sich auf den Rücken und hielt die Lider seiner tief eingefallenen Augen geschlossen. Sein langes schwarzes Haar und sein Bart waren verfilzt und mit feinem pudrigem Sand überzogen. Die Fetzen an seinem dürren Leib waren einmal eine Uniformjacke und Khakishorts gewesen. Tapscott hatte Widdicombe die Shorts gegeben, als dessen eigene so zerrissen waren, dass sie nicht mehr am Leib hielten. Seine dürren Arme und Beine, die kaum noch als menschliche Gliedmaßen zu erkennen waren, ragten aus den Lumpen hervor. Tapscott lag ganz in der Nähe, ebenfalls auf dem Rücken, den Kopf nach hinten verdreht; seine ausgebleichten blonden Haare und der schüttere Bart waren sandfarben. Er hatte fast die Hälfte seines Körpergewichts verloren und war nur noch sonnenverbrannte Haut und hervorstehende Knochen. Seine Lumpen waren einmal Hemd und Unterhose gewesen.

Als das Gestrüpp lichter wurde, wusste Johnson, dass sie sich dem Strand näherten. Seine Frau hielt sich ein gehöriges Stück hinter ihm, um dem ausschwingenden Buschmesser auszuweichen. Bald würde die Suche nach dem Etwas aus Florence' Traum beginnen. Sie hatten keine Ahnung, wie lange sie würden suchen müssen, um auf ihren rätselhaften Schatz zu stoßen, denn der Strand zog sich endlos weit hin. Noch während sie sich durch die letzten Meter Gestrüpp kämpften, blieb Lewis überrascht stehen. Durch das Dickicht hindurch konnten sie direkt vor sich ein solide gebautes Boot erkennen.

Florence drängte sich zu ihm. Vor ihnen lagen die zu Skeletten abgemagerten Gestrandeten. Der Traum hatte sie zu zwei Leichen geführt. Wie lange mochten diese sterblichen Überreste schon an dem verlassenen Strand liegen? Wann waren sie aus dem Boot gekrochen, nur um wenige Meter davon entfernt ihr Ende zu finden?

Da schlug eine der Leichen die Augen auf. Lewis ergriff die Flucht und drängte Florence zurück ins Gestrüpp. Die Männer waren noch nicht tot. Das Paar lief los, um den Polizeiwachtmeister in James Cistern zu verständigen.

Widdicombe hatte Stimmen englisch sprechen gehört. Er drängte darauf, dass sie sich wieder zum Boot schleppten, damit man sie auch wirklich fand, wenn die Leute zurückkamen, und das würden sie bestimmt, da war er sicher. Sie kämpften sich bis zum Boot vor, das mit der einsetzenden Ebbe trockengefallen war.

Nachdem die Johnsons wieder auf der Straße waren, eilten sie zu den Feldern, riefen ein paar Bekannte zusammen und baten sie, mit an den Strand zu kommen und das Essen einzupacken, das sie für den Mittag mit auf die Felder gebracht hatten.[2] Einer zog los und informierte den Wachtmeister in James Cistern, den 28-jährigen Elijah Mackey. Als Widdicombe und Tapscott die aufgeregten Stimmen ihrer Retter hörten, die sich in einem englischen Singsang unterhielten, wussten sie, dass ihre Qualen ein Ende hatten. Die Retter standen staunend vor ihnen. Wer waren diese Männer? Woher kamen sie? Widdicombe, der davon ausging, dass es der 25. Oktober war, sagte ihnen, dass ihr Schiff vor 65 Tagen, am 21. August, versenkt worden sei. Die Bahamaer klärten sie auf, dass es tatsächlich schon der 30. Oktober war. Als sie die Unterlagen in Pilchers Koffer und Dennys Logbuch sahen, waren ihre Retter überzeugt, dass es sich bei den beiden nicht um feindliche Eindringlinge handelte. Die Bauern halfen ihnen auf die Beine, doch Tapscott konnte nicht stehen, und Widdicombe ging es kaum besser. Die zwei stärksten Bauern nahmen die Seeleute huckepack und trugen sie. Ein anderer aus der Gruppe brachte Kokosnüsse. Tapscott krallte die Finger in das süße Fleisch. Andere Helfer holten mehr Essbares. Jeder Arzt, der um die Entbehrungen und Schwierigkeiten gewusst hätte, denen das Verdauungssystem der Schiffbrüchigen ausgesetzt gewesen war, hätte angesichts der

Nahrungsmittel und Getränke, die man ihnen an diesem Tag vorsetzte, die Hände über dem Kopf zusammengeschlagen. Tapscott und Widdicombe waren überwältigt. Widdicombe aß langsam, doch Tapscott konnte sich nicht zurückhalten. Sein Lieblingsgetränk vor Augen, trank er eine Flasche Bier. Er genoss das Bier wie noch nie zuvor ein Getränk in seinem Leben. Dazu gab es Limonade, Corned Beef in Dosen und Kuchen. Widdicombe war vorsichtig, doch Tapscott stopfte alles in sich hinein. Als die Retter erkannten, dass ihm von seiner Schlingerei schlecht werden würde, nahmen sie ihm das Essen erst einmal wieder weg. Alle ruhten ein wenig aus, bis die Seeleute zum Weiteressen bereit schienen.

Constable Elijah Mackey, heute Anfang neunzig, erinnert sich noch sehr genau an jenen Tag vor sechzig Jahren. Als amtierender Constable in James Cistern war er zugleich auch Vertreter der Regierung und unternahm sofort alles Nötige. Als die Gruppe die Straße erreichte, wartete schon ein vom Constable dorthin befohlener Lastwagen, und die beiden Männer wurden vorsichtig auf die Ladefläche gehoben. Mackey sagt, sie hätten nicht gesprochen, sich aber mit schwachen Gesten verständlich gemacht, während sie auf dem Laster die unbequeme Fahrt zum Regierungssitz hinter sich brachten.

Governor's Harbour ist die Hauptansiedlung auf Eleuthera; im Oktober 1940 befand sich hier zugleich der Amtssitz des Regierungsbeauftragten der Insel, Michael Gerassimos. Die Nachricht von der erstaunlichen Entdeckung war bereits bis nach Governor's Harbour und zu dem Regierungsbeamten vorgedrungen, und so gab es erhebliches Aufsehen, als der Lastwagen gegen zwei Uhr nachmittags in die Stadt und nach Cupid's Cay rumpelte. Gerassimos hatte sich darauf vorbereitet, die Seefahrer ganz formell willkommen zu heißen; auf den Anblick, den die beiden boten, war er allerdings nicht gefasst.

Auf der Insel gab es weder Klinik noch Krankenhaus, und das

Elijah Mackey (links), der Constable aus James Cistern, der bei der Rettung der Seeleute am Strand involviert war, 2002 im Alter von 89 Jahren an der Seite von Garnett Thompson, dem Neffen von Florence Johnson, deren Traum sie zu den Schiffbrüchigen führte.

einzige vorhandene Regierungsgebäude, das Gefängnis, war wahrhaftig nicht der Ort, diese Helden unterzubringen, mit deren Ankunft die Wirklichkeit des Krieges so jäh über die Bahamas hereinbrach.[3] Man brachte die Männer zum Haus von Mr. und Mrs. Claude Moss.[4] Das Ehepaar nahm in seinem niedrigen, schneeweißen Bungalow auch zahlende Gäste auf und konnte mit den komfortabelsten Unterkünften auf der Insel dienen.

Man zog ihnen die Lumpen aus, dann wurden die Seemänner gebadet und in ein großes weiches Bett gelegt, und sie erhielten vorsichtig bemessene Mengen Wasser zu trinken. Doch die Männer fanden keinen Schlaf. Tapscotts Nerven lagen blank, es gelang ihm nicht, die Realität rings um sich einfach wieder auszublenden und sich vom Schlaf übermannen zu lassen. Wenn er sich zu entspannen versuchte und die Augen schloss, schossen ihm alle möglichen wilden Gedanken durch den Kopf. Wenige Stunden zuvor waren sie noch in der Jolle gewesen, und nur wenige Tage hatten sie vom sicheren Tod getrennt. War das Ganze bloß ein Traum? Wenn er jetzt einschlief und wieder erwachte, würde sich alles nur als Fata Morgana erweisen? Tapscott fand sich damit ab, einfach nur in dem gemütlichen Bett zu liegen. Widdicombe war völlig aufgekratzt, überdreht und ständig in Bewegung, ganz begierig darauf, sich nach den vielen einsamen Wochen zu unterhalten. Der Nachmittag ging in den Abend über, und die beiden Männer erhielten eine einfache, gewürzarme Mahlzeit aus Brot und Butter, dazu ein himmlisches Getränk: Kakao mit viel Zucker.

Erste Anzeichen des bevorstehenden Medienrummels waren bereits in Nassau zu spüren.[5] Mary Mosely, die Herausgeberin des *Nassau Guardian*, wollte gerade die Abendausgabe der Zeitung druckfrei geben, als sie erste spärliche Informationen über die Entdeckung der gestrandeten Seemänner erhielt. Sie wies ihre Mitarbeiter an, die Titelseite noch zurückzuhalten, und schrieb die erste der vielen Storys, die noch folgen sollten. Sie rückte drei kurze Absätze in die obere rechte Ecke der Titelseite. Die Überschrift lautete, «Soeben gemeldet: Torpedierte Seeleute treffen in Governor's Harbour ein». In dem kurzen Artikel, in dem keine Namen oder Einzelheiten erwähnt werden, berichtete Mosely, dass die Seeleute zwei Monate auf See getrieben seien und die Regierung medizinische Hilfe leiste. Im letzten Absatz versprach sie den Lesern weitere Einzelheiten dieses «bemerkenswerten Kampfes mit der See». Als die Herausgeberin an diesem Abend nach Hause ging, freute sie sich, eine Story von internationaler Tragweite an der Angel zu haben. Ob sie allerdings erkannte, welche Sensation diese Story für die Zeitungen und Radioanstalten rund um die Welt und Magazine wie *Time* und *The Cosmopolitan* bedeutete, sei dahingestellt.

Der Beauftragte Gerassimos traf gegen 10 Uhr abends beim Haus der Moss ein, acht Stunden nach der Ankunft der Seeleute in Governor's Harbour, um deren erste offizielle Aussagen aufzunehmen. Zwar lassen sich diese Aussagen in den offiziellen Akten des Kolonialamtes nicht mehr auffinden, doch besitzt Dr. Michael Gerassimos, Sohn des damaligen Regierungsbeauftragten und heute in Nassau ansässig, unterzeichnete Kopien. Es handelt sich dabei um jeweils eine Seite, auf der Widdicombe und Tapscott von ihrer Leidenszeit berichten, und beide Berichte gleichen sich sehr.[6] Die Männer gaben Einzelheiten der Fahrt der *Anglo-Saxon* wieder, berichteten von dem Angriff und listeten auf, wer mit ihnen an Bord des Bootes gewesen war und wie ums Leben kam. Es finden sich in den Aussagen keinerlei Informationen über ihre Reise nach dem Tod der anderen. Beide Berichte enden mit Namen und Adressen der nächsten Angehörigen. Zwar gibt es geringe Abweichungen, aber die Berichte klingen ansonsten derart ähnlich, dass man fast geneigt ist zu glauben, sie stammten aus ein und derselben Feder. Das mag darauf zurückzuführen sein, dass Gerassimos beiden dieselben Fragen gestellt hat. Gut möglich auch, dass die Männer angesichts ihres geschwächten Zustands nicht in getrennten Räumen befragt wurden, sodass derjenige, der die erste Aussage machte, wahrscheinlich der redselige Widdicombe, das Wort führte. Der Beauftragte teilte ihnen zufrieden mit, dass ihr Fall die Aufmerksamkeit des Gouverneurs der Bahamas erregt und dieser angeordnet hatte, sie nach Nassau zu bringen, wo man ihnen die bestmögliche medizinische Versorgung zuteil werden lassen konnte. Der Transport sollte am nächsten Morgen mit einem Spezialflugzeug vonstatten gehen. Der Gouverneur hatte auch Vorsorge dafür getroffen, dass das Boot sichergestellt wurde. Den britischen Seeleuten dürfte diese Aufmerksamkeit des Gouverneurs eine besondere Ehre gewesen sein: Es handelte sich um ihren ehemaligen König Edward VIII, nun Herzog von Windsor.

Gegen Mitternacht traf Dr. Francis Kline, der Inselarzt, ein, um Tapscott und Widdicombe zu untersuchen. Dr. Kline war den beiden auf besondere Weise verbunden, da auch er ein Opfer Hitlers war. Als deutscher Jude hatte er den Aufstieg der NSDAP und die tödliche Bedrohung der Verfolgung miterlebt. Es war ihm gelungen, von Deutschland nach England zu fliehen. Der Zustrom von Flüchtlingen mit medizinischer Ausbildung war für England durchaus ein Segen, da die Opfer unter der Zivilbevölkerung mehr Ärzte und Krankenschwestern verlangten. Angesichts der wachsenden Zahl ausländischer Ärzte wurden einige der Mediziner auch auf die Bahamas entsandt, um selbst in entlegenen Gegenden eine bessere medizinische Versorgung zu ermöglichen.[7] Für Eleuthera bedeutete die Anwesenheit von Dr. Kline auf der Insel einen beträchtlichen Fortschritt.

An Dr. Kline, der oft der «Salzwasserdoktor» genannt wurde, erinnert man sich vor allem aufgrund seiner Standardbehandlung, zu der nahezu immer auch Salzlösungen gehörten.[8] Im Fall der beiden Seeleute jedoch war überdeutlich, dass sie weit mehr Salzwasser als nötig abbekommen hatten, und der Arzt hielt sich mit seiner üblichen Verordnung zurück. Abgesehen vom offenkundigen Zustand der Austrocknung und der Mangelernährung diagnostizierte Kline die klassischen Symptome der Pellagra. Die Haut der Kranken schuppte sich dunkel, vor allem dort, wo sie der Sonne ausgesetzt gewesen war.[9] Auch ihre Wunden und die geschwollenen Münder und Zungen waren vergleichbar den entzündeten Schleimhäuten von Patienten mit Pellagra. Normalerweise geht mit dieser Erkrankung Durchfall einher, doch die beiden hatten so wenig gegessen, dass dieses Symptom nicht aufgetreten war – außer an genau jenem Morgen. Als sie das Riff und den Strand sichteten, war Tapscott von plötzlichem Stuhldrang befallen worden und hatte die Bootspütz benutzt. Pellagra greift außerdem das Nervensystem an, Symptome dafür waren ihre Schlaflosigkeit und Nervosität, aber auch Widdicombes immer wiederkehrende Überdrehtheit.

Das letzte Stadium der Pellagra wird im weitesten Sinne als Demenz bezeichnet, tatsächlich aber handelt es sich um Anzeichen von Depressionen, Reizbarkeit, Angst, Verwirrung, Desorientierung, Sinnestäuschungen und Halluzinationen. Einige dieser Symptome diagnostizierte Dr. Kline bereits an diesem Abend, und nach und nach traten weitere auf, wenn auch in unterschiedlich starker Ausprägung. Dr. Kline wusste, dass die Genesung sehr langwierig sein und dass man die beiden schon in wenigen Stunden seinen Befugnissen entziehen würde. Er konnte nichts anderes tun, als dafür zu sorgen, dass seine Diagnose dem Chef der Gesundheitsbehörde der Kolonie vorgelegt wurde, und die Männer während ihrer verbleibenden Zeit auf Eleuthera zu beobachten.

Diese letzten zwölf Stunden auf der Insel waren für Widdicombe und Tapscott nicht einfacher als die ersten zwölf. Sie hatten langsam begriffen, dass sie in Sicherheit waren, doch das überwältigte sie derart, dass ihnen die Gedanken auch weiterhin nur so durch den Kopf rasten, und sie verbrachten die Nacht, ohne ein Auge zu schließen. Nach einem leichten Frühstück, bei dem sie Cornflakes mit viel Zucker hinunterschlangen, erhielten sie Besuch vom englischen Methodistenmissionar Reverend William Hyslop. Er war nicht gekommen, um die Männer geistig, sondern um sie körperlich zu transformieren. Er schnitt ihnen die Haare zu einer zwar vollen, aber üblichen Frisur, und nachdem er ihnen die Bärte abgenommen hatte, rasierte er sie. Sie bekamen neue Unterwäsche, weiße Leinenhosen, weiße Hemden und ärmellose Pullunder mit V-Ausschnitt. Der Eindruck von Gestrandeten war verschwunden, doch trotz ihres veränderten Aussehens waren die körperlichen Spuren ihrer Reise unübersehbar. Ihre Augen waren weiterhin tief eingesunken, Tapscotts Blick wirkte unbeteiligt und

Am Morgen nach der Rettung werden Tapscott, der zu schwach ist, selbst zu laufen, und Widdicombe, der, im Hintergrund, von zwei Männern gestützt wird, zu dem Flugzeug gebracht, das sie von Eleuthera nach Nassau fliegt. Die beiden Seeleute sind gebadet, frisiert, rasiert und mit frischer Kleidung ausgestattet, die ihnen um die ausgemergelten Leiber schlottert. Es ist kein Foto bekannt, das sie direkt nach ihrer Ankunft zeigt.

leer, Widdicombes Augen blitzten ab und zu auf. Die neue Kleidung schlotterte ihnen am Leib.

Gegen Mittag kreiste eine glänzende Bellanca, ein Wasserflugzeug, über Governor's Harbour und landete auf dem kristallklaren ruhigen Wasser des Hafenbeckens. Der Erste, der von Bord ging, war Dr. John M. Cruikshank, der Gesundheitsbeauftragte der Kolonialregierung. Als er festgestellt hatte, dass die Seeleute transportfähig waren, brach die Gruppe zum Flugzeug auf. Hier – oder am Ziel des Fluges in Nassau – wartete der amerikanische Fotograf Arthur Blood mit gezückter Kamera. Seine Fotos zeigen, dass die Männer, von beiden Seiten gestützt, versuchten zu laufen; Tapscott musste zudem noch seine Hose festhalten, damit sie nicht herunterrutschte. Auf einem anderen Bild sieht man, dass Tapscott tatsächlich nicht gehen konnte und getragen werden musste.

Während das Flugzeug den kurzen Sprung nach Nassau machte, für beide Seeleute der erste Flug überhaupt, ging die Meldung von ihrer Rettung um die Welt. Am 31. Oktober um 12 Uhr 14

Das Foto von Roy Widdicombes Gattin Cynthia Pitman stammt aus einem Zeitungsartikel vom 1. November 1940, in dem vom Eintreffen der beiden Überlebenden der *Anglo-Saxon* berichtet wurde.

schickte der Gouverneur der Bahamas ein offizielles Telegramm an den Kolonialminister, in dem gemeldet wurde, dass zwei Seeleute auf den Bahamas eingetroffen seien, Besatzungsangehörige der *Anglo-Saxon*, welche im August torpediert worden und untergegangen sei.[10] Das Telegramm nannte ihre Namen und die ihrer nächsten Angehörigen, wobei Tapscotts Name versehentlich als «Tapsavin» wiedergegeben wurde. Daraufhin ergingen offizielle Telegramme an die Angehörigen. In der Lewis Street in Newport erfuhr Cynthia Widdicombe, die seit einem Monat den Tod ihres Gatten betrauerte, am Freitag, dem 1. November, von der Rettung ihres Mannes – allerdings nicht per Telegramm, sondern am frühen Morgen aus dem Radio, als sie zufällig in einer Nachrichtenmeldung über Seeleute, die auf den Bahamas gestrandet seien, den Namen Widdicombe hörte.[11] Diese Meldung wurde eine halbe Stunde später durch das offizielle Telegramm bestätigt. Darin stand: «Der Gouverneur der Bahamas meldet, dass Wilbert Roy Widdicombe sicher auf den Bahamas eingetroffen ist und alle nötige Aufmerksamkeit und medizinische Versorgung erhält. Bericht über die weiteren Schritte folgt. Staatssekretär, Colonial Office».

Ein ähnlich lautendes Telegramm traf bei «Mrs. Florence Louise Tapsavin» ein, Bob Tapscotts Mutter. Reportern gegenüber erzählte sie, dass sie krank gewesen sei, seit sie die Nachricht vom Verschwinden des Schiffs ihres jüngeren Sohnes erhalten habe, dass sie aber nie die Hoffnung aufgegeben habe.[12] Sie berichtete auch, dass er dem Tod bereits einmal entronnen sei, als sein Schiff vor Marseille bombardiert wurde, und dass sie die Hoffnung gehabt habe, dass er auch diese Schicksalsprüfung überstehen würde. «Er ist ein großer, starker Bursche mit einer eisernen Konstitution, sonst würde er heute nicht mehr leben.» Mrs. Tapscott hatte keinerlei Vorstellung davon, wie wenig von dieser eisernen Konstitution nach den siebzig Tagen auf See geblieben war.

Als Einzelheiten über Widdicombes und Tapscotts Rettung in den Zeitungen im ganzen Land erschienen, bedeutete dies für 39 Familien die traurige Gewissheit, dass es für sie keine Hoffnung mehr gab. Es wurde bestätigt, dass Denny, Pilcher, Hawks, Penny und Morgan zwar den Untergang des Schiffs überlebt hatten, nicht aber die weitere Reise. Es fehlte der endgültige Beweis dafür, dass die anderen 34 Mann auf der *Anglo-Saxon* ums Leben gekommen waren, doch nachdem Einzelheiten über den Angriff, über die zerstörten Rettungsboote und den Beschuss der im Wasser treibenden Flöße bekannt wurden, waren die Familien und Freunde der anderen gezwungen, die grausame Wirklichkeit zu akzeptieren. Die zehnjährige Betty McAteer, die noch immer den Rosenkranz für ihren Onkel Jim hütete, besuchte mit ihrer Mutter Cynthia Widdicombe und erlebte mit, wie die beiden Frauen Freud und Leid miteinander teilten.[13]

Während die Neuigkeiten aus Nassau in England eintrafen, glitt die Bellanca zum Anlegeterminal der Pan Am, und die beiden Männer wurden in den wartenden Krankenwagen gehoben. Tapscott und Widdicombe wurden wie hoch gestellte Persönlichkeiten behandelt und im Privatflügel des Bahamas General Hospital untergebracht. Schon bald war klar, dass es Tapscott erheblich härter getroffen hatte als seinen Kameraden. Sein Zustand verschlechterte sich zusehends, und die Ärzte im Krankenhaus fürchteten in der ersten Woche um sein Leben, wohingegen Widdicombe sich erstaunlich schnell zu erholen schien.

Was die Seeleute über den Angriff auf die *Anglo-Saxon* und ihre Erlebnisse auf der Jolle berichteten, ließ sich großteils durch das Logbuch bestätigen, das erst Denny und dann Hawks und Widdicombe geführt hatten. Dieses Logbuch hatte Tapscott den Behörden übergeben, und es war von Captain R. M. Millar, dem Direktor des Gefängnisses Seiner Majestät in Nassau, abgeschrieben worden. Alle Einzelheiten der Geschichte in den Berichten der Überlebenden und in den Aufzeichnungen im Logbuch stimmen bis auf eine Ausnahme überein: den Tod Leslie Morgans. Von den Umständen seines Todes gibt es nicht weniger als fünf verschiedene Versionen. Eine ist recht vage, drei schildern mit geringen Varianten den Moment, als Morgan über Bord sprang, doch die fünfte Version weicht massiv ab.

Die Einträge des Ersten Offiziers und des Dritten Ingenieurs über den Tod von Pilcher und Penny im Logbuch der Jolle sind kurz, aber präzise.[14] Widdicombes Eintrag über den Selbstmord von Denny und Hawks entspricht ganz diesem Stil: «Erster Offizier und 3. Ingenieur gehen über Bord kein Wasser.» Der Eintrag zu Morgans Tod jedoch sagt nichts darüber, wie dieser starb, sondern berichtet nur: «2. Smut wird verrückt stirbt. Zwei von uns noch übrig.»[15]

Die beiden Aussagen vor dem Beauftragten Gerassimos sind ähnlich, weichen aber geringfügig voneinander ab.[16] Tapscotts unterzeichnete Aussage lautet: «Zwei Tage später wurde der Smut verrückt und sprang über Bord.» Widdicombe beschreibt die Szene ein wenig anders. In der von ihm unterschriebenen Aussage heißt es: «Zwei Tage später folgte ihm der Smut. Die See war rau, und er stürzte in die See.» Tapscott hält einen willentlichen Akt fest, Widdicombe hingegen berichtet von einem Unfall.

Ein paar Monate später, als der Schriftsteller Guy Pearce Jones mit Tapscott und Widdicombe daran arbeitete, ihre Geschichte zu Papier zu bringen, tauchte eine noch ausführlichere Version auf.

Nun hieß es, dass Morgan, der immer wieder in eine Art Delirium fiel und Widdicombe so weit reizte, dass dieser ihn beinahe über Bord warf und die Axt nach ihm schleuderte, eines Tages sagte: «Ich geh mal rüber in die Kneipe auf 'nen Drink.»[17] Dann soll er in dem schaukelnden Boot aufgestanden, in Richtung Heck gegangen und über Bord gestürzt sein, bevor die anderen reagieren konnten. Da Morgan schwere, wundbrandinfizierte Bein- und Knöchelwunden hatte, ist es schwer vorstellbar, dass er es auf der schaukelnden Jolle geschafft haben soll, sich aufzurichten und nach achtern zu gehen. Aber vielleicht liegt hier der Unterschied zwischen Hineinfallen und Hineinspringen.

Auch die frühen Interviews Widdicombes liefern unterschiedliche Varianten. Der eloquente Matrose, der es sichtlich genoss, im Zentrum der Aufmerksamkeit zu stehen, war sofort zu Gesprächen bereit. In seinem ersten Interview, das er Edwin Brownrigg vom *Nassau Guardian* gab, gleich nachdem das Flugzeug gegen 13 Uhr in Nassau gelandet war, erinnert er sich, dass Denny, Hawks und Morgan nach und nach ihre geistige Zurechnungsfähigkeit einbüßten und dass Tapscott und er, so die Zeitung, «allein in dem kleinen Boot mit drei verrückt gewordenen Schiffskameraden» waren.[18] Vor allem Hunger sei verantwortlich gewesen «für die Entscheidung dieser drei Männer, sich das Leben zu nehmen».

Am selben Tag berichtete Widdicombe dem Reporter der *Nassau Daily Tribune*, dass zwei der Männer im Boot an ihren Verletzungen starben, «zwei weitere wurden so irre, dass sie über Bord sprangen».[19] Es folgt die erstaunliche Aussage: «Ein weiterer schnitt sich mit einem Rasiermesser selbst die Kehle durch.»

Diese Sensationsstory fand sich in zahlreichen Zeitungen in England, Kanada und den Vereinigten Staaten wieder, auch in der *New York Times*. Der Nassau-Korrespondent der *New York Sun* erinnert sich, wie der «fröhliche Widdicombe, in seinem Bett sitzend», seine Geschichte erzählt, einschließlich der Episode, wie «ein anderer sich die Kehle durchschnitt».[20] Am folgenden Tag brachte der *Nassau Guardian* eine Geschichte mit der fett gedruckten Überschrift: «Widdicombe: ‹Dann warf mein Nachbar sich über Bord›.»[21] Widdicombe hatte die Geschichte wieder seiner früheren Version angepasst, und die Zeitung zitiert ihn mit den Worten: «Zwei Tage später wurde der Hilfskoch L. Morgan, der in Wales mein Nachbar gewesen war, vollkommen verrückt und warf sich in einem Anfall von Wahn über Bord.»

Eine schlüssige Erklärung für diese Abweichungen innerhalb der Geschichte gibt es nicht. Es ist vorstellbar, dass Widdicombe in seinem Hang zu Übertreibungen und Sensationshascherei die Phantasie durchging und er deshalb die Geschichte erfand, in der sich Morgan selbst die Kehle durchschneidet. Das ist leichter gesagt als getan, und es muss bezweifelt werden, dass Morgan in seinem Zustand dazu in der Lage gewesen wäre. Sich auf diese Weise umzubringen ist nahezu unmöglich. Angesichts der Muskeln und Sehnen im unmittelbaren Umfeld der Kehle bedarf es eines sehr tiefen Schnitts, der nur schwer selbst vorzunehmen ist. Außerdem handelte es sich bei dem Rasierer an Bord nicht um ein Rasiermesser, wie man es üblicherweise mit einer solchen Verletzung in Verbindung bringen würde, sondern um einen Rolls Razor, die neueste Erfindung jener Zeit und durchaus vergleichbar mit einem Nassrasierer gegen Ende des 20. Jahrhunderts. Der Rolls Razor hat eine relativ kleine, abnehmbare Klinge, die man im Stahlgehäuse des Geräts selbst schärfen kann. Mit diesem Messer hätte Leslie Morgan vielleicht einen Fisch zerteilen können, doch zu versuchen, sich damit die Kehle durchzuschneiden, wäre wohl ein sinnloses Unterfangen gewesen. Dennoch trat Roy Widdicombe mit dieser Behauptung an die Öffentlichkeit und umgab so die Geschichte der Jolle mit einem Geheimnis.

In der ersten Woche kämpfte Tapscott um sein Leben; Widdicombe redete mit jedem, der ihm zuhören wollte. Manche Menschen internalisieren ihre Gefühle nach traumatischen Erlebnissen und sprechen nur selten über die Erfahrung, andere reden ununterbrochen darüber. Auch in dieser Hinsicht waren die beiden Männer extrem gegensätzlich, und das sollte auch für den Rest ihres Lebens so bleiben.

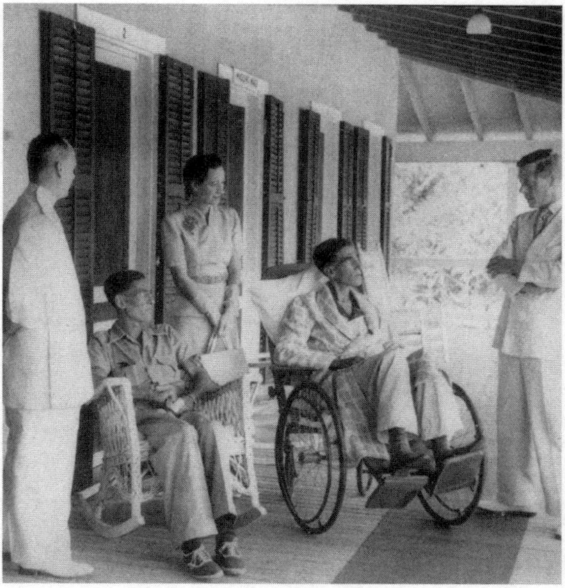

Die Seeleute Widdicombe und Tapscott (im Rollstuhl) erhalten während ihrer Genesung Besuch vom Gouverneur der Bahamas, Seiner Königlichen Hoheit, dem Herzog von Windsor, und der Herzogin. Der oberste Gesundheitsbeamte Dr. John M. Cruikshank (links) behält dabei seine Patienten im Auge, die nach nur sechs Tagen an Land noch recht schwach sind.

Es waren vielfältige Umstände, die dazu führten, dass der Herzog von Windsor während des Krieges Gouverneur der Bahamas wurde, weshalb Tapscott und Widdicombe in seine Obhut gelangten. Nach seiner Abdankung vom britischen Thron zogen der Herzog und seine in den Vereinigten Staaten geborene Gattin durch die mondänen Zentren Europas. Mit Vorliebe hielten sie sich in Frankreich auf. Die Reisen des Herzogs nach Deutschland in den dreißiger Jahren führten zu der Befürchtung, seine Neigungen könnten allzu deutschfreundlich sein, und vielleicht bestärkten diese Umstände Hitler in dem Glauben, der Beginn seiner kriegerischen Aggressionen würde keine Auseinandersetzung mit England provozieren. Während der

Blitzkrieg die Niederlande und Frankreich niederwarf, keimte auf den Britischen Inseln die Sorge auf, dass es im Falle einer Invasion zu einer Reinthronisierung des Herzogs als Marionette der Deutschen kommen könnte. Der Herzog brachte sein Interesse zum Ausdruck, seinem Land in den Zeiten der Not zu dienen, und bewarb sich um einen militärischen oder diplomatischen Posten. Man schickte ihn auf die Bahamas, wo er nur wenig Schaden anrichten konnte.

Es darf bezweifelt werden, dass diese politischen Finessen Tapscott oder Widdicombe durch den Kopf gingen, als ihnen nach gerade einmal sechs Tagen im Krankenhaus die Ehre eines Besuchs ihres ehemaligen Königs und seiner Frau zuteil wurde. Tapscott war immer noch so schwach, dass er im Rollstuhl sitzen musste. Widdicombe und er empfingen den Herzog und die Herzogin auf der überdachten Veranda der Krankenstation. Die Patienten mussten aufgrund ihres Zustandes sitzen, die vornehmen Gäste standen, während sie sich mit ihnen unterhielten. Dr. Cruikshank war ebenfalls anwesend, um seine Patienten im Auge zu behalten. Der Gouverneur und seine Frau stellten Fragen, hörten sich die Geschichte der beiden Männer an und zeigten tiefes Mitgefühl. Die Herzogin beendete den Besuch mit einem persönlichen Beitrag zu ihrer Genesung. Sie hatte ihnen einen Karamellpudding zubereitet und ihn mit reichlich Rum versehen. Widdicombe sagte später: «In dem Pudding war so viel Rum, dass wir nach zwei Teelöffeln beschwipst waren.»[22] Für die beiden Seeleute war dies ein unvergesslicher Besuch und ein ebenso unvergesslicher Pudding.

Kapitel 16 **Ankunft, Ausgleich, Anerkennung**

Während Tapscott und Widdicombe im Haus der Moss auf Eleuthera ihre gezuckerten Cornflakes genossen, erlebte Hellmuth von Ruckteschell einen Augenblick tiefster Befriedigung und Erleichterung, als er in Brest an der französischen Atlantikküste vor Anker ging. 180 Tage lang hatte er den Nordatlantik unsicher gemacht, sein Schiff wohlbehalten in von Deutschland kontrolliertes Gebiet zurückgebracht und keinen einzigen seiner 364 Besatzungsangehörigen im Kampf verloren. Das einzige zu beklagende Opfer war ein Mann, der in einem wütenden Sturm über Bord gespült worden war und trotz intensiver Suche nicht aufgespürt werden konnte. Von Ruckteschell war stolz auf diesen Erfolg, und nun, da sie sich in einem sicheren Hafen befanden, erkannten viele Männer der Besatzung, die anfänglich Zweifel an ihrem Kommandanten gehabt hatten, diesen Erfolg an und waren ihm dankbar. Außerdem waren von Ruckteschell und alle an Bord stolz auf die Zahl der Schiffe, die sie versenkt oder als Beute nach Hause geschickt hatten: zehn Schiffe mit insgesamt 58 644 Bruttoregistertonnen, eine Ausbeute, welche die neun versenkten Schiffe mit insgesamt geringerer Tonnage des berühmten Panzerschiffs *Graf Spee* überstieg.[1] Und sie hatten diesen Erfolg mit einem langsamen, dampfgetriebenen Schiff erzielt, das wiederholt von Maschinenproblemen heimgesucht wurde, und mit einer Messe voller Offiziere, die skeptisch gewesen waren, ob der Kommandant tatsächlich das Schiff führen konnte.

Von Ruckteschell erhoffte für sich, sein Schiff und seine Mannschaft, wie Helden empfangen zu werden. Doch kaum waren sie zurückgekehrt, kam es zu einer Kontroverse, die ihrer aller Leistung infrage stellte und von Ruckteschells Karriere leicht ein Ende hätte machen können.[2] Ein Offizier überbrachte eine Meldung der SKL, in der von Ruckteschell befohlen wurde, wieder auszulaufen und das Schiff durch den Englischen Kanal nach Hamburg zu bringen, wo die *Widder* komplett überholt werden sollte. Der Kommandant war fassungslos und tobte. Gerade erst hatte er sein nahezu manövrierunfähiges Schiff aus den Kriegsgefahren des Atlantiks in Sicherheit gebracht, nun wurde ihm befohlen, seine Männer bei einem Selbstmordkommando zu gefährden, indem er durch den engen, schwer bewachten Kanal Spießruten laufen sollte. Die *Widder* wäre nur zwanzig Meilen vor der englischen Küste eine leichte Beute für die britischen Kriegsschiffe und Flugzeuge.

Von Ruckteschell war bekannt dafür, seine eigenen Entscheidungen zu treffen; ein Kommando auf einem Hilfskreuzer war deshalb genau das Richtige für ihn, da er hier normalerweise vollkommen frei agieren konnte. Sich einem Befehl der SKL zu widersetzen war allerdings eine riskante Angelegenheit. Doch genau das tat er, zum Erstaunen des Offiziers, der die Nachricht überbracht hatte und auf Antwort wartete. Der Offizier versuchte mit dem Kommandanten zu reden, der hinter seiner scheinbar ruhigen Fassade vor Wut kochte. Nachdrücklich beharrte von Ruckteschell darauf, dass er die erfahrenen Männer seiner Besatzung nicht für ein Stück Maschinerie gefährden werde, schon gar nicht für ein derart schrottreifes. Er erklärte, er werde notfalls persönlich nach Berlin fahren und seinen Standpunkt vertreten, aber unter keinen Umständen wieder mit der *Widder* auslaufen.

Dieser Akt der Missachtung führte die *Widder* in eine Art Vorhölle. Nach sechs Monaten auf See waren die Seeleute begierig darauf, an Land gehen zu dürfen und all die Vergnügen zu genießen, die sich ihnen im besetzten Frankreich boten; nun blieben sie auf Reede, obwohl doch die Küste so verlockend nahe war. Ein Mann der Besatzung ertrank, als er versuchte, an Land zu schwimmen. Die schlechte Stimmung der Mannschaft hob sich wenige Tage später, als zwanzig Säcke mit Post eintrafen. Am folgenden Tag wurden Busfahrten über Land organisiert, und die Besatzung bekam einen ersten Eindruck von der Bretagne, wenn auch nicht bei freiem Landgang. Der war nicht erlaubt, aber es wurde eine Willkommensparty an Bord organisiert, mit allem, was dazugehörte: reichlich Bier, Wein und Schnaps für alle. Doch die Männer waren und blieben enttäuscht, und viele machten sich Sorgen wegen des Widerstands gegen den Befehl der SKL.

Zwei Wochen lagen sie vor Anker, bis das Schiff am 14. November endlich in die Schiffswerft von Brest verlegt wurde.[3] Die Besatzung erhielt ihren lang ersehnten Landgang, und von Ruckteschell wurde per Eisenbahn nach Berlin beordert, wo er für seine Taten Rede und Antwort stehen sollte. Die offiziellen Stellen in Berlin beschäftigten sich durchaus mit seiner hartnäckigen Weigerung, maßen diese aber an den erzielten Erfolgen. Nach drei Tagen war der Kommandant wieder auf seinem Schiff, und es wurde eine Musterung der gesamten Besatzung angesetzt. Die Musterung der Offiziere und Mannschaften in ihren besten dunkelblauen Uniformen wurde abgenommen vom Chef des Stabes des Marinebefehlshabers Bretagne, Kapitän zur See Bauer. Zur Erleichterung aller stellte sich der Besuch als Grund zum Feiern heraus, denn Bauer schritt die Reihen ab und verlieh der Besatzung das Eiserne Kreuz Zweiter Klasse und den Offizieren das Eiserne Kreuz Erster Klasse. Dem Kommandanten wurde die besondere Ehre zuteil, das Ritterkreuz des Eisernen Kreuzes verliehen zu bekommen.[4] Dies war eine Auszeichnung, die nur die «Helden» der deutschen Wehrmacht erhielten, die Flieger-Asse, die Panzerkommandanten, die hundert «Abschüsse» erzielt hatten, und die Marine-Asse.

Feierlichkeiten dieser Art wurden häufig als Wochenschau-Beiträge in den Kinos vor dem Hauptfilm gezeigt, und es gab Postkarten, auf denen die Helden abgebildet und ihre Erfolge benannt waren.

Von Ruckteschells Verdienste hatten seine Vorgesetzten davon überzeugt, dass er trotz seines Widerstandes ein Held war. Mit der Auszeichnung des Kommandanten billigten sie zudem öffentlich den Einsatz der brutalen Mittel, mit denen er vorgegangen war. Dies war der entscheidende Augenblick der Wiedergutmachung für Hellmuth von Ruckteschell. Sein Weg war der eines stolzen und nationalistisch gesinnten Deutschen: Er hatte in der Kaiserlichen Marine gedient, hatte im Ersten Weltkrieg als U-Boot-Kommandant aggressiv Krieg gegen die Briten und ihre Alliierten geführt und war dann schmählich geflohen.

Als Flüchtling hatte er sich im hohen Norden Schwedens versteckt und war erst nach Deutschland zurückgekehrt, als er glaubte, keinen Prozess mehr befürchten zu müssen. Nachdem er seine gesellschaftliche Stellung als Marineoffizier verloren hatte, führte er mehrere Jahre ein Leben als Handwerker. Hitlers Aufstieg und der Ausbruch des Zweiten Weltkriegs hatten ihm die Möglichkeit eröffnet, seine alte Position wiederzuerlangen, obwohl es Zweifel gab, ob dieser Reserveoffizier den damit verbundenen Aufgaben noch gewachsen war. Mit der Verleihung des Ritterkreuzes, das während des Krieges nur 318 Personen in der ganzen deutschen Marine erhielten, hatte Korvettenkapitän der Reserve Hellmuth von Ruckteschell seinen Ruf wiederhergestellt. Er war ein Held, und dieses Ansehen bei seinen Offizierskameraden und Landsleuten konnte ihm niemand mehr nehmen. Für von Ruckteschell, der neues Selbstvertrauen gewonnen hatte, nachdem er die Last, sich anderen bewiesen zu müssen, erfolgreich abgeschüttelt hatte, begann eine neue Etappe.

Er erhielt nicht nur das Ritterkreuz, sondern auch das, wonach

Hellmuth von Ruckteschell auf einer Aufnahme aus dem Herbst 1940 – am Hals das Ritterkreuz, das Eiserne Kreuz an der Brust, darunter das ovale U-Boot-Abzeichen der Teilnehmer des Ersten Weltkriegs. In der Brusttasche ein entgegen allen Vorschriften getragenes weißes Einstecktuch.

er am meisten strebte: ein neues Handelsstörkreuzerkommando, einen neuen Frachter, dessen Umbau er selbst leiten sollte. Bei Kriegsausbruch lag das Schiff auf der Schichau-Werft in Danzig, wo es für die Gdynia America Line als M. S. *Bielsko* gebaut worden war.[5] Bei der Konstruktion war besonders auf Schnelligkeit geachtet worden, da das Schiff verderbliches Obst transportieren sollte. Nach dem Überfall auf Polen bemühten sich mehrere deutsche Interessenten um diese wertvolle Beute. Der Norddeutsche Lloyd hätte das Schiff gern übernommen, aber die Marine hatte Vorrang.

Von Ruckteschell erhielt hinsichtlich des Umbaus weitgehend freie Hand; zudem hatte er die Gelegenheit, sich seine Offiziere und Mannschaften selbst auszusuchen, die ihn während des Umbaus unterstützen und dann mit ihm in See stechen sollten. Der Kapitän führte eine Reihe von persönlichen Gesprächen mit den Offizieren, die unter ihm auf der *Widder* gedient hatten.[6] Ein großer Teil der Offiziere an Bord hatte ihm ablehnend gegenübergestanden, und es war verständlich, dass er diese nur zu gern loswerden wollte. Er ließ den Ersten Offizier, Ernst-Günther Heinicke, ziehen, ebenso den Funkoffizier Kindler und den Artillerieoffizier Damschen.[7] Auch Dr. Negenborn, der von Ruckteschell nach der Versenkung der *Beaulieu* und dem Aussetzen der Besatzung angefleht hatte, mehr Menschlichkeit zu zeigen, wurde nicht wieder an Bord genommen.

Die Ablehnung des Leitenden Ingenieurs Penzel, den von Ruckteschell zuvor noch für seinen unermüdlichen Einsatz, die Maschine in Gang zu halten, lobend erwähnt hatte, mag damit zu tun haben, dass der Kommandant mittlerweile die schon früher von einigen der Offiziere geäußerte Vermutung teilte, die aufgetretenen Probleme könnten vielleicht doch mit Penzels Inkompetenz zutun gehabt haben.[8] Der Hilfskreuzer *Orion* jedenfalls, das fast identische Schwesterschiff, blieb achtzehn Monate auf See und nicht sechs wie die *Widder*.

Von Ruckteschell behielt seinen zuverlässigen Navigationsoffizier Ludwig Rödel, den kompetenten Torpedooffizier Malte von Schack, Dr. Schröder und zwei der Prisenoffiziere, Carl Cords und Adolf Wimmel. Der Fliegeroffizier Konrad Hoppe gehörte zwar zu denjenigen, die an den Fähigkeiten von Ruckteschells zweifelten, doch der Kommandant wusste, dass er an Hoppe einen professionellen, erfahrenen und zuverlässigen Offizier hatte. Diese Eigenschaften Hoppes waren zu wichtig, als dass man jemand Neues an Bord geholt hätte, selbst wenn Hoppe seine Skepsis beibehielt. Schwerer zu begreifen ist, wie Hoppe sich dazu entschließen konnte, weiter unter von Ruckteschell zu dienen. Doch wenn die Wahl des Kommandanten für diesen das geringere von zwei Übeln darstellte, so galt das auch für Hoppe, wenn er bei dem Kommandanten blieb. Reichsmarschall Hermann Göring, der das volle Vertrauen Hitlers genoss, dehnte seine Autorität auf alles aus, was im deutschen Militär flog, auch auf die Marineflieger. Konrad Hoppe war zwar Pilot und Flugbeobachter, im Grunde seines Herzens jedoch Marineoffizier. Er hatte nicht den Wunsch, in die graue Uniform der Luftwaffe zu schlüpfen und unter dem Kommando des sich selbst verherrlichenden Göring zu stehen. Er konnte nicht sicher sein, was die Zukunft brachte, wenn er von Ruckteschell verließ. Neben den erwähnten Offizieren übernahm der Kapitän auch die Hälfte der Mannschaften der *Widder*.

Offiziere und Mannschaften hielten ihrem Kommandanten besonders zugute, dass dieser sich immer darum bemüht hatte, die Sicherheit aller an Bord zu gewährleisten. Man konnte den Eindruck gewinnen, dass von Ruckteschell Entscheidungen fällte, die nicht nur die Sicherheit garantierten, sondern dem Hilfskreuzer zudem einen Sieg nach dem anderen eintrugen. Sie alle wollten auch in der Zukunft bei geringstmöglichem Risiko weiter Erfolge verbuchen. Der Erfolg der *Widder* hatte dem Kapitän das Ritterkreuz und den Offizieren und der Besatzung hohe Auszeichnungen eingebracht. Nun hofften alle auf noch größeren Ruhm.

Am 1. Dezember bestieg die neue Besatzung einen Zug, der sie in 48 Stunden via Paris nach Danzig zu ihrem neuen Schiff bringen sollte, das bisher nur *Schiff 28* hieß.[9] Anfang Dezember fanden mehrere Treffen mit der Werftleitung statt, um die Pläne zum Umbau des Frachters in einen von Ruckteschells Vorstellungen genügenden Hilfskreuzer zu besprechen. Dann gab es Weihnachtsurlaub, denn die Arbeiten an dem Schiff sollten erst nach den Feiertagen beginnen. Während die Angehörigen und Freunde jener, die mit der *Anglo-Saxon* und den anderen Schiffen untergegangen waren, das erste Weihnachtsfest ohne ihre Lieben verbrachten, genoss die Besatzung des feindlichen Angreifers die Feiertage. Der Großteil der Besatzung von *Schiff 28* konnte die Tage im Kreis der Familie verbringen. Konrad Hoppe, der in Danzig eine Freundin gefunden hatte, fuhr mit ihr nach München und erfreute sich dort an den lärmenden Bierhallen und dem Glockenspiel am Marienplatz. Anschließend fuhren sie nach Wien, bewunderten dort die berühmte Architektur und aßen Torte im Hotel Sacher und im Café Demel.

Zu Beginn des Jahres 1941 begannen die Umbauarbeiten an *Schiff 28*. Danzig schien der Zeit entrückt; es war, als gäbe es keinen Krieg, und das Leben ging seinen gewohnten Gang. Da die Bombardierungen der Alliierten sich auf Ziele in Deutschland beschränkten, wurde bei Nacht nicht verdunkelt. Die Offiziere und Mannschaften von *Schiff 28* trugen Zivil und waren nicht in Kasernen untergebracht, sondern in Privatunterkünften. Die Arbeiten am Schiff kamen gut voran. Einige der Männer verdienten sich ein Zubrot auf der Werft, andere besuchten Lehrgänge.

Von Ruckteschell, der sich durchaus der Schwierigkeit bewusst war, die Moral einer Besatzung von 407 Mann aufrechtzuerhalten, ging davon aus, dass die nächste Fahrt erheblich länger dauern würde als die der *Widder*. Darum widmete er sich auch der Frage, wie der Mannschaftsgeist zu pflegen sei, wenn die Männer weit von zu Hause ihren Dienst versahen. Einige seiner Leute wurden auf Lehrgänge geschickt, wo sie ihre Kenntnisse ausbauen und vertiefen sollten. Andere besuchten, ganz in Anlehnung an die künstlerischen Neigungen des Kommandanten, Kurse für Zeichnen und Malen, Bildhauerei und Schnitzerei, ja sogar für Puppenspiel und -theater. Diese Bemühungen, an Bord des Schiffs eine «künstlerische» Atmosphäre zu schaffen, erstreckte sich sogar auf die Wahl der Besatzungsmitglieder. So rekrutierte von Ruckteschell einen Maler und einen Bildhauer, um die Unterweisung in Malerei und Bildhauerei auch auf See fortsetzen zu können. Er bemühte sich ferner darum, einen Musiker herbeizuschaffen, und wurde fündig bei Oscar Erhardt, dem ehemaligen Direktor einer Musikschule in Heidelberg, der nicht nur den Schiffschor leitete, sondern auch das Bordorchester. Konrad Hoppes Klavier stand, wie schon auf der *Widder*, in der Offiziersmesse. Von Ruckteschell stattete das Schiff ganz nach seinen Wünschen und seinem Geschmack aus, und er war überzeugt davon, dass dies auch der Besatzung zugute kommen würde.

Mit derselben Gründlichkeit machte sich der Kommandant daran, die noch offenen Offiziersposten zu besetzen. Dabei fiel ihm ein junger Mann auf, Oberleutnant zur See Jürgen Herr, der noch fünf Jahre zuvor auf die Kent School in Connecticut, USA, gegangen war. Herr hatte als junger Offizier auf dem deutschen Zerstörer Z 17, der *Diether von Roeder*, gedient. Während des Norwegenfeldzugs nahm die *Diether von Roeder* an den sorgfältig vorbereiteten Angriffen des 9. April auf alle großen norwegischen Häfen teil, die die alliierten Kräfte vollkommen überrumpelten.[10] In den frühen Morgenstunden des darauf folgenden Tages, Jürgen Herrs Geburtstag, starteten die Briten mit einer Flottille von Zerstörern einen Gegenangriff. Dabei wurden zwei deutsche Zerstörer versenkt, und Herrs Schiff wurde von fünf Granaten getroffen; eine schlug in einen Geschützturm ein, eine in die Aufbauten und drei weitere unterhalb der Wasserlinie.[11] Das Schiff brannte und war manövrierunfähig. In den nächsten Tagen vernichteten die Briten mit neun Zerstörern und dem Schlachtschiff H.M.S. *Warspite* die restlichen deutschen Schiffe. Die Überlebenden der versenkten Zerstörer, die sich ans Ufer retten konnten, darunter auch Herr, schlossen sich den deutschen Truppen an, die bei Narvik gelandet waren und den Hafen eingenommen hatten. Zweieinhalb Monate später kehrten diese Überlebenden, in zusammengeklaubte Uniformteile gekleidet, nach Deutschland zurück, indem sie als «schiffbrüchige Personen» unter Bewachung durch das neutrale Schweden reisten. In Luleå wartete bereits ein deutsches Passagierschiff, um sie nach Hause zu bringen.

Nachdem Jürgen Herr sein erster Zerstörer «unterm Hintern weggeschossen» worden war, kehrte er zu seiner Marinebasis zurück, wo er den Befehl erhielt, sich in Dünkirchen an der französischen Küste zu melden.[12] Dort bestand seine Aufgabe darin, eine Gruppe von Barkassen zu kommandieren, die bei der Operation Seelöwe, der Invasion Englands, eingesetzt werden sollte. In allen Häfen entlang dieses Küstenabschnitts wurden Schiffe requiriert. Es sah aus, als ob die Deutschen, die heroischen Anstrengungen bei der Evakuierung der britischen und alliierten Streitkräfte von den Stränden bei Dünkirchen vor Augen, bei der wenige Monate zuvor jedes nur denkbare schwimmende Gefährt zum Einsatz gekommen war, daran dachten, dieselbe Strategie auch bei der Invasion einzusetzen.

Ursprünglich hatte Hitler nicht damit gerechnet, gegen England in den Krieg ziehen zu müssen, daher waren keinerlei Vorkehrungen für eine Invasion von See getroffen worden. Die Evakuierung Dünkirchens hatte gezeigt, wozu die Alliierten in der Lage waren, und Herr war einer derjenigen, die entsandt wurden, um eine mögliche Invasion vorzubereiten. Neben der Requirierung von Booten sollte er auch Männer finden, die sie fahren konnten. Um genügend Männer zur Auswahl zu haben, so erinnert sich Herr, teilte man ihm aus Berlin mit, er solle Personen mit Bootserfahrung rekrutieren, also faktisch «jeden, der mal auf einem See gerudert war». Während dieser Vorarbeiten zu einer Invasion, die nie stattfand, wurde Herr verwundet, als die Bombe eines britischen Flugzeugs auf der Pier einschlug, auf der er sich gerade befand. Nachdem er sich ein wenig erholt hatte, wurde er zur völligen Genesung nach Italien geschickt. Nach seiner Rückkehr meldete er sich bei der Personalabteilung der Marine in Kiel zurück und begegnete dort zum ersten Mal der eindrucksvollen Gestalt eines Korvettenkapitäns mit Ritterkreuz, der auf der Suche nach Offizieren für seine Besatzung war. Die Kompetenz, die Herr ausstrahlte, vermochte den Kommandanten offenbar zu beeindrucken; er sah Herrs Personalakte ein und erkannte, dass er hier genau den Typ von Offizier vor sich hatte, den er brauchte. Nach weiterem Genesungsurlaub daheim erhielt Herr einen neuen Marschbefehl, allerdings nicht auf einen Zerstörer, sondern nach Danzig. Dort traf er erneut Korvettenkapitän von Ruckteschell und schloss sich der Besatzung des Hilfskreuzers an.

Der Umbau dauerte noch weitere acht Monate, während deren die Schiffsbesatzung und die Werftarbeiter sich zahlloser Details annahmen. In dieser Zeit hatte Hellmuth von Ruckteschell mit ernsthaften persönlichen Schwierigkeiten zu kämpfen. Im April 1941 konzentrierte sich die Intoleranz der Nationalsozialisten gegenüber «abweichlerischen Religionen» auf die Christengemeinschaft, jene Gruppierung, die sich auf Rudolf Steiners Anthroposophie berief. Von Ruckteschell war Mitglied dieser Gemeinschaft. Seine Kirchengemeinde wurde aufgelöst, der Pfarrer in einem Konzentrationslager inhaftiert. Von Ruckteschell mochte auf einem Auge blind sein und Taten der NSDAP ignorieren, weil er der Ansicht war, das Wiedererstarken Deutschlands rechtfertige manches Opfer, doch diese Entscheidung betraf ihn ganz persönlich.

Die NSDAP, der von Ruckteschell seit März 1933 angehörte, hatte sich deutlich gegen seine Glaubensvorstellungen ausgesprochen. Das stürzte ihn in einen Gewissenskonflikt. Einerseits war er ein hoch dekorierter Held, der nichts lieber wollte, als sein neues Schiff zum Einsatz zu bringen und mit glühendem Eifer weitere Siege zu erringen. Andererseits jedoch verfolgte die Regierung seines eigenen Landes seinen Glauben. Er dachte an Ausscheiden aus dem Dienst, beriet sich aber zunächst mit Großadmiral Raeder, zu dem er einen vertrauensvollen Kontakt hatte. In einer ähnlichen Situation hatte Raeder 1937 direkt bei Hitler interveniert, als Martin Niemöller, der ehemalige U-Boot-Kommandant aus dem Ersten Weltkrieg, der evangelischer Pfarrer geworden war, offen gegen Verfolgung und kirchliche Gleichschaltung predigte.[13] Raeder verstand, unter welchem Druck von Ruckteschell stand, doch er drängte ihn zur Übernahme des Kommandos.[14] Mit dieser Rückenstärkung gewannen von Ruckteschells nationalistische Vorstellungen die Oberhand über seine religiösen Überzeugungen, und er kehrte auf sein Schiff zurück.

Dort galt es weitere Herausforderungen zu meistern. In seinem Eifer, den Frachter zum perfekten Hilfskreuzer umzubauen, bemühte sich von Ruckteschell um das Neueste an Schiffsartillerie. Zwar konnte er viele seiner Wünsche umsetzen, doch was die

Artillerie anbelangte, erhielt er eine klare Absage. Die modernen 15-cm-Geschütze wurden auf Schiffen mit höherer Priorität gebraucht.[15] Das deutsche Militär stöberte überall auch veraltete Waffen auf, sie wurden aus alten Schlachtschiffen des Ersten Weltkriegs ebenso geborgen wie aus den Kanonenstellungen des Westwalls, einer 630 Kilometer langen Befestigungsanlage, die Deutschland vor einem Angriff von Westen schützen sollte. Man bot von Ruckteschell die alten 15-cm-Geschütze der *Widder* an. Nachdem er sich geweigert hatte, das Schiff von Brest nach Hamburg zu bringen, hatten dies andere getan; die Geschütze der *Widder* wurden abgebaut und von Hamburg nach Danzig verschifft.

Von Ruckteschell forderte auch verbesserte Aufklärungsflugzeuge an, um die Sicherheit seiner zukünftigen Reise zu gewährleisten und die Fähigkeiten seines Fliegeroffiziers Hoppe nutzen zu können.[16] Die alten Heinkel-He-114B auf der *Widder* hatten schon bei ihren ersten Flügen versagt und waren nutzlos. Nun bemühte er sich um die neuesten Wasserflugzeuge, erhielt aber den Bescheid, dass angesichts des festen Zugriffs von Reichsmarschall Göring auf alle Flugzeugvergaben keine Aussicht auf Zuteilung bestehe. Görings Geringschätzung der Marine war bekannt. Also musste er sich mit zwei Arado 196 bescheiden, die immer noch besser waren als die beiden Heinkel.

Angesichts seiner frustrierenden Erfahrungen mit der langsamen *Widder* schlug von Ruckteschell vor, sein Schiff solle nicht nur Luftaufklärung an Bord haben, sondern auch ein Torpedoschnellboot, um so Aufklärung und Zerstörungspotenzial weiter zu verbessern.[17] Andere Angreifer besaßen kleine Schnellboote, die aber nur als Minenleger ausgestattet waren. Von Ruckteschells Taktik war neu. Nach einigen Gesprächen billigte Admiral Otto Schniewind, der Chef des Stabes der SKL, seinen Plan. Ein entsprechendes kleines Boot, das diesen Anforderungen genügte, wurde von den Dornier-Werken in Friedrichshafen am Bodensee entwickelt, an der Grenze zwischen dem Deutschen Reich und der neutralen Schweiz. Es handelte sich um ein Leichtschnellboot, das von zwei Jumo-Dieselmotoren (Junkers Motorenbau) angetrieben wurde, womit das Gefährt Geschwindigkeiten von über 40 Knoten erreichte. Mit den Zwillingstorpedorohren im Heckspiegel konnte es sich dem Ziel nähern, wenden, die Torpedos abfeuern und sich sofort aus der Gefahrenzone entfernen. Zur eigenen Verteidigung hatte das Boot ein 2-cm-Maschinengewehr, das in einer Glaskuppel hinter dem Fahrstand montiert war. Von Ruckteschell reiste an den Bodensee, um mit den Herstellern zu verhandeln. Zufrieden kehrte er nach Danzig zurück, um den weiteren Umbau des Hilfskreuzers zu beaufsichtigen.

Die Arbeiten schritten voran, und nur gelegentlich kam es in der Stadt zu den traditionellen Rivalitäten zwischen Soldaten und Seeleuten; von Ruckteschell musste dann zu den Heeresstellen, um seine Männer aus dem Militärgefängnis zu holen. Abgesehen von diesen kleineren «Scharmützeln» verlief das Leben in Danzig täuschend friedlich, und zahlreiche Besatzungsmitglieder gingen höchst angenehme persönliche Beziehungen ein, die dazu beitragen sollten, dass der nahende Abschied schmerzlich werden würde. Die Ruhe der Stadt war durchaus attraktiv für die Familien der Offiziere, die gern ihre Sprösslinge besuchten. Jürgen Herrs Vater, der Panzergeneral, war im Kriegseinsatz, weshalb seine Mutter und Schwester Ingrid allein kamen, ebenso nutzten die Eltern von Malte von Schack die Gelegenheit. In jenem Sommer lernten sich Ingrid Herr und Malte von Schack kennen und verlobten sich ganz zur Freude der Eltern.

Gegen Ende August reiste der von Hellmuth von Ruckteschell eingesetzte Leichtschnellboot-Kommandant, der frisch verlobte Torpedooffizier von Schack, zum Bodensee, um das neue Torpedoboot zu testen und zu übernehmen. Von Schack, ein bekannter Partylöwe, gab ein Galadinner für die Partner von der Friedrichshafener Werft und reichte die horrende Rechnung beim ungläubigen Zahlmeister von *Schiff 28* ein. Ein paar Tage später fuhren Fliegeroffizier Hoppe und sein Pilot nach Kiel, um dort ihre neuen Arado-Wasserflugzeuge in Empfang zu nehmen und sie nach Danzig zu fliegen. Alles schien seinen geregelten Gang zu nehmen, und es waren nur noch ein paar Tage bis zur feierlichen Indienststellung.

Kommandant von Ruckteschell allerdings geriet in eine äußerst gefährliche Kontroverse mit niemand Geringerem als Großadmiral Erich Raeder. Der Streit entzündete sich an einem Punkt, den fast jeder andere wohl für nebensächlich erachtet hätte, doch verrät er viel über von Ruckteschells Hartnäckigkeit. Es gehörte zur Tradition der Hilfskreuzer, dass dem Kommandanten erlaubt wurde, sein Schiff selbst zu benennen. Bei der *Widder* wählte von Ruckteschell einen Namen, der sowohl Kraft ausstrahlte als auch auf das Sternzeichen Bezug nahm, unter dem er geboren wurde.

Als der Tag der Indienststellung von *Schiff 28* immer näher rückte, schickte Admiral Raeder eine Nachricht an von Ruckteschell und fragte an, wie das Schiff heißen solle. Von Ruckteschells wohl überlegte Antwort lautete: *Michel.*[18] Der Admiral lehnte diesen Namen rundheraus ab und verlangte einen anderen; vermutlich gefiel Raeder die Nähe zum Begriff des deutschen Michel nicht. Von Ruckteschell war wild entschlossen, diesen Namen durchzusetzen, und dachte gar nicht daran, ihn zurückzuziehen. Seine Gründe dafür sind nicht unbedingt verständlich; vielleicht sind sie ebenso vielschichtig wie seine eigene Person. Sicherlich gab es einen Bezug zum Heiligen Michael, dem Schutzpatron der Krieger, der auch als der Schutzpatron des Landes gilt. Vielleicht brachte von Ruckteschell mit dem Namen auf subtile Art und Weise auch seine Sympathien für Rudolf Steiner zum Ausdruck, denn dieser hatte mindestens 15 Aufsätze über den Heiligen Michael geschrieben. Ein weiterer Grund mag sein, dass sich von

Ruckteschell mit dem deutschen Durchschnittsbürger identifizierte, schließlich hatte er in den Jahren vor dem Krieg das einfache Leben eines Handwerkers geführt. Auch auf der *Widder* schien er eher den einfachen Seeleuten zuzuneigen als den elitären Offizieren. Er wählte mit *Michel* also erneut einen Namen, der seine eigene Person repräsentierte und ihn mit dem Schiff verband.[19]

Statt seinem Admiral, der ihm glücklicherweise wohlgesinnt war, nun einfach den Gehorsam zu verweigern, machte von Ruckteschell einen unverschämten Alternativvorschlag: *Götz von Berlichingen.* Als er seinen Funkoffizier Götz-Friedrich von Rabenau anwies, diesen Zweitvorschlag durchzugeben, war dieser entsetzt und gab an, dass er das nicht tun könne. Götz von Berlichingen war ein schwäbischer Ritter des 16. Jahrhunderts, der anstelle seiner verlorenen rechten Hand eine eiserne Prothese trug; er steht im Mittelpunkt eines gleichnamigen Dramas von Johann Wolfgang von Goethe. Einer der berühmtesten Aussprüche der deutschen Literatur ist von Berlichingens Satz: «Vor Ihro Kaiserliche Majestät hab ich, wie immer, schuldigen Respekt. Er aber, sag's ihm, er kann mich im Arsch lecken!» Von Rabenau konnte sich einfach nicht vorstellen, dass er wirklich diese nur spärlich verhohlene Beleidigung an seinen Oberbefehlshaber senden sollte, doch der Kommandant bestand darauf. Von Ruckteschell hätte auf Unwissenheit plädieren und behaupten können, dass er das Schiff nach dem Ritter mit der eisernen Faust benennen wollte, doch wäre diese Entschuldigung sicher nicht akzeptiert worden. Die Antwort des Admirals jedenfalls war eisiges Schweigen.

Am Tag der Indienststellung, dem 7. September 1941, wurde dem Schiff eine besondere Ehre zuteil: Admiral Raeder kam mit dem Sonderzug, um diesen Akt persönlich vorzunehmen. Die Spannung an Bord war körperlich spürbar, da die meisten von der Auseinandersetzung um die Namensgebung wussten. Die Besatzung hatte Sorge, dass sie ihren durchweg hoch geschätzten Kommandanten verlieren könnten, bevor die Fahrt überhaupt begonnen hatte. Als Admiral Raeder das Schiff nach Beendigung der Musterung und den Indienststellungsfeierlichkeiten verlassen wollte, sagte er in etwa Folgendes: «Ich bin sehr zufrieden mit dem, was ich gesehen habe. Sie haben ein gutes Schiff. Also, dann stechen Sie mal in See auf Ihrer … *Michel*, Rucki.»[20]

Erleichtert begann die Besatzung der *Michel* auf der Ostsee unter ihrem frisch beförderten Fregattenkapitän von Ruckteschell mit den Probefahrten und Einsatzübungen, die insgesamt sechs Monate, den ganzen baltischen Winter über, dauerten. Es kam zum einen oder anderen Missgeschick, so liefen sie zum Beispiel auf Grund, doch gab es keine größeren Schäden.[21] Einem entscheidenden Mangel allerdings schien nicht beizukommen zu sein: Die Abwasserleitungen waren regelmäßig verstopft, und das Schiff musste zur Reparatur auf die Werft zurück. Es dauerte nicht lange, bis von Ruckteschell erkannte, dass diese Zwischenstopps auf der Werft der Besatzung Gelegenheit gaben, ihrerseits Zwischenstopps in den gemütlichen Federbetten der Stadt einzulegen. Kaum bestand von Ruckteschell darauf, dass die verstopften Rohre auf See von der Besatzung selbst gereinigt wurden, war der Fehler auf wundersame Weise verschwunden. Die Einsatzfähigkeit der Besatzung hatte sich im Laufe der rigorosen Übungen verbessert und verfeinert, und Ende Januar 1942 ließ das Schiff Danzig und das komfortable Leben in der Stadt hinter sich und fuhr in Richtung Kiel, wo bereits seit dem 4. September 1939 Luftangriffe an der Tagesordnung waren – also zurück in die Realität des Krieges.

Am 4. Februar verließ die *Michel* Kiel, passierte den Kaiser-Wilhelm-Kanal, wie dies auch die *Widder* knapp zwei Jahre zuvor getan hatte, und lief zu weiteren Übungen in die Nordsee vor Cuxhaven aus. Das Schiff absolvierte die Reise durch den circa 100 Kilometer langen Kaiser-Wilhelm-Kanal wegen kleinerer Reparaturen und Nachschubfahrten noch diverse Male. Der Kommandant fuhr nach Berlin, um weitere Instruktionen einzuholen, und einige der Offiziere reisten nach Frankreich, um dort die letzten gründlichen Vorbereitungen für die gefürchtete und gefährliche Aufgabe zu treffen, die vor ihnen lag. Von Ruckteschell hatte sich zwar geweigert, die *Widder* ostwärts durch den Englischen Kanal zu bringen, doch der Spießrutenlauf von Ost nach West war die einzige Möglichkeit, mit seinem ansehnlichen neuen Schiff hinaus in den Atlantik zu gelangen – eine Prüfung für Schiff, Besatzung und Kommandant.

Kapitel 17 **Ruhm**

Abgesehen von der Wohltat des ziemlich alkoholreichen Puddings hatte der Besuch des Herzogs und der Herzogin von Windsor keine medizinischen Vorteile, doch markierte er den Beginn der Genesungsphase der zwei Überlebenden. Bis zu diesem Zeitpunkt waren sie aus Sorge um Tapscotts Gesundheit in nahezu völliger Isolation und unter ständiger Aufsicht gewesen. Nach der anfänglichen Aufregung und dem großen Interesse der Zeitungen mit ihren Interviewwünschen, die Widdicombe nur zu gern erfüllte, beschränkte Dr. Cruikshank ihre weiteren Kontakte. Wasser- und Nahrungsaufnahme wurden genau beobachtet, und nach und nach kamen die Männer wieder zu Kräften. So unglaublich es klingt, die 70 Tage der Entbehrung schienen keinerlei dauerhafte körperliche Schäden hinterlassen zu haben. Die beiden waren noch schwach und gebrechlich, als der Herzog und die Herzogin ihnen den Besuch abstatteten, aber sie nahmen bereits wieder an Gewicht zu.

Die größte Sorge galt ihrem emotionalen und mentalen Wohlergehen. Sie hatten eine kaum vorstellbare Zeit durchlebt und während ihrer schier endlosen Bootsreise darum gerungen, nicht den Verstand zu verlieren. Die Auswirkungen auf ihre geistige Befindlichkeit waren enorm, und wie sich die Männer in vielerlei Hinsicht voneinander unterschieden, so spiegelten sich diese Unterschiede auch in den Reaktionen wider, die sie zeigten, als sie schließlich in Sicherheit waren. Widdicombe, ganz der extrovertierte, bauernschlaue Bursche, schien sich schnell zu erholen. Er liebte es, im Mittelpunkt des Interesses zu stehen, erzählte gern von seinen Erlebnissen und sonnte sich im Glanz seines Ruhms. Angesichts seiner wieder erwachten Lust am Leben konnte er sich nichts Besseres wünschen, als am exotischen gesellschaftlichen Treiben auf der Insel teilzunehmen.

Bob Tapscott reagierte völlig anders. Fast vom ersten Augenblick an, als er auf den Strand stolperte, begann er sich zu verschließen. Während Widdicombe das Leben in vollen Zügen genießen wollte, schien es fraglich, ob Tapscott überhaupt noch leben mochte. Er durchlitt lange Phasen der Depression, während deren er äußerte, sterben zu wollen.[1]

Dr. Cruikshank und sein erstklassiges Team ließen den beiden jungen Männern die denkbar beste medizinische Versorgung angedeihen, doch gab es keinerlei Medikamente, die den Lebenswillen wieder wecken konnten, den Tapscott auf seiner dem Tode trotzenden Reise verloren hatte. Vielleicht war sein Zustand ebender Tatsache geschuldet, dass er dem Tod entronnen war, während so viele seiner Freunde und Schiffskameraden ums Leben gekommen waren. Zu jener Zeit gab es nur erste zögerliche Ansätze des Verständnisses davon, welche Auswirkungen traumatische Erfahrungen und «Überlebensschuld» auf Menschen haben können. Das medizinische Fachpersonal auf den Bahamas erkannte allerdings, dass Tapscott mit ernsten Schwierigkeiten zu kämpfen hatte, und bemühte sich nach Leibeskräften, ihm zu helfen.

Andere kümmerten sich um das letzte Relikt der versunkenen *Anglo-Saxon*, die Jolle. Sobald sich der Eindruck erhärtete, dass die zwei Männer eine unglaubliche Reise hinter sich hatten, gab es Überlegungen, wie das Boot zu schützen und zu erhalten sei. Dem heute im Ruhestand befindlichen Constable Elijah Mackey zufolge hatten sich jedoch schon Leute über das am Strand zurückgelassene Boot hergemacht, bevor die Bedeutung der Jolle allgemein bekannt war.[2] Da es anfangs aussah, als würde das Boot auf Eleuthera zurückbleiben, befanden einige Anwohner, dass es besser sei, noch brauchbare Gegenstände wie das Messer des Offiziers, das Kompassgehäuse mit seinem mit Salzwasser gefüllten Kompass und die schlecht funktionierende Öllampe mitzunehmen, als sie verrotten oder einem anderen in die Hände fallen zu lassen.[3]

Nach wenigen Tagen, so Mackey, kam auf Geheiß des Gouverneurs der Polizeichef mit zwei Inspektoren und zwei Polizisten aus Nassau herüber, um nach den verschwundenen Gegenständen aus der Jolle zu suchen. Die meisten Dinge tauchten wieder auf; andere, so auch das Namensschild des Boots, blieben verschwunden. Mit Unterstützung der Regierung und durch private Bemühungen gelang es, das Boot nach Nassau zu bringen: Man schleppte es die Küste entlang bis zu einer Stelle, wo ein Lastwagen des vermögenden Amerikaners Austin T. Levy, der an der Nordspitze der Insel Ananasplantagen betrieb, es zu dessen Fabrikschiff transportierte, mit dem die Jolle zum Prince George's Dock in Nassau gebracht wurde.[4]

Mitte November war noch recht früh für «die Saison» im gesellschaftlichen Leben Nassaus, doch die Meldungen in den amerikanischen Zeitungen dürften das Interesse an der Hauptstadt der Inselgruppe geweckt haben, und so manche Saisongäste und Urlauber verlegten das Anreisedatum vor. Eine davon war Cora Mallory Munson, Witwe von Frank Munson, Miteigner der Munson Steamship Line, der eines der besten Hotels am Platz gehörte, das Royal Victoria. Cora Munson war geradezu die Personifizierung amerikanischer Schifffahrtsindustrie, sie stammte aus der Familie Mallory, die damals bereits seit über 130 Jahren in diesem Industriezweig aktiv war. Mrs. Munson wollte, dass man sich das Boot, das eine derart historische Reise gemacht hatte, anschauen konnte; ab dem 5. Dezember des Jahres stand die Jolle auf der Veranda des Royal Victoria Hotel zur Besichtigung bereit.

Das Interesse an dem Boot wurde nur übertroffen von dem Interesse an den beiden Seeleuten. Sie waren berühmt geworden. Während sie wieder zu Kräften kamen, gaben sie immer neue Interviews. Zeitungen in Nordamerika und Großbritannien, die anfangs nur die wenigen kümmerlichen Informationen der ersten Tage gemeldet hatten, druckten nun Folgegeschichten. Die Anwesenheit der beiden Seeleute brachte nicht nur die Realität des Krieges auf die Bahamas, sondern auch die Inseln auf die Titelseiten zahlloser Zeitungen. Die Bahamas hatten während des Krieges bisher nicht die geringste Rolle gespielt, nur Zeitungsmeldungen über die Luftschlacht um England und ähnliche Nachrichten erinnerten in diesem friedlichen Urlaubsziel überhaupt daran, dass es einen Krieg gab. Die Vereinigten Staaten traten erst im darauf folgenden Jahr in den Krieg ein, und die Schiffe der Munson Line, die innerhalb der panamerikanischen Neutralitätszone ungestört vorankamen, brachten nicht nur Versorgungsgüter und Nachschub, sondern auch weiterhin Touristen nach Nassau.

Kein Wunder also, dass der Abenteurer Robert Ripley, der mit seiner Cartoonserie «Believe It or Not» international bekannt geworden war, auf die Geschichte ansprang. Ripley hatte im Alter von vierzehn Jahren seine ersten Zeichnungen an das Magazin *Life* verkauft. Elf Jahre später, 1918, war er Sportkarikaturist beim *New York Globe* und berichtete über ausgefallene Fakten und Ergebnisse aus der Welt des Sports. Als er begann, diese in Cartoonform darzustellen, entwickelte sich daraus in kurzer Zeit die Rubrik «Believe It or Not». Die Geschichte, die Tapscott und Widdicombe zu erzählen hatten, war wie maßgeschneidert für Ripley, der zu dieser Zeit auch eine ungeheuer populäre Radiosendung hatte, die über die 90 Stationen des Columbia Broadcast System (CBS) überall in den USA ausgestrahlt wurde. Er war entschlossen, seinen Hörern die heroische Geschichte der beiden Seeleute nahe zu bringen, und die einzige Möglichkeit dies zu tun bestand darin, eine Übertragung aus Nassau zu organisieren und die jungen Männer live zu interviewen. Das Gerücht, dass Ripley nach Nassau kommen würde, war Ende November auf der Insel in aller Munde. Am 2. Dezember 1940 traf Ripley mit seinem Stab ein, um zu prüfen, ob er die Erlaubnis bekommen würde, die beiden Männer zu interviewen, und ob die komplexen technischen Voraussetzungen für eine solche internationale Radioübertragung gegeben waren.

In der Montagabendausgabe des *Nassau Guardian* vom 2. Dezember fand sich das erste Bild der beiden Überlebenden nach den frühen Fotos der abgemagerten Patienten im Krankenhaus.[5] Ihr körperliches Erscheinungsbild hatte sich auffällig verändert. Die Fotos zeigten sie und Ripley im Royal Victoria Hotel, wo der Reporter wohnte. Man ließ die Jolle im seichten Teil des Hafens von Nassau zu Wasser, um dort ein paar Fotos zu machen. Auf ihnen erkennt man, dass Widdicombe redet oder gestikuliert, während Tapscott einfach ruhig dasitzt. Die beiden wirken in Sporthemden und Hosen mager, aber fit. Ihr normales Gewicht hatten sie zwar noch nicht erreicht, doch waren die ausgemergelten Gesichtszüge verschwunden. Noch immer standen sie unter ärztlicher Aufsicht, aber sie waren gesund genug, um an der Rundfunkübertragung teilzunehmen.

Es war vorgesehen, das Interview am Freitagabend, dem 6. Dezember 1940, zwischen 22 Uhr und 22 Uhr 30 live aus dem Speisesaal des Royal Victoria Hotel zu senden, ein Jahr und einen Tag vor dem amerikanischen Kriegseintritt. Noch waren die Amerikaner verschont geblieben von den Opfern, die der Krieg forderte. Die Sendung brachte sie nun per Radio mit zwei Überlebenden dieses Krieges quasi persönlich in Kontakt. Man hoffte, dass diese intensive Begegnung mit dem Krieg die Sympathien der Amerikaner für die Briten und ihre Alliierten befördern würde.

Mit einer potenziellen Zuhörerschaft von 50 Millionen Menschen war die Sendung seinerzeit ein unerhörtes Medienereignis.

Die technischen Herausforderungen waren immens, und der Sprecher in New York stellte das Programm dar als «die schwierigste Übertragung, die Mr. Ripley jemals gewagt hat». Ursprünglich war vorgesehen, die Sendung per Überseetelefonkabel nach Miami zu senden und dann per Telefon über Land nach New York, von wo aus CBS sie dann über sein Netzwerk von 90 Stationen ausstrahlen konnte, doch barg ein solches Vorgehen zu viele Fehlerquellen. Man entschied sich dafür, die Sendung ohne telefonische Übermittlung von Nassau direkt nach New York zu übertragen, zur Sicherheit außerdem gleichzeitig nach Miami, und von dort aus über das ganze Land auszustrahlen. Bei Probesendungen traten Störungen auf der Frequenz durch eine Radiostation in Kolumbien auf, die jedoch überredet werden konnte, während der eigentlichen Übertragung ihren Sendebetrieb einzustellen.

Die *Nassau Daily Tribune* berichtete über die ungeheuren technischen Anstrengungen: «Um gegen jede Eventualität gefeit zu sein, beschloss Nassau, bei der Übertragung dieses Ereignisses vier Sender einzusetzen. Eigentlich hatte die Radiostation (ZNS) nur einen einzigen Sender. Dies bedeutete, dass die Behörden der Bahamas drei ihrer Telegraphensender zu Radiosendern umfunktionieren mussten. Einer dieser Transmitter war mit New York verbunden, ein zweiter mit Miami, ein dritter mit Miami und New York und der vierte mit ZNS in Nassau. Außerdem sperrte die American Telegraph and Telephone Co. einen ihrer transatlantischen Telefonempfänger und überließ ihn Nassau, um so die Übertragung nach Miami zu sichern.»[6] Offenbar wollte man nichts unversucht lassen, um den Erfolg der Sendung zu garantieren.

Zwar sorgten die atmosphärischen Bedingungen vor dem 6. Dezember dafür, dass die Testsendungen sich schlichtweg in Luft auflösten, doch am eigentlichen Abend zeigte sich die Atmosphäre kooperativ, und dank der sorgfältigen Planung und der großen Bedeutung, die CBS diesem Ereignis beimaß, lief alles wie am

Schnürchen. Das hatte unter anderem damit zu tun, dass Ripley nicht nur Tapscott und Widdicombe interviewen wollte, sondern sich auch der Herzog von Windsor bereit erklärt hatte, während der Sendung zu sprechen. Für die Amerikaner war dies von besonderem Interesse, weil sich der ehemalige König und seine amerikanische Gattin bei ihnen großer Beliebtheit erfreuten.

Vor der Sendung bot der Speisesaal des Royal Victoria Hotel einen illustren Anblick, da etliche der geladenen Gäste Dinners gaben; es waren eine Reihe von Gästen anwesend, deren Interesse und Engagement für die Geschichte lange anhalten sollte. Allein an Cora Mallory Munsons Tisch saßen 17 Personen, darunter Ripley und ihr Bruder Clifford D. Mallory, der damalige Präsident der Marine Historical Association in Mystic, Connecticut, aus der sich später das Marinemuseum Mystic Seaport entwickelte. Bei ihm war seine Tochter Margaret, spätere Kuratorin des Museums. Auch Sir Harry Oakes, der raubeinige Baronet, der als der Reichste in der ganzen Gegend galt, und Lady Oakes saßen an diesem Tisch. In einer anderen Ecke des Speisesaals gaben der Schriftsteller Guy Pearce Jones und seine Gattin Constance Bridges Jones ebenfalls ein Dinner. Sie alle spielten in der weiteren Geschichte um den Untergang der *Anglo-Saxon* noch eine bedeutsame Rolle.

Als die Sendezeit näher rückte, wurden die Tische abgeräumt; Spannung breitete sich aus, und die Techniker überprüften noch einmal ihre Gerätschaften. Neben der Bühne stand ein großer Rundfunkempfänger, um den sich mehrere Helfer Ripleys ungeduldig versammelt hatten. Die Interviews sollten zwar in Nassau stattfinden, doch der Ansager saß in New York. B.A. Rulfes 48 Mann starkes «Believe It or Not Orchestra», ebenfalls in New York, sorgte für die musikalische Untermalung in den Pausen. Die einzige Möglichkeit für die Techniker in Nassau festzustellen, ob alles glatt ging, war, das Radio einzuschalten und das Programm zu hören, während es übertragen wurde.

Nachdem der Ansager in New York die Sendung angekündigt hatte, erhielt Robert Ripley sein Stichwort. Als Erstes begrüßte Ripley, der zwischen den Fahnen Großbritanniens und der Vereinigten Staaten stand, Seine Königliche Hoheit, den Gouverneur, und die anderen illustren Gäste; er gab eine hymnische Beschreibung der Bahamas und kam dann zum eigentlichen Thema seiner Sendung. Die wundersame Reise der beiden britischen Seeleute in einem offenen Boot, so merkte er an, übertreffe selbst die berühmte Fahrt des Kapitäns Bligh.[7] Bligh habe ein erheblich größeres Boot gehabt, das zudem gut ausgestattet gewesen sei, nicht zuletzt mit Navigationsinstrumenten. Außerdem hatte Bligh mehrere Inseln anlaufen und Nachschub übernehmen können. Über Tapscotts und Widdicombes Reise sagte Ripley: «Sie haben 3000 Meilen auf dem Atlantik hinter sich gebracht, fünf ihrer Schiffskameraden verloren, aber sie haben in diesem kleinen Boot mit ihrer Unerschrockenheit jener Fahne, die sie mit eisernem Willen und britischer Entschlossenheit lieben, Ruhm und Ehre eingebracht … ‹Believe It or Not›.»[8]

Nach dieser Einführung ließ Ripley die Seeleute ihre Geschichte erzählen. Viele kannten sie zwar schon aus der Zeitung, doch in den Worten der beiden Männer klang sie ungleich kraftvoller und realistischer. Zum Schluss des Interviews stellte Ripley Seine Königliche Hoheit, den Herzog von Windsor, vor[9], und der Herzog machte eine Bemerkung, die seinen Gastgeber gefreut haben wird: «Sie haben gerade gehört, wie Widdicombe und Tapscott Ihnen ihre erstaunliche Geschichte erzählt haben. Kurz nachdem sie in einem offenen Boot, siebzig Tage nach der Torpedierung ihres Schiffs, am Strand einer der Inseln der Bahamas angelandet waren, habe ich mich ausführlich mit diesen beiden britischen Handelsmatrosen unterhalten, und ich dachte sofort, dass dies ein außergewöhnliches Abenteuer sein dürfte, wie geschaffen für Mr. Ripleys berühmte Sendung ‹Believe It or Not›.»[10]

Der Herzog fuhr fort: «Bei diesem Drama zur See möchte ich besonders den Männern der Handelsmarine und Fischereiflotte meinen Tribut zollen. Diese Männer, die in Friedenszeiten in einem wichtigen Wirtschaftszweig auf See beschäftigt sind, werden im Krieg zu den mühevollsten, anstrengendsten und gefährlichsten Aufgaben herangezogen. Sie dienen nicht nur auf den Schiffen, die Großbritannien mit lebenswichtigen Gütern versorgen, ihnen obliegt auch die Aufgabe, die Schifffahrtsstraßen von Minen zu räumen, um dafür zu sorgen, dass die Frachtschiffe auch ihr Ziel erreichen. Sie tragen keine besondere Uniform – es umgibt sie kein Ruhm –, doch ohne ihre Bereitschaft, ihre Arbeit zu verrichten, ohne die völlige Missachtung der Gefahren, denen sie ausgesetzt sind, würde Großbritannien sich heute in ernster Not befinden.»[11] Der Gouverneur schloss mit einigen Worten an seine amerikanische Zuhörerschaft und bat um deren Unterstützung hinsichtlich der Kriegsanstrengungen. Ripley bedankte sich bei seinen Gästen und kündigte an, dass die Jolle nach der Sendung versteigert würde und der Erlös den beiden Seeleuten und einer Reihe von Hilfsorganisationen, wie zum Beispiel dem Roten Kreuz, zugute kommen sollte.

Nach dem Ende der Sendung geriet der technische Stab rings um das Radio völlig aus dem Häuschen, da die komplizierte Übertragung reibungslos über die Bühne gegangen war. Der Herzog unterhielt sich ein zweites Mal mit Tapscott und Widdicombe und zog sich dann in seine Residenz zurück. Die festliche Stimmung im Royal Victoria war geradezu ideal für die Versteigerung, die nun folgte. Die Jolle stand zur Besichtigung auf der Veranda; alle Anwesenden hatten sie gesehen.

Zu den eifrigen Bietern gehörte auch Clifford D. Mallory.[12] Das Maritime Museum in Mystic, Connecticut, dem er verbunden war, schien ihm die geeignete Einrichtung, das Boot auszustellen. Er bot mit, doch gab er bald auf, als sich eine Art Duell entwickelte zwischen Sir Harry Oakes, dessen Reichtum unbegrenzt war, und Lady Oakes, die ebenfalls über unbegrenzte Geldmittel zu verfügen schien, die sich wohl aus denselben Quellen speisten.[13] Am Ende wurde Sir Harry klar, dass er seine Meisterin gefunden hatte, und er überließ seiner Frau das Boot; Lady Oakes ersteigerte die Jolle für 300 Pfund. Das mag sich nicht nach sonderlich viel anhören, doch entsprach der Betrag etwa 10 Prozent der jährlichen Bezüge des Gouverneurs der Bahamas. Als sie gefragt wurde, was sie mit dem Boot anstellen wolle, erwiderte Lady Oakes, sie habe keine Ahnung, ihr Wunsch sei es gewesen, die beiden Seeleute und die Hilfsorganisationen zu unterstützen. Die Anwesenheit der beiden Helden trug zu weiterer Spendenwilligkeit bei, und es kamen noch einmal 50 Pfund für die Schiffbrüchigen zusammen.

Am Ende des Abends hielten Widdicombe und Tapscott, die ihre gesamte persönliche Habe beim Untergang ihres Schiffs verloren hatten, ein kleines Vermögen in Händen – in Anerkennung ihrer Heldentat und als Wiedergutmachung für die erlittenen Härten. Ihnen gehörte die Hälfte der Summe aus dem Verkauf der Jolle, also 150 Pfund, etwa 600 Dollar. Dazu kamen die 50 Pfund, also 200 Dollar, und ein Scheck von Mr. Ripley über 500 Dollar. Die Männer, die am Tag zuvor noch mittellos gewesen waren, konnten sich nun 1300 Dollar teilen. Ihre monatliche Heuer betrug 10 Pfund, 12 Shilling und sechs Pence; jeder von ihnen erhielt also mehr als einen Jahreslohn. Eine Nacht in einem Doppelzimmer mit Bad im Royal Victoria Hotel kostete 4 Pfund, 10 Shilling oder 18 Dollar, das *Time Magazine* war für 15 Cents, ein Pfund Barricini-Pralinen für 68 Cents zu haben, ein Reitpferd kostete in Nassau 40 und ein gebrauchter Buick in gutem Zustand 150 Dollar. Widdicombe, auf dem Wege der Genesung, brannte darauf, sich in das faszinierende Leben dieses Urlaubsortes zu stürzen; nun hatte er das Geld, seinen Lebensstil als Berühmtheit zu finanzieren. Tapscott dagegen musste weiter im Krankenhaus bleiben.

Der Abend war noch in anderer Hinsicht von Nutzen. Die dramatische Geschichte weckte das Interesse von Guy Pearce Jones, einem Schriftsteller, der sich im Publikum befand. Er begriff rasch, dass die abenteuerliche Bootsreise eine große Zahl von Lesern interessieren könnte und dass die Öffentlichkeit bisher nur einen Bruchteil dessen, was es zu erzählen gab, aus den Zeitungsberichten erfahren hatte.[14] Er war zuversichtlich, den beiden jungen Burschen weitere Einzelheiten entlocken zu können, und überzeugte sie davon, mit ihm zusammenzuarbeiten. Mehrere Monate lang traf er sich regelmäßig mit Tapscott und Widdicombe und schrieb ihre Geschichte auf. Am 10. Dezember, also drei Tage nach dem Radiointerview und einen Tag nachdem sie ihr Buchprojekt verabredet hatten, kehrte Roy Widdicombe mit Unterstützung von Guy Jones auf der *Content* nach Eleuthera zurück, um noch einmal mit denjenigen zu sprechen, die geholfen hatten, sie zu retten. Tapscott stand noch immer unter strikter ärztlicher Aufsicht und war nicht reisefähig.

Widdicombe machte offenbar in Governor's Harbour eine ganze Reihe von Besuchen.[15] Er traf sich mit Constable Elijah Mackey aus James Cistern, und möglicherweise erzählte ihm Florence Johnson Einzelheiten ihres Traums. Während dieser Reise scheint eine Angewohnheit aus Widdicombes Jugend wieder zutage getreten zu sein, nämlich dass er sich anderer Leute Eigentum aneignete, ohne zu fragen. Er stattete dem Regierungsbeauftragten Michael Gerassimos einen Besuch ab und trank bei ihm Tee.[16] Nachdem Widdicombe sich verabschiedet hatte, wollte Gerassimos nach seinem silbernen Zigarettenetui greifen, das zu Beginn ihres Treffens auf dem Tisch gelegen hatte, und stellte fest, dass es verschwunden war.

Das silberne Zigarettenetui passte ganz wunderbar zu dem neuen Lebensstil, den Widdicombe für sich erhoffte. Die Seeleute waren bei ihrer Ankunft ohne jede Habe gewesen, und die Bahamaer hatten großzügig reagiert. Mrs. Percy Lightbourne schenkte ihnen ein Radio für das Krankenhauszimmer, andere versorgten sie zum Beispiel mit frankierten Postkarten, damit sie nach Hause schreiben konnten.[17] Als sie ihr altes Körpergewicht wieder erreicht hatten, waren die Geschäfte an der Bay Street nur allzu gern bereit, sie einzukleiden. Widdicombe nutzte dieses Angebot weidlich und wählte in The Men's Shop, Nassaus feinstem Herrenausstatter, nur die besten und teuersten Stücke.[18] Wie schon früher, als er Kleidung benutzt hatte, um den Anschein eines höheren gesellschaftlichen Standes zu erwecken, hatten seine Anzüge auch jetzt Stil. Er war eine Berühmtheit, und in dem Urlaubsparadies Bahamas riss man sich um ihn. Drei Tage nach der Radiosendung lud Mrs. John Brinkley aus Texas Tapscott und Widdicombe zum Mittagessen ins British Colonial Hotel. Eine Dame aus Kalifornien wollte die beiden jungen Männer adoptieren, nachdem sie ihre Geschichte im Radio gehört hatte. Ihnen bot sich die Gelegenheit, Teil einer Gesellschaft zu werden, die anders war als alles, was sie jemals kennen gelernt hatten. Um für alle Eventualitäten gerüstet zu sein und sich im Nachtleben seinen Vorstellungen gemäß kleiden zu können, beschaffte sich Widdicombe ein weißes Dinnerjacket. Mitte Dezember war Widdicombes neues Leben in vollem Gange, obwohl er zu diesem Zeitpunkt noch immer als Patient im Bahamas General Hospital geführt wurde.

Statt sich ins Leben zu stürzen wie Widdicombe, suchte Tapscott nach weniger hektischer Ablenkung. Nassaus Ableger des Imperial Order of Daughters of the Empire, IODE, eine in Kanada gegründete Hilfsorganisation, hatte für die Dauer des Krieges eine Zweigstelle im Gebäude der Freimaurer in der Bay Street eingerichtet, nicht weit vom Krankenhaus entfernt.[19] Dorthin konnten sich Seeleute und Militärangehörige während ihres Aufenthaltes in Nassau zurückziehen und fanden freundliche Aufnahme und Unterhaltung bei den Damen des IODE und die Gesellschaft Angehöriger der Handelsmarine oder des Militärs. Widdicombe war das zu langweilig, doch Tapscott schien es gerade recht. Er verbrachte viele Stunden dort und spielte Karten mit den Gastgeberinnen und anderen Besuchern.

Widdicombe wollte sich auf der Insel bewegen, er kaufte sich ein Auto, wahrscheinlich das erste, das er besaß, und wohl auch das erste, das er fuhr. Genug Geld, sich ein gebrauchtes Auto anzuschaffen oder eines für gerade mal 15 Dollar die Woche zu leihen, hatte er.[20] Gegen Ende Dezember war der in Saus und Braus lebende Widdicombe mobil, sein Fahrzeug mit dem Kennzeichen 733 brachte ihn überallhin. Einen ersten Hinweis darauf, dass Widdicombe kein sonderlich guter Fahrer war, gab es bereits am 23. Dezember, als das Automobil mit Widdicombe am Steuer und Tapscott als Beifahrer «aus dem Krankenhaustor rollte und, um einen Unfall mit einem westwärts auf der Shirley Street fahrenden Wagen zu vermeiden, gegen eine Mauer auf der anderen Straßenseite fuhr. Dabei wurde der Kotflügel beschädigt.»[21] Dies war das erste von Widdicombes motorisierten Missgeschicken während seines «schnellen Lebens» in Nassau.

Die beiden Männer waren weiterhin Patienten des Krankenhauses; die Zeitungen meldeten, dass sie zwar körperlich große Fortschritte gemacht hatten, aber «nervlich noch immer ein wenig instabil» wirkten.[22] Zwischen mehreren Regierungsstellen entbrannte ein Streit hinsichtlich ihres Status und ihrer Rückkehr nach England. In den ersten Wochen ihrer Genesung hatte es einen stetigen Informationsfluss zwischen dem Büro des Gouverneurs und dem Colonial Office gegeben, außerdem Kontakte mit Cynthia Widdicombe und Tapscotts Mutter. Die Nachricht vom Radiointerview mit Ripley erreichte auch das Schifffahrtsministerium am Berkeley Square in London, und drei Tage später erhielt der Unterstaatssekretär im Colonial Office eine harsche Mitteilung. Darin hieß es: «Ich hielte es für angeraten, den Gouverneur der Bahamas umgehend darum zu bitten, Widdicombe via New York wieder zu repatriieren. In New York soll er sich bei dem Repräsentanten des Schifffahrtsministeriums, 25, Broadway, melden, für den Fall, dass man ihn dort auf einem der Schiffe einsetzen kann, die noch Mannschaft benötigen, um die Heimreise anzutreten.»[23] Nach gerade einmal fünfwöchiger Rekonvaleszenz forderte das Schifffahrtsministerium nicht nur, dass man Widdicombe nach Hause schicken, sondern dass er auf der von U-Booten bedrohten, winterlichen Nordatlantikroute auch gleich wieder arbeiten sollte. Die heftige Antwort des Colonial Office ließ keinen Zweifel daran, dass diese Bitte «einen Mangel an Phantasie, Mitgefühl und Einfühlungsvermögen verrät, die Widdicombe angesichts der durchlittenen Zeit zustehen», und dass man die Bitte unter diesen Umständen keineswegs an den Gouverneur weiterleiten würde.[24] Ronald Cross, der zuständige Schifffahrtsminister, ließ daraufhin von seinem Vorhaben ab und schlug stattdessen vor, die Werbewirksamkeit der Situation zu nutzen: «Wir sollten durchaus Aufheben um sie machen; es wäre töricht, sich eine solche Gelegenheit entgehen zu lassen.» Die britische Handelsmarine brauchte dringend alle erfahrenen Seeleute, deren sie habhaft werden konnte, aber ob Tapscott und Widdicombe jemals wieder in ihre alten Berufe zurückkehren konnten, ließ sich nur schwer absehen.

Während Colonial Office und Schifffahrtsministerium stritten, war die Admiralität in Kontakt mit der Nitrate Producers Steam Ship Co. getreten, den Besitzern der *Anglo-Saxon*. Am 14. November 1940 sandte die Firma einen Brief an die Angehörigen der Mannschaften und Offiziere, die an Bord des Schiffs gewesen waren. In dem Brief, der Ethel Milburn erreichte, hieß es: «Wir bedauern zutiefst, Ihnen mitteilen zu müssen, dass wir seit dem heutigen Morgen die offizielle Bestätigung der Admiralität in Händen halten, wonach oben genanntes Schiff feindlicher Einwirkung zum Opfer gefallen ist. Nach diesen Informationen sind nur zwei Überlebende auf den Bahamas angelandet, und da die Admiralität darauf hinweist, dass ihr Boot das einzige sein dürfte, welches das Schiff verlassen konnte, fürchten wir, dass nur noch geringe Hoffnung auf die Rettung weiterer Besatzungsmitglieder besteht. Wir bedauern, Ihnen diese tragische Mitteilung machen zu müssen, und versichern Sie unseres tief empfundenen Mitgefühls.»[25] Den meisten Hinterbliebenen war die traurige Nachricht schon vor Eintreffen des Briefs durch die Zeitungsberichte und den Kontakt zwischen den Familien der Seeleute von der *Anglo-Saxon* zugekommen, doch nun hatten sie es schriftlich von der Reederei und damit auch von der Admiralität.

Ethel Milburn hatte nicht nur mit ihrer eigenen Trauer zu kämpfen, sie musste zudem ihren Söhnen Ted und Derek dabei helfen, mit dem Verlust des Vaters fertig zu werden, und sich Gedanken machen, wie es nun weitergehen sollte. Ihre Schwiegereltern lebten zwar in der Nähe, waren ihr aber keine große Hilfe.[26] Ihren Söhnen zuliebe bemühte sie sich darum, weiterhin in gutem Kontakt mit den alten Milburns zu bleiben, denen es selbst schwer fiel, mit dem Tod ihres Sohnes zurechtzukommen. Eddie Milburns Vater konnte nicht hinnehmen, dass sein Sohn ums Leben gekommen sein sollte. Den ganzen Krieg über durchkämmte er die Listen der Kriegsgefangenen in den Zeitungen und hörte regelmäßig im Radio die deutschen Propagandasendungen des «Lord Haw Haw», der britische Zuhörer zu seinen prodeutschen Ergüssen lockte, indem er in seinen Sendungen manchmal Namen von Kriegsgefangenen fallen ließ.[27] Ohne ihren Gatten Eddie, der sie bei diesen Entscheidungen hätte unterstützen können, versuchte Ethel Milburn Ende 1940 eine Möglichkeit zu finden, die Zukunft ihrer Söhne zu sichern.

Die Stimmung auf den Feiern, die das neue Jahr 1941 in Nassau einläuteten, war durchaus gedämpft. Jeder wünschte sich das

Ende des Krieges herbei. Die Amerikaner hofften, dass ihr Land nicht in den Krieg gezogen werden würde, und Präsident Roosevelt wog seinen Willen, Großbritannien zu helfen, sorgfältig ab gegen den Wunsch, die Vereinigten Staaten aus dem Krieg herauszuhalten. Für die Briten in Nassau war die Lage «daheim» in England entsetzlich, und das einzig schnelle Kriegsende, das sich absehen ließ, war eine Niederlage. Die allgemeine Stimmung in Nassau war jedoch eher eine der sorgsam aufrechterhaltenen Distanz zum Weltgeschehen. Der Krieg war weit weg, die Hotels füllten sich mit amerikanischen Urlaubern, die Tanzkapellen spielten im Yacht Club und im Prince George Hotel, und die Lichter strahlten, während in Großbritannien Verdunkelung befohlen war. Anfang 1941 musste Tapscott nach wie vor medizinisch betreut werden. Nicht so Widdicombe, der dennoch ebenso lange im Krankenhaus blieb wie Tapscott. Am 9. Januar entließ man beide aus dem Bahamas General Hospital, Tapscott allerdings wurde weiterhin ambulant versorgt.[28]

Kapitel 18 **Heimwärts**

Die beiden größten Zeitungen in Nassau berichteten ihren Lesern regelmäßig vom Abenteuer der beiden Seeleute und davon, was sie auf der Insel machten. Am 30. Dezember 1940 veröffentlichte der *Nassau Guardian* eine Foto-Sonderseite unter der Überschrift «Es geschah 1940». Fotos der Seeleute teilten sich den Platz mit Bildern von König George VI, dem Herzog von Windsor, Premierminister Winston Churchill und dem Marquis of Lothian, der bis zu seinem Tode britischer Botschafter in den Vereinigten Staaten gewesen war. Das Foto von Tapscott und Widdicombe war größer als die der anderen, selbst größer als das des Premierministers. Da es nicht länger notwendig erschien, sie im Krankenhaus unter Beobachtung zu haben, wurden die beiden am 9. Januar 1941 von der Regierung im Hotel Lucerne einquartiert, wo sie größeren Freiraum genossen und sich zugleich weiter erholen konnten. Das Lucerne gehörte zwar nicht zur ersten Kategorie wie das Royal Victoria, das British Colonial und das Fort Montagu Beach, dennoch handelte es sich um ein recht komfortables Haus. Der Besitzer R. M. Lightbourne legte Wert darauf, dass seine Gäste gut bedient wurden. Das Lucerne war ein dreistöckiges, hölzernes Gebäude im traditionellen Stil der Bahamas, mit Balkonen auf drei Seiten, die in dem tropischen Klima für Kühlung sorgten. Ein Vorteil für die Regierung, die die Rechnung übernahm, bestand darin, dass das Lucerne eins von nur zwei Hotels in der Stadt war, die niedrigere Wochenmieten anboten, auch in der Hauptsaison.

Für die Seeleute hatte das Hotel zwei Vorteile: Die Gäste erhielten ein leichtes Frühstück, und es gab eine recht beliebte Bar, die in Anspielung auf die frühen Piratentage der Inseln «The Bucket of Blood» hieß. Nach den Beschränkungen und der Beengtheit des Krankenhauses schienen Hotel und Bar genau der richtige Ort für Tapscott und Widdicombe zu sein. Angehörige der Familie Lightbourne berichten, dass die beiden die Bar in jeder Hinsicht zu nutzen wussten und im Hotel für Aufsehen sorgten.

Von dem zentral in der Frederick Street zwischen den beiden Hauptstraßen Bay Street und Shirley Street gelegenen Lucerne aus ließ sich Nassau bequem zu Fuß erkunden. Tapscott konnte in die Bay Street gehen, in der ein paar Straßenecken weiter die Kantine des IODE lag, oder in die andere Richtung zur Shirley Street, um zum Krankenhaus zu gelangen, wo er weiterhin in Behandlung war. In dieser Zeit verbrachten die beiden zahlreiche Stunden mit Guy Jones, der sich von ihnen die Einzelheiten ihrer Geschichte für sein Buch erzählen ließ. Sie spannten aus und gingen sogar mehrere Male segeln. Es ist schwer nachzuvollziehen, dass sie nach ihrer Zeit auf dem Meer jemals wieder in ein kleines Segelboot steigen wollten, doch genau das taten sie. Widdicombe räumte allerdings ein, dass er «ein wenig nervös» wurde, wenn kein Land mehr in Sicht war.

Beide genossen offensichtlich ihre Genesung, ihre Freiheit und die finanzielle Unabhängigkeit; Widdicombe mit seiner modischen Bekleidung und dem Automobil führte das erheblich extravagantere Leben. Gwen French, Mitarbeiterin des IODE, die in der Kantine beschäftigt war, erinnert sich an Widdicombe als sehr selbstbewussten Mann, der sich gern auffällig kleidete und den Eindruck erweckte, vermögend zu sein. «Man hätte ihn glatt für ein Mitglied der königlichen Familie halten können.» Tapscott, so French weiter, habe viel Zeit in der Kantine verbracht; er war einfach gekleidet und spielte Bridge oder Cribbage. French schloss sich gelegentlich einer Partie an und hatte den Eindruck, dass Widdicombe und Tapscott sich nicht leiden konnten.

Zwei Tage nachdem sie aus dem Krankenhaus entlassen worden waren, am 11. Januar 1941, berichtete der *Nassau Guardian*, dass die beiden Seeleute die Bahamas bald verlassen würden; Widdicombe wolle sich bei der Royal Canadian Air Force melden, und Tapscott habe vor, in die kanadische Marine einzutreten.[1] Ihr erster Flug, mit dem sie von Eleuthera nach Nassau gekommen waren, hatte Widdicombe zu diesem Entschluss gebracht. Er wollte nicht zurück zur Handelsmarine, sondern sein Glück bei der glamouröseren Luftwaffe suchen. Tapscott hatte seine Behandlung noch nicht abgeschlossen, doch Widdicombe war bereits entlassen worden, und der Druck, eine Entscheidung hinsichtlich seiner Zukunft zu fällen, wurde immer größer. Mitte Januar hatte er seinen dritten Autounfall in ebenso vielen Wochen; er raste in den Zaun des Botanischen Gartens an der Shirley Street. Er hatte offensichtlich Schwierigkeiten mit dem Leben auf der Überholspur.

Die Behörden auf den Bahamas schmiedeten Pläne für Widdicombes «Repatriierung als Passagier auf dem ersten erreichbaren Schiff».[2] Der Schifffahrtsminister bat um Mitteilung, auf welchem Schiff Widdicombe fahren werde, damit bei seiner Ankunft für einen Heldenempfang gesorgt werden könne. Widdicombe ließ den Wunsch, sich der Royal Canadian Air Force anzuschließen, wieder fallen und richtete seine Pläne nun auf das Ziel, nach England zurückzukehren, wo seine Frau Cynthia schon seit mehr als sechs Monaten auf ihn wartete. Das Colonial Office ließ Tapscotts Mutter eine Nachricht über den Zustand ihres Sohnes zukommen. Darin heißt es, der Gouverneur der Bahamas habe am 21. Januar 1941 mitgeteilt, Tapscott gehe es «noch nicht gut genug, um zu reisen», und er sei nicht gewillt, «in dieses Land zurückzukehren; es werden daher Anstrengungen unternommen, dafür zu sorgen, dass er in die kanadischen Streitkräfte eintreten kann.»

Nach sechs anstrengenden Monaten, die die beiden Männer zusammen verbracht hatten, sollten sich nun ihre Wege trennen. Sie hatten gemeinsam auf engstem Raum Schrecken und Triumph erlebt und waren einander verbunden wie nur wenige Menschen. Am 26. Januar nahm Widdicombe ein Schiff nach New York; Tapscott, einsamer als zuvor, blieb in Nassau zurück.

Widdicombe war wieder auf See, wenn auch diesmal unter dem Schutz der amerikanischen Flagge, unter der die Schiffe der Munson Line fuhren. Er legte die 65-stündige Überfahrt nach New York innerhalb der sicheren Gewässer der panamerikanischen Neutralitätszone zurück, in der die gefürchteten deutschen U-Boote und Handelsstörer nicht ihrem tödlichen Handwerk nachgehen konnten. Dennoch war diese Reise für den Schiffbrüchigen, der eine Berühmtheit geworden war, der erste Schritt zurück in die Wirklichkeit. Er ließ das schöne Leben in dem kleinen tropischen Urlaubsort zurück und fuhr in den großen amerikanischen Hafen von New York, ohne zu wissen, welcher Empfang ihm dort zuteil werden würde. In den letzten drei Monaten war Roy Widdicombe der Hecht im kleinen Karpfenteich von Nassau gewesen, nun schwamm er hinüber in einen sehr großen Teich, und er hatte keinerlei Vorstellung davon, ob man sich dort überhaupt für ihn interessieren würde. In einer Welt, in der tagtäglich neue, sensationelle Geschichten erfunden wurden, war seine Story nur noch Schnee von gestern.

In New York wandte er sich schnurstracks an die große Hilfsorganisation für Seeleute, das Seamen's Church Institute. Diese Mitte des 19. Jahrhunderts gegründete christliche Organisation widmete sich der Aufgabe, den Matrosen an Land bessere Bedingungen zu bieten als die Gauner, Huren und fragwürdigen Gestalten, die sich sonst ihrer annahmen. Man wollte mit den Männern beten, sie nicht ausnehmen. Zu den Grundsätzen dieser Mission gehörte es auch, «die Schutzlosen zu schützen und die Schwachen zu stärken», man bot also Hilfe und einen sicheren Hafen für Seeleute, die gemäß dem frühen Motto der Mission «in ihrem Glauben verankert waren».[3] Als Widdicombe knapp einhundert Jahre nach Gründung der Seamen's Church dort eintraf, war die Organisation mit Sitz an der 25 South Street längst zu einer Institution am East River geworden. Sie residierte in einem beeindruckenden sechzehnstöckigen Gebäude, das einen ganzen Straßenblock umfasste. Täglich wurde dort mehreren tausend Seeleuten geholfen; über 500 konnten im dazugehörigen Seemannshotel untergebracht werden. Widdicombe ließ sich registrieren und bekam ein Zimmer mit fließend Wasser für 75 Cents pro Tag.

Falls er die Befürchtung hegte, er könne in dieser Stadt anonym bleiben, so sollte sich diese schnell als unbegründet erweisen. Seine Geschichte war vielleicht Schnee von gestern, aber noch immer strahlte sein Abenteuer eine gewisse Faszination aus. Drei Monate lang hatte er in der relativen Abgeschiedenheit der Bahamas gelebt, nun war er für die Zeitungen und Journalisten zum ersten Mal persönlich erreichbar. Sein Ruhm hielt also an, zahlreiche Zeitungen und Magazine brachten Storys über ihn, und mehrmals gab er Radiointerviews. Wie in Nassau genoss Widdicombe auch in New York die Aufmerksamkeit, die man ihm entgegenbrachte. Lange verschollen geglaubte Verwandte, eigentlich jeder, der seinen Namen trug, setzte sich mit ihm in Kontakt. Die Zahl der Telefonanrufe, die rund um die Uhr im Seamen's Church Institute eingingen, stieg während seines Aufenthaltes um ein Vielfaches.

Zwar stammte seine Familie sowohl von der väterlichen Seite der Widdicombes als auch von der mütterlichen Seite der Bowheys über mehrere Generationen hinweg aus Devonshire, doch Roy wusste sich anzupassen und wurde plötzlich Schotte. In einem der elegantesten Hotels der Stadt, dem berühmten Waldorf Astoria, sollte es einen Galaball zu Ehren der Bürger schottischer Herkunft geben. Widdicombe war nicht nur als «Schotte» eingeladen, berühmt, wie er war, gehörte er sogar zu den Ehrengästen. Erneut stellte er unter Beweis, mit welcher Leichtigkeit und Anpassungsfähigkeit er sich auf allen gesellschaftlichen Ebenen zu bewegen wusste. Allerdings gab es ein Problem. Für das gesellschaftliche Nachtleben in Nassau war er mit seinem tropischen weißen Dinnerjacket angemessen gekleidet gewesen, doch für den schottischen Ball war festliche Abendgarderobe gefordert. In seiner Not suchte Widdicombe Rettung bei der Kleiderkammer des Seamen's Church Institute.[4] Normalerweise diente sie als Quelle für einen warmen Mantel oder eine feste Arbeitshose für einen bedürftigen Seemann, aber das Angebot war vielfältig. Widdicombe hatte Glück und fand tatsächlich einen Frack mit allem Drum und Dran, der wie maßgeschneidert saß. Also feierte er mit seinen schottischen «Landsleuten» auf dem Ball zugunsten schottischer Wohltätigkeitsorganisationen. Das Fest war riesig, vierzig Dudelsackbläser führten die Color Guard der britischen Kriegsveteranen an; danach sang Ray Middleton die amerikanische Nationalhymne, es folgte Muriel Dickson mit «God Save the King».[5]

Widdicombe verbrachte nicht seine ganze Zeit mit gesellschaftlichen Verpflichtungen. Der British Merchant Navy Club befand sich im Gebäude des Seamen's Church Institute, und dort traf er Matrosen. Das Institut unterhielt auch eine Zahnklinik. Widdicombe hatte sich einen Schneidezahn angebrochen, als er während der Reise auf Schuhleder herumgekaut hatte; die kostenlose Zahnbehandlung bot ihm die Gelegenheit, den Schaden richten zu lassen, bevor er wieder in die Heimat fuhr. Zu diesem Zeitpunkt stand sein Entschluss, nach England zurückzukehren, offensichtlich schon fest; so erzählte er einem Reporter der *New York Herald Tribune*, er hoffe darauf, bei der Royal Air Force sein Offizierspatent zu machen. Offenbar war er noch immer beeindruckt von seinem ersten Flug und von dem Ruhm, den die Luftwaffe genoss.

In diesem Interview zeichnete er ein völlig anderes Bild von seiner Rolle im Boot, als er es noch Guy Jones gegenüber in Anwesenheit von Tapscott getan hatte.[6] Wohl in der Annahme, weder Jones noch Tapscott würden den Artikel in der *Herald Tribune* jemals lesen, berichtete er von seinem angespannten Verhältnis zu Tapscott und stellte sich selbst als dessen Retter hin: «Manchmal starrten wir uns voller Hass an. Eines Tages fragte mich Tapscott, was ich denn so glotzte. Wir stritten uns, und er verlor die Nerven und versuchte, ins Meer zu springen. Ich musste mich zwei Stunden lang auf ihn hocken.» Widdicombe behauptete, dass er viel Kraft habe aufbringen müssen, Tapscott daran zu hindern, sich das Leben zu nehmen. Die Geschichte, wie sie Jones auf der Grundlage der Interviews mit beiden aufgezeichnet und wiedergegeben hat, berichtet hingegen davon, dass Tapscott des Öfteren Widdicombe helfen musste, wenn dieser von der Sonne zu sehr geschwächt war. Gerade im Hinblick auf die weiteren Ereignisse lässt sich nur schwer beurteilen, welche Version die zutreffendere ist.

Widdicombes müßiges New Yorker Leben währte nur ein paar Tage; es wurden bereits Pläne für den letzten Teil seiner Reise nach England ausgearbeitet. Wie der Schifffahrtsminister erklärt hatte, kam es nicht infrage, Widdicombe sich als einfaches Besatzungsmitglied die Heimreise selbst verdienen zu lassen. Angesichts seines Heldenstatus sollte er als Passagier auf der *Siamese Prince* der Furness-Prince Line reisen. Das Schiff verließ New York am 2. Februar 1941 und fuhr zuerst nach Halifax, dann weiter nach Liverpool, wo Widdicombe endlich die Frau wiedersehen sollte, mit der er seit zehn Monaten verheiratet war. Aus Gründen der Geheimhaltung in Kriegszeiten war es nicht gestattet, in direkten Kontakt mit Angehörigen zu treten und die Ankunftszeit des Schiffes durchzugeben. Am 10. Februar teilte das Colonial Office Cynthia Widdicombe mit, dass Roy New York verlassen habe und auf dem Heimweg sei. Man versicherte ihr, dass sie die Ankunftszeit rechtzeitig erfahren würde. Aufgrund der Nachricht, dass Roy tatsächlich unterwegs war, begannen seine Frau und die Nachbarn, einen triumphalen Empfang in der Lewis Street in Newport vorzubereiten. Das Colonial Office setzte sich mit dem Schifffahrtsministerium in Verbindung, um für ein passendes Willkommen zu sorgen, wenn die *Siamese Prince* in Liverpool anlegt. Die Vorbereitungen nahmen schnell größere Ausmaße an.

Während sich Roy Widdicombe so weit es ging auf der Heimfahrt als Passagier erholte, wurde Tapscotts Situation in Nassau immer schwieriger. Eine Nachricht des Büros des Gouverneurs an das Colonial Office vom 18. Februar warf eine Reihe von Fragen hinsichtlich seines weiteren Schicksals auf.[7] Tapscott wollte auf keinen Fall wieder zur Handelsmarine, nach seinen Erlebnissen war es nur zu verständlich, dass er sich nicht noch einmal den Gefahren auf einem Frachtschiff aussetzen wollte. Diese Entscheidung wurde akzeptiert, denn, so die Mitteilung des Gouverneurs: «Die medizinischen Autoritäten haben mich darüber informiert, dass er geistig nicht mehr in der Lage ist, weiter zur See zu fahren.» Die zahlreichen Hinweise auf Tapscotts nur langsam voranschreitende Genesung und die Notwendigkeit weiterer Behandlung lassen darauf schließen, dass er einen hohen emotionalen Preis für die erlittenen Qualen zu zahlen hatte.

Die Behörden in England und auf den Bahamas sahen sich zu einer Entscheidung gedrängt. Der Gouverneur schrieb, er habe sich über die Möglichkeit informiert, ob Tapscott sich der Royal Canadian Navy anschließen könne, statt zur Handelsmarine zurückzukehren; dies sei zwar vonseiten der kanadischen Behörden möglich, doch habe Tapscott angedeutet, dass er dazu nicht gewillt sei. Der Gouverneur sprach sich gegen Tapscotts Wunsch aus, in die Vereinigten Staaten zu gehen und dort Vorträge zu halten. Offenbar hatte ihm jemand versichert, dass er angesichts des Interesses an seiner Geschichte in den USA seinen Lebensunterhalt mit Vortragsreisen verdienen könne. Es ist denkbar, dass Robert Ripley ihn auf diese Idee gebracht oder dass Guy Pearce Jones sich Vorträge von Tapscott zur Unterstützung des Verkaufs seines Buches gewünscht hatte. Eine solche Unternehmung hätte wohl dem beredten Widdicombe angestanden, der nahezu ununterbrochen von nichts anderem als seinen Erlebnissen sprach, nicht aber dem eher introvertierten Tapscott, der nur zögernd über die Ereignisse Auskunft gab. Doch angesichts der drohenden Alternativen mag ein Leben als Vortragsreisender selbst Tapscott verlockend erschienen sein.

Die Nachricht des Gouverneurs enthielt eine ernüchternde Frage: «Schlagen Sie vor, dass er als ‹britischer Seemann in Not› zwangsweise nach England geschafft werden soll?» Wohlgemerkt ging es hier um die Zukunft eines jungen Mannes, der als Held gefeiert worden war und sich nach erschütternden Erlebnissen darum bemühte, wieder ein normales Leben zu führen. Er bahnte sich mühsam einen Weg durch das Labyrinth der Entscheidungen, die ihm abverlangt wurden, während gleichzeitig die Regierung seines Landes drakonische Maßnahmen hinsichtlich seiner weiteren Zukunft erwog. Es folgten langwierige Auseinandersetzungen über die legalen, politischen und öffentlichen Vor- oder Nachteile, die aus der Anwendung der Rechtsverordnungen hinsichtlich «britischer Seeleute in Not» auf Tapscott erwachsen konnten, Rechtsverordnungen, die ihn hätten zwingen können, die Bahamas in Richtung England zu verlassen. Zum Glück erfuhr Tapscott zu diesem Zeitpunkt nichts von alledem.

Bob Tapscott konnte sich also, wiewohl er sich um seine Zukunft sorgte, vorerst weiter in der Wärme der Bahamas erholen. Widdicombe hingegen sah sich der Realität des im Februar eisig kalten Nordatlantiks ausgesetzt. Immerhin war er Passagier und musste nicht an Bord arbeiten und in der bitteren Kälte Wache gehen. Die ersten Tage waren reine Routine. Das Schiff bewegte sich in der Neutralitätszone in Richtung Halifax. Am 7. Februar 1941, fünf

Tage nach der Abfahrt aus New York, verließ die *Siamese Prince* den schützenden Hafen von Halifax und machte sich auf den Weg zurück nach England.[8] Das knapp 135 Meter lange Schiff hatte eine Besatzung von 58 Mann an Bord, dazu einen Kanonier, Roy Widdicombe und sieben weitere Passagiere. Die *Siamese Prince*, 1929 in Glasgow von Richardson, Westgarth & Co. für die Prince Line gebaut, war genauso alt wie die *Anglo-Saxon* und die *Widder*, hatte aber im Gegensatz zu diesen immerhin zwei Acht-Zylinder-Dieselmotoren, die 1350 PS erzeugten und das Schiff auf 15 Knoten bringen konnten; damit war sie für jedes U-Boot, das ihren Weg kreuzte, ein schwieriges Angriffsziel. Kapitän Litchfield wollte die Reise schnell hinter sich bringen, weil er eine kostbare Ladung gefrorener Rinderhälften an Bord hatte, begehrte Ware im kriegsgebeutelten Großbritannien.

Im Winter kann der Nordatlantik grau, bitterkalt und stürmisch sein. So war es auch auf der Fahrt der *Siamese Prince* nach Liverpool. Die Besatzung und Roy Widdicombe kannten dieses Wetter, aber einige der Passagiere dürften sich für den Großteil der rauen Überfahrt in ihre Unterkünfte zurückgezogen haben. Widdicombe, der berühmte Seemann, wird allen, die ihm zuhörten, seine Geschichte von der Reise in der Jolle zum Besten gegeben haben. Sicher verbrachte er auch einige Zeit im Vorschiff, um der Besatzung seine Erlebnisse zu berichten und sich dann deren Geschichten anzuhören, nur um sie sogleich mit eigenem Seemannsgarn zu überbieten.

Die Tage auf See vergingen, und daheim in England wurden die letzten Vorbereitungen getroffen, Widdicombe einen angemessenen Empfang zu bereiten.[9] Ronald Cross, der Schifffahrtsminister, war verhindert und konnte nicht aus London anreisen, aber das Ministerium hatte seinen Vertreter in Liverpool, Kapitän Hunter, und einen Bevollmächtigten des Ministers, Mr. Torrey, abgestellt, um Widdicombe im Namen des Ministers zu Hause willkommen zu heißen. Auch die Nitrate Producers Steam Ship Co., Besitzerin der *Anglo-Saxon*, steuerte ihren Teil bei und lud zu einem Festmahl für Widdicombe und die Willkommensgäste. Die Anwesenheit des Bürgermeisters von Liverpool sollte dem Anlass zusätzlichen Glanz verleihen. Großzügig bezahlten die Schiffseigner Cynthia Widdicombe die Fahrkarte von Newport, Wales, nach Liverpool, damit sie zu den Ersten gehören konnte, die ihren Mann begrüßten, sobald er wieder Fuß auf britischen Boden gesetzt hatte. Die Regierung benachrichtigte die Presse, um die ganze Nation, die so viele schlechte Nachrichten zu verkraften hatte, an einem stolzen und freudigen Augenblick teilhaben zu lassen.

Am 17. Februar dürfte an Bord der *Siamese Prince* erste Vorfreude geherrscht haben, denn die Reise sollte bald vorbei sein. Bei heulenden Winden und rauer See war es nur noch ein Tag bis Liverpool. Zwar bereitete einigen dieses Wetter Unbehagen, doch bot es durchaus gewissen Schutz, da es einem feindlichen U-Boot erschwert wurde, in Schussposition zu kommen. Zur Sicherheit fuhr die *Siamese Prince* einen Zickzack-Kurs, änderte die Richtung willkürlich, damit das Schiff möglichst nicht ausfindig zu machen war.[10]

Doch die *Siamese Prince* war nicht allein in diesem sturmgepeitschten Abschnitt des Atlantiks südwestlich der Färöer-Inseln. Mehrere Tage lang hatte sich die *U-69*, von ihrem deutschen Heimathafen kommend, um die Nordspitze der Britischen Inseln bis hierher in den Atlantik vorgearbeitet, wo sie genau auf jene Art von Ziel lauerte, wie es die sich heimwärts kämpfende *Siamese Prince* bot.[11] Da das schlechte Wetter jede astronomische Positionsbestimmung auf dem deutschen Boot unmöglich machte, musste sich Kommandant Jost Metzler ganz auf seinen Navigationsoffizier Marienfeld und dessen Fähigkeiten verlassen, Positionen möglichst genau zu plotten. Indem sie peinlich genau jede Kurs- und Geschwindigkeitsänderung aufzeichneten und die Versetzung durch Strömungen einkalkulierten, war man sich an Bord ziemlich sicher, die Inseln nördlich von Schottland hinter sich gelassen zu haben. Die Strömungsänderungen und die schweren Brecher, die das Boot hüpfen und schlingern ließen, zeigten ihnen deutlich an, dass sie ihr Jagdrevier im Atlantik erreicht hatten.

Für das U-Boot und seine Besatzung war es die erste Feindfahrt; es gab zwar eine Reihe von erfahrenen Männern an Bord, doch der Großteil waren Seeleute, die noch keinen Angriff auf ein feindliches Schiff miterlebt hatten. Viele Monate lang hatten Metzler und seine Offiziere die Mannschaft trainiert, bis alle voll einsatzbereit schienen, doch stand eine echte Prüfung noch aus. Die Einsatzfähigkeit der Besatzung war nicht die einzige unbekannte Größe, als *U-69* an jenem 17. Februar ihre Suche begann. Das U-Boot war mit zwei verschiedenen Arten von Torpedos ausgestattet, die beide erhebliche Nachteile hatten. Die ältere Bauart mit der Typenbezeichnung G7a war zuverlässiger, zog aber eine deutlich sichtbare Blasenspur hinter sich her, die vom Ziel aus gesichtet werden konnte und dem angegriffenen Schiff so die Möglichkeit eröffnete auszuweichen. Zwar erzeugten die neuen elektrischen Torpedos G7e keine solche Spur, doch verfügten sie über einen launenhaften und unzuverlässigen Zündmechanismus. Zu alldem kamen noch das raue Wetter und die schlechte Sicht.

Diese Schwierigkeiten konnten durch den Enthusiasmus der noch frischen Crew aufgewogen werden. Nach vielen Übungseinheiten warteten die Männer begierig auf ihren ersten Einsatz und die Vernichtung feindlicher Tonnage. Der Kommandant und die erfahrenen Besatzungsmitglieder wussten allerdings, dass sie bei den schlechten Wetterbedingungen möglicherweise viele Tage mit unergiebigem Warten verbringen mussten. Den ganzen Tag über schoben die Männer bei trübem Wetter Wache und hielten vom Turm aus Ausschau; immer wieder wurden sie durchnässt und ab und zu auch von einer Welle aus dem Gleichgewicht gebracht. Bei seiner Überwasserfahrt auf der Suche nach Beute rollte und schlingerte das U-Boot. Es war später Nachmittag, und es sah ganz so aus, als sollte ihr erster Tag in der schweren See mit einer Enttäuschung enden. Da entdeckte Steuermann Bade eine Mastspitze.

Von Westen näherte sich ein großer Frachter im Zickzack-Kurs. Kommandant Metzler befahl alle Mann auf Station und versuchte, sich gegenüber seinem Opfer in Position zu bringen. Seine Besatzung, deren Nerven bei diesem ersten Einsatz sehr angespannt waren, wollte unbedingt einen Erfolg. Der Zickzack-Kurs des Schiffs bereitete nur wenig Probleme, da sich das U-Boot weit vor dem Frachter befand und ihn beobachten konnte, um so den Hauptkurs zu bestimmen, den er zu nehmen versuchte. Angesichts der schweren See riskierte es der Kommandant, den älteren kompressorgetriebenen Torpedo einzusetzen. Bei einbrechender Dunkelheit näherte sich das U-Boot seinem Ziel: 2700 Meter, 900 Meter, schließlich 720 Meter; dann gab der Kommandant Feuerbefehl, und ein Torpedo zischte aus Rohr 1.

An Bord des Frachters ahnte niemand, dass sich ein U-Boot in der Nähe befand. Die Abwehrkanone des Schiffes stand starr und unbesetzt am Bug; alle an Bord gingen ihrer Arbeit nach und warteten darauf, in Liverpool einzutreffen. Plötzlich wurde der Abend von einer ohrenbetäubenden Explosion und einem ungeheuren Schlag erschüttert. Die *Siamese Prince* war tödlich verwundet. Der Frachter fuhr noch ein kurzes Stück, dann blieben die Motoren stehen und das krängende Schiff lag hilflos im Wasser. Die Männer, die die Explosion überlebt hatten, setzten die Rettungsboote aus. Falls Widdicombe zu ihnen gehörte, wäre dies seine dritte Evakuierung in die Boote gewesen. Irgendwo an Bord des hilflosen Schiffs blieb ein Funker auf seinem Posten und funkte SOS und die Position, auf der sich alles dies zutrug.

Kapitänleutnant Metzler befürchtete, dass der Notruf britische Zerstörer auf den Plan rufen könnte. Ihm wurde gemeldet, dass am

Horizont möglicherweise Suchscheinwerfer gesichtet worden waren, vielleicht britische Kriegsschiffe. Dies war für Metzler Grund genug, einen zweiten Torpedo abzufeuern, obwohl sich die Rettungsboote noch in der Nähe der *Siamese Prince* befanden. Diese zweite Explosion vernichtete das Schiff und alle Männer in den Booten. Innerhalb von Sekunden verglomm der Schein der Explosion, die *Siamese Prince* ging senkrecht, das Heck in die Höhe, unter und riss alle mit sich: Besatzung, Kanonier, die sieben Passagiere und Roy Widdicombe.

In der Lewis Street in Newport hatten die Nachbarn zur Feier der Rückkehr ihres Helden die Straße mit patriotischen Girlanden geschmückt.[12] Es hatte in dieser Straße Opfer gegeben, unter ihnen Leslie Morgan, doch die Vorfreude auf Widdicombes Heimkehr hatte alle erfasst. Cynthia Widdicombe hatte ihren Koffer gepackt und die Eisenbahnfahrkarte für die Fahrt nach Liverpool in der Tasche; sie wartete nur noch auf die Nachricht, wann Roy endgültig eintreffen sollte. Die Nachricht, die sie erhielt, war tatsächlich endgültig. Sein Schiff war versenkt worden. Schiffe, die zur Rettung hinzueilten, nachdem sie den SOS-Ruf empfangen hatten, konnten am Ort des Geschehens keine Überlebenden mehr bergen. Statt zu Cynthia zu gehen und mit ihr zu feiern, wie sie es drei Monate zuvor getan hatten, kamen nun Personen wie Betty McAteers Mutter, um die trauernde Witwe zu trösten, obwohl sie noch den Verlust ihrer eigenen Lieben beklagten.

Die grausame Wendung des Schicksals war für alle, die Roy Widdicombe kannten oder von seiner Geschichte gehört hatten, unvorstellbar. Natürlich gab es noch die Spur einer Hoffnung, dass dieser Mann, der schon zweimal davongekommen war, es auch diesmal irgendwie geschafft hatte. Doch diese Hoffnung sollte sich nicht erfüllen. Zeitungen in ganz Großbritannien und den Vereinigten Staaten brachten die traurige Meldung. Für die Briten, die so schwer unter den Angriffen der Deutschen zu leiden hatten, war der Tod Roy Widdicombes von besonderer Tragik.

Im Seamen's Church Institute, wo der gesellige Widdicombe alle beeindruckt hatte, kreisten die Gespräche um die Nachricht von seinem Tod.[13] Einer seiner ehemaligen Schiffskameraden ging ins Büro, wo die Männer sich registrieren ließen. Unter Widdicombes Eintrag, der ein paar Wochen alt war, strich er die Adresse Lewis Street aus und setzte stattdessen ein «Im nassen Grab». Die Seeleute der alliierten Handelsschifffahrt lieferten sich permanent dem Risiko aus, das Roy Widdicombe hatte drei Mal ein Schiff verlieren lassen, und so war sein Tod für sie alle ein persönlicher Verlust, auch wenn sie den Mann nicht gekannt hatten.

Aufgrund der Sicherheitsbestimmungen in Kriegszeiten gelangte die Nachricht von Widdicombes Tod verspätet auf die Bahamas.[14] Der erste Bericht war eine Meldung der Associated Press am Morgen des 27. Februar 1941, ganze zehn Tage nachdem *U-69* die *Siamese Prince* versenkt hatte. Die Meldung war vage. Sie nannte keinen Schiffsnamen, und auch das Datum der Versenkung war nicht korrekt, doch es hieß, es habe sich um das Schiff gehandelt, auf dem Roy Widdicombe nach England hatte zurückkehren sollen. Der einzige Hoffnungsschimmer lag in den Worten, die Reederei sei «nicht in der Lage, Einzelheiten der Versenkung zu nennen oder Auskunft über das Schicksal der Besatzung und Widdicombes zu geben». Da nichts endgültig schien, konnte man sich immer noch der Phantasie hingeben, dass Widdicombe es irgendwie geschafft haben mochte, im kalten Wasser des winterlichen Nordatlantiks zu überleben.

Bob Tapscott gehörte zu denjenigen, die sich an diesen Strohhalm klammerten. Als die Nachricht per Kabel beim *Nassau Guardian* eintraf, begriff Mary Mosely, die Herausgeberin der Zeitung, wie vernichtend diese Neuigkeit für den einzigen anderen Überlebenden der *Anglo-Saxon* sein musste. Um zu verhindern, dass er zufällig oder aus der Zeitung davon erfuhr, suchte sie Tapscott im Hotel Lucerne auf und überbrachte ihm persönlich die traurige Nachricht. In der Abendausgabe war zu lesen, wie der zutiefst getroffene Tapscott reagiert hatte: «Es ist furchtbar. Ich hoffe nur, dass sie von einem U-Boot versenkt worden sind – dann dürfte Widdicombe eine erheblich größere Chance gehabt haben, vom Schiff zu kommen, als bei einem schwer bewaffneten Hilfskreuzer.» Tapscott dachte dabei offenkundig an den Angriff auf die *Anglo-Saxon*, bei dem die Rettungsflöße mit Maschinengewehrfeuer brutal zusammengeschossen worden waren. Er muss dies für die übliche Vorgehensweise eines Hilfskreuzers gehalten haben und ahnte nicht, dass die *U-69* einen zweiten Torpedo in die *Siamese Prince* gejagt hatte, obwohl die Rettungsboote sehr nahe beim Schiff und der zerstörerischen Wirkung der Explosion hilflos ausgeliefert waren.

Für Bob Tapscott, dem es ohnehin schwer fiel, wieder im Leben Fuß zu fassen, war dies ein ungeheurer Schlag. Roy Widdicombe und er waren in nahezu jeder Hinsicht Gegensätze gewesen, aber die gemeinsam durchlittene Zeit in der Jolle hatte sie zu Brüdern gemacht. Nur sie beide wussten, wie eng die Bande zwischen ihnen waren. Nun war einer von ihnen tot, Tapscott war der letzte Überlebende. Von der gesamten Besatzung der *Anglo-Saxon* gab es nur noch ihn. Mit neunzehn Jahren hatte er Schrecken und Härten durchgestanden, die selbst die stärkste Seele verheert hätten. Er saß vollkommen allein in einem Hotel in der surrealen Welt eines Urlaubsorts in Kriegszeiten und musste sich ohne jeden Beistand mit seiner Geschichte auseinander setzen.

Kapitel 19 **Verwundungen**

Mitte Februar 1941 schien sich Bob Tapscott vollkommen erholt zu haben. Er hatte sein altes Körpergewicht wieder erreicht, die Schrapnellwunden waren verheilt und hatten nur kleine Narben hinterlassen. Körperlich war er in guter Verfassung, doch schleppte er eine klaffende Wunde, eine tödliche Verletzung mit sich herum, die nicht heilen wollte und noch jahrzehntelang schwärte, bis sie ihn das Leben kostete.

1980 wurde der Begriff der posttraumatischen Stresserkrankung (Post-Traumatic Stress Disorder) formell in die medizinischen Lexika aufgenommen und tauchte auch in der dritten Auflage des *Diagnostic and Statistical Manual of Mental Disorders* der American Psychiatric Association auf.[1] Nachwirkungen von traumatischen Erlebnissen sind nichts Neues. Im Laufe der Jahrhunderte wurde auf verschiedene Art und Weise versucht, diese schwerwiegende Störung zu behandeln, die Methoden reichten von blanker Vernachlässigung bis zu strengem Krankenhausaufenthalt. Es gibt Beschreibungen ähnlicher Krankheitsbilder bei Veteranen aus dem Amerikanischen Bürgerkrieg, den beiden Weltkriegen und bei Überlebenden des Holocaust.[2] Tragisch ist, dass diese vielschichtige Erkrankung erst nach dem Vietnamkrieg klar erkannt und definiert wurde. Bis zu diesem Zeitpunkt waren die Symptome derjenigen, die sich mit traumatischen Erfahrungen auseinander setzen mussten, anderen, ähnlichen Störungen wie Depressionen und Angstzuständen zugeschrieben worden. Behandlungsmethoden waren kaum bekannt, zumal bei Ärzten, die sich nicht auf mentale Störungen spezialisiert hatten. Die Schwierigkeit einer genauen Diagnose besteht vor allem darin, dass es keinerlei körperliche Symptome gibt und die Patienten oft einen äußerlich gesunden Eindruck machen.

Ein Informationsblatt des National Center for Post-Traumatic Stress Disorder beschreibt das Problem wie folgt:

> «Posttraumatische Stresserkrankung (PTSD) ist eine psychische Erkrankung, die nach Erleben oder Miterleben lebensbedrohlicher Situationen wie militärischen Einsätzen, Naturkatastrophen, terroristischen Anschlägen, schweren Unfällen oder gewalttätigen körperlichen Übergriffen wie Vergewaltigung auftreten kann. Menschen, die an PTSD leiden, erleben diese Erfahrung häufig in Alpträumen oder ‹Rückblenden› wieder, haben Schlafstörungen und fühlen sich isoliert oder entfremdet; diese Symptome können so schwer sein und so lange andauern, dass das Alltagsleben betroffener Personen deutlich beeinträchtigt ist.
>
> PTSD zeichnet sich durch erkennbare biologische Veränderungen ebenso aus wie durch psychologische Symptome. Erschwerend kommt bei PTSD hinzu, dass sie häufig mit anderen, ähnlich gelagerten Störungen wie Depression, Drogen- oder Alkoholmissbrauch, Störungen der Erinnerung und der Wahrnehmung und anderen Problemen körperlicher und geistiger Gesundheit einhergeht. Die Störung tritt zudem in Verbindung mit Beeinträchtigungen bei der Wahrnehmung des sozialen oder familiären Lebens der betreffenden Person auf; als da sind berufliche Instabilität, Eheprobleme und Scheidung, Familienzwist und Erziehungsprobleme.»[3]

In der siebten Ausgabe des *Psychiatric Dictionary* der Oxford University Press von 1996 findet sich eine ähnlich gelagerte Definition, in der zudem ein weiteres Symptom benannt ist: «Bei vielen, die sich massiven Katastrophen ausgesetzt sahen, gibt es Schuldgefühle, überlebt zu haben (Überlebensschuld).»[4]

Heute führt das National Center for Post-Traumatic Stress Disorder innerhalb des United States Department of Veterans Affairs umfassende Studien durch und entwickelt Behandlungsmethoden und Therapien, um den von dieser Störung Betroffenen zu helfen. Es lässt sich nicht mit Bestimmtheit klären, ob Tapscott unter diesem Syndrom litt, doch hatte er im weiteren Verlauf seines Lebens, in dem er sich tapfer bemühte, allen Anforderungen des Alltags gerecht zu werden, mit großen Problemen zu kämpfen. Die Mediziner konnten nur wenig für ihn tun. Er musste sich allein helfen und seinen Weg finden.

Dr. Cruikshank, der oberste Gesundheitsbeamte der Bahamas, kümmerte sich intensiv um Tapscotts Genesung. Da man noch nichts von einem PTSD-Syndrom wusste, sah er bald keine Möglichkeit der Behandlung mehr; auch fehlte es ihm an Erklärungen für Tapscotts Zustand, die er gegenüber den Regierungsstellen vorbringen konnte. Die wiederum erhöhten den Druck, Tapscott in die Heimat zurückzuholen. Das Büro des Gouverneurs hatte in seinem Telegramm an das Colonial Office die Frage aufgeworfen, ob man Tapscott nicht im Rahmen der gesetzlichen Regelungen für «Seeleute in Not» zwingen könnte, nach England zurückzukehren; das Telegramm endete mit dem Hinweis, dass Tapscott auf Regierungskosten in Nassau lebe.[5] Der Beamte im Colonial Office erwiderte darauf: «Ich würde definitiv zögern bei dem Gedanken, so kurz nach der Leidenszeit, die er durchleben musste, irgendeine Art von Zwang auszuüben.»[6] In dem Bemühen, ihn nicht länger auf Regierungskosten durchzufüttern, wurde angefragt, ob es nicht möglich sei, «ihm für den Augenblick eine zeitweilige Arbeit in

Nassau zu beschaffen, unter der Maßgabe, dass sein Fall in sechs Monaten erneut vorgelegt wird?». Dieser Schriftwechsel fand zu dem Zeitpunkt statt, da Tapscott sich mit dem Tod von Widdicombe auseinander setzen musste.

Auch Cynthia Widdicombe hatte schwer mit diesem Schlag zu kämpfen. Mitte März erlosch der letzte Funke Hoffnung, als sie einen Brief vom Gouverneur der Bahamas erhielt, in dem der Herzog schrieb: «Nachdem wir Ihren tapferen Gatten auf den Bahamas kennen lernten, wohin es ihn auf wundersame Weise nach all den Gefahren auf See verschlagen hatte, waren die Herzogin und ich zutiefst getroffen, von seinem tragischen Tod durch Feindeshand auf dem Heimweg zu erfahren, und in Ihrer Trauer sind wir im Herzen bei Ihnen. (Unterzeichnet) Edward».[7] Tausende ihr Unbekannte auf der ganzen Welt sprachen der jungen Witwe ihr Beileid aus. Cynthia Widdicombe musste ihren Verlust tragen und sich allein dem Leben stellen.

Tapscott hatte extreme Schwierigkeiten, sich in seinem Leben zurechtzufinden. In einem späteren Krankenbericht hielt Major J. C. Richardson vom Royal Canadian Army Medical Corps fest: «Als er aus dem Krankenhaus in Nassau entlassen wurde, fühlte er sich anders, wie er sagt; er wollte niemanden treffen, allein sein. Er fing an, massiv zu trinken, zum einen, um seine Erfahrungen zu vergessen, zum anderen, um sich geselliger zu geben.»[8] Einige Menschen versuchten dem jungen Mann zu helfen, indem sie ihm Ablenkungen verschafften. Franklin Remington, ein Amerikaner aus Long Island, N. Y., der in Nassau überwinterte, lud Tapscott zu einem Segeltörn ein, nachdem dieser das Krankenhaus verlassen hatte, und überraschenderweise nahm Tapscott die Einladung an. Sie segelten auf Remingtons Schaluppe *Peg Leg* im Hafen und ankerten in der Nähe einer kleinen Insel, um dort zu picknicken und zu schwimmen. Remington weiß über Tapscott zu berichten: «Ich fand in ihm einen freundlichen Begleiter, bescheiden, mit guten

Manieren und in jeglicher Hinsicht geistig und gesellschaftlich auf der Höhe.»[9] So war Tapscott, wenn er guter Stimmung war, so war er früher gewesen und so sollte er auch in Zukunft immer wieder sein. Doch wie er Dr. Richardson erklärt hatte, kostete ihn dies große Beherrschung und Kraft. Der in Nassau beheimatete Anwalt Andrew McKinney begleitete Tapscott auf einer Sightseeing-Tour über New Providence Island.[10] Er erinnert sich, dass Tapscott sehr still war und nicht über sein schreckliches Erlebnis reden wollte. Dieses Verhalten verstärkte sich noch im Laufe der Zeit.

Im März 1941 ging die Diskussion der Regierungsstellen über Tapscotts Zukunft weiter. Eine Meldung des Colonial Office bezeichnet ihn als verarmt. Die Regierung unterhalte ihn und komme für seine Hotelkosten auf, zahle ihm 5 Shilling in der Woche und überweise seiner Mutter in England 11 Shilling und 8 Pence an wöchentlicher Unterstützung. Es ist ungeklärt, wo die 1300 Dollar geblieben waren, die Tapscott und Widdicombe nach Ripleys Radiosendung im Dezember erhalten hatten. Hatten sie zu gleichen Teilen geteilt? Hatte Tapscott sein Geld auf die Bank getragen oder nach Hause geschickt? Hatte Widdicombes ausschweifende Lebensweise auch Tapscotts Anteil verschlungen? Wie auch immer, im März 1941 lebte Tapscott von 5 Shilling Unterstützung, und die Regierung trug die Hotelkosten.

Die Ärzte hatten alles in ihrer Macht Stehende für Bob Tapscott getan; am 20. März erklärte Dr. Cruikshank ihn offiziell für gesund.[11] Damit wuchs der Druck auf den Seemann, sich mit seiner Zukunft zu beschäftigen. Mit seiner Entlassung aus der medizinischen Obhut entfiel zugleich die finanzielle Unterstützung für ihn und seine Mutter. Aber es gab auch gute Nachrichten. Aufgrund der besonderen Umstände erklärten sich die Eigner der *Anglo-Saxon* und das Schifffahrtsministerium zu einer außerordentlichen Zahlung an Tapscott bereit, die in seiner vollen Heuer vom Zeitpunkt der Versenkung bis zum letzten Tag der medizinischen Versorgung bestehen sollte, abzüglich der an ihn und seine Mutter bereits ausgekehrten Beträge. Diese sieben Monatsheuern reichten auch nach Abzug von etwa einem Drittel geleisteter Vorauszahlungen für einen Neuanfang.

Die offiziellen Stellen gaben den Versuch auf, Tapscott zur Rückkehr nach England zu bewegen und ihn im Rahmen der Bestimmungen über «Seeleute in Not» zurück in die Handelsmarine zu zwingen. Offenkundig wollten sie ihre Hände in Unschuld waschen; Tapscott sollte sich allein um seine Zukunft kümmern. Der Vorschlag, sich erst einmal auf den Bahamas Arbeit zu suchen, lockte ihn nicht. Aufgrund der schweren Zeit auf See und der jüngsten traurigen Nachrichten von Widdicombes Tod war Tapscott nicht gewillt, wieder den Dienst aufzunehmen, der früher sein ganzer Lebensinhalt gewesen war.[12] Nach der Bootsreise hatte er Angst allein im Dunkeln, laute Geräusche wie zum Beispiel Donner erschreckten ihn, er war zutiefst depressiv, und er hatte Angst, wieder auf See zu gehen – Reaktionen, die mehr als verständlich sind.

Dr. Cruikshank machte sich ernsthafte Sorgen um seinen Patienten. Er hatte Tapscotts zunehmende «Zurückgezogenheit» nach Widdicombes Tod bemerkt und war der Ansicht, es könne Tapscott nicht schaden, sich wieder mehr unter Menschen zu begeben. Cruikshank selbst wollte der Provinzialität Nassaus entkommen und dachte darüber nach, sich den kanadischen Streitkräften anzuschließen. Nun drängte er Tapscott, sich diese Möglichkeit ebenfalls durch den Kopf gehen zu lassen. Die Armee würde für Unterkunft, Verpflegung und Sold sorgen, und Tapscott hätte erneut die Gelegenheit, in Zeiten der Krise König und Vaterland zu dienen. Tapscott hatte wenig andere Optionen, seine Geldmittel waren begrenzt, und so beschloss er, diesem Rat zu folgen; allerdings zögerten sich seine Pläne durch die späte Auszahlung seiner Heuer weiter hinaus.

Im Frühling 1941 wurde auch über die Zukunft der Jolle entschieden. Clifford D. Mallory verstarb am 7. April in Miami, Florida.[13] Er war im Dezember einer der Bieter bei der Versteigerung gewesen, weil er das Boot der Marine Historical Association in Mystic, Connecticut, übergeben wollte; Mystic war der Ursprungsort der prosperierenden Schifffahrtsunternehmungen der Mallorys. Zehn Tage nach der Meldung vom Tod C. D. Mallorys berichteten die Zeitungen in Nassau, Lady Oakes habe beschlossen, die Jolle als Leihgabe dem Museum in Mystic zu überlassen, und Cora Munson, Mallorys Schwester, sorgte dafür, dass das Boot an Bord der S.S. *Evangeline* kam, die am 22. April nach New York auslief.[14] Schon wenige Wochen später war das Boot im Museum, dem späteren Mystic Seaport, zu besichtigen, und dort verblieb es fast sechzig Jahre.

Etwas mehr als einen Monat später erhielt Bob Tapscott seine Heuer; nun konnte er die Bahamas verlassen. Am 29. Mai fanden sich auf Seite zwei des *Nassau Guardian* zwei Artikel, die ähnliche Themen behandelten.[15] Der eine trug die Überschrift «Oberster Medizinischer Beamter tritt in den Militärdienst ein», darunter drei Absätze über die Abreise von Dr. Cruikshank mit Frau und Sohn nach Kanada, wo er sich der Royal Canadian Air Force als Sanitätsoffizier anschließen wollte. Etwas weiter unten auf der Seite dann ein Artikel mit der Überschrift: «Tapscott geht nach Kanada», darunter eine kurze Meldung, in der es hieß, Tapscott habe vor, in vier Tagen, also am 2. Juni, abzureisen, «um in die Canadian Army einzutreten und später nach Übersee zu gehen».

Bei seiner Abreise folgte Tapscott fast genau der Route, die auch Widdicombe genommen hatte. Sein erster Zwischenstopp war New York City, wo er, genau wie Widdicombe, Unterkunft im Seamen's Church Institute fand und von der Presse verfolgt wurde.[16] Ein Foto von ihm erschien in der *New York Times*, und das *Time Magazine* vom 9. Juni 1941 brachte eine ganze Spalte über das Leiden der beiden Männer, dazu ein großes Foto von Tapscott und Widdicombe in der Jolle, das nach fünfwöchiger Rekonvaleszenz aufgenommen worden war.

Auch Tapscott genoss die Gastfreundschaft des British Merchant Navy Club im Haus des Instituts, und Dr. S. B. Norton von der Zahnklinik im Hause ersetzte den Zahn, den er verloren hatte, als er während des Angriffs auf die *Anglo-Saxon* über Deck geschleudert worden war.[17] Anders als Widdicombe jedoch hielt sich Tapscott im Institut auf und nahm die Kleiderkammer nicht in Anspruch. Hier schien er wieder in seinem Element zu sein, unter britischen Handelsseeleuten, mit denen er sich über seine Reise auf der Jolle unterhalten konnte; er wusste, dass sie seine Qual zu begreifen vermochten. Einige, mit denen er sich unterhielt, hatten selbst schon Zeit in Rettungsbooten verbracht, doch keiner von ihnen hatte ähnliche Schrecken wie Tapscott erlebt. Fotos, die während seiner Zeit im Institut aufgenommen wurden, zeigen einen gesunden, gut aussehenden und offenbar entspannten jungen Mann.[18] Nach ein paar erholsamen Tagen brach er, genau wie Widdicombe, nach Halifax zu neuen Ufern auf.

Die Reise von New York nach Halifax verlief ohne Zwischenfälle. Tapscott übernachtete beim YMCA, und ein paar Tage nach seiner Ankunft, am 23. Juni 1941, trat er als einfacher Soldat mit der Tauglichkeitsstufe A, «tauglich für den allgemeinen Dienst», dem Royal Canadian Army Service Corps (Active Force), dem Unterstützungskommando für die Kampfkräfte, bei.[19] Er wurde der 3rd Division, Petrol Company, der Treibstoffkompanie der dritten Division, zugewiesen, deren Aufgabe es war, die Fahrzeuge mit Treibstoff zu versorgen, um den Vormarsch sicherzustellen. Ein schon unter normalen Umständen gefährlicher Job, da die Soldaten ständig mit leicht entflammbarem Benzin zu tun hatten; unter Kampfbedingungen war er noch erheblich riskanter.

Tapscott wurde nicht nur der Mut abgefordert, überhaupt Militärdienst zu leisten; er hatte eine Aufgabe übernommen, die ein Ausmaß an Courage verlangte, wie sie nur wenige aufgebracht hätten. Kaum sechs Wochen nach seinem Eintritt bestieg er ein Schiff, um wie Roy Widdicombe die Reise von Halifax nach Liverpool anzutreten.[20] Dieselben U-Boote, die schon so viele Schiffe versenkt hatten, lauerten auch jetzt. Tapscott war unter Fremden, mit denen er wenig gemeinsam hatte. Die meisten von ihnen waren Kanadier, die in einer Umgebung aufgewachsen waren, die sich völlig von der seiner Kindheit in Usk und Cardiff, Wales, unterschied. Er war Handelsmatrose mit fünf Jahren Erfahrung auf See, und er war bereits Kriegsveteran und hatte die Zerstörung von zwei Schiffen überlebt. Es gab niemanden, dem er sich anvertrauen konnte, während er sich bemühte, seine Ängste und Phobien unter Kontrolle zu halten; er musste den Erwartungen genügen, die andere an ihn als Soldat stellten.

Mitte Juli, als Tapscott Halifax bereits verlassen hatte, erschien in den Vereinigten Staaten Guy Pearce Jones' Buch über die Reise in der Jolle, *Two Survived*. Der Titel stieß auf reges Interesse, bis Ende August waren bereits 12 000 Exemplare verkauft worden.[21] Tapscott selbst erfuhr nichts von diesem Erfolg, Woche um Woche bahnte sich sein Schiff seinen Weg über den Atlantik, genau wie Widdicombes Schiff im Februar. Kurz vor Liverpool passierten sie die Stelle, wo die *Siamese Prince* torpediert worden war, und ihre Besorgnis wuchs. Am 19. August 1941 setzte Bob Tapscott zum ersten Mal seit über einem Jahr seinen Fuß wieder auf englischen Boden.

Nachdem die 3rd Division, Petrol Company, in Liverpool eingetroffen war, wurde sie ins Tweedsmuir Camp in die Nähe von Godalming in Surrey verlegt, wohin die meisten kanadischen Truppen kamen, bevor sie regulären britischen Militärbasen zugeteilt wurden. Tapscott hatte seine Familie seit mehr als zwölf Monaten nicht gesehen und bat um viertägigen Urlaub, den er auch erhielt.[22] Am 25. August fuhr er heim nach Cardiff. Der Besuch muss schmerzliche Gefühle nach sich gezogen haben, denn einen Monat später unternahm er die erste von mehreren unerlaubten Heimreisen, die seine Zeit bei der Armee stark belasteten. Er entfernte sich für vier Tage, 17 Stunden und 55 Minuten unerlaubt von der Truppe, und als er zu seiner Einheit zurückkehrte, wurde er mit 14 Tagen Soldabzug bestraft. Diese Unbotmäßigkeit überraschte Tapscotts Offiziere, da er in Kanada einen sehr zuverlässigen Eindruck gemacht hatte; er schien mit seiner Situation zufrieden zu sein und führte sich tadellos. Später erklärte Tapscott, er habe gewusst, dass es falsch gewesen sei, doch habe er nach der schweren Zeit das dringende Bedürfnis gehabt, seine Familie zu besuchen.

Tapscott konnte nicht wissen, dass mehrere Menschen mit engen persönlichen Bindungen an die *Anglo-Saxon* in der Nähe des Tweedsmuir Camp lebten. Die Eltern von Roy Pilcher waren in Godalming zu Hause. Ted Milburn, der zehnjährige Sohn des Leitenden Ingenieurs Eddie Milburn, besuchte die Royal Merchant Navy School in Wokingham, keine vierzig Kilometer von Godalming entfernt. Einige Monate nach dem Tod ihres Gatten hatte Ethel Milburn eine Karte aus dem Buckingham-Palast mit folgendem Wortlaut erhalten: «Die Queen und ich fühlen in Ihrem großen Schmerz aus tiefstem Herzen mit Ihnen. Wir beten dafür, dass die Dankbarkeit Ihres Landes für dieses so ehrenvoll gegebene Leben im Dienste für die Heimat Ihnen einen gewissen Trost bringen möge.» Gezeichnet George R. I.[23] Der Krieg hatte Ted, wie so viele andere Kinder auch, entwurzelt; er lebte 500 Kilometer von zu Hause, von Mutter und Bruder entfernt. Derek folgte ihm zwei Jahre später auf dieselbe Schule, und beide machten ihren Weg in der Handelsmarine. Ted Milburn war von der Organisation Young America Wants to Help «adoptiert» worden[24]: Die Shore Country Day School in Beverly, Massachusetts, wollte einen Jungen unterstützen, der seinen Vater im Krieg verloren hatte, und schickte die

Der zehnjährige Ted Milburn ein Jahr nach der Versenkung der *Anglo-Saxon* in der Uniform der Royal Merchant Navy School, wo er seine Laufbahn bei der Handelsmarine begann.

ganze Kriegszeit hindurch jedes Jahr 80 Pfund für Ted. Während seiner gesamten Zeit auf der Royal Merchant Navy School wusste Ted nicht, dass sich in der Nähe ein Mann aufhielt, der den Angriff auf die *Anglo-Saxon* zusammen mit seinem Vater erlebt hatte. Mehrere Monate lang schien das Leben für Bob Tapscott in geregelten Bahnen zu verlaufen. Innerhalb der Kompanie erregte sein Ruhm offenbar wenig oder gar kein Aufsehen. Seine Vorgesetzten sahen in ihm einen guten Soldaten und angenehmen jungen Mann, der mit den anderen Männern seiner Einheit auskam. Auch die Offiziere und Unteroffiziere mochten und schätzten ihn. Das einzig Ungewöhnliche, das seiner Umgebung auffiel, waren seine Nervosität und seine Angst vor der Dunkelheit. Das führte im Februar 1942 zu Problemen, als er zum nächtlichen Wachdienst eingeteilt wurde. Mit seiner ausgeprägten Phobie gegen das Alleinsein bei Nacht war dieser Dienst nicht zu vereinbaren, doch kaum jemand schien zu begreifen, wie tief gehend diese Aversion tatsächlich war. Erneut entfernte sich Tapscott unerlaubt von der Truppe, diesmal für weniger als zwei Tage, wofür ihm neun Tage Sold abgezogen wurden. Dieses relativ geringe Vergehen war nur der Auftakt zu einer ernsthaften Krise, die seine Zeit bei der Armee entscheidend beeinflusste. In der Nacht zum 16. März eigneten sich Tapscott und ein anderer Soldat einen Armeelaster der Einheit an und fuhren damit nach Cardiff. Tapscott behauptete später, es sei der andere gewesen, der den Laster genommen habe, und dass ihm am nächsten Morgen, nachdem er bei seiner Mutter gewesen sei, der Ernst seines Vergehens bewusst geworden sei und er versucht habe, den Laster zu finden und zurückzubringen. Als ihm dies nicht gelungen sei, sei er einfach daheim geblieben. Eine Woche später griff die Militärpolizei ihn und den zweiten Soldaten auf, und beide wurden vor ein Kriegsgericht gestellt. Im Verlauf des Verfahrens kamen auch Tapscotts frühere Leidenszeit auf See, sein langer Krankenhausaufenthalt, sein Mut und sein heroischer Einsatz zur Sprache. Während sein «Komplize» schuldig gesprochen wurde und sechs Monate in einem Militärgefängnis absitzen musste, befand das Gericht zwar auch Tapscott für schuldig, erkannte aber die besonderen Umstände seiner Situation und ordnete seine Überstellung ins Canadian 1st Neurological Hospital in Basingstoke, England, an, wo er gründlich medizinisch untersucht werden sollte. Endlich gelangte Tapscott in die Obhut von Sanitätsoffizieren, deren spezielle Ausbildung es ihnen ermöglichte, seine Symptome zu erkennen und ihm möglicherweise zu helfen.

Tapscott wurde am 6. Mai 1942 in das Krankenhaus eingewiesen. Er traf dort auf Ärzte, mit denen er über sein Leiden, über seine Ängste und seine Abscheu gegen die Armee sprechen konnte, und es muss eine große Erleichterung für ihn gewesen sein, sich diese Last von der Seele zu reden. Dabei enthüllte sich das ganze Ausmaß seiner Verzweiflung. Das Krankenhauspersonal bemerkte, dass er still und zurückhaltend war, Zeit damit verbrachte, teilnahmslos vor sich hin zu starren, nie von sich aus sprach und leicht depressiv wirkte. Endlich konnte er aussprechen, dass es ihm in der Armee von Anfang an nicht gefallen hatte; er erklärte den Ärzten, dass er um seine Entlassung nachsuchen wolle, um wieder in die Handelsmarine einzutreten, wo er seinem Land wirkungsvoll dienen könne, statt seine Zeit mit den Routineaufgaben wie Wacheschieben und Küchendienst zu verschwenden, die die Armee ihm zuwies. Tapscott war angesichts der scheinbaren Aussichtslosigkeit seines Wunschs, die Armee wieder zu verlassen, nur noch depressiver und introvertierter geworden.

Den Ärzten gegenüber offenbarte er auch, wie tief ihn die Schrecken seiner Erlebnisse an Bord der *Anglo-Saxon* und in der Jolle geprägt hatten. Er berichtete von den Ängsten, die ihn plagten; und er verriet, dass er in den vergangenen zwei Monaten so deprimiert gewesen sei, dass er sich am liebsten umgebracht hätte[25] – Symptome, die heute wahrscheinlich für die Diagnose einer posttraumatischen Stresserkrankung ausreichen würden.[26]

Dr. Richardson und seine Kollegen in Basingstoke erkannten, wie schwerwiegend die Probleme waren, mit denen sich Bob Tapscott auseinander setzen musste, und waren bemüht, ihm zu helfen. In einem Bericht Dr. Richardsons heißt es: «Ich habe den Eindruck, dass es sich hier um eines der wenigen Beispiele echter ‹Kriegsneurose› handelt, die wir bisher gesehen haben – sein psychoneurotischer Zustand wurde nahezu ausschließlich durch die geistige Überanstrengung ausgelöst, die mit seinen Erlebnissen auf See durch Feindeinwirkung einherging, und es gibt offenkundig wenig Anhaltspunkte für eine mögliche Prädisposition.»[27] Der Arzt stellte fest, dass es sich bei Tapscott um eine normale, intelligente, freundliche und sanfte Persönlichkeit handelte, die ein völlig normales Leben geführt hatte, bis die Erlebnisse auf See die innere Verwundung ausgelöst hatten; nun musste er als Folge dessen mit starken Ängsten leben. Der Arzt weiter: «Sein Zustand lässt sich also als nachlassender Angstzustand beschreiben, verbunden mit einer stärker werdenden (reaktiven) Depression. Nach meinem Eindruck ist er für den Militärdienst gänzlich ungeeignet und könnte bei weiterem Verbleib in der Armee leicht ein gefährliches Maß an Depression erreichen – dazu weitere Verhaltensauffälligkeiten. Ich könnte mir denken, dass er im Augenblick am besten einer ruhigen zivilen Beschäftigung nachgehen sollte. Nach ein paar Monaten bei einer solchen Arbeit in der Heimat ist er vielleicht wieder tauglich für die Handelsmarine.»

Die offizielle Diagnose des Arztes, «Angstneurose», schien korrekt; Dr. Richardsons Empfehlungen deckten sich mit dem, was Tapscott für die beste Lösung seiner Probleme hielt. Es hatte den Anschein, als reagierte das Militär endlich sensibel auf seine Nöte. Der Leitende Sanitätsoffizier des Canadian 1st Neurological Hospital entließ ihn am 27. Mai nach dreiwöchiger Untersuchung und gab folgende drei Empfehlungen ab: Tapscott sollte als ‹E› eingestuft werden, als völlig untauglich für jeden Dienst. Ferner sollte er an seine Einheit rücküberstellt werden, damit dort die Anklagen des Kriegsgerichts aufgehoben werden könnten. Der letzte Vorschlag lautete, Tapscott «sollte in England aus der Armee entlassen werden».[28] Die ersten beiden Vorschläge wurden prompt umgesetzt. Zwei Tage nach seiner Entlassung aus dem Krankenhaus wurde er dienstuntauglich geschrieben, und die verhängten Strafen, sechs Monate Gefängnis und eine Geldbuße, wurden erlassen. Das Gericht bewies sein Verständnis und sein Mitgefühl und formulierte: «Die Leistung, die dieser Junge bereits im Krieg erbracht hat, stellt zweifelsohne einen Faktor dar, der ihn aus der Menge der üblichen Fälle hervorhebt.»[29] Captain R. A. Ritchie schloss den Fall und befürwortete noch einmal den Vorschlag, Tapscott solle in England aus dem Dienst entlassen werden.

Doch hier versagte die Canadian Army. Möglicherweise dachten die zuständigen Stellen über eine Entlassung Tapscotts nach, aber dazu kam es nicht. Eine der Bedingungen, ihn in England zu entlassen, lautete, dass Tapscott dort auch Arbeit finden müsse. Es scheint Anfragen in dieser Richtung gegeben zu haben, so existiert ein Brief vom 24. Juli 1942 von einem Arbeitgeber in Godalming. Warum die Armee die Ratschläge eines Militärarztes und eines Kriegsrichters nicht weiterverfolgte, ist nicht dokumentiert; Tapscott wurde ins Tweedsmuir Camp zurückgeschickt, wo er auf weitere Order warten sollte. Die Enttäuschung war ungeheuer, und Tapscott entfernte sich erneut unerlaubt von der Truppe. Am 2. Oktober, mehr als vier Monate nach seiner Entlassung aus dem Krankenhaus, trat er auf einem Schiff erneut die Reise über den Atlantik nach Halifax an, wo er am 12. Oktober eintraf.[30]

In Kanada mahlten die bürokratischen Mühlen des Militärs zermürbend langsam. Im November verschwand Tapscott zweimal ohne Erlaubnis und wurde erneut kurzzeitig in ein Krankenhaus eingeliefert. Dann endlich, am 7. Dezember 1942, ein Jahr nach dem Angriff auf Pearl Harbor und zwei Jahre nach der Radiosendung mit Ripley, wurde Robert George Tapscott aus medizinischen Gründen aus der Canadian Army entlassen.[31] Er hatte ein Jahr und 174 Tage in einer für ihn unerträglichen Lage ausgeharrt.

Doch Tapscott war kein Mensch, der vor dem zurückwich, was er als seine Pflicht ansah. Von Halifax aus machte er sich auf den Weg zum Merchant Seamen's Manning Pool, einer Art Handelsmatrosenvermittlungsstelle, auf der Craig Street in Montreal. Dort bot er seine Dienste an; er war gewillt, sich erneut den Gefahren zu stellen, die der Handelsmarine im Krieg drohten. Angesichts des chronischen Mangels an Matrosen dauerte es nicht lange, bis er ein Schiff gefunden hatte. Am 5. März 1943 heuerte er auf der *Fort Bedford* an, einem nagelneuen Schiff, das gerade in Vancouver, an der Westküste Kanadas, fertig gestellt wurde, und Tapscott machte sich auf die lange Eisenbahnfahrt quer über den nordamerikanischen Kontinent. Mehr als zweieinhalb Jahre waren seit dem Angriff auf die *Anglo-Saxon* vergangen, und noch immer war es kriegsbedingt auf den Weltmeeren extrem gefährlich. Zwar fuhr er diesmal hinaus in den Pazifik, doch der Feind, der dort unter der Wasseroberfläche lauerte, war ebenso todbringend wie die U-Boot-Rudel, die es auf die Atlantikkonvois abgesehen hatten. Seine Fahrt auf der *Fort Bedford* sollte ihn auch in den Atlantik und hoffentlich zurück nach England führen.

Tapscott fuhr an der amerikanischen Westküste hinunter in den Pazifik, wo nicht nur feindliche U-Boote patrouillierten, sondern wo sich auch Hellmuth von Ruckteschells zweiter Hilfskreuzer, die *Michel*, aufhielt. Von Ruckteschell hatte das Kommando auf dem Schiff, zwei Wochen nachdem Tapscott auf der *Fort Bedford* anheuerte, abgegeben, und nun wurde die *Michel* in Japan von ihrem neuen Kommandanten auf die zweite Feindfahrt vorbereitet. Beide Schiffe befanden sich in demselben Ozean, doch stellte die *Michel* keine Bedrohung für die *Fort Bedford* dar.

Wie alle britischen Handelsschiffe jener Zeit trug auch die *Fort Bedford* ein Verteidigungsgeschütz, und Artilleristen der Organisation DEMS (Defensively Equipped Merchant Ships) bildeten den Kern der Geschützmannschaft. Harry Griffin, der heute in Bristol, England, lebt, diente als Kanonier auf der *Fort Bedford* und erinnert sich gut an Tapscott.[32] Griffin war 1942 als Reservist der Royal Navy in den aktiven Dienst übernommen worden. Nach der DEMS-Ausbildung in Schottland machte er mehrere Reisen über den Atlantik nach und von Halifax. Im Januar 1943 nahm er wie Tapscott den transkanadischen Zug nach Vancouver, um sich auf der *Fort Bedford* einzuschiffen. Wie die anderen Besatzungsmitglieder mochte und respektierte auch er Tapscott; er erinnert sich, dass dieser sehr still war und nie lächelte. Er sei ein echter Profi gewesen, der wenig Geduld für schlechte Arbeit anderer Besatzungsmitglieder aufbrachte. Griffin erinnert sich auch, dass Tapscott unter Schlafstörungen litt und nachts auf Deck herumlief und rauchte. Eines Abends habe er bei einem solchen Deckspaziergang bemerkt, dass das Schiff aufgrund unsachgemäßer Ruderausschläge Schlangenlinien fuhr; er habe dann persönlich per Schiffstelefon auf der Brücke angerufen und durchgegeben, die Männer sollten einen geraden Kurs steuern.

Die *Fort Bedford* fuhr unbehelligt an der kalifornischen und mexikanischen Küste entlang und durchquerte den Panamakanal.

Tapscott hielt sich abseits. Wenn die anderen von ihren Abenteuern erzählten, verlor er kein einziges Wort über seine Geschichte. Nur der Kapitän und der Zweite Offizier wussten von seiner Vergangenheit. Als das Schiff an Pier 83 am Hudson River in New York anlegte, gelangte die Information an die Presse, dass Robert Tapscott, der Held, über den fast zwei Jahre zuvor so viel geschrieben worden war, zurückgekehrt sei. Doch Tapscott wollte nicht über seine Erlebnisse berichten, weder seinen Gefährten noch den Zeitungen. In New York und später in Boston und Halifax ging er mit seinen Schiffskameraden auf Landgang, blieb aber verschlossen.

Sie kamen sicher in England an, und am letzten Tag des Mai 1943 musterte Bob Tapscott von der *Fort Bedford* ab. Er hatte sich selbst bewiesen, dass er trotz der schweren Angstzustände, die ihn befielen, seine Pflichten als Vollmatrose erfüllen konnte.

In den verbleibenden Kriegsjahren machte Tapscott noch sechs weitere Reisen, zwei Fahrten brachte er nicht zu Ende, einmal aus medizinischen Gründen, in einem zweiten Fall ist der Grund nicht festzustellen.[33] Es waren dies Zeichen eines nicht genau durchschaubaren Musters beruflicher Unzuverlässigkeit, das mit seinem unerlaubten Entfernen von der Truppe begonnen hatte und auch in der Zukunft immer wieder auftreten sollte. Bei Kriegsende jedoch bewiesen seine Auszeichnungen, dass Bob Tapscott seinem Land mit Erfolg gedient hatte. Von der britischen Regierung erhielt er die War Medal 1939–45, den Merchant Navy Star 1939–45, den Merchant Navy Atlantic Star, den Merchant Navy Pacific Star und den Merchant Navy Italy Star. Die kanadische Regierung verlieh ihm die Defence Medal, die Canadian Volunteer Service Medal mit Spange und eine weitere War Medal 1939–45.[34] Zudem wurde ihm die Ehre zuteil, das Kriegsdienstabzeichen tragen zu dürfen.

Bob Tapscott war ein Kriegsheld, der vom Kriegseintritt bis zum V-J Day, dem Tag des Sieges über Japan, gedient hatte. Wie so viele andere war er verwundet worden. Die körperlichen Verletzungen waren verheilt, doch noch immer trug er schwer an der nicht verheilten Wunde der Depressionen und Angstzustände, die ihn für den Rest seines Lebens belasten sollte.

Kapitel 20 *Michel* – das Schiff und der Mann

Mitte März 1942 bereitete sich Hellmuth von Ruckteschell darauf vor, seinen neuen, bestens ausgerüsteten und bemannten Handelsstörer *Michel* von Cuxhaven auf die äußerst gefährliche Fahrt durch den Englischen Kanal zu führen.[1] Erst einen Monat zuvor war den deutschen Schlachtkreuzern *Scharnhorst* und *Gneisenau* und dem schweren Kreuzer *Prinz Eugen* mit der Operation Zerberus ein erfolgreicher Durchbruch durch den Kanal gelungen, vorbei an den überraschten und frustrierten englischen Streitkräften. Das bedeutete, dass die Briten nun besonders aufmerksam alle Versuche, durch den Kanal zu entkommen, beobachteten. Die *Michel* war für die Deutschen von großer Bedeutung, und es wurden umfangreiche Sicherheitsmaßnahmen befohlen. Zahlreiche Treffen fanden statt, um die Einzelheiten des Ausbruchs zu besprechen und für entsprechenden Schutz zu sorgen. Der B-Dienst, verantwortlich für Fernmeldeaufklärung, stellte seine Experten zur Verfügung.[2] Diese Leute waren darin geschult, den britischen Militärfunk abzuhören und dessen Meldungen zu entschlüsseln und zu interpretieren, und konnten so die *Michel* und ihre Eskorte frühzeitig über alles informieren, was sie erwartete.

Am Morgen des 10. März 1942 rief von Ruckteschell die Besatzung zusammen und bereitete seine noch unerfahrenen Männer auf die möglichen Prüfungen vor. Beim Auslaufen wurde die *Michel* von fünf großen Minenräumern eskortiert, deren Aufgabe es war, dem Hilfskreuzer den Weg frei zu machen.[3] Am folgenden Tag schloss sich ihnen der Rest der Begleitflottille an, zwölf kleine Minenräumer und fünf Torpedoboote von jeweils 1320 Bruttoregistertonnen – die kleine, aber bemerkenswerte Armada nahm Kurs nach Westen. Falls die Briten irgendwelche Zweifel an der Bedeutung des Früchtetransporters gehabt haben sollten, der hier durch den Kanal wollte, dann waren diese ob der Anwesenheit von 22 Begleitschiffen rasch ausgeräumt.

Am Nachmittag des 12. März, kurz vor Beginn des Ausbruchs, lief die *Michel* auf den sich ständig verändernden Sandbänken vor der holländischen Küste auf Grund, und das nicht nur ein-, sondern gleich zweimal. Das Schiff musste wieder freikommen; im Verlauf dieser Aktion wurde es von einem britischen Aufklärungsflugzeug gesichtet. Es wurde die Entscheidung getroffen, weiterzufahren, bevor die Briten mit einer massiven Anzahl von Flugzeugen zurückkehrten. Im Schutz der Nacht machten sich die *Michel* und ihr Schwarm Bewacher wieder auf den Weg. Kurz nach Mitternacht bereiteten sich sechs britische Torpedoboote und drei Kanonenboote aus Dover auf einen Angriff vor, doch der B-Dienst hatte ganze Arbeit geleistet.[4] Die englischen Kriegsschiffe wurden nicht nur von dem Begleitschutz rings um die *Michel* erwartet, auch die deutsche Artillerie an der französischen Küste griff mit präzise deckendem Feuer in den Kampf ein. Die Briten waren zum Rückzug gezwungen, ohne dem deutschen Kontingent irgendwelchen nennenswerten Schaden zugefügt zu haben. Vermutlich war die Besatzung auf der *Michel* erleichtert, doch war das Aufatmen nur von kurzer Dauer. Es näherte sich ein erheblich stärkerer Gegner: fünf Zerstörer, die vor der englischen Südküste in der Nähe von Eastbourne patrouillierten. Um 4 Uhr 30 in der Früh brach ein schweres Gefecht aus, bei dem sich die *Michel*, der vermeintliche Obstfrachter, nicht auf seine Eskorte verlassen wollte. Gegen ausdrücklichen Befehl zeigte der Hilfskreuzer seine wahre Identität und setzte seine Kanonen ein; die Schiffe umkreisten einander und feuerten aus allen Rohren. Mehrmals konnte die *Michel* britischen Torpedos nur um Haaresbreite ausweichen. Von Ruckteschell befahl überraschend kehrtzumachen und führte sein Schiff durch das Minenfeld vor dem Hafen von Le Havre.[5] In der Zwischenzeit hatte die deutsche Luftwaffe Flugzeuge in der Luft, um die *Michel* vor britischen Torpedoflugzeugen zu schützen.

An Bord der deutschen Schiffe kam nur ein einziger Mann ums Leben; der Leutnant zur See erhielt ein Militärbegräbnis in Le Havre. Bei den Briten hatte es einige Treffer auf den Zerstörern gegeben, doch wurde keiner versenkt, wie von deutscher Seite später behauptet. Die *Michel*, die sich etwas mehr als zwölf Stunden in Le Havre aufhielt, konnte Ersatz für die in der Seeschlacht verbrauchte Munition an Bord nehmen. In derselben Nacht verließ das Schiff unbemerkt den Hafen und machte sich auf in Richtung der mittelalterlichen Festungsstadt St.-Malo, wo es sich hinter den kleinen Inseln außerhalb des Hafens verbergen konnte. Bei dem Versuch, den Hilfskreuzer aufzuspüren und zu zerstören, griffen britische Flugzeuge Le Havre und Vlissingen an der holländisch-belgischen Grenze an, doch die *Michel* stand viel weiter westlich. Nachdem sie die Tagesstunden des 15. März, während deren nur von Ruckteschell auf Landgang war, vor Anker bei St.-Malo gelegen hatten, verschwand die *Michel* in der Dunkelheit. Nur von Torpedobooten begleitet, umfuhren sie die Westspitze der Bretagne, vorbei an Brest und der Marinebasis bei Lorient, wo gerade U-Boot-Bunker mit Betondecken und einem Meter dicken Stahltoren errichtet wurden, um die deutschen U-Boote zu schützen, und fuhren weiter nach Bordeaux. Sie gingen in der Gironde vor Anker. Das Ausschiffen der Männer vom B-Dienst war ein klares Zeichen dafür, dass sie den «Ausbruch» erfolgreich hinter sich gebracht hatten.

Bevor die *Michel* nun ihre eigentliche Reise begann, wurde die Gelegenheit genutzt, so viele frische Nahrungsmittel wie möglich an Bord zu nehmen. Es schien ein gutes Omen, dass die *Michel* von der *Spichern* betankt wurde, der ehemaligen *Krossfonn*, die Hellmuth von Ruckteschell während seiner Fahrt auf der *Widder* gekapert und als Prise in die Heimat geschickt hatte.[6] Bestens ausgerüstet, machte sich die *Michel* am Morgen des 20. März 1942 auf den Weg in das Einsatzgebiet im Südatlantik und im westlichen Indischen Ozean. Sie wich mehreren alliierten Schiffen und Konvois aus, um unentdeckt zu bleiben. Auf diesem Abschnitt der Reise nahm das «kulturelle Leben» an Bord langsam Gestalt an. Das Schiffsorchester begann mit den Proben, mehrere Filme wurden gezeigt. Auf von Ruckteschells Geheiß lebte die Besatzung in Decks, deren Wände mit Blumengemälden dekoriert waren.[7] Blumen und Kriegsschiffe werden normalerweise kaum miteinander in Verbindung gebracht, doch der Kommandant glaubte, so für seine Besatzung eine angenehme Atmosphäre zu schaffen. Von Ruckteschell hatte noch für eine weitere Besonderheit gesorgt, eine Art Urlaubsbereich: Ein Teil des Schiffs sollte der Entspannung vorbehalten sein.[8] Dem Kommandanten war auf der sechsmonatigen Fahrt der *Widder* klar geworden, wie schwer es für die Besatzung war, ständig und ohne jede Unterbrechung aufmerksam zu bleiben. Nach seiner Vorstellung sollten während dieser Fahrt, die, wie er hoffte, erheblich länger dauern würde als die der *Widder*, Gruppen von Männern von ihren Aufgaben befreit und für mehrere Tage in diesen Teil des Schiffs «in Urlaub» geschickt werden. Wandgemälde und Intarsien im Deck sorgten für eine festliche Atmosphäre.

Am Ostersonntag versammelte sich die Mannschaft nach einer Predigt des Kommandanten zum ersten Konzert des Orchesters. Am folgenden Tag begannen die «Erwachsenenbildungskurse», deren Themen von Mathematik bis zu Malerei und Bildhauerei reichten; all dies Bemühungen, die Moral und Einsatzfähigkeit der Besatzung hochzuhalten. Von Ruckteschell verfolgte ambitionierte

Ziele: Er wollte die Erfolgsbilanz der *Widder* von 58 644 Bruttoregistertonnen versenkter oder aufgebrachter Schiffe übertreffen und es auf 200 000 Bruttoregistertonnen bringen. Den Kommandanten, der gerade seinen zweiundfünfzigsten Geburtstag gefeiert hatte, dürstete es nach Ruhm.

Das Schiff traf Mitte April in seinem Einsatzgebiet ein, versenkte dort sofort das erste Ziel und nahm die 23 Überlebenden der 26 Mann starken Besatzung an Bord.[9] Ein paar Nächte später wurde das nächste Opfer von Malte von Schack im Torpedoboot angegriffen, das er auf den Namen *Esau* getauft hatte. Dies war der Spitzname, den die Funker auf der *Widder* für ihr eigenes Schiff verwendet hatten; Hintergrund für den Namen war die biblische Geschichte von Isaak und seinem Sohn Esau, einem begeisterten Jäger. Der Angriff galt dem 8684 Bruttoregistertonnen großen amerikanischen Tanker *Connecticut*. Bereits der erste Torpedo der *Esau* setzte das Schiff in Brand. Bevor die Rettungsboote losgemacht werden konnten, brachte der zweite Torpedo die Ladung zur Explosion, es erhob sich ein riesiger Feuerball, der auch die Boote im Wasser in Brand steckte. Der Hilfskreuzer konnte nur noch 19 Mann der 50-köpfigen Besatzung bergen.

Der nächste Einsatz der *Michel* war ein Fiasko. Am 1. Mai entdeckten sie einen schnellen Frachter, und von Ruckteschell schickte seine Spezialwaffe, von Schacks *Esau*, los, um die *Menelaus* anzugreifen, deren Kapitän J. H. Blyth bereits den Alarmruf «QQQQ» samt Position abgesetzt und auf diese Weise gemeldet hatte, dass sie von einem bewaffneten Handelsstörer verfolgt würden.[10] Die *Michel* eröffnete das Feuer aus ihren 15-cm-Geschützen, doch war der Abstand zu groß, und die Salve fiel kurz. Auf der *Menelaus* hatte man die Sicherheitsventile an den Maschinen blockiert, um bei der Flucht auf maximale Geschwindigkeit zu kommen, doch betrug diese nur einen Bruchteil der Geschwindigkeit, die die *Esau* erreichen konnte. Der clevere Kapitän Blyth schaffte es jedoch, den beiden Torpedos der *Esau* auszuweichen. Von Schack, der sich den Ärger bildlich vorstellen konnte, der ihn erwartete, wenn er von einem gescheiterten Angriff zurückkehrte, raste auf die flüchtende *Menelaus* zu und eröffnete das Feuer aus der einzigen ihm verbliebenen Waffe, seiner 2-cm-Maschinenkanone. Nach wenigen Schuss hatte sie Ladehemmung, und die *Esau* war machtlos. Während die *Menelaus* mit einer Geschwindigkeit ablief, bei der die *Michel* nicht mithalten konnte, funkte Kapitän Blyth eine genaue Beschreibung des Handelsstörers und des Torpedoboots, dazu die präzise Positionsangabe. Die größte Demütigung für von Ruckteschell war Blyths Funkspruch, in dem er sich, für jeden Funker hörbar, abfällig über den schlecht durchgeführten Angriff äußerte. Die *Menelaus* war das einzige Handelsschiff, das je einem Hilfskreuzer nach Beginn des Angriffs entkommen konnte.

Von Ruckteschell, der immer wieder an schweren Migräneanfällen und anderen gesundheitlichen Problemen litt, war erbost über dieses Debakel. Er wusste nur zu gut, dass die Funkmeldungen der *Menelaus* von Freund und Feind gehört wurden und daher britische Kriegsschiffe anlocken würden. Er ließ die Crew antreten und drohte damit, die ganze Operation aufgrund dieser Inkompetenz abzublasen und die Verantwortlichen öffentlich zur Rechenschaft zu ziehen.[11] Dann fällte er die Grundsatzentscheidung, wieder auf die erfolgreiche Taktik zurückzugreifen, die er auf der *Widder* entwickelt hatte: Annäherung bei Tag, Angreifen bei Nacht, Vernichten des überrumpelten Gegners durch massive Feuerkraft.

Drei Wochen später verfolgte von Ruckteschell genau diese Taktik, um sein nächstes Opfer zu überwältigen. Als die erste massive Salve ins Schiff einschlug und die unglücklichen Norweger auf der *Kattegat* eine weiße Laterne als Zeichen der Kapitulation schwenkten, stellte die *Michel* das Feuer ein. Das nächste Opfer bekam nicht einmal mit, wer oder was sie getroffen hatte. Es handelte sich um das beschädigte amerikanische Liberty-Schiff *George Clymer*, das per Funk um Hilfe gebeten hatte. Statt die erhoffte Unterstützung zu erhalten, wurde sie am 6. Juni um 20 Uhr erst von einem, dann von einem zweiten Torpedo getroffen. Das Schiff wurde am nächsten Morgen versenkt, und die Besatzung ging davon aus, man sei Ziel eines U-Boot-Angriffs geworden. Tatsächlich waren sie der *Esau* zum Opfer gefallen, dem Jäger, den sie weder gesehen noch gehört hatten.

Nach einer nächtlichen Attacke auf die *Lylepark*, die völlig zerstört wurde, griff von Ruckteschell ein kleines altes Passagierschiff namens *Gloucester Castle* an, das auf dem Weg nach Südafrika war und 154 Passagiere und Besatzungsmitglieder an Bord hatte. Der Beschuss erfolgte mitten in der Nacht und setzte dem Schiff stark zu. Als es binnen weniger Minuten sank, gerieten die Menschen an Bord in Panik. Nur ein einziges Rettungsboot entkam, und der Hilfskreuzer schickte ein Boot, um die Übriggebliebenen abzubergen. 61 Personen, darunter zwei Frauen und zwei Kinder, wurden gerettet, 93, darunter sechs Frauen und zwei Kinder, verloren ihr Leben.

Am Tag nach der Versenkung des Passagierschiffs bekam von Ruckteschell die Gelegenheit, von der er geträumt hatte, seit die *Widder* zwei alliierte Schiffe zugleich geortet, aber aufgrund ihrer geringen Geschwindigkeit keines davon hatte angreifen können. Am 16. Juni fuhren zwei lohnende Ziele auf parallelem Kurs. Tags brachte sich die *Michel* in die bestmögliche Ausgangsposition, nach Einbruch der Dunkelheit wurde die *Esau* ausgesetzt. Bei einem gemeinsamen Angriff gegen 21 Uhr feuerte die *Esau* ihre Torpedos auf den norwegischen Tanker *Aramis*, während die *Michel* den amerikanischen Tanker *William F. Humphrey* vernichtete.[12] Von Ruckteschell ließ aus allen Rohren auf den Tanker feuern, der dennoch ein paar Schuss abgeben konnte. Von drei 53-cm-Torpedos getroffen, ging das Schiff schnell unter. Die *Michel* barg 29 Überlebende, elf weitere entkamen und wurden fünf Tage später in ihrem Rettungsboot aufgefischt und nach Freetown, Liberia, gebracht. Von Schacks leichte Torpedos hatten ihr Opfer zwar getroffen, aber nicht zum Aufstoppen gebracht, also verfolgte die *Michel* die *Aramis* und versenkte sie in der folgenden Nacht, wobei 20 Mann der Tankerbesatzung ihr Leben ließen. Beim nächsten Angriff auf die *Arabistan* kamen bis auf einen alle Mann ums Leben. Zwei Wochen später wurde von Ruckteschell von der Kriegsmarine aufgrund seiner fortwährenden Erfolge zum Kapitän zur See der Reserve befördert.

Während der Fahrt der *Michel* entwickelte sich ein interessantes Muster: Von Ruckteschell hatte vollstes Vertrauen zu seinem Ersten Offizier Wolfgang Erhardt, und mit Erhardt als Puffer konnte der Kapitän eine relativ gute Beziehung zu seinen höheren Offizieren aufbauen.[13] Er rief sie regelmäßig zusammen, um die weitere Vorgehensweise zu beraten, und vermittelte ihnen dadurch das Gefühl, Mitverantwortung zu tragen. Oft genug jedoch änderte von Ruckteschell mitten in der Nacht instinktiv bereits getroffene Entscheidungen. Da er mit solchen Alleingängen fast immer richtig lag und seine geänderten Befehle zum Erfolg führten, wurde diese Vorgehensweise nur sehr selten kritisiert. Dem früheren Besatzungsangehörigen der *Widder*, Konrad Hoppe, erschien Hellmuth von Ruckteschell, obwohl er noch immer streng und häufig aufbrausend war, wie ausgewechselt. Vielleicht war dies auf Erhardts positiven Einfluss, vielleicht auf die Tatsache zurückzuführen, dass von Ruckteschell als Ritterkreuzträger sich niemandem mehr beweisen musste; Hoppe zumindest war zufrieden mit dieser Veränderung. Für neue Mitglieder der Offiziersmesse wie Jürgen Herr, der den alten Kommandanten und dessen frühere Praxis, Gefangene auszusetzen, sowie andere Ausfälle nicht kannte, war von Ruckteschell einfach ein erfahrener, fähiger Marineoffizier, der Respekt verdiente.[14]

George Duffy

Der nächste Angriff galt der *American Leader* und glich dem auf die *Anglo-Saxon*: Der Hilfskreuzer zerlegte den Frachter regelrecht unter brutalem Feuer. Während die schweren Geschütze ihr zerstörerisches Werk am Schiffsrumpf und an einer Reihe von Rettungsbooten begannen, beharkten die kleineren, aber nicht minder tödlichen 3,7-cm- und 2-cm-Schnellfeuergeschütze die Decks und ließen die Seeleute wie den Dritten Offizier Duffy um ihr Leben rennen. Bei dem Versuch, eines der Rettungsflöße loszumachen, sprang Duffy mutig in die Wanten, um die Laschungen durchzuschneiden.[15] Sofort geriet er unter Beschuss und musste sich in Sicherheit bringen. Nach fünfundzwanzig Minuten ging das Schiff unter, und Duffy und 46 weitere Seeleute, die sich auf Flößen im Wasser befanden, wurden geborgen. Zwar war Duffy verzweifelt angesichts der Tatsache, in Gefangenschaft zu geraten, doch war er erleichtert, sich auf einem deutschen und nicht auf einem japanischen Schiff wiederzufinden.

Die Angriffe gingen weiter; das nächste Opfer war die *Empire Dawn*. Dass das Feuer nicht eingestellt wurde, obwohl der verwundete Kapitän W. A. Scott die Aufgabe des Schiffes signalisierte, war Gegenstand eines weiteren Anklagepunktes, als man von Ruckteschell später zur Rechenschaft zog.[16] Erst einmal wurde er jedoch in den Indischen Ozean geschickt, dann befahl ihm die SKL, in die Antarktis zu fahren.[17] Dort hoffte man Walfänger angreifen zu können, wie es die *Pinguin*, ein anderer Hilfskreuzer, getan hatte. Von Ruckteschell lehnte diesen Einsatz jedoch ab, und wieder ließen seine Vorgesetzten zu, dass sich der erfolgreiche

Kommandant über ihre Befehle hinwegsetzte. Im Spätherbst 1942 war die *Michel* – alle anderen Hilfskreuzer waren entweder untergegangen oder versenkt worden, oder sie befanden sich in anderweitigem Einsatz – der einzig noch verbliebene deutsche Handelsstörer auf See. Hellmuth von Ruckteschell und seine Besatzung waren die Letzten ihrer Art.

Im Gegensatz zur Brutalität der Angriffe stand die anständige Behandlung der Gefangenen an Bord der *Michel.* Es gab keinerlei Misshandlungen, manchmal ging es zwischen Wärtern und Inhaftierten sogar freundlich zu, und die Gefangenen bekamen dasselbe Essen in gleichen Mengen wie die deutsche Besatzung. Als die *Michel* in den Indischen Ozean abkommandiert wurde, waren die meisten Gefangenen, darunter auch George Duffy, auf Versorgungsschiffe umgesetzt worden, die die Männer in Südostasien an die Japaner übergaben. Die Gefangenenquartiere auf der *Michel* sollten allerdings nicht lange leer bleiben. Am 30. November überwältigte von Ruckteschell den amerikanischen Frachter *Sawokla* und nahm 35 Mann der Besatzung an Bord. Eine Woche später wurde der griechische Frachter *Eugenie Livanos* das nächste Opfer, als er zufällig der *Michel* begegnete, die auf das Abflauen eines Sturms wartete.

Um zu Weihnachten 1942 für angemessene Festlichkeit zu sorgen, wurden ausgefeilte Pläne gemacht, wie die Feiertage an Bord der *Michel* begangen werden sollten. Kapitän zur See von Ruckteschell schrieb ein langes Puppenspiel in fünf Akten für seine «erwachsenen Kinder», seine Seeleute; das Stück gewährt einen tiefen Einblick in die väterliche Haltung, die dieser rätselhafte Mann gegenüber seiner Besatzung einnahm.[18] Das Puppenspiel, das eigentlich nur unterhalten sollte, gab dem Kapitän einmal mehr Anlass zu Zorn, als er sein Werk während der Proben überaus schlecht vorgetragen sah. Konrad Hoppe, der sich mit von Ruckteschell überworfen hatte, erklärte sich bereit, die Proben zu beaufsichtigen, und stand damit wieder auf gutem Fuß mit dem Kommandanten.[19]

In die Weihnachtsvorbereitungen waren Besatzung wie Gefangene mit einbezogen.[20] Weihnachtsbäume und Dekorationen wurden aus allem angefertigt, was es gab, und jedes Besatzungsmitglied bastelte ein Geschenk für ein anderes, das ihm zugelost worden war. Auch die Gefangenen bekamen von dem Festessen samt Kuchen, Obst und Bier, und außerdem wurde jedem ein Beutel mit Dingen überreicht, die daheim äußerst selten geworden waren – einem großen Rosinenkuchen, einem Pfund holländische Schokolade, Zigaretten und Dosenobst. Höhepunkt des Festes war die gelungene Aufführung des Puppenspiels mit Figuren, die vor der Reise in Bayern erstanden worden waren. Die einen Besatzungsmitglieder führten die Puppen, andere bauten die Kulissen um oder sorgten für die Begleitmusik.

Bei dem Stück handelt es sich um ein Drama, das an Bord der *Michel* spielt, darin eingebettet eine Rückblende auf die letztjährige Weihnacht daheim.[21] Hauptpersonen sind die Seeleute Michel und Kuddel; die Handlung dreht sich um Kuddel, der auf typisch seemännische Art an Land vom Pfad der Tugend abkommt und auf dem Weg zu Michel und seiner Familie, wo er Weihnachten verbringen will, in einer Spelunke landet. Das Spiel strotzt vor religiösen und erotischen Anspielungen: Kuddel gibt das Geschenk, das eigentlich für Michels Tochter vorgesehen war, einer Hure; moralische Botschaft ist die tief sitzende Güte und Unschuld der Jugend – symbolisiert durch das Mädchen, das Kuddel vergibt, das für sie bestimmte Geschenk einem anderen Menschen gegeben zu haben, der sonst zu Weihnachten gar nichts gehabt hätte. Das Stück spiegelt mit seinen Bezügen auf weltliche und kirchliche Ebenen nicht nur die vielschichtige Persönlichkeit des Autors wider, sondern auch den Einfluss, den Rudolf Steiner und die Christengemeinschaft auf den Kapitän hatte.

Ein überraschender Höhepunkt dieses Weihnachtsfestes war die Verleihung des «Eichenlaubs» zum Ritterkreuz an den Kapitän zur See von Ruckteschell.[22] Damit war dieser das 158. Mitglied der deutschen Streitkräfte, das diese höchste Auszeichnung entgegennehmen durfte. Mit dieser Anerkennung aus der Heimat wurde von Ruckteschell in den höchsten Rang der Helden des Dritten Reichs erhoben.

Wenige Tage später ehrten alle an Bord gemeinsam die toten Schiffskameraden der Gefangenen in einer festlichen Zeremonie.[23] Erneut traten hier die krassen Gegensätze zutage, die diesen Kommandanten ausmachten, der bei seinen Angriffen skrupellos und gewalttätig vorging, sich bei der Behandlung seiner Gefangenen aber als menschlich erwies.

Zu Beginn des Jahres 1943 war die *Michel* wieder im Atlantik, und alle freuten sich darauf, die erfolgreiche Fahrt zu beenden und ins besetzte Frankreich zurückzukehren, wie dies zuvor auch die *Widder* getan hatte. Am 2. Januar wurde die *Empire March* verfolgt und mit dem üblichen Einsatz massiver Gewalt zerstört; 26 weitere Gefangene wurden an Bord genommen. Es war dies die letzte Eroberung der *Michel* unter von Ruckteschells Kommando.[24]

Alle Mann an Bord der *Michel*, auch die Gefangenen, warteten ungeduldig darauf, nach zehn Monaten auf See wieder nach Europa zu kommen. Doch zeichnete sich bereits ab, dass der Krieg für die Deutschen eine Wendung genommen hatte, und die Chancen für eine sichere Rückkehr wurden immer geringer. Am 8. Januar wurde bekannt gegeben, dass der Hilfskreuzer nicht die Heimreise antreten, sondern nach Japan fahren würde.[25] Für Offiziere und Mannschaft war dies ein ungeheurer Schlag; es bedeutete, dass sie auf absehbare Zeit nicht nach Deutschland zurückkehren konnten. Die Befehlshaber gestanden damit ein, dass das Dritte Reich seinen erfolgreichen Seeleuten keine sichere Heimkehr mehr garantieren konnte. Mit dieser Entscheidung war auch das Schicksal der Gefangenen besiegelt, die nun den Japanern in die Hände fielen. Sie waren auf der *Michel* anständig behandelt worden, doch das sollte sich auf grausame Weise ändern und für manche von ihnen tödlich enden.

Der Hilfskreuzer nahm Kurs nach Osten, umfuhr das Kap der Guten Hoffnung und durchquerte den Indischen Ozean. Nach einem kurzen Stopp auf Bali, wo George Duffy, ehemaliger Gefangener auf der *Michel*, die Ankunft des Schiffs als japanischer Kriegsgefangener erlebte, nahm der Hilfskreuzer Kurs auf Singapur, wo er sich mühsam einen Weg durch die Minen bahnen musste, die den Hafen schützten.[26] Dort wurden die Gefangenen den japanischen Behörden übergeben, die sie zur Zwangsarbeit an dem berüchtigten Pakanbaru-Eisenbahnprojekt auf Sumatra einsetzten, bei der jeder Vierte ums Leben kam. Von Singapur aus fuhr die *Michel* nach Japan, lief am 1. März 1943 in Kobe einen Liegeplatz an und beendete ihre Fahrt. Die Besatzung war über ein Jahr unterwegs gewesen und hatte fast 100 000 Bruttoregistertonnen an alliierten Schiffen versenkt. Von Ruckteschells ambitioniertes Ziel hatte sie damit nicht ganz erreicht, doch möglicherweise lag noch eine weitere Fahrt im Pazifik vor ihr.

Während das Schiff zu einer kurzen Überholung in die Mitsubishi-Werft ging, bekam die Besatzung kontrollierten Ausgang; von Ruckteschell widmete sich verschiedenen protokollarischen und verwaltungstechnischen Pflichten. Doch wurde immer deutlicher, dass er medizinischer Hilfe bedurfte. Sein Schiffsarzt Friedrich Wilhelm Schröder und die Ärzte an Land untersuchten ihn gründlich.[27] Von Ruckteschell litt weiterhin unter Migräneanfällen und hatte ein Darmleiden, hinzu kamen nun noch Herzbeschwerden. Die Anstrengungen des Kommandos hatten ihren Preis. Ihm wurde dringend geraten, drei Monate Urlaub zu nehmen, um sich behandeln zu lassen und sich zu erholen.

Die Deutschen und die Japaner hatten heftige Rückschläge hinnehmen müssen, und es war nicht möglich, ein deutsches Kriegsschiff drei Monate lang untätig im Pazifik herumdümpeln zu lassen. Die *Michel* wurde wieder in den Kampf geschickt, doch ohne von Ruckteschell. Er wurde abgelöst von Kapitän zur See Gunther Gumprich, dessen Hilfskreuzer *Thor* bei der Explosion der längsseits liegenden *Uckermark* im Hafen von Yokohama zerstört worden war. An seinem dreiundfünfzigsten Geburtstag, am 23. März 1943, übergab Hellmuth von Ruckteschell das Kommando; seine Zeit als Kommandant eines Handelsstörers war abgelaufen. Sein Erster Offizier Erhardt, Adjutant Jürgen Herr und Fliegeroffizier Konrad Hoppe blieben an Land, als die *Michel* am 31. März wieder auslief.[28] Leichtschnellboot-Kommandant Malte von Schack gehörte zu den Männern der ursprünglichen Besatzung, die auch unter dem neuen Kommandanten auf der *Michel* dienten.

Den an Land Verbliebenen wurden verschiedene Aufgaben in ganz Asien zugewiesen. Herr ging an eine Sprachenschule in Japan. Hoppe wurde nach Batavia, heute Jakarta, auf Java entsandt.[29] Nach seiner Behandlung in einem Krankenhaus in Tokio wurde von Ruckteschell nach Penang an der Westküste der malaysischen Halbinsel geschickt, um dort einen U-Boot-Stützpunkt zu errichten. Er hielt sich nicht lange auf diesem Posten, weil er sich mit dem japanischen Offizier anlegte, dem er unterstellt war.

Während sich die Offiziere an Land in ihrem neuen Leben einrichteten, wurden ihre ehemaligen Schiffskameraden schnell mit Kapitän zur See Gumprich warm, einem aktiven Marineoffizier, der sein Schiff effektiv führte, aber längst nicht die Härte seines Vorgängers an den Tag legte.[30] Anders als der gestrenge von Ruckteschell galt Gumprich als ruhiger, umgänglicher Kommandant. Die zweite Fahrt der *Michel* war nicht besonders erfolgreich. Im Juni wurden ganze zwei Schiffe versenkt, im September ein weiteres, dann wurde das Schiff zurück nach Japan beordert.

Am 16. Oktober befand sich die *Michel* 100 Meilen von der

japanischen Hauptinsel Honshu entfernt; bis zur Ankunft in Kobe war es nur noch eine Nacht.[31] Die Besatzung freute sich auf die Vergnügungen, die dort auf sie warteten. Doch der Jäger und seine Besatzung, die so viele alliierte Schiffe mitsamt ihren Männern ins nasse Grab geschickt hatten, waren zum Gejagten geworden. Auf *Michels* Kurs lag das amerikanische U-Boot U.S.S. *Tarpon* unter dem Kommando von Thomas L. Wogan.[32] Die *Tarpon* operierte an der Wasseroberfläche, als man in den frühen Morgenstunden des 17. Oktober in siebeneinhalb Meilen Entfernung ein Schiff ausmachte. Da das Schiff stetig näher kam, bereiteten sich Wogan und seine Besatzung auf einen Angriff vor. Nach fünfundvierzig Minuten tauchte die *Tarpon* leise ab und bewegte sich mit ihren Elektromotoren voran, um auf Befehl des Kommandanten ihre Torpedos auf das verlockende Ziel zu feuern. Um wirklich sicherzugehen, ließ Wogan vier Torpedos von jener Größe abfeuern, die auch die *Michel* gegen ihre Opfer eingesetzt hatte. Wenige Augenblicke später trafen zwei von ihnen ihr Ziel, die scheinbar unbesiegbare *Michel* holte über und blieb mit Schlagseite liegen.

Die Besatzung erlebte nun die Schrecken, die sie zuvor anderen Schiffen bereitet hatte.[33] Gumprich bekam die Maschinen nach ein paar Minuten wieder in Gang, und das Schiff nahm Fahrt auf. Dann schlug ein weiterer Torpedo in dem achtern liegenden Flugzeughangar ein, der schnell voll lief. Die Notstromgeneratoren fielen aus, auf dem Schiff wurde es dunkel. Sofort wurde Befehl erteilt, in die Boote zu gehen, doch da traf bereits der vierte Torpedo. Malte von Schack sprang mit einem dramatischen Satz aus dem Steuerhaus, das noch über Wasser lag, außenbords, bevor das Schiff mit vielen eingeschlossenen Männern versank. Die Männer in den Booten und im Wasser erhoben ein dreifaches Hurra zu Ehren des Schiffs und ihrer Kameraden. Mit diesem Untergang war die Ära der deutschen Handelsstörer beendet.

Einige der Überlebenden machten sich in zwei kleinen Booten

auf den Weg nach Honshu, wo sie nach zwei Nächten eintrafen. Knapp hundert weitere drängten sich in die Rettungsschlauchboote oder klammerten sich an eilig zusammmengeklaubtes Treibgut, das als Floß diente.[34] Wer es nicht in die Boote oder auf das Floß schaffte, hielt sich im Wasser daran fest. Von Schack, der ranghöchste verbliebene Offizier, schickte ein Schlauchboot um Hilfe und blieb bei seinen Männern.[35] Sieben Tage später wurden die erschöpften Seeleute im Schlauchboot gerettet. Sie waren die letzten Überlebenden der *Michel*. Nach achtzehn Monaten der Angriffe auf die Handelsschifffahrt der Alliierten war die *Michel* mit einem Großteil der Besatzung untergegangen. 243 Mann und 16 Offiziere verloren ihr Leben, darunter auch Ingrid Herrs Verlobter Malte von Schack.

Das Schiff *Michel* war verschwunden, aber Hellmuth von Ruckteschell lebte. Es ging ihm körperlich nicht sonderlich gut, dennoch führte dieser Mann, dessen U-Boot-Einsätze im Ersten Weltkrieg und dessen Fahrten auf der *Widder* und der *Michel* im Zweiten Weltkrieg Tod und Zerstörung gebracht hatten, für die Dauer des Krieges in China ein angenehmes Leben.

Kapitel 21 Kriegsverbrecher

Während der zwei Jahre, die von Ruckteschell in den Städten Schanghai und Peking verbrachte, die damals zum japanischen Besatzungsgebiet gehörten, hatte er keinerlei offizielles Amt inne.[1] Über seinen Alltag dort ist wenig bekannt, doch muss er in medizinischer Behandlung gewesen sein, denn der zuständige Zahlmeister erregte sich gewaltig über die entstandenen Kosten. Die alliierten Streitkräfte kämpften sich durch Europa voran, eroberten im Pazifik eine Insel nach der anderen und drängten die Aggressoren auf ihr heimatliches Territorium zurück, und von Ruckteschell erholte sich in China. Fern der Heimat blieb es ihm erspart, Zerstörung und Entbehrung in Deutschland hautnah mitzuerleben.

Die deutsche Gemeinschaft in Peking war stets über die Kriegslage informiert; man wusste also, dass die deutsche Wehrmacht in der Sowjetunion und in Afrika geschlagen war und sich in Europa auf dem Rückzug befand. Auch die Meldung von Hitlers Selbstmord am 30. April 1945 und von der bedingungslosen Kapitulation Deutschlands, die General Alfred Jodl am 7. Mai unterzeichnete und die am folgenden Tag von Feldmarschall Wilhelm Keitel ratifiziert wurde, traf schnell in Peking ein. Wieder einmal war von Ruckteschell Teil eines besiegten Deutschland. Anfang August explodierten die Atombomben über Hiroshima und Nagasaki, und Kaiser Hirohito erklärte am 14. August die Kapitulation Japans. Der Zweite Weltkrieg war vorüber. Deutschland und Japan waren besiegt, und Hellmuth von Ruckteschell, geschwächt von Gallenblasenproblemen, Migräne und Herzbeschwerden, wartete in Peking sein weiteres Schicksal ab.

Diese Wartezeit sollte fast ein Jahr dauern.[2] Von Ruckteschell wurde von den amerikanischen Streitkräften unter Hausarrest gestellt und im Juni 1946 nach Schanghai gebracht, wo er mit anderen Deutschen an Bord der S.S. *Marine Robin* ging, um die lange Heimreise anzutreten. Unter den Passagieren befanden sich Diplomaten und ihre Familienangehörigen, die meisten aber waren kriegsgefangene Militärs. Jeder Kriegsgefangene bekam Arbeit zugewiesen, und Kapitän zur See von Ruckteschell, Träger des Ritterkreuzes mit Eichenlaub, musste bei der Essensausgabe helfen. Er hatte die anstrengende Aufgabe, dreimal am Tag Essen an die 1000 Personen auszugeben, die sich an Bord der *Marine Robin* befanden, während das Schiff den Indischen Ozean durchquerte und den Suezkanal passierte. Am 5. August 1946 traf das Schiff in Bremerhaven ein, und von Ruckteschell war überglücklich, nach viereinhalb Jahren endlich wieder die grünen Wiesen, Bauernhäuser und Kirchen seiner Heimat zu sehen.[3] Er hoffte, in ein Auffanglager geschickt und dann entlassen zu werden, wusste aber, dass er erst noch durchs «Sieb» musste, die Überprüfung der Kriegsgefangenen zur Feststellung möglicher Kriegsverbrecher. Gewiss machte er sich Gedanken darüber, ob er seiner Taten wegen dieser Kategorie zuzurechnen sei.

1919 hatte sich von Ruckteschell einer Strafverfolgung durch Flucht nach Schweden entzogen, bis die Anklagen im Wirrwarr der politischen Verhältnisse nach dem Ersten Weltkrieg vergessen waren. Das Debakel jener früheren Tribunale hatten die Alliierten 1942 vor Augen, als sie Vorbereitungen trafen, um nach dem Ende des Zweiten Weltkrieges Kriegsverbrecher vor Gericht zu stellen.[4] Konfrontiert mit den ungeheuren Verbrechen des Dritten Reichs, vor allem des Holocaust, sahen sie sich bestärkt in ihrem Entschluss, solche Prozesse durchzuführen. Sechs Monate nach der

Kapitulation tagte bereits das Alliierte Kriegsverbrechertribunal in Nürnberg und richtete die 23 Hauptbeschuldigten. Zu dem Zeitpunkt, als Hellmuth von Ruckteschell wieder in Deutschland eintraf, waren die größten Verfahren bereits abgeschlossen, doch noch immer wurden die Berichte von Verbrechen und Grausamkeiten gesichtet, um die Verantwortlichen zu identifizieren. Mitte August 1946 befand sich von Ruckteschell im Internierungslager Nr. 76 in Asperg, etwa 120 Kilometer von seinem Zuhause entfernt.[5] Er genoss die relativ entspannte Atmosphäre des Lagers und nutzte die Gelegenheit, sich im Rahmen der angebotenen Beschäftigungsmöglichkeiten der Schnitzerei zu widmen. Er hoffte auf eine schnelle Entlassung, doch mit dieser Hoffnung war es schon nach einer Woche vorbei, als man ihn von den anderen Internierten trennte und unter Bewachung zu einem Jeep führte. Niemand teilte ihm mit, was ihn erwartete, doch erheischte er einen kurzen Blick auf den Deckel seiner Akte mit dem fetten roten Stempelaufdruck «Kriegsverbrecher».

Von Ruckteschell wurde in eine kleine Zelle gebracht, deren einzige Lampe Tag und Nacht brannte. Er erhielt magere Rationen und hatte nur einmal am Tag für dreißig Minuten Ausgang, was bedeutete, dass er in einer langen Reihe mit anderen Männern rund um den Gefängnishof marschierte. Während der zehn Tage in diesem Untersuchungsgefängnis, das dem britischen Militärkommando in Minden unterstand, wurde er verhört, erfuhr aber nicht, warum er sich einer solchen Untersuchung unterziehen musste. Er nahm an, dass es sich um den Vorwurf handeln könnte, feindliche Schiffe ohne Vorwarnung angegriffen zu haben, eine Taktik, die von den anderen Hilfskreuzer-Kapitänen nur sporadisch angewandt worden war. Die Behörden waren allerdings mit einer ganzen Liste von möglichen Anklagepunkten befasst, die sich aus diversen seiner Angriffe ableiten ließen. Was sie in jenen Tagen von ihrem Gefangenen zu hören bekamen, überzeugte sie davon, dass der Fall von Ruckteschell einer gründlicheren Untersuchung bedurfte.[6] Am 30. August trat Hellmuth von Ruckteschell die Reise nach England an, erst mit der Bahn nach Hoek van Holland, von dort aus mit einer Fähre nach Harwich an der englischen Ostküste.

Die nächsten sieben Monate blieb von Ruckteschell in England interniert. Die alliierten Behörden trugen Material von offiziellen Stellen, aus Schiffsregistern, Kriegstagebüchern, Zeugenaussagen und Befragungen des Gefangenen selbst zusammen. Immer wieder stellte und stellt sich die Frage, ob Kriegsverbrecherprozesse nicht in erster Linie Siegerjustiz sind, doch angesichts der Entschlossenheit von britischer Seite, sich an Recht und Gesetz zu halten, lässt sich das gerade im Fall von Ruckteschells nicht behaupten. Es handelte sich weder um einen Schein- noch um einen Schauprozess. Schon die sechs von den Engländern geführten Kriegsverbrecherprozesse vor dem deutschen Reichsgericht in Leipzig 1921 hatten gezeigt, dass die britischen Anklagen gründlich recherchiert waren und die Zeugen ihre Aussagen leidenschaftslos vortrugen.[7] 1921 waren fünf der sechs angeklagten Deutschen schuldig gesprochen worden. Die Vorbereitung der Anklagen gegen Hellmuth von Ruckteschell 1946 erfolgte ebenso gründlich wie jene ein Vierteljahrhundert zuvor. Es gibt keinerlei Hinweise darauf, dass irgendjemand von den Anschuldigungen gegen von Ruckteschell aus dem Ersten Weltkrieg wusste, sie in die Überlegungen mit einbezog oder auf sie Bezug nahm. Die Anklagen konzentrierten sich allein auf seine Handlungsweise als Kommandant der *Widder* und der *Michel* während des Zweiten Weltkriegs.

Von Ruckteschell blieb drei Wochen in London in Haft; dort wurde er erneut befragt, füllte Formulare aus, machte biographische Angaben und verbrachte lange einsame Stunden in seiner Zelle. Vom Gefangenenlager Nr. 17 in Sheffield wurde er zu immer neuen Verhören nach London geholt. Die Anstrengungen bereiteten ihm gesundheitliche Probleme, was sich vor allem auf sein Herz und seinen Darm niederschlug.[8] Im Verlauf des Herbstes überließ er sich ganz dem Schicksal, das ihn erwartete; um die Lage erträglich zu gestalten, fasste er den Entschluss, so kooperativ wie nur möglich zu sein und «die allereinfältigste Herzensfreundlichkeit» auszustrahlen.[9] Ende November wurden die Fahrten nach London seltener, und von Ruckteschell fügte sich in die Routine des Gefängnislebens in Sheffield.

Für einen Menschen, der wie er eine ausgeprägte Liebe zur klassischen Musik pflegte, bedeutete der Verzicht auf diesem Gebiet eine der größten Entbehrungen. Als Weihnachten näher rückte, stellte von Ruckteschell jedoch zu seiner Freude fest, dass es im Lager eine Reihe von guten Musikern gab, die ein richtiges Weihnachtskonzert vorbereiteten; es sollten Stücke von Bach, Corelli und Mozart gespielt werden.[10] Er selbst machte zwar nicht mit, doch wohnte er jeder Probe bei, um so viel wie möglich von der geliebten Musik in sich aufzunehmen. In einem Brief an seine Frau erinnert er sich an die Weihnacht 1942 und das Puppenspiel auf der *Michel.* Unter gänzlich anderen Vorzeichen bastelten von Ruckteschell und seine Mitgefangenen aus allem nur Möglichen Weihnachtsschmuck, genau wie seine Gefangenen es vier Jahre zuvor auf der *Michel* getan hatten.

Es war kein Zufall, dass Hellmuth von Ruckteschell im Sommer 1946 während seines Aufenthaltes im Internierungslager 76 in Asperg identifiziert und daraufhin in das Militärgefängnis nach Minden verlegt worden war. Die Alliierten hatten eine lange Liste möglicher Straftaten angelegt, aus denen sich eventuell Anklagen gegen deutsche Militärs ableiten ließen. In von Ruckteschells Fall gab es Anschuldigungen von Überlebenden der versenkten *Davisian*, der *Beaulieu*, der *Empire Dawn* und natürlich der *Anglo-Saxon.* Die Anklage im letzten Fall war nur folgerichtig, da das Ereignis einen internationalen Medienrummel ausgelöst hatte und später das Buch von Guy Pearce Jones erschienen war. Die alliierten Streitkräfte dokumentierten Verbrechen während des Krieges und bemühten sich, diejenigen aufzuspüren, die sie begangen hatten. Von Ruckteschells Kriegstagebücher von der *Widder* und der *Michel* lieferten den Anklägern alle benötigten Informationen. Der Kommandant war immer überaus stolz auf seine Erfolge gewesen und hatte sie in aller Ausführlichkeit in den Aufzeichnungen geschildert; zudem hatte er alles dafür getan, dass diese Kriegstagebücher tatsächlich seine Vorgesetzten erreichten, damit seine Erfolge und die angewandten Taktiken auch höheren Orts bekannt würden. Nach Kriegsende standen die Tagebücher den Alliierten offen und wurden von den Anklägern gelesen und analysiert.

Die Untersuchungsbehörden baten George Jolly und andere von der Besatzung der *Davisian*, die den Angriff der *Widder* bei Tage miterlebt hatten, um ihre Aussagen.[11] In Zusammenarbeit mit norwegischen Behörden setzten sie sich mit fünf Überlebenden des ersten Nachtangriffs der *Widder* auf den Tanker *Beaulieu* in Verbindung. Sie sprachen zudem mit Kapitän Scott und anderen Besatzungsmitgliedern von der *Empire Dawn*, dem zehnten Opfer der *Michel*. Der Angriff auf die *Anglo-Saxon* stellte die untersuchenden Beamten vor eine echte Herausforderung. Die sieben Mann, die den brutalen Überfall überlebt hatten, waren davon überzeugt gewesen, dass die deutschen Angreifer entschlossen waren, niemanden am Leben zu lassen, der von der Versenkung hätte berichten können, so hatten sie es in ihrem Logbuch festgehalten. Bob Tapscott war der einzige Überlebende, aber er fuhr als Matrose der Handelsmarine wieder zur See. Ihn aufzufinden war schwer, und noch schwieriger war es für ihn, vor Gericht auszusagen. Doch Tapscotts Zeugenaussage war von entscheidender Bedeutung, da auf ihr eine der Anklagen basierte, die für von Ruckteschell die Todesstrafe bedeuten konnte. Es ging dabei um Schüsse auf Überlebende in Booten und auf Flößen, wie Tapscott und die anderen sechs Mann in der Jolle sie hatten mit ansehen müssen.

Tapscott diente auf der S.S. *Langleetarn*, die sich auf einer Reise durchs Mittelmeer, den Suezkanal und entlang der Ostküste Afrikas nach Süden befand.[12] Am 5. November 1946 machte er in Durban, Südafrika, eine schriftliche, beeidete Aussage vor dem zuständigen Beurkundungsbeamten, dem Commissioner of Oaths George Palmer. Diese Aussage war ein unzweideutiger Bericht über den Angriff auf das Schiff und die Folgen; von ihr und dem Kriegstagebuch von Ruckteschells hing die gesamte Anklage im Fall der *Anglo-Saxon* ab. Tapscott gab zu Protokoll: «Nachdem wir etwa hundert bis zweihundert Yards an dem Hilfskreuzer vorbeigetrieben waren, sah ich die Lichter von zwei Flößen aufblitzen. Der Hilfskreuzer eröffnete sofort das Feuer mit Leuchtspurmunition und hörte erst wieder auf, nachdem die beiden Lichter erloschen waren.» Am Ende seiner Aussage fasst er noch einmal den Eindruck zusammen, den er und die anderen in der Jolle in jener Nacht vor sechs Jahren gewonnen hatten: «Ich bin mir sehr sicher, dass der Kommandant des Angreifers es darauf angelegt hatte, dass es keine Überlebenden geben sollte, und ich bin sicher, wären wir entdeckt worden, hätte uns das Schicksal unserer Kameraden ereilt. Durch das ununterbrochene Feuern mit Leuchtspurmunition ließ der Angreifer keine Chance, die Rettungsboote oder Flöße zu Wasser zu lassen.» Und weiter: «Normalerweise hätten wir dem angreifenden Schiff Signal gegeben, uns abzubergen, doch die Absicht war so eindeutig, dass wir uns ruhig verhielten und so davonkamen.» Von dieser Aussage sollte viel abhängen.

Zu Beginn des Jahres 1947 setzte Tapscott seine Reise fort. In Lager Nr. 17 litt man unter dem englischen Winter; die Nissenhütte, die sich von Ruckteschell mit 39 anderen Gefangenen teilte, war immer kalt. Der Boden auf den hundert Metern von der Baracke zur Latrine war entweder überfroren oder matschig, und die Gefangenen durften nur einmal in der Woche duschen.[13] Von Ruckteschell hatte eine chronische Erkältung; er war entmutigt und zog sich in seinen Glauben zurück, um die Stärke zu finden, sich den Konsequenzen seines Handelns zu stellen. Im Februar wurde das Wetter noch schlechter, und es fiel so viel Schnee, dass sich die Tür der Baracke kaum noch öffnen ließ und man nur unter Mühen zur Latrine kam. Von Ruckteschell fand Trost in einem weiteren Gefangenenkonzert und in einem Geschenk seiner Stieftochter, einem kleinen Glasbild. Per Brief ermutigte er sie, die Ausbildung ihrer künstlerischen Begabung nicht zu vernachlässigen. Von Ruckteschell und 156 andere Gefangene wurden in bessere Unterkünfte in einem neuen Lager bei Quorn in Leicestershire verlegt, etwa 100 Kilometer südlich des Lagers in Sheffield. Als er sich während der Verlegung in der winterlichen Kälte mit seiner Habe herumplagte, wurde ihm schwindlig und er hatte «scheußlichen Herzdruck».[14] Er wurde in die Krankenstation eingewiesen, wo man einen Herzklappenfehler diagnostizierte. Er hatte dort saubere weiße Bettwäsche, die ihn wärmte, wie er es schon seit einiger Zeit nicht mehr erlebt hatte, doch sein zwei mal drei Meter großes Zimmer war noch immer eine Zelle, und die nächsten fünf Wochen lang betrachtete er die Wintersonne durch ein Gitterfenster. Zwar ging es ihm wieder etwas besser, aber er machte sich Sorgen über das, was ihm bevorstand. Von Ruckteschell und die anderen möglicher Kriegsverbrechen Verdächtigten wurden wegen ihrer häufigen Fahrten zu Verhören als die «Londoner» bezeichnet. Verbittert hielt von Ruckteschell fest, dass alle «Londoner» als «verkappte Mörder» angesehen würden, und er hatte alle Mühe, sich weiter für den Prozess zu wappnen.[15]

Knapp eine Woche nach seinem siebenundfünfzigsten Geburtstag[16] wurde er nach Bückeburg geflogen und dann mit dem Wagen in das Sonderlager Y bei Munsterlager gebracht, wo man den Kapitän zur See der Reserve Hellmuth von Ruckteschell am 5. April 1947 aus der Marine entließ.[17] Nachdem so jede Verbindung zu der Marine, die er so liebte, gekappt war, wurde er wieder Herr von

Ruckteschell, deutscher Staatsbürger und angeklagter Kriegsverbrecher.

Im Besitz von Tapscotts beeideter Aussage und den Informationen zahlreicher Zeugen anderer Angriffe, reichten die Behörden Klage ein, und Mitte April wurde von Ruckteschell in das Untersuchungsgefängnis Hamburg-Altona verlegt. Damit war er wieder in seiner Geburtsstadt, in der er auch seine frühe Kindheit verbracht hatte, und es war nur ein kurzer Weg bis zur Altonaer Osterkirche, für die er vor dem Krieg Altarteile geschnitzt hatte. Seine Schwester Hilde von Ruckteschell lebte noch hier und durfte ihn besuchen. Seine Frau, die ihm in den fünf Jahren, in denen sie getrennt waren, stets treu geschrieben hatte, erhielt die Mitteilung, dass er sich in Hamburg befinde, wo er vor Gericht gestellt werden sollte. Sie drängte darauf, nach Hamburg zu fahren, doch die Familie lebte in Freiburg und damit in der französischen Besatzungszone.[18] Hamburg wiederum lag in der Besatzungszone der Briten; Fahrten zwischen den Zonen wurden durch Interzonenpässe reglementiert, und Margaret von Ruckteschell geriet in die Mühlen der Bürokratie. Es kann als Beweis der Fairness und des Mitgefühls gewertet werden, dass die Briten einen Verbindungsoffizier von Baden-Baden nach Freiburg entsandten, um Frau von Ruckteschell behilflich zu sein, den erforderlichen Interzonenpass ausgestellt zu bekommen; am 29. April, eine Woche vor Eröffnung des Prozesses, kam sie in Hamburg an.

Als von Ruckteschell nach Deutschland zurückverlegt wurde, war die Liste der Anklagepunkte gegen ihn bereits aufgestellt. Mit Dr. O. Zippel wurde ein kompetenter deutscher Anwalt bestellt, der die Verteidigung übernehmen sollte. In den Tagen vor Prozessbeginn verbrachte von Ruckteschell viele Stunden mit Dr. Zippel, um sich auf das Verfahren vorzubereiten. Es ging um insgesamt fünf Anklagepunkte, die sich auf vier Angriffe konzentrierten.[19] Der erste Anklagepunkt bezog sich auf die *Davisian* – konkret darauf, dass der Angriff noch angedauert habe, nachdem das Schiff seine Bereitschaft signalisiert hatte, den Befehlen der *Widder* Folge zu leisten. Der zweite Anklagepunkt lautete, beim Angriff auf die *Beaulieu* «keine Vorkehrungen zur Sicherheit der Überlebenden der Besatzung» auf offener See getroffen zu haben. Der dritte Punkt betraf eine von zwei Anklagen, die Bezug auf die Versenkung der *Anglo-Saxon* nahmen, und konnte die Todesstrafe bedeuten. In der Anklageschrift hieß es, die *Widder* «beschoss sich auf Rettungsflößen befindliche Besatzungsmitglieder besagten Schiffs». Im zweiten Anklagepunkt bezüglich der *Anglo-Saxon* wurde von Ruckteschell vorgeworfen, er habe «unter Verletzung der Gesetze und Gepflogenheiten des Krieges keine Vorkehrungen getroffen, für die Sicherheit der Überlebenden der Besatzung besagten Schiffes zu sorgen». Der fünfte und letzte Anklagepunkt hatte den Angriff der *Michel* auf die *Empire Dawn* zum Gegenstand; von Ruckteschell wurde beschuldigt, weiter auf das britische Schiff gefeuert zu haben, nachdem von dort signalisiert worden sei, dass man das Schiff aufgeben wolle. Es handelte sich um eine Reihe schwerwiegender Anklagen; Dr. Zippel, ein großer schlanker Mann, der einen intelligenten und zuversichtlichen Eindruck machte, erwartete ein schwieriges Verfahren.

Neben seinen Treffen mit von Ruckteschell holte Zippel Informationen von Zeugen der Verteidigung ein und traf sich auch mit Frau von Ruckteschell. Der Gefangene durfte seine Frau vor dem Prozess nicht sehen, doch sie schrieben sich weiterhin, und von Ruckteschell gestand seine Angst ein, äußerte aber auch seine Entschlossenheit, dem Prozess mit all seinen Konsequenzen ins Auge zu sehen. In einem Brief, geschrieben drei Tage vor Prozessbeginn, berichtete er von emotionalen Schwankungen und davon, dass er manchmal weinte: «Das löst dann die Spannung etwas». Er hatte «Heißhunger auf Freiheit», aber er wusste auch, dass ihm die Todesstrafe drohte.[20] Im selben Brief äußerte er angesichts der von ihm begangenen Taten: «Wie vielen habe ich Leid zugefügt und Angst eingejagt mit meinem Schiff –, nun gilt es mir!» In einem langen Brief an seine Frau und seine Schwester, dem letzten Brief vor Prozessbeginn, verriet er, wie sehr das Schiff und er eins geworden waren: Er unterzeichnete mit den Worten «Euer Michel».[21]

Am Morgen des 5. Mai 1947, einem Montag, wurden Hellmuth von Ruckteschell Handschellen angelegt, und man brachte ihn zu einem Gefängniswagen, der ihn durch die Stadt ins Universitätsviertel nahe dem Dammtor fuhr, zum Curiohaus, wo der Prozess stattfinden sollte.[22] Es handelt sich dabei um ein großes, imposantes Gebäude, das einen ganzen Straßenzug beherrscht. Dort tagte der «No. 1 War Crimes Court», vor dem vom 5. bis zum 21. Mai gegen von Ruckteschell verhandelt wurde. Das Verfahren war in einem großen Gerichtssaal im Erdgeschoss angesetzt worden, den man vom zentralen Innenhof aus erreichte. Durch mehrere Türen zur Linken betraten das Gericht, Zeugen und Pressevertreter den Raum; Zuschauer wurden nach oben auf eine Galerie geführt. Die fünf Mitglieder des Gerichts saßen nebeneinander an einem riesigen Tisch, große Fenster zu ihrer Rechten gingen hinaus auf den Garten.

Der Vorsitzende Richter, Lieutenant-Colonel G. J. James von der Royal Artillery, war ein intelligenter, moralisch strenger junger Mann. Links und rechts von ihm nahmen zwei rotgesichtige Majore Platz, A. O. Mordaunt von der Somerset Light Infantry und H. D. P. Nicol von den Gordon Highlanders, der in seinem Kilt besonders beeindruckend wirkte. Neben den beiden Majoren waren zwei weitere britische Offiziere platziert, Captain W. E. Donald vom militärischen Geheimdienst und der einzige Marineoffizier, Lieutenant C. C. Anderson, Royal Navy. Ebenfalls mit am Richtertisch saß der zivile Beisitzer H. Sturge, Rechtsanwalt. Stets in Talar und Perücke gekleidet, erschien er Frau von Ruckteschell, wie sie in einem Brief erwähnte, als «ein hervorragend kluger und klarer Kopf, bei dem alle Fäden zusammenliefen und der fast immer Herr der Situation blieb».

Direkt vor dem Gericht saß der Stenograph, links der Ankläger Major Reade und auch die Presse. Rechts vom Gericht war der Zeugenstand; dort nahmen auch die drei Dolmetscher Platz, von denen vor allem einer durch besonderes Können herausragte. Direkt dem Richtertisch gegenüber hatte Verteidiger Dr. Zippel seinen Platz, unmittelbar hinter ihm saßen Hellmuth von Ruckteschell und seine Wache.

Der große, helle, luftige Gerichtssaal war zwar ein angemessener Rahmen für das wichtige Verfahren, hatte aber eine äußerst schlechte Akustik, was durch den Umstand, dass der Ankläger stark stotterte, eine zusätzliche Problematik gewann. Vor dieser Kammer wurden die fünf Anklagepunkte verlesen, und von Ruckteschell antwortete in jedem Fall mit einem entschlossenen «Nicht schuldig». Es folgten tagelange Beweisanträge, Zeugenaussagen, Verhöre und Kreuzverhöre der Zeugen durch Anklage und Verteidigung. Obwohl von Ruckteschell sich vor einem Militärtribunal verantwortete, beweist die neunhundertseitige Prozessakte, dass hier ein sorgfältig durchgeführtes juristisches Verfahren gewährleistet war, bei dem die Verteidigung ausreichend Gelegenheit zur Mitwirkung erhielt. So bat Dr. Zippel bei der Erörterung eines Anklagepunktes darum, einen anderen erfolgreichen Hilfskreuzer-Kommandanten vorzuladen, Admiral Bernhard Rogge, den ehemaligen Kommandanten der *Atlantis.*[23] Der Admiral hatte den Prozess von der Zuschauertribüne aus verfolgt, er war nicht isoliert worden, wie dies normalerweise bei Zeugen der Fall ist, um zu vermeiden, dass sie durch Aussagen anderer beeinflusst werden. Das Gericht zeigte sich großzügig und gestattete Rogge, als Zeuge aufzutreten. Der Prozess war offenkundig nicht als Siegerjustiz angelegt. Gegen keine anderen Hilfskreuzer-Kommandanten, auch nicht jene, die noch mehr Tonnage versenkt hatten als von Ruckteschell, wurde Anklage erhoben; einzig seine extreme Härte und sein Übereifer hatten von Ruckteschell vor Gericht gebracht.

Bei der Verhandlung des ersten Anklagepunktes ging es vor allem um die Frage, ob und welche Signale zwischen den Schiffen ausgetauscht worden waren. Die beiden Zeugen von der *Davisian* schworen, die *Widder* habe ihnen signalisiert, nicht zu funken. Darauf habe man geantwortet, dass man dies unterlassen werde; nach Ansicht der Zeugen hätte man aus dieser Antwort schließen können, dass das Schiff sich ergeben wollte. Die *Widder* habe allerdings wieder gefeuert und dabei drei Seeleute getötet, die an Bord der *Davisian* über Deck gingen. Von Ruckteschell sagte aus, er habe angenommen, dass die Männer zum Schiffsgeschütz wollten. Er verwies auf sein Kriegstagebuch, in dem sich kein Eintrag finde, dass das Signal, keinen Funk zu benutzen, überhaupt gegeben worden sei, somit hätten die Männer auf der *Davisian* auch nicht antworten können. Mehrere Zeugen der Verteidigung, darunter Konrad Hoppe, Artillerieoffizier Damschen und Navigationsoffizier Rödel, konnten sich nicht an die Einzelheiten des Zwischenfalls erinnern, was der Anklage nicht eben zugute kam.

Der zweite Anklagepunkt konzentrierte sich auf von Ruckteschells Unterlassung, für die Sicherheit der norwegischen Besatzung auf der *Beaulieu* zu sorgen. Der Zeuge der Anklage, Leutnant Stamnes, Offizier der Königlich Norwegischen Luftwaffe und zum Zeitpunkt des Angriffs nautischer Offizier auf der *Beaulieu*, beschrieb unter Eid, wie der Tanker in der Hoffnung, als unbewaffnetes Handelsschiff erkannt zu werden, alle Positions- und Deckslichter einschaltete, kaum dass der Angriff begann. Als dennoch weiter geschossen wurde, hätten er und zwei Drittel der Besatzung ein Boot zu Wasser gelassen, während der Rest sich um das andere Boot bemühte. Die Anspannung im Saal stieg, als Stamnes schilderte, wie das Rettungsboot unter direkten Maschinengewehrbeschuss geriet und Männer ins Wasser sprangen, um nicht niedergemäht zu werden. Von Ruckteschell und andere Besatzungsmitglieder der *Widder* bestritten zum einen, kleine Maschinengewehre der Art, wie sie Stamnes beschrieb, an Bord gehabt, und zum anderen, gezielt auf das Rettungsboot geschossen zu haben.

Als Beisitzer Sturge bei seiner Zusammenfassung diesen Punkt berührte, bat Dr. Zippel darum, die Aussagen von vier weiteren Besatzungsmitgliedern der *Beaulieu* einbringen zu dürfen. Dieser Antrag wurde kontrovers diskutiert, doch das Gericht ließ schließlich die Aussagen zu. Zwar widersprachen sie Stamnes nicht direkt, doch zwei der Zeugen erwähnten den Beschuss der Rettungsboote überhaupt nicht, die anderen beiden führten den Eindruck, unter Beschuss zu stehen, auf eventuelle Querschläger zurück. Diese Aussagen entkräfteten Stamnes' Erklärung, und das Gericht stützte sich im weiteren Verlauf der Verhandlung nur noch auf den eigentlichen Anklagepunkt: Der Kommandant habe die Besatzung sich selbst überlassen. Von Ruckteschell hatte in seinem Kriegstagebuch festgehalten, er habe ein volles Rettungsboot gesehen und bemerkt, dass ein zweites ausgebracht wurde. Enthob die Tatsache, dass die Norweger ganz bewusst die Nähe des Handelsstörers mieden, von Ruckteschell der Verantwortung für ihre Sicherheit? Stamnes sagte aus, dass die Männer in den Booten davon überzeugt gewesen seien, ihr Leben zu verlieren, sollte der Feind sie aufspüren. Es war nun Sache des Gerichts, die Aussagen zu bewerten.

Der nächste Anklagepunkt warf von Ruckteschell vor, von der *Widder* aus auf die Rettungsflöße der *Anglo-Saxon* gefeuert zu haben. Bei dem langen, brutalen Angriff waren 34 mögliche Zeugen ums Leben gekommen. Fünf Männer, die den Beschuss miterlebt und ihre Darstellung im Logbuch vermerkt hatten, waren in der Jolle gestorben. Die Versenkung der *Siamese Prince* durch die *U-69* hatte Roy Widdicombe das Leben gekostet, doch er hatte die Geschichte von den Schüssen auf die Rettungsflöße zahlreichen Journalisten und anderen berichtet und eine schriftliche Aussage vor dem Regierungsbevollmächtigten Gerassimos gemacht. Von allen, die in jener Nacht an Bord der *Anglo-Saxon* gewesen waren, lebte nur noch Bob Tapscott, von dem eine sechs Monate zuvor in Durban notariell beglaubigte Aussage vorlag. Major Reade, der Ankläger, setzte ganz auf die Brisanz dieses Dokuments. Der Angriff wurde ausführlich dargestellt, Teile von Tapscotts Aussage wurden den Eintragungen in von Ruckteschells Kriegstagebuch gegenübergestellt. Besonderes Augenmerk wurde dabei sowohl auf das Ausmaß des Angriffs gelegt wie auch auf die Tatsache, dass von Ruckteschell in seinem Kriegstagebuch einräumte, der Beschuss habe viel zu lang angehalten, weil die Kanoniere den Befehl «Feuer einstellen» nicht gehört hätten. Von Ruckteschell bestätigte auch eine schriftliche Aussage, die er vor Beginn des Prozesses über die nächtlichen Angriffe gemacht hatte. Darin hieß es: «Offenkundig gab es bei dieser Methode auch Verluste an Menschenleben, doch lag es nicht in unserer Absicht, Menschenleben zu vernichten, sondern feindliche Tonnage zu zerstören. Die Schwere dieser Kampfmethode war dennoch notwendig, denn oft genug versuchte der Gegner, Funksprüche abzusetzen oder gar das Feuer zu erwidern.»[24] Damit räumte er ein, eine besonders aggressive Taktik angewendet zu haben, die von keinem der anderen Hilfskreuzer-Kommandanten verfolgt wurde. Des Weiteren sagte von Ruckteschell aus: «Die 20-mm-Flugabwehr hatte das gesamte Deck des gegnerischen Schiffes zu beharken. Befehlsgemäß wurde nicht auf feste Ziele gefeuert, sondern ‹Sperrfeuer geschossen›, um die Besatzung daran zu hindern, die Geschütze zu besetzen, oder sie anzutreiben, in die Boote zu steigen.» Das wahllose und ununterbrochene Sperrfeuer mit den 2-cm-Geschützen, um die Männer «anzutreiben, in die Boote zu steigen», wurde als unverhältnismäßiger Einsatz von Gewalt angesehen, und von Ruckteschells Aussagen bestärkten das Gericht in seiner Annahme, dass die Angriffe unangemessen brutal vorgetragen worden waren.

Die zentrale Frage bei diesem Anklagepunkt war der Beschuss der Rettungsboote. Sämtliche Zeugen der Verteidigung sagten aus, dass sie einen solchen Beschuss nicht gesehen und auch keinen Befehl gehört hätten, auf die Boote und Überlebenden im Wasser zu schießen. Von Ruckteschell gab an, keinen solchen Befehl erteilt zu haben. Er räumte ein, dass ein Kanonier in der Hitze des Gefechts vielleicht sein Geschütz auf die Lichter im Wasser gerichtet haben mochte, doch betonte er: «Den Ärger, den es später von mir gegeben hätte, wenn ich das beobachtet hätte, also, das wäre eine ganz andere Geschichte gewesen.»[25]

In seinen Bemühungen, eine Erklärung dafür zu finden, wie Tapscott den Eindruck haben konnte, dass auf die Flöße geschossen worden sei, setzte von Ruckteschell seine künstlerischen Fähigkeiten ein und fertigte eine Bleistiftzeichnung an, die die Szene von Tapscotts Position in der Jolle wiedergab. Mit dieser Zeichnung, Beweisstück Y des Prozesses, versuchte er zu beweisen, dass die Männer in der Jolle aus ihrer Perspektive den Eindruck gehabt haben konnten, dass auf die Flöße im Wasser gezielt würde. Zwar hatte von Ruckteschell mit dieser Hypothese nur teilweise Erfolg, doch konnte er gewisse Zweifel wecken. Gegen alles Leugnen stand nur ein einziges Stück Papier: Tapscotts Aussage.

Angesichts der Schwere der Anklage argumentierte Dr. Zippel, dass er Hellmuth von Ruckteschell nicht korrekt verteidigen könne, ohne den einzigen Zeugen der Anklage ins Kreuzverhör zu nehmen. Tapscott diente zu diesem Zeitpunkt auf der *Houston City*, die fünf Tage zuvor in New York ausgelaufen war und erst am Tag des Prozessendes in Haifa eintreffen sollte. Der Hauptzeuge, der einzige Überlebende, war also nicht verfügbar. Es wurden keinerlei Anstrengungen unternommen, das Logbuch der Jolle, von dem nur Captain Millars Abschrift existierte, Zeitungsberichte von Widdicombes Aussagen oder die schriftlichen Aussagen heranzuziehen, die Tapscott und Widdicombe im Beisein von Gerassimos

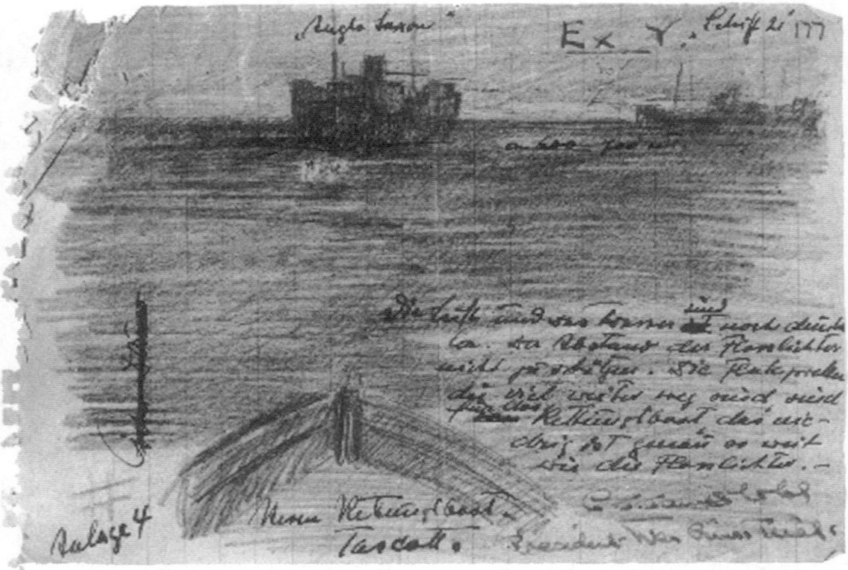

Beweisstück Y: eine von Hellmuth von Ruckteschell angefertigte Bleistiftzeichnung zum Angriff auf die *Anglo-Saxon*.

oder Guy Pearce Jones gemacht hatten. Da nur Tapscotts beeidete schriftliche Aussage vorlag, wurde der schwerwiegende Anklagepunkt gegen von Ruckteschell im laufenden Prozess fallen gelassen. Es ist durchaus wahrscheinlich, dass der Prozess anders ausgegangen wäre, wenn der Erste Nautische Offizier Denny, der Zweite Funkoffizier Pilcher, der Dritte Ingenieur Hawks, Artillerist Penny, Hilfssmut Morgan und die Vollmatrosen Roy Widdicombe und Robert Tapscott hätten vor Gericht erscheinen können. Möglich, dass von Ruckteschell keinen derartigen Befehl erteilt hatte, auf die Flöße zu feuern, doch sieben Mann waren der festen Überzeugung gewesen, dass tatsächlich gefeuert worden sei. Und wenn dem so war, lag die Verantwortung dafür beim Kommandanten des Hilfskreuzers.

Die nächste Frage war, ob von Ruckteschell es versäumt hatte, für die Sicherheit der Überlebenden der *Anglo-Saxon* zu sorgen. Auch hier wurde von der Verteidigung erneut ins Feld geführt, dass die Besatzung der Jolle dem Angreifer absichtlich auswich, doch wurde dieser Einwand abgeschwächt durch die Tatsache, dass der Angriff unzweifelhaft übermäßig lange und heftig geführt worden war. Außerdem bestätigte von Ruckteschells Kriegstagebuch, dass – anders als im Fall der *Beaulieu*, die noch mehrere Stunden lang trieb, während sich das deutsche Schiff immer in der Nähe des Wracks aufhielt – die *Widder* die *Anglo-Saxon* nur während des Angriffs umkreiste und sofort danach abdrehte. Von Ruckteschell hatte notiert, dass es bis zu den Azoren nur 800 Meilen seien, und keinerlei Anstrengungen unternommen, nach Überlebenden in Booten zu suchen. Das Gericht erkannte die Skrupellosigkeit dieser Handlungsweise, gerade angesichts der Tatsache, dass der Kommandant nicht wissen konnte, in welchem Zustand sich das Boot oder die Männer darin befanden oder wie die Jolle ausgestattet war.

Der letzte Anklagepunkt behandelte die Frage, ob die *Empire Dawn* ihre Aufgabe signalisiert hatte und trotzdem versenkt worden war. Das Schiff war von der *Michel* am helllichten Tag angegriffen worden. Der Skipper des Frachters, Kapitän Scott, trat vor Gericht auf und beschrieb, wie er trotz seiner schweren Verletzungen zum Heck seines brennenden Schiffes gegangen sei, um mit einer Taschenlampe die Aufgabe des Schiffes zu morsen. Der Angriff sei jedoch fortgesetzt worden, und er habe weitere Verletzungen davongetragen. Von Ruckteschell und andere Zeugen der Verteidigung stritten ab, jemals irgendein Signal bemerkt zu haben. In einem dramatischen Auftritt bat Dr. Zippel Kapitän Scott, mit einer Taschenlampe, die jener glich, die er an Bord verwendet hatte, dem Gericht sein Signalisieren vorzuführen. Die Taschenlampe war nur etwa fünfundzwanzig Zentimeter lang, und die

Linse hatte einen Durchmesser von etwa acht Zentimetern. Als das Gericht den schwachen Lichtschein sah, dazu das Tageslicht, die aufblitzenden Geschütze und die Flammen des brennenden Schiffes in Betracht zog, hatte Dr. Zippel die Richter überzeugt.

Am dritten Verhandlungstag zog man in einen kleineren Saal um, in dem die Akustik besser war. Von Ruckteschell hielt das für ein schlechtes Omen, da die beiden vorherigen Angeklagten, ehemalige KZ-Wächter, in diesem Saal zum Tode verurteilt worden waren. Trotz der Tatsache, dass der dritte Anklagepunkt gegen ihn fallen gelassen worden war, stand noch immer die Todesstrafe im Raum. Nachdem die ehemaligen Offiziere des Angeklagten als Zeugen der Verteidigung ausgesagt hatten, warteten sie mit Frau von Ruckteschell auf der Zuschauergalerie das Ende des Prozesses ab. Es muss eine große Erleichterung für von Ruckteschell und die ihm nahe Stehenden gewesen sein, dass Major Reade, der Ankläger, sein Plädoyer mit einer versöhnlichen Feststellung begann. Er sagte: «Der Angeklagte steht nicht in derselben Eigenschaft vor Ihnen wie einige der SS-Lagerkommandanten aus den Konzentrationslagern oder die Gestalten der Gestapo, die vor diesen Gerichten erschienen sind. Er steht vor Ihnen als ein Mann, auf dessen Integrität noch kein Schatten gefallen ist, und es steht ihm das Recht zu, für die Dauer dieser Verhandlung dieselbe Unschuldsvermutung zu genießen wie jede Person vor einem englischen Gericht.»[26]

Es kann keinen Zweifel daran geben, dass ohne die Unschuldsvermutung kein Recht gesprochen werden kann; aus der Aussage jedoch, dass auf die Integrität des Angeklagten noch kein Schatten gefallen sei, lässt sich schließen, dass die Ankläger die 26 Jahre alte Akte mit der Aufschrift «German War Criminal Lt. Ruckteschell, *U-54*, Drowning of Crew of Sailing Vessel» (Deutscher Kriegsverbrecher Lt. Ruckteschell, *U-54*, Ertränken einer Segelschiffsbesatzung) nicht kannten.[27] Es ist äußerst unwahrscheinlich, dass die

Anklage in Kenntnis dieser Akte ihre Plädoyers derart beschwichtigend eingeleitet hätte. Die Anschuldigungen gegen von Ruckteschell aus dem Ersten Weltkrieg waren für das Gericht nicht verwertbar, weil sie unbewiesen waren. Doch es war durchaus möglich, dass der Decksmeister Otto Wiedemann aus Polen noch am Leben war und vor Gericht hätte erscheinen können, um eine Aussage über den Charakter jenes Herrn von Ruckteschell zu machen, den er an Bord der *U-54* erlebt hatte. Von Ruckteschell hätte zwar vor dem Hamburger Tribunal nicht für seine Taten im Ersten Weltkrieg verurteilt werden können, doch die Kenntnis der schweren Mordanschuldigung und seiner Flucht nach Schweden, die er unternommen hatte, um einer Verurteilung zu entgehen, hätten einen Schatten auf seine Integrität geworfen.

Nachdem alle Beweise vorgelegt worden waren und Anklage und Verteidigung ihre Plädoyers gehalten hatten, gab der zivile Beisitzer eine Zusammenfassung der Fakten, in der er die wesentlichen Erkenntnisse der Verhandlung vortrug. Er brauchte dafür annähernd zwei Verhandlungstage. Er formulierte strenge Anweisungen an das Gericht und eine minuziöse Wiedergabe der Fälle, die von Anklage und Verteidigung vorgetragen worden waren. Obwohl die Vorschriften dies nicht vorsahen, erteilte der Beisitzer dem Angeklagten das letzte Wort. Von Ruckteschell betonte noch einmal, er habe guten Gewissens als Soldat gehandelt, und räumte ein: «Ich habe zweifellos Fehler gemacht, aber nicht aus Böswillen.» Scheinbar gelassen schloss er: «Ich habe gelernt, dass es meine höchste Aufgabe als Soldat nicht ist, zu schießen, sondern den Frieden zu bewahren. Meine Jahre sind gezählt, doch sollte ich in der Lage sein, wo immer ich auch bin, dazu beitragen zu können, werde ich dies mit Freuden tun.» Es war offenkundig, dass er um sein Leben bat.[28]

Mit diesen Worten ging die Gerichtsverhandlung zu Ende. In jener Nacht schrieb von Ruckteschell: «Ich irrte und nun irren sie;

im Auftrage taten wir es beide und im Glauben an ein Recht und nun ist beides verkehrt.»[29] Am folgenden Morgen gegen 10 Uhr 30 trat das Gericht wieder zusammen und verkündete sein Urteil.

Erster Anklagepunkt – Feuern nach dem Signal der Aufgabe durch die *Davisian*: Schuldig.

Zweiter Anklagepunkt – Unterlassene Hilfeleistung für die Besatzung der *Beaulieu*: Schuldig.

Dritter Anklagepunkt – Feuern auf die Rettungsflöße der *Anglo-Saxon*: Nicht schuldig.

Weiterer Anklagepunkt zur *Anglo-Saxon* – Unterlassene Hilfeleistung für die Besatzung: Schuldig.

Letzter Anklagepunkt – Feuern nach dem Signal der Aufgabe durch die *Empire Dawn*: Nicht schuldig.[30]

Das Gericht zog sich daraufhin zur Beratung über das Strafmaß zurück, eröffnete aber die Verhandlung noch einmal kurz, um zu klären, wie lange von Ruckteschell seit seiner Verhaftung in China schon im Gefängnis gesessen hatte; dies sollte offenbar in die Strafbemessung einfließen. Nach fast zweistündigen Beratungen kehrte das Gericht kurz nach der Mittagsstunde zurück. Von Ruckteschell erhob sich, und das Gericht verkündete: «Hellmuth von Ruckteschell, Sie werden zu zehn Jahren Gefängnis verurteilt.»

Im Verlauf des Prozesses schrieb von Ruckteschell an seine Frau: «Ich denke: Wenn sie mich nun auch ganz verurteilen, dann kann es den Sinn haben, daß solche Seekriegsparagraphen aufgehoben werden und weniger Leiden auf See sich abspielen. – Ich meine, daß meine Verurteilung als warnendes Beispiel aufgestellt wird, und dafür will ich gerne büßen.»[31]

Die Presse nahm das Urteil unterschiedlich auf. Die meisten Hamburger Zeitungen waren der Meinung, dass Hellmuth von Ruckteschell nicht hätte vor Gericht gestellt werden dürfen und dass das Straßmaß zu hoch ausgefallen sei.[32] Die *New York Times* und die *Times* in London hielten das Urteil für angemessen.[33] Der hagere geschwächte Mann, der älter wirkte, als er mit seinen 57 Jahren war, hatte die Sympathien vieler Menschen um sich herum gewonnen, auch die seiner englischen Wachen. Seine Entschlossenheit, freundlich aufzutreten, hatte Erfolg gehabt.

Am Tag nach dem Prozess traf der verurteilte Kriegsverbrecher zum ersten Mal seit fünf Jahren mit seiner Frau zusammen.[34] Am darauf folgenden Tag wurde er ins Zuchthaus Fuhlsbüttel überstellt, um seine Haftstrafe anzutreten.[35] Am nächsten Tag erschienen seine Frau und sein Verteidiger Dr. Zippel, um über eine mögliche Revision des Verfahrens zu sprechen. Schließlich fand sich Frau von Ruckteschell mit der Zukunft ab, die sie und ihren Gatten erwartete, und kehrte nach Freiburg zurück. Von Ruckteschell war bemüht, sich an das Gefängnisleben zu gewöhnen. Als Tischlermeister hoffte er, sich in der Gefängnistischlerei betätigen zu können, doch musste er nach drei Wochen erkennen, dass diese Arbeit zu schwer für ihn war; man wies ihm eine weniger anstrengende Beschäftigung zu. Seine Besucher waren hauptsächlich seine Schwester, die Stiefkinder, ein Neffe und mehrere Pastoren, die dem von tiefen religiösen Empfindungen erfüllten Gefangenen seelischen Beistand leisteten.

Am 22. August 1947 kam von Ruckteschells Fall zur Revision vor den Oberkommandierenden der britischen Rheinarmee, der eine Woche später die Entscheidungen in Bezug auf die Anklagen in den Fällen *Davisian* und *Anglo-Saxon* bestätigte; bei der Anklage betreffend die Besatzung der *Beaulieu* hingegen revidierte er die Entscheidung.[36] Offenbar überzeugten den nachprüfenden Offizier die Tatsachen, dass der Hilfskreuzer lange in dem Abschnitt geblieben war und dass die Besatzung den Angreifer bewusst mied. Im Endergebnis wurde das Urteil gegen von Ruckteschell von zehn auf sieben Jahre verkürzt.[37] Am 22. September wurde ihm dieses Ergebnis mitgeteilt, doch nichtsdestotrotz dehnte sich die Haftstrafe angesichts der Monotonie des Gefängnisalltags schier endlos lang, lebenslang vor ihm aus. Im Frühling 1948 verschlechterte sich von Ruckteschells Gesundheitszustand erheblich. Dr. Zippel argumentierte, dass er zu krank sei, um im Gefängniskrankenhaus behandelt zu werden, und dass er daher aus dem Gefängnis entlassen oder in ein Zivilkrankenhaus verlegt werden sollte.[38] Dr. Frommer, der Gefängnisarzt, bestand darauf, dass von Ruckteschell durchaus auf der Krankenstation des Gefängnisses behandelt werden könne und dass er keinen Grund sehe, wegen seines Gesundheitszustandes die Haftunfähigkeit festzustellen. Frau von Ruckteschell kam nach Hamburg und besuchte ihren Mann am 23. April 1948, einen Monat nach seinem 58. Geburtstag. Zwei Monate später, am 24. Juni, starb Hellmuth von Ruckteschell gegen 10 Uhr 30 an einem Herzinfarkt.[39]

Er starb in derselben Gemeinde, in der sich auch das Familiengrab befindet. Inmitten der riesigen Bäume und üppigen Rhododendren des Ohlsdorfer Friedhofs, in einer von Kiefern umstandenen «Waldesschlucht», in der sich auch Grabsteine zur Erinnerung an seine Eltern und viele seiner Geschwister finden, liegt ein naturbelassener, grob behauener Stein mit den Namen von Hellmuth von Ruckteschell und seinem älteren Bruder Walter, der sieben Jahre zuvor gestorben war.

Von Ruckteschell, dieser außergewöhnliche und vielschichtige Mensch, starb im Alter von achtundfünfzig Jahren. In seinem Leben war er sowohl einfacher Handwerksmeister gewesen als auch einer der höchstdekorierten Kriegshelden des Dritten Reichs. Die Kontraste in seinem Wesen könnten nicht größer sein. In dem einen Augenblick war er die freundliche und sorgende Vaterfigur für seine Besatzung, im nächsten der wütende, tobende Zuchtmeister, der seine Offiziere herunterputzte. Er war einerseits der gerissene und skrupellose U-Boot- und Handelsstörer-Kommandant, der brutale Angriffe fuhr, andererseits aber auch der strenggläubige

e Tafel am Merchant Navy War Memorial, Tower Hill, London, zu Ehren der Männer der satzung der *Anglo-Saxon*, die während des Angriffs und auf der Reise der Jolle ihr Leben ließen. fehlen die Namen von Francis Penny, der auf einer Gedenkstätte der Marineinfanteristen ewigt ist, und von Roy Widdicombe und Bob Tapscott.

Mann, der für einen gegnerischen Seemann, den er soeben getötet hatte, eine Bestattungszeremonie abhielt. Hellmuth von Ruckteschell war all dies und noch mehr, und sein Leben hinterließ Spuren dessen, wie er Freund und Feind behandelte, in seiner künstlerischen Betätigung und in den aktenkundigen Belegen für Tod und Zerstörung, die seine Opfer erlitten.

Am Ende blieb nur der einfache Stein neben den Gräbern seiner Familie. Für viele der Seeleute auf den Frachtschiffen, die aufgrund seiner Taten starben, gibt es kein Grab, keinen Stein auf einem Friedhof. Das Grab für alle Offiziere und Mannschaften der

Anglo-Saxon – bis auf einen – ist der Atlantik; ihre Namen finden sich, vereint als Schiffskameraden im Leben wie im Tode, auf den Bronzetafeln des Merchant Navy War Memorial auf dem Tower Hill in London.

Kapitel 22 **Held in Not**

Als die Deutschen Anfang Mai 1945 kapitulierten, befand sich Bob Tapscott gerade in Australien. Nach einer dreimonatigen Reise auf der *Moreton Bay* war er in Tasmanien vorzeitig von Bord gegangen. Das Schiff fuhr ohne ihn weiter; sechs Wochen später heuerte er in Melbourne auf der *DeBrett* an, auf der er fast ein Jahr lang, bis zum Mai 1946, fuhr. Er verbrachte zwei Wochen daheim in Cardiff, bevor er auf die *Langleetarn* ging und die Reise nach Durban unternahm, wo er die beeidete Aussage machte, die im Prozess gegen Hellmuth von Ruckteschell verwendet werden sollte. Die *Langleetarn* passierte den Suezkanal und das Rote Meer im Juli 1946; dabei kreuzte sie die Route der *Marine Robin*, die von Ruckteschell als Kriegsgefangenen an Bord hatte.

Den Sommer über bis in den Herbst hinein transportierte die *Langleetarn* die afrikanische Ostküste hinauf und hinunter Phosphat von Quseir in Ägypten nach Durban und Kohle nach Aden oder Suez.[1] Phil Hayden war mit Bob Tapscott an Bord des Schiffes und erinnert sich an ihn als guten Seemann, der bei Offizieren und Mannschaft beliebt war. Er beschreibt ihn aber auch als manchmal bedrückten und einsamen Mann. Die *Langleetarn* stammte aus Cardiff, Tapscott war also unter Landsleuten. Hayden erinnert sich, dass Bob manchmal zugänglich war und gern witzelte, manchmal aber auch mürrisch und deprimiert wirkte. Die Besatzung wusste nur wenig über seine Leidensgeschichte. Als Hayden mehr darüber erfahren wollte, ließ sich Tapscott partout zu nichts überreden und erwiderte ihm, er solle den Mund halten und ihn in Ruhe lassen. Hayden stand gerade erst am Anfang seiner seemännischen Laufbahn, und er bewunderte starke, schweigsame Männer wie Tapscott, der die Härten der Kriegsjahre erlebt hatte und gut damit fertig geworden zu sein schien. Trotz seiner stoischen Haltung kostete es Tapscott aber alle Mühe, die Vergangenheit hinter sich zu lassen und ein normales Leben zu führen.

Zwei Monate nachdem er in Durban seine schriftliche Aussage gemacht hatte, musterte er in Lourenço Marques ab[2]; das heutige Maputo, Mosambik, war mit all seinen Bars und dem vor Haien gesicherten Strand des Hotels Polana stets ein beliebter Urlaubsort der Seeleute an dieser Küste. Doch Tapscott suchte hier keine Erholung, denn schon am nächsten Tag, dem 4. Januar 1947, heuerte er auf der *Fort Covington* an, die sich sofort auf die Heimfahrt nach England machte. Er war wohl außerordentlich motiviert, rasch nach Hause zu kommen, denn der Vollmatrose Tapscott heuerte als Heizer und Kohlentrimmer an und musste auf seiner Heimfahrt im Maschinenraum schuften.

Von Ruckteschells Prozess fand während der nächsten langen Reise Tapscotts auf der *Houston City* statt, die Cardiff am 25. März 1947 verließ. Sie machte als Erstes in Philadelphia fest, dann in New York; von da arbeitete sich das Schiff ostwärts einmal um die Welt vor. Das Gericht tagte, während Tapscott den Atlantik überquerte und ins Mittelmeer einlief; dann ging die Fahrt durch den Suezkanal nach Singapur, Yokosuka in Japan, Coos Bay, Oregon, nach Los Angeles, durch den Panamakanal und heimwärts in den Tyne, wo er nach sechs Monaten von Bord ging. Die Fahrt schien für Tapscott gut verlaufen zu sein, doch folgte ihr eine Zeit der Instabilität, in der er auf zwei Schiffen vorzeitig von Bord ging und dann auf verschiedenen Schiffen eine ganze Reihe von kurzen Fahrten unternahm.

Gegen Ende der vierziger Jahre lernte der 28-jährige Matrose die hübsche Norma Louise Michalitsianos kennen, die ihrem griechischen Vater und ihrer schottisch-irischen Mutter ein attraktives Äußeres und einen wachen Verstand verdankte.[3] Ihr Vater, Schiffsausrüster von Beruf, starb, als sie erst dreizehn war. Norma, eines von vier Kindern, musste ihre schulische Laufbahn daraufhin beenden. Sie fühlte sich sofort zu dem großen klugen Seemann hingezogen, den sie als «vollendeten Gentleman» beschreibt, und es dauerte nicht lange, bis sie verlobt waren und heirateten. Tapscott ging es besser; er hatte einen Schritt hin auf das normale Leben gemacht, nach dem er sich so sehr sehnte. Seiner jungen Frau erzählte er nichts von seinen Erlebnissen während des Zweiten Weltkrieges. Im November 1950 musterte Tapscott in Lagos, Nigeria, krankheitsbedingt auf der M.V. *Naranio* ab.[4] Als «britischer Seemann in Not» in einem ausländischen Hafen wurde er auf der M.V. *Accra* nach England zurückgebracht. In den frühen fünfziger Jahren, als es ihm so gut ging wie nie, wurden Bob und Norma Tapscott Eltern; ihre Tochter Diane wurde geboren.

Das Familienleben eines Seemanns ist wegen seiner langen Abwesenheiten von daheim immer schwierig. Diane hatte den Eindruck, als sei ihr Vater nie da gewesen. Norma erinnert sich, dass das Leben für Bob auf See «einfach bestens» war; an Land war er nicht glücklich, sondern deprimiert und Stimmungsschwankungen unterworfen. Er hatte Schlafstörungen, auf See und an Land. Nachdem er beinahe verhungert wäre, achtete er nun äußerst streng darauf, keine Nahrungsmittel zu vergeuden. Seine Tochter weiß noch, dass er stets alles aß, was man ihm vorsetzte, und seine Tochter drängte, dasselbe zu tun: «Man weiß nie, wann es wieder etwas gibt.»[5] Die fünfziger Jahre vergingen, ohne dass Norma wusste, was Bob durchgemacht hatte und womit er immer noch kämpfte.

Auch die Männer, die mit ihm zur See fuhren, bemerkten, wie sehr er unter Stimmungsschwankungen litt, und beobachteten ihn häufig dabei, wie er aufs Meer hinausstarrte. Er drehte sich seine Zigaretten selbst und verbrachte die schlaflosen Nachtstunden auf dem Oberdeck.[6] Er genoss den Respekt und die Freundschaft seiner Kameraden, und er war bekannt als jemand, der für das einstand, was er für richtig hielt, selbst wenn es in eine Schlägerei mündete. Wie schon auf der *Anglo-Saxon* engagierte er sich gegenüber den Vorgesetzten, wenn es Klagen der Mannschaft hinsichtlich des Essens gab, und in mindestens einem Fall stand er für einen seiner Schiffskameraden ein: als dieser in einer Bar in Newport News, Virginia, diskriminiert wurde, ging er dem anderen an den Kragen.[7] Ein anderes Mal, in einem Pub, nannte ihn ein Mann, der etwas über seine Reise in der Jolle gehört hatte, «Lifeboat Billy». Tapscott reagierte prompt und heftig.

Ende der fünfziger Jahre ging Tapscott nicht länger auf große Fahrt, sondern heuerte auf kleinen Küstenschiffen an, unter anderem auch als Bootsmann auf einem Ausflugsschiff in Swansea. Doch war das nur ein müder Abklatsch seiner Reisen in exotische Häfen rings um den Globus, und er tat sich schwer mit der Umstellung. Ab und zu setzte er seine seemännischen Fertigkeiten auch an Land ein, so zum Beispiel, als Chipperfield's Circus nach Cardiff kam und er als Takler half, das große Zelt aufzubauen.

Die Symptome der posttraumatischen Stresserkrankung, PTSD, scheinen in mittlerem Alter häufig noch an Intensität zuzunehmen; auch bei Tapscott dürfte dies der Fall gewesen sein.[8] Die Diagnose der kanadischen Armeeärzte im 1st Neurological Hospital in Basingstoke 1942, Bob Tapscott leide an einer Angstneurose, war aufgrund der fehlenden medizinischen Kenntnisse zu jener Zeit völlig unzureichend. PTSD wird heute als schwere gesundheitliche Beeinträchtigung anerkannt. Tapscott wies alle Symptome dieser Erkrankung auf; er hatte ein lebensbedrohliches Trauma erlitten, was das Hauptkriterium bei der Diagnose dieser Störung darstellt. Ein wichtiges Symptom ist das Meiden des eigentlichen heiklen Themas – bei Tapscott also die Weigerung, über seine Leidenszeit zu berichten.[9] Weitere Schlüsselfaktoren sind übermäßige Aktivität und extreme emotionale Schwankungen. Tapscott war bemüht, sich zusammenzureißen und ein normales Leben zu führen, doch Phasen von Stabilität wechselten mit gelegentlichen «Wutausbrüchen», wie zum Beispiel in der Bar in Newport News oder bei dem Zwischenfall um «Lifeboat Billy». Auch Schlaflosigkeit tritt häufig bei PTSD-Patienten auf: Sie zeigt das Bemühen, Alpträumen zu entgehen, in denen das Trauma immer wieder durchlebt wird.

Als weiteres Symptom gelten «Beeinträchtigungen bei der Wahrnehmung des sozialen oder familiären Lebens der betreffenden Person; als da sind berufliche Instabilität …». Deutliche Hinweise auf diesen letzten Aspekt der Störung finden sich in Tapscotts Arbeitspapieren; dort ist die Rede von abgebrochenen Fahrten und häufigem Wechsel der Arbeitsstelle in den späten fünfziger und frühen sechziger Jahren. Oft wurde er von schweren Depressionen heimgesucht.

Der Held der Meere erhielt nicht die medizinische Unterstützung und Betreuung, die er benötigt und verdient hätte. Die kanadischen Ärzte hatten Psychotherapie und Beschäftigungstherapie empfohlen, doch herrschte im Militär die allgemein verbreitete Meinung vor, dass die psychotherapeutische Hilfe, die es im Ersten Weltkrieg gegeben hatte, mehr Neurosen hervorgerufen als geheilt habe; es gibt keinerlei Hinweise darauf, dass Tapscott sich jemals einer Therapie unterzogen hat.[10] Stattdessen wurde er aus dem Militär entlassen und musste sich allein mit seinen Schwierigkeiten auseinander setzen. Und das tat er mit beachtlichem Erfolg zwanzig Jahre lang. Doch als er seine Lebensmitte erreichte, nahmen die Probleme allmählich zu.

Seine Depression wurde stärker. 1962 erzählte er seiner Frau und seiner Tochter endlich von der Leidenszeit, die er zwei Jahrzehnte zuvor durchlebt hatte. Im Frühling 1963 hatte er Probleme, eine neue Anstellung zu finden.[11] Offenbar wurde ihm alles zu viel. Auf der Jolle hatte er mehrere Selbstmorde miterlebt, und Widdicombe und er hatten selbst mehrfach halbherzige Versuche unternommen, ihrem Leben ein Ende zu setzen. Im Juni 1963 fand man Bob Tapscott in einem mit Gas gefüllten Raum.[12] Sein offenkundiger Selbstmordversuch war erfolglos geblieben. Tapscott wurde in das Whitchurch Hospital in Cardiff gebracht, das wegen seiner hohen psychiatrischen Kompetenz einen guten Ruf genoss. Hier erhielt er die Zuwendung, die er dringend brauchte, um mit dem leben zu können, was als «lähmende Depression» bezeichnet wurde. Tapscott verbrachte sieben Wochen in dem Krankenhaus und wurde dort wahrscheinlich auch mit dem Barbiturat Natriumamytal behandelt. Das Medikament war in den zwanziger Jahren von der Firma Eli Lilly entwickelt worden; Dr. William Sargant erprobte es in den frühen vierziger Jahren.[13] Sargant gehörte nicht der Armee an, sondern dem British Emergency Medical Service, wo er das Medikament mit beachtlichem Erfolg bei der Behandlung von traumatischen Auswirkungen der Luftangriffe auf die Zivilbevölkerung einsetzte. Seine Erkenntnisse waren noch nicht bis zu den kanadischen Kollegen durchgedrungen, als Tapscott von ihnen behandelt wurde. Wird Natriumamytal unter kontrollierten therapeutischen Bedingungen verabreicht, hilft es dem Patienten, sich zu entspannen und über Dinge zu sprechen, die lange verschlossen geblieben sind, und dies erleichtert es dem Arzt, an die tief sitzenden Ängste heranzukommen, die den traumatisierten Patienten quälen. Natriumamytal wird auch als Schlafmittel verordnet, und es ist wahrscheinlich, dass man Tapscott dieses Medikament verschrieb, als er aus dem Krankenhaus entlassen wurde.

Heute weiß man, dass eine Depression, die mit PTSD einhergeht, nicht immer mit Hilfe von Antidepressiva gemildert werden kann.[14] Offenbar traf dies auch auf Tapscott zu. Wenige Wochen nach seinem Aufenthalt im Whitchurch Hospital schrieb er einen wohl überlegten, gut formulierten Brief an das *South Wales Echo*. Als Frau und Tochter bei Normas Mutter zu Besuch waren, nutzte er die Gelegenheit und schritt zur Tat. Wie das *South Wales Echo* berichtete, scheint er aus Versehen das Sofa im Wohnzimmer mit einer Zigarette oder einem Streichholz in Brand gesteckt zu haben. Dann setzte er sich auf einen Sessel im selben Zimmer.[15] Robert George Tapscott, 42 Jahre alt, schluckte drei Schachteln Natriumamytal und setzte seinem qualvollen Leben ein Ende.

Norma und Diane Tapscott erinnern sich, dass die Fenster ihres Hauses in der South Clive Street bei ihrer Rückkehr rußbedeckt waren.[16] Sie holten Constable Raymond Hopkins von der Cardiff Police zu Hilfe, der, ohne zu zögern, in das rauchgeschwängerte Haus vordrang.[17] Hopkins stolperte über den Körper von Bob Tapscott und zerrte ihn hinaus in den Garten. Er sah, dass Tapscott tot war, rannte ins Haus zurück, erstickte die Flammen und brachte den Brand unter Kontrolle. Am 10. September 1963 meldete das *South Wales Echo* auf der Titelseite: «Kriegsheld bei Wohnungsbrand tot aufgefunden».

Ein, zwei Tage später erhielt der Herausgeber der Zeitung Bob Tapscotts Brief, in dem er seinen Selbstmord erklärte. Der Herausgeber druckte den Brief nicht vollständig ab, sondern übergab ihn Untersuchungsrichter Gerald Tudor, in dessen Zuständigkeitsbereich der Todesfall fiel. Am 3. Oktober 1963 meldete die Zeitung das Ergebnis der Untersuchungen, wonach Bob Tapscott Selbstmord begangen hatte und an einer Kombination aus Natriumamytal- und Kohlenmonoxydvergiftung gestorben war. Richter Tudor lobte Constable Hopkins für seinen Einsatz bei dem Versuch, Tapscott zu retten, und dankte Mr. Geoff Rich, dem Herausgeber der Zeitung, für die umgehende Weiterleitung des Briefs.

Der Brief wurde nie vollständig veröffentlicht, doch wurden die beiden wesentlichen Passagen daraus bekannt. Tapscott hatte dargelegt, dass er sich umbringen wolle, versicherte aber, dass er nicht verrückt sei, ein Punkt, den der Untersuchungsrichter in seinem Bericht ausdrücklich betonte. Bob Tapscott argumentierte genau so, wie seine Gefährten in der Jolle es getan hatten. Er analysierte seine Lage und befand, dass er die Depression, die durch jene Leidenszeit ausgelöst worden sei, nicht länger ertragen könne. Wie bei seinen Kameraden beruhte Tapscotts Tat anscheinend auf drei Motiven. Er wollte die endlose Quälerei beenden. Er konnte sich keine schöne Zukunft mehr vorstellen, er wollte sein Leben unter selbst gewählten Bedingungen beenden, statt sich weiterem unerträglichem Verfall auszuliefern. Und schließlich glaubte er seinen Mitmenschen ein Geschenk zu machen, indem er sie von der Last befreite, die er seiner Ansicht nach für sie war. Offenbar konnte er sich nichts anderes als eine düstere Zukunft vorstellen; und ebendie wollte er nicht denen aufbürden, die er liebte.

Am Tag nachdem der Bericht des Untersuchungsrichters veröffentlicht worden war, brachte die Zeitung einen großen Artikel unter der Überschrift: «Bittere Ironie im Tod eines Kriegshelden».[18] Absicht des Artikels war es, Tapscott nicht einfach als Selbstmörder abzustempeln, sondern ihn der Bevölkerung Cardiffs als Handelsmatrosen zu schildern, der in den schwersten Kriegsjahren zur Rettung Großbritanniens und seiner Ideale beigetragen und unter den Folgen dieses Kriegseinsatzes schwer gelitten hatte. Der Artikel dürfte ein Trost für Tapscotts Witwe und Tochter gewesen sein. Die Beerdigung wurde im engsten Familienkreis vollzogen; Norma war dankbar dafür, dass die Canadian War Veterans Association in Anerkennung von Tapscotts freiwilligem Dienst in der Canadian Army zwanzig Jahre zuvor die Kosten übernahm.[19] Norma hatte keine Zeit, sich ihrem Kummer hinzugeben; sie musste Arbeit finden, um sich und ihre Tochter durchzubringen. Diane hatte es schwer in den drei Wochen, die zwischen dem Tod ihres Vaters und dem Bericht des Untersuchungsrichters lagen. Gedankenlose Mitschüler verbreiteten Selbstmordgerüchte, die zu dieser Zeit noch Grund für gesellschaftliche Ächtung waren, und Diane litt unter den Sticheleien.[20]

Bob Tapscotts Tod wurde durch die seelische Verletzung ausgelöst, die er zwanzig Jahre zuvor erlitten hatte. Nach dem Krieg begegneten einem viele Menschen, die erkennbar verwundet oder verstümmelt waren und die Respekt, Mitgefühl und Dankbarkeit verdienten. Bob Tapscotts Wunde war unsichtbar, und er tat alles nur Erdenkliche, um sie zu verbergen. Dennoch war sie da. Sie konnte nicht heilen und schwärte all die Jahre weiter; das Gift griff auf seinen ganzen Körper über und erwies sich als ebenso tödlich wie der Wundbrand, der Roy Pilcher das Leben nahm.

Am 10. September 1963, fünfzehn Jahre nach seinem eigenen Tod, hatte Hellmuth von Ruckteschell sein letztes Opfer von der *Anglo-Saxon* gefordert.

Kapitel 23 **Überlebende**

Mit Tapscotts Tod sind die *Anglo-Saxon* und alle an Bord endgültig gegangen. Die Geschichte des Schiffs und der Männer lebt jedoch fort in den Familien und Freunden und in jenen, deren Anliegen es ist, die Geschichte dieser Seeleute weiterzutragen. Mütter und Väter verloren bei der Versenkung ihre Söhne, dreizehn Frauen ihre Männer, Kindern wurden die Väter genommen.

Kapitän Paddy Flynn hinterließ seine Frau Monica. Monica Flynn, die sich später in ihr Heim in Sutton, Surrey, zurückzog, hatte während des Krieges weiter unterrichtet. Sie erfüllte die Rolle der Frau des Kapitäns und versuchte, den Offizierswitwen der *Anglo-Saxon* Trost zu spenden. 1941 richtete sie einen Brief an Ethel Milburn, sprach ihr Beileid aus, erkundigte sich nach den Jungen und schrieb: «Fassen Sie Mut, liebe Mrs. Milburn, in dem tröstlichen Gedanken, dass sie ihr Leben gaben für alles, was richtig ist und gut …»

Ted und Derek Milburn verließen Mutter und Heim und besuchten die Royal Merchant Navy School. 1947, im Alter von sechzehn Jahren, erhielt Ted den Norisian Prize for Manliness and Honour aus den Händen der zukünftigen Königin, Prinzessin Elizabeth. Die Milburns kamen erneut mit der königlichen Familie in Berührung, als eines Tages ein Umschlag mit einer verzierten Schriftrolle eintraf. Es handelte sich dabei um eines von vielen ähnlichen Dokumenten, die «auf Befehl des Königs» versendet wurden; in ihm wurde erinnert an «E. E. Milburn, Leitender Ingenieur der Handelsmarine, geehrt als einer, der König und Land im Weltkrieg von 1939–1945 diente und sein Leben ließ, um die Menschheit vor der Tyrannei zu bewahren. Möge sein Opfer dazu beitragen, Frieden und Freiheit zu erringen, für die er starb.»

Ted und Derek verbrachten ihr gesamtes Berufsleben bei der Handelsmarine, Ted als Funkoffizier, Derek bis hinauf zum Kapitän. Seit seiner Pensionierung 1989 hat Ted ein bemerkenswertes Archiv über die *Anglo-Saxon* angelegt und Freundschaften zu anderen aufgebaut, die sein Interesse teilen. Mit Dereks zwei Söhnen wird das Andenken an Eddie Milburn und die *Anglo-Saxon* von einer weiteren Generation der Milburns erhalten.

Jim Fowlers Nichte Betty hat ihren Lieblingsonkel niemals vergessen. Der Rosenkranz, den sie ihm gekauft hatte und den er in ihrer Obhut zurückließ, als er an Bord der *Anglo-Saxon* ging, blieb ihr größter Schatz, den sie nie mehr aus der Hand geben wollte. Als ihr eines Tages die Handtasche gestohlen wurde, waren ihre beiden kostbarsten Besitztümer fort: das Mützenband ihres Gatten mit dem Aufdruck H.M.S. *Venerable*, das sie seit ihrer ersten Begegnung bei sich hatte, und Jim Fowlers Rosenkranz. Zwei Tage später rief sie ein Bauarbeiter an und teilte ihr mit, dass er ihre Handtasche auf einer Baustelle gefunden habe und bei ihr vorbeibringen werde. Betty und ihr Mann Mac McAteer durchsuchten die Tasche und fanden Band und Rosenkranz wieder.

Im Jahre 2001 buchte Betty McAteer eine Kreuzfahrt von England durchs Mittelmeer auf der *Victoria* der P&O Line; sie vertraute dem Cruise Director an, dass sie nicht einfach nur eine Vergnügungsreise unternehmen wolle, sondern dass sie eine Mission zu erfüllen habe. Gegen 19 Uhr 50 am Sonntag, dem 1. Juli 2001, unterbrach der Cruise Director diskret Bettys Abendessen und führte sie aus dem Speisesaal hinaus zum Heck des Schiffs, wo sich die Schiffsoffiziere und ein Geistlicher, der mit an Bord war, versammelt hatten. Umgeben von dieser Ehrenwache, ließ Betty

McAteer den Rosenkranz über Bord in den Atlantik fallen, auf dass dieser 61 Jahre nach dem Tod ihres Onkels Jim wieder mit ihm vereint war. Betty, ihr Sohn Neil, ihre Tochter Leslie und Leslies Sohn Jamie, der den Namen des Großonkels trägt, bewahren die Erinnerung an Jim Fowler.

Der Erste Offizier Barry Denny hatte die Männer in der Jolle aufgemuntert, bis seine eigene Gesundheit sich zusehends verschlechterte. Seine Führungsqualitäten und sein Opfer leben fort in der Person seines Bruders Desmond Denny, der während des Krieges Angehöriger eines Panzerregiments der British Army war und lange Zeit in der Nähe von Tower Hill und dem Merchant Navy War Memorial gearbeitet hat, auf dem der Name seines Bruders und die Namen aller, die mit der *Anglo-Saxon* untergingen, verewigt sind. Desmond und seine Frau Joan haben am Remembrance Day, dem Feiertag zu Ehren der in den Kriegen Gefallenen, regelmäßig an den Gedenkfeiern dort teilgenommen. Barry Denny war nicht verheiratet, doch gedenken seiner eine Nichte und ein Neffe, die in Australien leben.

Im Bericht der *Evening Chronicle* aus Newcastle über den Tod von Lionel Hawks hieß es, die Eltern seien «vom Schmerz übermannt» und «zu sehr getroffen, um etwas zu sagen». Mutter und Vater und Lionels Schwester Margaret trugen für den Rest ihres Lebens schwer an ihrem Verlust.

Über die Reaktion der Familie von Leslie Morgan, Widdicombes Nachbar in der Lewis Street in Newport, Wales, ist nichts bekannt; Morgans Geschichte scheint völlig von Widdicombes Überleben in der Jolle und dem späteren Untergang an Bord der *Siamese Prince* überlagert worden zu sein. Es wird vermutet, dass noch eine Schwester am Leben ist.

Roy Pilchers Schwester Beryl arbeitete in den fünfziger Jahren im diplomatischen Dienst Großbritanniens in den Vereinigten Staaten, und sie unternahm eine Pilgerfahrt nach Mystic Seaport, um das Boot zu sehen, in dem ihr Bruder gelitten hatte und gestorben war. Cliff Walder heiratete Daphne; beide vergaßen ihren Freund Roy nie. Cliff Walder bewahrte den Brief auf, den Roy ihm geschrieben hatte und der die Reise in der Jolle in seinem Aktenkoffer überstand. Vor kurzem überließ er den von Meerwasser fleckigen Brief dem Imperial War Museum, wo er wieder zur Jolle fand. Als Roy Pilcher starb, verlor Marion Blake ihren Liebsten. Sie heiratete später und lebt heute als Marion Wastell in Kanada.

Marineinfanterist Francis Penny war nach seiner Pensionierung in den dreißiger Jahren in die Hafenstadt Portsmouth gezogen; schon seit der Zeit vor Heinrich VIII. war die Royal Navy dort präsent. In ihrem Heim in der Reginald Street erhielt Edith Penny die Nachricht, dass ihr Mann, der «pensionierte» Marineinfanterist, der seinem Land in beiden Weltkriegen gedient hatte, ums Leben gekommen war. Edith und ihre Kinder trauerten um Francis Penny; sein Andenken lebt fort in der Schwiegertochter Emily Penny, ihrem Sohn Kevin und mehreren Enkelkindern.

Cynthia Widdicombe ist eine wahrhaft tragische Gestalt in der Geschichte der *Anglo-Saxon*; Roy Widdicombes junge Frau steht stellvertretend für die zahllosen Kriegerwitwen nicht nur des Zweiten Weltkrieges. Nach ihrer Heirat hatten die beiden nur vier gemeinsame Monate, bevor Roy wieder zur See ging, verschollen war, wieder auftauchte und erneut verschwand. Cynthia überstand diese schwere Zeit und heiratete im August 1945 Ronald C. Gill, einen Witwer, der seinen Kriegsdienst bei der Royal Navy abgeleistet hatte; gemeinsam hatten sie einen Sohn und eine Tochter. Cynthia ist verstorben, doch ihre Tochter Sue Irvine bewahrte die Familiengeschichte, von der Cynthias Ehe mit Roy Widdicombe ein Teil ist. Die beiden Kinder von Sue tragen seine Geschichte weiter.

Bob Tapscotts Witwe Norma lebt in Cardiff, wo sie und Bob ihre gemeinsamen Jahre verbrachten. Norma war aktiv daran beteiligt, die Geschichte der *Anglo-Saxon* lebendig zu halten. Ihre Tochter Diane arbeitet heute für die NATO und lebt mit Mann und zwei Söhnen in der Nähe von Brüssel; die Jungen kennen die tragische Geschichte ihres Großvaters.

In seiner Jugend, noch während des Krieges, las Anthony Smith, ein bekannter BBC-Kommentator, Guy Pearce Jones' Buch *Two Survived*, das tiefen Eindruck auf ihn machte. Smith führte ein abenteuerliches Leben, er fuhr Ballon, durchquerte Afrika mit dem Motorrad, und er schrieb zahlreiche Bücher. 1990, anlässlich des 50. Jahrestages der Versenkung der *Anglo-Saxon*, strahlte er eine Sendung aus, die viele Hörer erreichte, darunter auch Desmond Denny, den Bruder des Ersten Offiziers. Smith und Denny begannen eine Korrespondenz, die zu einem ersten Kontakt mit Ted Milburn führte, der ebenfalls Nachforschungen über die *Anglo-Saxon* anstellte. Gemeinsam arbeiteten die drei daran, so viele Verwandte der Seemänner der *Anglo-Saxon* aufzuspüren wie möglich und herauszufinden, was mit der Jolle geschehen war.

Es gelang ihnen, Kontakt zu Verwandten und Freunden von 13 Männern der Besatzung aufzunehmen. Bei Nachforschungen in Nassau stießen sie auf die Information, dass das Boot noch existierte und in Mystic Seaport in Connecticut ausgestellt wurde. Gemeinsam mit Norma Tapscott traten sie an das Museum heran, schlugen vor, das Boot nach England zu überführen. Mystic Seaport, aus dem nunmehr das Museum of America and the Sea geworden war, willigte ein, das Boot zurück in sein Heimatland zu schicken, doch sollten bis zur Realisierung dieses Plans noch mehrere Jahre vergehen. Nachdem alle Fragen hinsichtlich der Besitzansprüche und Eigentumsverhältnisse, des Transportes und des Museums in England geklärt waren, schickten die P&O Nedlloyd Lines 1997 einen Container nach Mystic Seaport; dort wurde das Boot vorsichtig verladen, um dann auf das letzte Stück einer Reise zu gehen, die 57 Jahre zuvor begonnen hatte. Wenige Wochen

Verwandte und Freunde der Männer der *Anglo-Saxon*, die sich am 12. Mai 1998 zur Eröffnung der Ausstellung «Survival at Sea» im Imperial War Museum versammelt haben, bei der die Jolle einen bedeutenden Platz einnahm. Von links nach rechts: Brenda Harrison, Freundin von Ted Milburn; Neil McAteer; Ted Milburn; Pat Phillips; Anthony Smith; Norma Tapscott; Diane Tapscott; Kevin Penny; Emily Penny; Sue Irvine; Desmond Flynn. Auf dem Foto fehlen die an diesem Abend ebenfalls anwesenden Betty McAteer und Desmond Denny, der sich besonders für die Rückkehr der Jolle nach Großbritannien eingesetzt hat.

später, am 17. November 1997, stand Ted Milburn am Hafen von Felixstowe, und als der Container geöffnet wurde, sah er die sorgsam verpackte Jolle wieder, die er 1939 als Kind an Bord der *Anglo-Saxon* zum ersten Mal erblickt hatte.

Anthony Smith engagierte sich für die Sache, Ted Milburn leitete die Suche nach der Jolle in die Wege, und Norma Tapscott trug überzeugend dazu bei, dass die Jolle zum Kernobjekt der Ausstellung über die Handelsmarine im Zweiten Weltkrieg wurde, die das Imperial War Museum unter dem Titel «Survival at Sea» zeigte.

Anthony Smith hat diese Geschichte in seinem Buch *Survived*, das 1998 erschien, aufgezeichnet.

Die *Widder* überstand den Krieg als Versorgungsschiff; sie wurde zunächst Großbritannien als Reparationsleistung überlassen und ging dann im Zuge der Nachkriegsregelungen in griechischen Besitz über. 1947 nahm sie für drei Jahre den Dienst unter dem Namen *Ulysses* für die Ionian Maritime Enterprises in Piräus auf. 1950 wurde das Schiff nach Deutschland zurückverkauft und auf den Namen *Fechenheim* umgetauft. Die nächsten fünf Jahre diente es als Trampdampfer, bis es am 3. Oktober 1955 vor Bergen in Norwegen auf Grund lief und 1956, nach sechsundzwanzig Jahren im Einsatz, abgewandelt wurde.

George Duffy war einer der vielen Männer, die auf von Ruckteschells Schiffen in Gefangenschaft gerieten und den Japanern übergeben wurden. Er überlebte drei Jahre Gefangenschaft und Schwerstarbeit. Seine Familie wusste nichts über sein Schicksal, bis Amateurfunker in den Vereinigten Staaten eine japanische Sendung hörten, in der ein gewisser George Duffy erwähnt wurde, der in Gefangenschaft sei. Per Postkarte erhielt seine Mutter so die Nachricht, dass ihr Sohn, auf See vermisst, noch lebte. Nachdem Duffy nach Kriegsende befreit worden war und in die Vereinigten Staaten zurückkehrte, ging er wieder zur Handelsmarine. Im Mai 1947 befand er sich gerade in Hamburg, als er in einer deutschen Tageszeitung las, dass Hellmuth von Ruckteschell dort wegen möglicher Kriegsverbrechen vor Gericht stand. Vierzig Jahre nach Kriegsende, am 19. Juli 1985, kam George Duffy wieder nach Deutschland in das Haus von Konrad Hoppe, den er während seiner Zeit als Gefangener an Bord der *Michel* kennen gelernt hatte. Hoppe brachte sein «tiefes Bedauern für das Leid und die Qualen» zum Ausdruck, «die die *Michel* über die Besatzungen der versenkten Frachtschiffe» gebracht hatte, und äußerte seine «große Freude, dass die schicksalhafte Feindschaft sich in echte Freund-

Ted Milburn bei der Ankunft der Jolle am 17. November 1997 in Felixstowe, England. Zuletzt hatte er das Boot an Bord der *Anglo-Saxon* im November 1939 gesehen.

schaft verwandelt» hatte, eine Freundschaft, die sich im Laufe der Jahre vertiefte.

Nachdem er in Japan von Bord der *Michel* gegangen war, lebte Konrad Hoppe die restlichen Monate des Krieges in der damaligen holländischen Kolonie, die heute Indonesien ist, wo er eine dort gebürtige Europäerin heiratete. Da er deutscher Staatsbürger und ehemaliger Offizier der Kriegsmarine war, verbrachte er einige Zeit in einem Gefangenenlager, bevor er 1946 an Bord des Truppentransporters *Sloter Dyck* nach Deutschland zurückgebracht und ins Zivilleben entlassen wurde. Seine Frau geriet in Übersee in die postkolonialen Nachkriegswirren und wurde für ‹staatenlos› erklärt. Als sie sich zwischen der Staatsbürgerschaft Indonesiens und der Niederlande entscheiden sollte, wählte sie letztere, weil sie mit ihr leichter Konrad Hoppe nach Westdeutschland folgen konnte; die beiden bekamen einen Sohn und eine Tochter. Auch nach dem Tod seiner Frau führt Konrad Hoppe ein sehr aktives Leben, er reist jedes Jahr in die USA und nach Kanada und pflegt die Freundschaft mit George Duffy.

Noch ein zweiter Offizier der *Michel* steht in freundschaftlichem Kontakt mit George Duffy. Nachdem er die *Michel* verlassen hatte, verbrachte Adjutant Jürgen Herr den Rest des Krieges an einer Sprachenschule in Japan. Dort lernte er Margaret (Gretl) Steinbeiss kennen, die bei der deutschen Botschaft in Tokio arbeitete.

Jürgen Herr, William N. Wallace, George Duffy und Konrad Hoppe, die sich einst feindlich gegenüberstanden, treffen sich lange nach dem Krieg (hier 1988 in Laboe) als Freunde. Herr und Hoppe dienten auf dem Handelsstörer *Michel*, der sowohl die *William F. Humphrey* versenkte, auf der Wallace Dienst tat, als auch die *American Leader* von George Duffy.

Beide heirateten am 10. Mai 1945 und wurden nach Kriegsende in Japan interniert. Ihre Behandlung kann man kaum als hart bezeichnen. Sie lebten in einem idyllischen japanischen Haus in den Hügeln oberhalb eines Urlaubsortes, wo sie vom Schlafzimmer aus einen Blick auf den Fudschijama hatten. Dieses friedliche Leben dauerte allerdings nur kurze Zeit, im März 1947 wurden beide per Schiff nach Deutschland zurückgebracht. Zwei Jahre nach ihrer Rückkehr wurde ihre Tochter geboren, aber Gretl starb bei der Geburt. Herr heiratete später Liesl Drotl, die die Stiefmutter seiner Tochter Ute wurde. Jürgen Herr fand eine Anstellung in der Automobilindustrie. Jürgen und Liesl Herr sind nun seit über fünfzig Jahren verheiratet; seit vielen Jahren pflegt die Familie enge Kontakte in die Vereinigten Staaten, und beide Enkelsöhne besuchten ebenjene Kent School, auf der Jürgen Herr schon in den dreißiger Jahren Austauschschüler war. Jürgen Herr ist ein gewissenhafter Archivar, er hat die Geschichte seiner Familie aufgezeichnet und zahlreiche Informationen über Hellmuth von Ruckteschell gesammelt. Dazu zählt auch folgendes bemerkenswerte Detail.

Einige Zeit nach von Ruckteschells Tod besuchte ein junger Marineoffizier namens Hellmuth Drews von Ruckteschells Witwe und andere Familienangehörige und legte seine Familienunterlagen vor. Er behauptete, Hellmuth von Ruckteschells Sohn zu sein, den dieser mit der Tänzerin Agnes Schmidt habe. Die von Ruckteschells mussten anerkennen, dass sie hier tatsächlich einen Sohn von Ruckteschells vor sich hatten, von dem dieser nichts gewusst hatte, und nahmen ihn in die Familie auf. Nach seinem Tod 1995 wurde ein Grabstein mit der Inschrift «Hellmuth Drews von Ruckteschell, 1918–1995» neben dem seines Vaters aufgestellt.

Dank der Bemühungen von Ted Milburn, Anthony Smith, Norma Tapscott und anderen ist das Relikt jener Nacht im August 1940 im Imperial War Museum in London zu sehen. Es ist eine Ehrfurcht gebietende Erfahrung, neben der Jolle zu stehen. Das kleine Boot strahlt Geschichte aus. Es genügt nicht, sich dem Boot zu nähern, die Tafel zu lesen und dann weiterzugehen und sich andere Dinge anzuschauen. Halten Sie inne und führen Sie sich vor Augen, wofür dieses Boot steht. Denken Sie an die Bootsbauer am Tyne, die diese klassische Jolle gezimmert haben. Bedenken Sie, dass Form und Stabilität dieses Boots es überhaupt erst möglich machten, dass Menschen darin den Ozean überqueren und den zerstörerischen Kräften eines atlantischen Wirbelsturms trotzen konnten. Vergegenwärtigen Sie sich seine Größe und machen Sie sich klar, dass sieben Männer in dem Boot saßen, drei davon schwer verletzt, und versuchten, sich auf diesem engen Raum irgendwie einzurichten. Betrachten Sie die Kerben, die Barry Denny in das Dollbord Backbord achtern geschnitzt hat, und bedenken Sie, wofür jede einzelne Kerbe steht: für einen Tag voller Hoffnungen und Ängste unter Männern, die auf offener See um ihr Überleben kämpften. Es sind diese Kerben, die Denny in der Geschichte hinterlässt, und sie symbolisieren zugleich seine letzten Lebenstage.

Versuchen Sie sich das Entsetzen der Männer vorzustellen, als sie mit ansehen mussten, wie die Lichter auf den Flößen ausgelöscht wurden. Gedenken Sie des stoischen, heldenhaften, sanftmütigen Roy Pilcher, erinnern Sie sich an sein Leiden, als der Wundbrand ihm das Leben raubte. Gedenken Sie des dreimal verwundeten Marineinfanteristen Penny, der seine hoffnungslose Lage erkannte und sein Leben beendete, nicht ohne jedem der anderen noch einige wenige Tropfen Wasser zu überlassen. Denken Sie an die Gespräche, die den kranken, schwachen Denny und den jungen Hawks veranlassten, über Bord zu gehen und diese letzte Tat gemeinsam zu vollbringen. Denken Sie an den wahnsinnig gewordenen Morgan und die verworrene Geschichte seines Todes. Und denken Sie schließlich nach über den blanken Überlebenswillen, der Bob Tapscott und Roy Widdicombe die Kraft gab, ihre Reise durchzustehen, bis das Boot auf dem Sandstrand von Eleuthera zur Ruhe kam.

Die Jolle der *Anglo-Saxon* ist all dies und mehr. Es ist nur angemessen, dass sie einen Ehrenplatz in einem ehrwürdigen Museum einnimmt, wo Hunderttausende von Besuchern sich von ihrer Ausstrahlung anrühren lassen können. Die Jolle steht dort in Anerkennung all jener, die vor so vielen Jahren auf der *Anglo-Saxon* fuhren und die ihr Leben ließen für ihr Land und für die Welt.

Nachbemerkung

Die Geschichte der Männer der *Anglo-Saxon* wird nicht vergessen werden. Die *Anglo-Saxon* war nur eins von Tausenden von Schiffen der alliierten Handelsmarine während des Zweiten Weltkriegs. Unter den mehreren tausend Schiffen, die während des Krieges verloren gingen, und den Zehntausenden von Seeleuten, die auf ihnen starben, gibt es viele, deren Geschichte niemals bekannt werden wird. Hunderte von Schiffen verschwanden ohne jede Spur, und über jedes einzelne von ihnen könnte eine eigene Geschichte erzählt werden von heroischen Taten, Aufopferung, von Verzweiflung, Leid und Tränen, die die Hinterbliebenen vergossen, die vielleicht niemals erfahren haben, was ihren Liebsten zustieß.

Auch die *Anglo-Saxon* hätte eines dieser Schiffe werden können, die spurlos verschwanden, doch ihre Geschichte ist lebendig und steht stellvertretend für alle verlorenen Schiffe und all die tapferen Seeleute.

Auf ebendiesen Umstand nimmt der Titel des Buches Bezug: Etwa 2 500 Schiffe, das entspricht knapp 13 Millionen Bruttoregistertonnen, und annähernd 50 000 Seeleute verloren die Handelsmarinen der alliierten und neutralen Staaten im Atlantik bei Angriffen von deutschen Kriegsschiffen, vorwiegend U-Booten und Hilfskreuzern, zwischen 1939 und 1945.

Bericht über die Versenkung der *Anglo-Saxon*, darin enthalten das Logbuch der Jolle

Nassau, N.P. 2. November 1940

Anlage zu A. & W. I. Vorlage Nr. 938/629/7
Von R.M. Millar an den Sekretär der Admiralität

Commander in Chief,
America & West Indies Station,
Bermuda.

Sir,
auf Anweisung des Colonial Secretary für die Bahamas habe ich die Ehre, Ihnen in der Anlage die Kopie eines Berichts zu übergeben, der sich mit der Versenkung der S.S. Anglo Saxon durch einen bewaffneten feindlichen Handelsstörer am 21. August 1940 befasst.

2. Ich nehme an, der Colonial Secretary hat Ihnen ein Telegramm geschickt, dass Ihnen per Post ein vollständiger Bericht zugeht, dies ist der Bericht, auf den er sich dabei bezieht.
3. Nachdem die Meldung von der Anlandung dieser beiden Männer eintraf, nahm der Colonial Secretary die Sache an sich und gab die Meldung an die Presse weiter, unter diesen Umständen hielt ich es für unnötig, durch ein Telegramm noch weitere Kosten zu verursachen.

Ich habe die Ehre, Sir,
und verbleibe Ihr gehorsamer Diener,
R.M. Millar
Meldebeamter

Nassau, N.P. 2. November 1940

Commander in Chief,
America and West Indies Station
Bermuda.

Versenkung der S.S. Anglo Saxon durch
bewaffneten deutschen Handelsstörkreuzer am
21. August 1940 bei 28.10. N 34.09. W

Sir,
am Mittwoch, den 30. Oktober strandete ein Beiboot mit zwei Männern an Bord an der Insel Eleuthera. Die beiden Männer wurden am Strand liegend in einem fortgeschrittenen Zustand der Erschöpfung entdeckt von einem Farmer namens Martin, der auf einem Feld in der Nähe arbeitete und gesehen hatte, wie sich das Boot näherte. Er holte Hilfe, und die Männer wurden nach Govenors Harbour gebracht, und der dort residierende Regierungsbeauftragte meldete diese Umstände dem Colonial Secretary in Nassau, der die Anweisung gab, sie mit dem Flugzeug in das Krankenhaus nach Nassau zu verlegen, der oberste Gesundheitsbeamte war an Bord des Flugzeugs aus Nassau, und sie wurden am folgenden Tag abtransportiert und ins Krankenhaus eingeliefert; obwohl sie sich in einem sehr schwachen und ausgehungerten Zustand befinden, besteht große Hoffnung auf eine schnelle Genesung.

2. Die Männer, Wilbert Roy Widdicombe und Robert Tapscott, waren Vollmatrosen auf der S.S. Anglo Saxon, 5000 Tonnen, der Lawther Latta Line, auf dem Weg von Newport, Monmouthshire, nach Bahia Blanca mit einer Ladung Kohle, sie sind offenkundig die beiden einzigen Überlebenden einer Besatzung von etwa 40 Mann.

3. Sie hatten bei sich im Boot drei kleine Mappen mit Papieren, Besitz des Zweiten Funkoffiziers Pilcher, diese wurden dem Colonial Secretary ausgehändigt, der sie mir zur Begutachtung weiterleitete. Bei diesen Papieren fand ich ein provisorisches Logbuch, das der ranghöchste nautische Offizier B.C. Denny von dem Augenblick an führte, als das Boot ausgesetzt wurde, bis zu einem Zeitpunkt kurz vor seinem Tod, ein paar Einträge wurden später von Widdicombe, Vollmatrose, vorgenommen. Da die darin notierten Ereignisse die Geschichte dieser abscheulichen Tat des deutschen Handelsstörkreuzers festhalten, gebe ich es in vollem Wortlaut wie folgt wieder:

21. August 1940. Gegen 20:20 auf Breite 26.10 N. Länge 34.09 W. werden von deutschem Hilfskreuzer attackiert, Crew nimmt an, SS Weser oder Weber. Hamburg America Line. Schiff wurde erst auf etwa eine Meile gesichtet. Stockfinster. Erst vier Granaten 10 cm, die in Mannschaftsquartiere und Geschützplattform achtern einschlugen. Viele Männer im Logis getötet. Schiff kam auf 3 Kabellängen heran und beharkte die Decks mit Leuchtspurmunition in Rot, Gelb, Weiß und Blau aus Maschinenkanonen. Dann traf eine Granate den Maschinenraum an Steuerbord und Hauptkessel platzte. Brücke und Funkschapp wurden mit Pom-Pom-Salven und Maschinengewehrfeuer beharkt. Einige Mannschaften wollten zu Booten auf dem Bootsdeck, wurden aber von Maschinenkanonenfeuer umgemäht. Die beiden großen Boote waren schwer beschädigt. Erster Funkoffizier meldete Funkgerät zerschossen, kein SOS mehr möglich. Bei Meldung beim Kapitän fand er ihn tot, vermutlich von Maschinengewehrkugeln in seiner Kammer getroffen, Salon mittschiffs zerstört, Achterschiff in Flammen, und die Besatzung, wenige Mann, erhielten Befehl in die Boote. Die Backbordgig wurde unter meinem Befehl ausgesetzt und trug sieben Mann,

Erster Offizier C.B. Denny, 3. Ingenieur H.L. Hawkes, 2. Funkoffizier R.H. Pilcher, Vollmatrose Widdicombe, W.R., Vollmatrose Tapscott, R.G., Kanonier F. Penny, 2. Smut L. Morgan, davon sind der 2. Funker schwer am linken Fuß verletzt durch Geschützfeuer und 2. Smut am rechten Bein, Kanonier Durchschuss rechter Unterarm und rechtes Bein.

Als Gig vom Schiff ablief, lag der Hilfskreuzer eine halbe Meile an Backbord und feuerte ein paar Minuten später Leuchtspurmunition in zwei Rettungsflöße, die vom Schiff ausgesetzt wurden. Das Schiff sank über das Heck und ging kurz darauf ganz unter. Angreifer lief ostwärts ab. Gingen davon aus, dass die Deutschen kein Mitglied der Besatzung leben lassen wollten, und hatten Glück, dass diese Bootsbesatzung der Entdeckung entging. Wir lagen beigedreht die ganze Nacht vor Treibankern und konnten bei Sonnenaufgang keine irgend geartete Spur mehr entdecken. Ohne Navigationsinstrumente außer Kompass setzten wir Luggersegel und steuerten Kurs West, was uns W.S.W voranbringt, hoffen auf Gottes große Güte, unterwegs auf ein Schiff zu stoßen oder irgendwo in der Karibik anzulanden.

Donnerstag 22. August 1940. Wind N.O. 3. leichte See, leicht kreuzlaufende östliche Dünung. Kurs nach Kompass W. Alles in Ordnung. Medizinische Behandlung durchgeführt.

23. August Freitag. Wind O.N.O 3. leichte See, leicht kreuzlaufende östliche Dünung, teilweise bewölkt. Eine halbe Kelle Wasser pro Mann 6:00, dazu ein halber Schiffszwieback mit ein wenig Kondensmilch. Sichteten Schiff ohne Positionslampen gegen 22 Uhr, zündeten Fackel, Schiff änderte Kurs, waren aber der Ansicht, es war ein Hilfskreuzer, da es N.N.O. fuhr. Wir waren etwa hundert Meilen von unserer Ausgangsposition. Verhielten uns ruhig und ließen es ablaufen.

24. August Samstag. 85' Moral der Crew gut, Wind N.W., 3/4 bewölkt, Kurs S.W. rechtweisend. Eine halbe Kelle pro Mann und einen halben Zwieback, hoffen auf Regenschauer.

25. August Sonntag. 24'12'36' Mannschaft wohlauf bis auf 2. Smut und 2. FO, verwundete Füße sehr schmerzhaft und schwellen an. Rationen eine halbe Kelle Wasser um 6:00 und wieder um 18:00, dazu ein Zwieback pro Mann pro Tag, mit ein wenig Kondensmilch, hoffen auf Regenschauer, aber noch keine in Sicht. Wind N.N.W 2 bewölkt, leichte See. Luggersegel gesetzt. Kurs W.S.W rechtweisend. Nichts gesichtet und den ganzen Tag in Flaute gelegen. 18:00 6-Pfund-Dose gekochtes Hammelfleisch geöffnet, Crew aß die Hälfte, was die Moral erheblich verbesserte, die ausgezeichnet ist. Keine Anzeichen von Hoffnungslosigkeit. Sonnenuntergang 18:35 Normalzeit, seit Verlassen des Schiffs geschätzte zurückgelegte Entfernung 225 Meilen W.S.W rechtweisend.

26. August Montag. Tropikvogel flog über uns hinweg. Sonnenaufgang 6:52 Normalzeit. Flaute, gelegentliche unbeständige Böen. Gleißende Sonne. Lenzen täglich 24 Pützen. 6:00 Austeilung Fleischration vom Vortag, in Segeltuch gewickelt, wenig Anklang, halbe Kelle Wasser pro Mann, ein wenig Kondensmilch, Stimmung bei allen gut, kein Murren von den Verwundeten. Hoffen bald Schiff zu sichten, beten aber um Schauer und einen anständigen Wind. Während des Vormittags medizinische Versorgung durch 3. Ingenieur und mich. Linken Fuß des Funkers, der völlig zerschlagen ist, eine Stunde lang mit Salzwasser gespült und letzten Leinenverband angelegt, gut bedeckt, aber sehr geschwollen. Rechter Fuß 2. Smut stark geschwollen, Knöchel schwer verletzt, Schussverletzung direkt über Knöchel, mit Salzwasser gespült und gut bandagiert. Rechter Unterarm des Kanoniers erst in frischem Wasser gewaschen, dann Jod aufgetragen und verbunden. Den ganzen Tag gleißende Sonne und wolkenlos, Flaute. Im Lauf des Nachmittags Erster Offizier, 3. Offizier, Kanonier, Vollmatrosen Widdicombe und Tapscott tauchten ihre Körper über Bord ins Wasser, achteten darauf, die Köpfe nicht einzutauchen, Ergebnis sehr erfrischend. Rationen weiterhin halbe Kelle pro Mann um 6:00 und 18:00, nur ein halber Zwieback am Tag, kein Verlangen nach mehr, und ein wenig Kondensmilch. Das Kochfleisch in Segeltuch noch gut und das Schmalz willkommen. Der Funker zwar schwach, aber alle anderen guter Stimmung und sehr fröhlich. Fahren Zweiwachensystem, eine ich, andere 3. Ingenieur, beide Vollmatrosen, vier Stunden Wache, vier frei. Keine Navigationsinstrumente oder Bücher an Bord, können uns nur nach Kompass und nachts nach Sternen richten. Vertrauen darauf, in der Gegend der Leeward Islands auf Land zu stoßen, mit Gottes Wille und britischer Entschlossenheit. 22:30 auffrischender Wind aus Ost, laufen zügig mit circa 5 Knoten.

27. August Dienstag. Wind O.N.O 3 bis 4, teilweise bewölkt, noch kein Regen. 6:00 Ration verteilt, halbe Schöpfkelle Wasser, niemand hatte Hunger. Schaffte es, jedem eine Zigarette aus Zeitungspapier und einer halben Dose Tabak zu drehen, aber nur 8 Streichhölzer übrig, also wird es mit diesem Luxus bald vorbei sein. Auf Backbordbug S.W. rechtweisend laufen etwa vier Knoten die ganze Nacht über, hielten eine Lotterie ab, wer dem tatsächlichen Datum des Gesichtetwerdens oder Anlandens am nächsten kommt. Sonnenuntergang 18:42 Normalzeit.

28. August Mittwoch. 160' Im Laufe des Nachmittags sprangen Erster Offizier, 3. Ingenieur, Widdicombe und Tapscott ins Wasser, fühlten sich erheblich besser, da Körper Wasser aufnahm, das

Salz aber auf der Haut zurückließ, Speichel im Mund, der vorher ganz ausgetrocknet war. Mäßiger bis frischer O.N.O Passat, Kurs S.W. rechtweisend. Tropikvogel und gewöhnliche schwarze Seemöwe fliegen umher.

29. August Donnerstag. An unserem achten Tag im Boot Stimmung der Crew außerordentlich gut. FO schwach, da linkes Bein abstirbt. Ration weiterhin halbe Kelle Wasser pro Mann 6:00 und 18:00. Mittags halber Zwieback mit etwas Kondensmilch. Wind O.N.O 4, moderate See und Dünung. Gig läuft vor dem Wind oder auf Backbordbug S.W. rechtweisend. Große Hoffnung, bald ein Schiff zu treffen oder an Land zu kommen, und wir legen unser Vertrauen in Gottes Hände, alle sind wohlauf bis auf eine Schwäche in den Beinen und natürlich großer Gewichtsverlust. Sind nicht sonderlich hungrig, leiden aber unter trockenem Mund wegen der geringen Wasserration; schade, dass wir keinen Zitronensaft oder Dosenobst haben, was die Sache erheblich erleichtern würde, aber niemand klagt. Den ganzen Tag über starker O.N.O-Wind mit starker Dünung, nehmen an allen Enden ein wenig Wasser über.

30. August Freitag. 50’ Mäßiger N.O. Passat und Dünung, Kurs W.S.W rechtweisend, teilte halbe Kelle gegen 6:00 und wieder um 18:00 aus, nun 1/4 Zwieback pro Mann, kaum angerührt, da nur wenig Wasser, wenig Kondensmilch, Stimmung der Crew gut, aber FO wird schwächer, gegen Abend Flaute, FO deliriert und hielt in der Nacht alle durch Stöhnen wach.

31. August Samstag. 30’ Flaute, teils bewölkt, überhaupt nichts gesichtet, hatten bisher noch keinen Tropfen Regen, leben aber von der Hoffnung. 6:15 Wasserausgabe, halbe Kelle, desgleichen um 18:30. Öffneten zweite Dose gekochter Hammel (sechs Pfund), haben noch eine übrig, auch fünf Dosen Kondensmilch und 3/4 Kiste Zwieback, Wasserfass halb voll, neun Tage im Boot.

XXXXXXXX**1. September, Sonntag.** 30' Samstagnacht war Crew sehr durstig, gekochter Hammel konnte nicht verdaut werden und manchen war schlecht, verdoppelte Wasserration an diesem Abend. 6:15 halbe Kelle pro Mann und dasselbe am Abend. Wind S.S.W 2, leicht nördliche Dünung, steuern West rechtweisend. FO geht langsam dahin, hoffen, bald etwas zu sichten. 8:00 FO R.N. Pilcher schied friedlich von uns. Übergaben seinen Leichnam in stummem Gebet der See.

2. Sept. Montag. 6:15 halbe Kelle Wasser pro Mann und dasselbe am Abend mit ein wenig Kondensmilch darin. Wind O. 2, leichte See, Kurs W. rechtweisend, Crew ziemlich gedrückt, kann Zwieback nicht mehr kauen wegen geringer Wasserration.

Vorschlag für Rettungsbootbestände. Zumindest zwei Fass Wasser in jedem Boot, Dosenobst wie Pfirsiche, Aprikosen, Birnen, Fruchtsäfte und Zitronensaft, Baked Beans usw. Unsere Vorräte bestanden aus

Ein Behälter mit Schiffszwieback.
11 Dosen Kondensmilch.
3 Dosen je 6 Pfund gekochtes Hammelfleisch.
Ein Fass Wasser XXXXXXXXXXXXXX **halb gefüllt.**

Notiz des Meldebeamten: An dieser Stelle ist die Schrift sichtlich schwächer, und folgende Einträge sind von anderer Hand.

3. Sept. Dienstag. 120' Eine Kelle Wasser pro Mann um 7:00 und wieder am Abend. Die Lage wird immer verzweifelter, 1. Offizier, der dieses Tagebuch bis hierher schrieb, siecht schnell dahin. Gute Brise aus O.S.O.

4. Sept. 100' Alle viel schwächer. Der Erste siecht schnell dahin. 13:30 am Sonntag Penny erheblich schwächer ging über Bord. Ab 22:00 heute Abend 14 Tage unterwegs, versuchten die Leeward Islands zu erreichen oder Porto Rica, Hayti, aber der deutsche Hilfskreuzer gab keinem das Recht, einen Sextanten mitzunehmen, Chronometer, extrer Wasser, Dosenobst oder Saft, kein Rum oder Brandy für verletzte Besatzung. Offenbar beabsichtigt, alle Rettungsbootsausrüstung zu zerstören, um jegliche Untersuchung zu unterbinden, aber wir kriegten die kleine Gig, sieben von uns per Wind irgendwo in der Nähe der Leeward Islands.

5. Sept. Erster Offizier und 3. Ingenieur gehen über Bord kein Wasser.

9. Sept. 2. Smut wird verrückt stirbt. Zwei von uns noch übrig.

12. Sept. Ein Wolkenbruch gab uns Wasser für 6 Tage.

20. Sept. Wieder vier Tage Regen. Werden sehr schwach aber vertrauen in Gott uns durchzubringen.
R. Widdicombe.
R. Tapscott.

24. Sept. Wasser und Zwieback aufgebraucht hoffen aber immer noch Land zu finden. R. W.

Damit enden die Einträge im Logbuch oder Tagebuch, die von Widdicombe und Tapscott bestätigt werden, welche die Tatsache, dass es nach dem 24. September keine Einträge mehr gibt, damit erklären, dass es nichts zu vermelden gab, dass sie einfach nur dahintrieben und so gut segelten, wie sie konnten, und dass sie zu schwach waren, sich um das Logbuch zu kümmern, eine Tatsache, die leicht zu verstehen ist. Es gab gelegentlich einen Regenschauer, und einmal schafften sie es, einen Fliegenden Fisch zu fangen, der im Boot gelandet war.

Widdicombe war am Steuer und der 3. Offizier auf der Brücke, als das Schiff angegriffen wurde, sie hatten keine Ahnung, dass sich ein anderes Schiff in der Nähe befand, bis der Hilfskreuzer ohne Warnung zu feuern begann. Widdicombe zufolge wurde Kapitän Flynn von Maschinengewehrkugeln in die Brust getroffen, als er gerade die Schiffspapiere über Bord warf, er sagte auch, dass der Angreifer das Schiff Weser der Hamburg America Line war, das er, wie er sagte, zuvor schon im Rio de la Plata gesehen hatte, und er konnte es anhand der Silhouette identifizieren.

Beide Männer sind ohne Bekleidung oder Besitz jedweder Art, sie hatten keine Zeit, irgendetwas zusammenzusuchen, bevor sie in dem Boot entkamen, aber es werden Vorkehrungen getroffen, sie mit allem Nötigen zu versorgen. Sie haben die Namen ihrer nächsten Angehörigen genannt, die auf Anweisung Seiner Königlichen Hoheit, des Gouverneurs, sofort per Telegramm durch den Minister für die Kolonien benachrichtigt wurden.

Ich habe die Ehre, Sir,
und verbleibe Ihr gehorsamer Diener,
R. M. Millar
Capt.
Meldebeamter

Literatur

Basnight, Bobby L., *What Ship is That?,* New York, Lyons & Burford, 1996

Bennet, Glin, *Beyond Endurance,* New York, St. Martin's/Marek, o. J.

Blanning, T. C. W. (Hg.), *The Oxford History of Modern Europe,* Oxford, Oxford University Press, 2000

Bridges, Constance, *Thin Air,* New York, Brewer and Warren Inc., 1930

Bridgland, Tony, *Sea Killers in Disguise,* Annapolis, MD, Naval Institute Press, 1999

Bourne, Randolph S., *War and the Intellectuals, Collected Essays, 1915–1919,* New York, Harper Torchbooks, 1964

Bowditch, Nathaniel, *Bowditch for Yachtsmen: Piloting, Selected from American Practical Navigator,* New York, David McKay Company, Inc., 1982

Burrell, David, *The Nitrate Boats,* Kendal, England, World Ship Society, 1995

Busch, Fritz-Otto, *Kapitän z. S. v. Ruckteschell, Hilfskreuzer – Gespensterschiffe auf den Weltmeeren,* Baden, Erich Pabel Verlag, o. J.

Campbell, Robert J., *Pyschiatric Dictionary, Seventh Edition,* Oxford, Oxford University Press, 1996

Churchill, Winston S., *Die Weltkrise 1911–1918,* 2 Bände, Zürich, Amstutz, Herdegg & Co., 1947

Committee on Alleged German Outrages, *Appendix to the Report of the Committee on Alleged German Outrages,* London, Eyre & Scottiswoode, 1915

Corbett, Sir Julian S., und Newbolt, Sir Henry, *History of the Great War. Naval Operations,* 8 Bände (1920–31), London, Longman, Green & Co., 1920–31

Course, A. G., *The Deep Sea Tramp,* London, Hollis & Carter, 1960

Critchley, Macdonald, *Shipwreck-Survivors, A Medical Study,* London, J. & A. Churchill, 1943

Crystall, David (Hg.), *The Cambridge Encyclopedia,* Cambridge, Cambridge University Press, 1990

Cunliffe, Tom, *Coastal and Offshore Navigation,* Arundel, U. K., Fernhurst Books, 1993

Dear, I. C. B. (Hg.), *The Oxford Companion to World War II,* New York, Oxford University Press, 2001 deKay, James Tertius, *The Rebel Raiders, The Astonishing History of the Confederacy's Secret Navy,* New York, Ballantine Books, 2002

DeKerchove, Rene, *International - Maritime Dictionary,* 2. Aufl., New York, Van Nostrand Reinhold Co., 1961

Denny, Barry C.; Hawks, Lionel; Widdicombe, Roy, *The Log of the Anglo Saxon Jolly Boat,* Abschrift durch Capt. R. M. Millar, Kopie in den Akten des Direktors von Mystic Seaport, Mystic, CT

Domergue, Jean Gabriel, *The Crimes of Germany,* New York, American Defense Society, 1918

Dorland's Illustrated Medical Dictionary, Philadelphia, W.B. Saunders Company, 2000

Edwards, Bernard, *Beware Raider!,* Annapolis, MD, Naval Institute Press, 2001

Ellis, James F., *Prologue to Nuremberg, The Politics and Diplomacy of Punishing War Criminals of the First World War,* Westport, CT, Greenwood Press, 1982

Fedden, Henry R., *Suicide, a Social and Historical Study,* New York, Arno Press, 1980

Friedman, Matthew J., *Post-Traumatic Stress Disorder: An Overview,* Website des National Center for Post-Traumatic Stress Disorder (www.ncptsd.org), U.S. Dept. of Veterans Affairs

Garraty, John A., und Gay, Peter (Hg.), *The Columbia History of the World,* New York, Harper & Row, 1981

Gilbert, G.M., *Nuremberg Diary,* New York, Da Capo Press, 1995

Grove, Eric J., *The Defeat of the Enemy Attack on Shipping 1939–1945,* Navy Records Society, Band 137, Aldershot, Ashgate Publications, 1997

Guetzkow, Harold S., und Bowman, Paul H., *Men and Hunger. A Psychological Manual for Relief Workers,* Elgin, Illinois, Bretheren Publishing, 1946

Guy, John, *30s & 40s Britain,* Tunbridge Wells, Ticktock Publishing, 1998

Haws, Duncan, *Merchant Fleets in Profile,* Bd.4, Cambridge, Patrick Stephens, 1980

Hocking, Charles, *Dictionary of Disasters at Sea During the Age of Steam,* London, Lloyd's Register of Shipping, 1969

Horne, John N. und Kramer, Alan, *German Atrocities, 1914: a History of Denial,* New Haven, Yale University Press, 2001

Hough, Richard, *The Great War at Sea, 1914–1918,* Oxford, Oxford University Press, 1983

Hoyt, Edwin P., *Guerilla, Colonel von Lettow-Vorbeck and Germany's East African Empire,* New York, Macmillan, 1981

Jamison, Kay Redfield, *Night Falls Fast – Understanding Suicide,* New York, Vintage Books, 2000

Jones, Guy Pearce, *Two Survived,* New York, Random House, 1941

Jones, Guy Pearce, und Jones, C.B., *There Was a Little Man,* New York, Random House, 1948

Keegan, John, *Der erste Weltkrieg. Eine europäische Tragödie,* Reinbek, Rowohlt, 2001.

Kitchen, Martin, *The Cambridge Illustrated History of Germany,* Cambridge, Cambridge University Press, 1996

Koch, Hannsjoachim W., *Der Deutsche Bürgerkrieg,* Berlin, Ullstein Verlag, 1978

Leach, John, *Survival Psychology,* New York, New York University Press, 1994

Lettow-Vorbeck, General Paul Emil von, *Heia Safari! Deutschlands Kampf in Ostafrika,* Leipzig, K.F. Koehler, 1920

Lloyd's Register of Shipping, verschiedene Ausgaben, 1931–1956

Lund, Alfred, *The Raider und the Tramp. The War within a War,* Eigenverlag, 1992

Maloney, Elbert S., *Chapman Piloting, Seamanship and Small Boat Handling,* 61. Aufl., New York, Hearst Marine Books, 1994

Masefield, John, *The Conway,* New York, Macmillan, 1933

Matsakis, Aphrodite, *I Can't Get Over It, A Handbook for Trauma Survivors,* Oakland, CA, New Harbinger Publications, 1992

Matsakis, Aphrodite, *Trust After Trauma,* Oakland, CA, New Harbinger Publications, 1998

McKenna, Robert, *The Dictionary of Nautical Literacy,* Camden, ME, International Marine, 2001

Metzler, Jost, *U69, die lachende Kuh. Die einem spannenden Abenteuer gleichenden Erlebnisberichte der Besatzung von U 69 während des zweiten Weltkrieges,* Ravensburg, Veitsburg-Verlag, 1954

Middlemiss, N.L., *Pride of the Princes, The History of the Prince Line Ltd.,* Newcastle upon Tyne, Shield Publications Ltd., 1988

Miller, David, *U-Boats,* Washington, Brassey's, 2000

Minois, Georges, *History of Suicide,* Baltimore, The Johns Hopkins University Press, 1999

Muggenthaler, August Karl, *Das waren die deutschen Hilfskreuzer, 1939–1945,* Stuttgart, Motorbuch Verlag, 1981

Mullins, Claude, *The Leipzig Trials,* London, H.F. & G. Witherby, 1921

Neumann, Charles J.; Cry, George W.; Caso, Eduardo L.; Jarvinen, Brian R., *Tropical Cyclones of the North Atlantic Ocean, 1871–1980,* Ashville, N.C., National Oceanographic und Atmospheric Administration, 1978

Neumann, Inge S., *European War Crimes Trials. A Bibliography,* compiled and annotated by Inge S. Neumann. Additional Material furnished by the Wiener Library, London. Edited by Robert A. Rosenbaum, New York, Carnegie Endowment for International Peace, 1951

Paine, Lincoln P., *Ships of the World,* Boston, Houghton Mifflin, 1997

Pallud, Jean P., *Les U-Boote,* Bayeux, Editions Heimdal, 1988

Poolman, Kenneth, *Armed Merchant Cruisers, Their Epic Story,* London, Leo Cooper, 1985
Professional Guide to Diseases, 7. Ausgabe, Springhouse, PA, Springhouse, 2001
Pye, Michael, *The King Over the Water,* New York, Holt, Rinehart and Winston, 1981
Raeder, Erich, *Mein Leben,* 2 Bde., Tübingen, Fritz Schlichtenmayer, 1956/57
Ray, John, *The Battle of Britain,* London, Cassell & Co., 2000
Reisenberg, Felix, *The Men on Deck, Masters, Mates and Crew, their Duties and Responsibilities,* New York, D. Van Nostrand Co., 1918
Robertson, Dougal, *Sea Survival, A Manual,* London, Paul Elek, 1975
Roskill, Captain S. W., *A Merchant Fleet at War: Alfred Holt & Co. 1939–1945,* London, Collins, 1962
Roskill, Captain S.W., *The War at Sea, 1939 –1945,* Bd.1, London, Her Majesty's Stationary Office, 1954 und 1956
Rousmaniere, Leah Robinson, *Anchored Within the Vail,* New York, The Seamen's Church Institute, 1995
Ruge, Friedrich, *Der Seekrieg 1939–1945,* 3. erw. Aufl., Stuttgart, Koehler, 1969
Sadler, M. J.; Strai, J. J.; Caballero, Benjamin (Hg.), *The Encyclopedia of Human Nutrition,* 3 Bde., San Diego, CA, Academic Press, 1998
Salter, J. A., *Allied Shipping Control,* Oxford, Clarendon Press, 1921
Scheer, Admiral Reinhard, *Deutschlands Hochseeflotte im Weltkrieg. Persönliche Erinnerungen,* Berlin, Scherl, 1937
Schmalenbach, Paul, *Die deutschen Hifskreuzer 1895–1945,* Oldenburg u. a., Stalling, 1977
Schmidt-Pauli, Edgar von B., *Geschichte der Freikorps, 1918–1924,* Stuttgart, R. Lutz, 1936
Sereny, Gitta, *The Healing Wound,* New York, W.W. Norton Co., 2001
Shephard, Ben, *A War of Nerves,* Cambridge, MA, Harvard University Press, 2001
Shneidman, Edwin S., *Comprehending Suicide,* Washington, American Psychological Association, 2001
Slader, John, *The Red Duster at War,* London, William Kimber, 1988
Smith, Anthony, *Survived,* London, Quintin Smith, 1998
Southey, Robert, *The Life of Nelson,* Annapolis, MD, Naval Institute Press, 1990
Spindler, Arno, *Der Krieg zur See. Der Handelskrieg mit U-Booten,* Bde. 3, 4 und 5, Berlin, Mittler & Sohn, 1934
Storer, Douglas F., *The Most Amazing But True,* New York, Fawcett, 1966
Tischer, Heinz, *Die Abenteuer des letzten Kaperers,* Bad Hersfeld, Glockdruck, 1983
Tutorow, Norman E., *War Crimes, War Criminals and War Crimes Trials,* New York, Greenwood Press, 1986

Van De Graaff, Kent M., und Fox, Stuart Ira, *Concepts of Human Anantomy and Physiology,* Dubuque, IA, Wm. C. Brown, 1992

Williamson, Gordon, *German U-Boat Crews 1914–45,* Oxford, Osprey Publishing, 1999

Willis, James F., *Prologue to Nuremberg,* Westport, CT, Greenwood Press, 1982

Woodward, David, *The Secret Raiders,* New York, W.W. Norton Co., 1955

Young, Everild, *Eleuthera, the Island called Freedom,* London, Regency Press, 1966

Zeitungen und Periodika

Schweden

Göteborgs Morgonpost
27. Juni 1919,
Ett mystiskt besök i Mölle
28. Juni 1919,
De unga tyskarnas odyssé!
Göteborgs-Posten
27. Juni 1919,
Tyska flyktingar i Göteborg
28. Juni 1919,
De tyska flyktingarna
30. Juni 1919,
De tyska flyktingarnas öde
10. Juli 1919,
Tyskarna få stanna
Stockholms-Tidningen
26. Juni 1919,
Tysk u-båtsförstörare på visit
26. Juni 1919,
Flyktingarna på UZ 21 på väg till Sydamerika
7. Juli 1919,
Flyktingarna fran UZ 21

Großbritannien

The *Newcastle Evening Chronicle*, 11. November 1940
The *South Wales Argus*, verschiedene Ausgaben von 1940 und 1941
The *South Wales Echo*, verschiedene Ausgaben von 1940 und 1941
The Times, 6. September 1918, 4. Oktober 1918, 22. Oktober 1918
The Times, Literary Supplement, 2. Oktober 1919

Bahamas

The *Nassau Daily Tribune*, verschiedene Ausgaben, 1940 und 1941
The *Nassau Guardian*, verschiedene Ausgaben, 1940 und 1941
The Nassau Magazine, verschiedene Ausgaben, 1940 und 1941

Vereinigte Staaten

The Cosmopolitan, August 1941
The Lookout, Seamen's Church Institute, New York, Dezember 1940 bis Juni 1941
The *New York Herald Tribune*, 31. Januar 1941
The *New York Sun*, 1. November 1940, 27. Februar 1941
The New York Times, 30. Juni 1919, 2., 4., 5. und 9. Februar 1920, 1. November 1940, 7. Dezember1940, 31. Januar 1941, 12. Juni 1941
The Reader's Digest, September 1941
Time Magazine, 9. Juni 1941

Regierungsunterlagen

Schweden

Göteborgs poliskammare, Utlänningsavdelningen

Liggare enligt Kungl. stadgan angående hotell och pensionat, Continental Hotel, DXIV:96

Skrivelser till K B och Kongl. Utrikesdepartementet 1919-06-11 to 1919-10-17, Blb:2

Landskansliet Göteborgs och Bohus Län

Ansökan om uppehållsbok, tyska undersåtar, EVf: 2

Forteckningar över avresta utlänningar, 1918–1919, EVd

Großbritannien

Admiralty-Akten ADM 199/23 und ADM 199/218, Public Record Office, Kew, London

Anonym, *German War Trials, Report of the Proceedings Before the Supreme Court in Leipzig,* His Majesty's Stationery Office, London, 1921

C.b. 01292 Reported Destruction of Enemy Submarines: summary of Cases, London, Admiralty, 1916–1918

Colonial-Office-Akte CO 23/681, Public Record Office, Kew, London

Colonial-Office-Akte CO 23/691, Public Record Office, Kew, London

German War Criminal Lt. von Ruckteschell, Treasury Solicitor's File TS 26/51, Public Record Office, Kew, London

Ministry of Information, *Merchantmen at War,* His Majesty's Stationery Office, London, 1944

Von Ruckteschell War Crimes Trial Record, War-Office-Akte WO 235/364, Public Record Office, Kew, London

Wartime Instructions for Merchant Ships, WIMS 3, BR. 1012, Bd.3, Radio Procedure, London, Admiralty, o. J.; und Washington, The Navy Department, o. J.

Kanada

Personnel Record of R. G. Tapscott, National Archives of Canada

Deutschland

Kriegstagebuch *Schiff 21* (Einträge für den Zeitraum vom 20. bis 22. August 1940), Bundesarchiv-Militärarchiv Freiburg

Reichswehrministerium PA 7413 vom 24. November 1919

Ruckteschell, Hellmuth von, *Operationen und Taktik: Auswertung wichtiger Ereignisse des Seekrieges, Heft 8: «Die Fahrt des Hilfskreuzers ‹Schiff 21› (‹Widder›)»,* Oberkommando der Kriegsmarine, Kriegswissenschaftliche Abteilung, Berlin, 1943

Personalakte von Hellmuth von Ruckteschell, Dokumentengruppe 242–1 II, Gefängnisverwaltung, Zimmer MEG, Regal 122 B, Staatsarchiv Hamburg

Vereinigte Staaten

National Center for Post-Traumatic Stress Disorder, «What is Post-Traumatic Stress Disorder?»
National Center for Post-Traumatic Stress Disorder, Arbeitsblatt

Andere Dokumente

England

Articles of Agreement und List of Crew for *Anglo-Saxon*, 25. Juli 1940

Vereinigte Staaten

Akten des Direktors von Mystic Seaport, Mystic, CT

Private Schriften

Herr, Jürgen, *Kurz-Biographie von Hellmuth Max von Ruckteschell,* Kopie für den Autor.
Hoppe, Konrad, *Comparing Timetable (Synchronopsy)* – darin listet der Verfasser für den Zeitraum vom 28. 10. 1940 bis zum 16. 4. 1942 in englischer Sprache die Ereignisse auf, die auf der *Michel*, in der deutschen Marine und auf der Welt stattfanden.
Ruckteschell, Hellmuth von, Briefe, geschrieben im Zeitraum vom 21. Juli 1946 bis zum 14. Mai 1947; Kopien wurden dem Autor von Konrad Hoppe überlassen.
Ruckteschell, Hellmuth von, *O Tannenbaum*, «Ein Weihnachtsspiel mit Musik für die Kasperlebühne des Hilfskreuzers ‹Michel› mit einem ‹Prolog im Himmel› in 5 Aufzügen und einer Schlußapotheose für erwachsene Kinder (Seeleute) von Hellmuth von Ruckteschell, Kapitän zur See der Reserve und Kommandant, geschrieben in der Adventszeit in See 1942, Südatlantik und Indischer Ozean»; eine Kopie wurde dem Autor von Konrad Hoppe überlassen.
Ruckteschell, Margaret von, Brief vom 30. 6. 1947; eine Kopie wurde dem Autor von Konrad Hoppe überlassen.
Vermehren, Werner, «Der Untergang des Handelsstörkreuzers *Michel* am 17. Oktober 1943». Typoskript; eine Kopie wurde dem Autor von Jürgen Herr überlassen.

Anmerkungen

Vorwort

1 Slader, S. 15 f.
2 Slader, S. 15.
3 Website USMM.org, Abschnitt: ‹U.S. Merchant Marine in WW II›.

Teil I

Kapitel 1 **21. August 1940**

Der Angriff der *Widder* auf die *Anglo-Saxon* wird in einer Reihe von Quellen dokumentiert. Die wichtigsten sind:

Das Kriegstagebuch von *Schiff 21 (Widder)* für den Zeitraum vom 21. bis 22. August 1940. Dabei handelt es sich um das offizielle Logbuch, das an Bord des Schiffes während seines Einsatzes geführt wurde.

Ruckteschell, Hellmuth von, *Operationen und Taktik: Auswertung wichtiger Ereignisse des Seekrieges, Heft 8: «Die Fahrt des Hilfskreuzers ‹Schiff 21› (‹Widder›)»*, Oberkommando der Kriegsmarine, Kriegswissenschaftliche Abteilung Berlin, 1943. Dabei handelt es sich um die Zusammenfassung und Analyse des Kommandanten der gesamten Mission auf der *Widder*, die nach Abschluss der Fahrt angefertigt wurde.

Die Aussagen von Ruckteschells und einer Reihe von Zeugen, die während des Kriegsverbrechertribunals in Hamburg 1947 auftraten. Die 900-seitige Akte des Prozesses findet sich in H.M. Public Record Office in Kew, London.

Beweisstück A.F. aus obiger Akte, bei dem es sich um von Ruckteschells Rekonstruierung der Kurse und Geschwindigkeiten der beiden Schiffe handelt, vom ersten Sichten an über den Angriff selbst bis zum Abdrehen der *Widder*.

Beweisstück Y, eine Zeichnung des ehemaligen Kommandanten, in der er aufzuzeigen versucht, wie sich die Lage der *Anglo-Saxon* und der *Widder* zueinander aus Sicht der Augenzeugen in der Jolle dargestellt haben mochte (abgebildet auf S. 376 dieses Buches).

Beweisstück Z, von Ruckteschells Rekonstruktion der relativen Positionen der beiden Schiffe, der Flöße und der Jolle während des angeblichen Beschusses der Flöße.

Das Logbuch, das in der Jolle geführt wurde. Schreibmaschinenabschriften finden sich an verschiedenen Orten, darunter auch in Mystic Seaport, Mystic, Connecticut.

Two Survived von Guy Pearce Jones, Random House, New York, 1941. Dieses Buch basiert auf ausführlichen Gesprächen, die der Journalist Jones mit den beiden Überlebenden der *Anglo-Saxon* führte.

Zahlreiche Artikel in Zeitungen und Magazinen auf beiden Seiten des Atlantiks, die nach der Rettung der Schiffbrüchigen erschienen.

Genauere Hinweise finden sich in den Anmerkungen zu Kapitel 8.

Kapitel 2 **Der Auslöser**

1 Prozessakte von Ruckteschell, S. 753.

2 Corbett, Band 2, S. 393.

3 Churchill, *Die Weltkrise,* Band 2, S. 10.

4 Slader, S. 22.

5 Hough, S. 176–177.

6 Die folgende Schilderungen der Aktivitäten der drei U-Boote, auf denen von Ruckteschell diente, stützen sich auf Spindler, *Der Krieg zur See,* Bde. 3–5.

7 Kenntnis von dieser Beziehung erhielt der Autor durch private Korrespondenz mit Jürgen Herr.

8 Zitiert nach Spindler, Bd. 4, S. 293.

9 Zit. n. Spindler, Bd. 5, S. 285.

10 Im Folgenden der vollständige (aus dem Englischen übersetzte) Wortlaut der Aussage von Otto Wiedemann, die sich in der Akte TS 26/51 im Public Record Office, Kew, findet:

Amsterdam, 26. Mai 1921

Bericht über die Behandlung von Kriegsgefangenen durch den deutschen U-Boot-Kommandanten Oberleutnant zur See von Ruckteschell, Kommandant von S. M. U-54

Eines Nachmittags im Verlauf der letzten Einsätze vor der Revolution vom September/Oktober 1918 im westlichen Grenzbereich des Englischen Kanals (als Punkt X gekennzeichnet) sichteten wir, kurz nachdem wir wieder auftauchten, nachdem wir zuvor am Morgen durch ein britisches Luftschiff gezwungen worden waren zu tauchen, ein kleines Segelschiff. (Franzose?)

Soweit ich mich erinnern kann, feuerten wir einen Warnschuss und hissten das internationale Signal MN (sofort aufstoppen). Der Segler stoppte nicht auf, sondern kreuzte weiter und verschwand hinter einem Rauchvorhang, woraufhin der Kommandant uns befahl, das Feuer zu eröffnen. Unsere Salven wurden von den kleinkalibrigen Geschützen des Segelschiffs erwidert, und nach etwa fünfzehn Salven war ihr Fockmast weggeschossen, das Schiff gab den Widerstand auf, und die Besatzung ging ins Boot. Nachdem wir sichergestellt hatten, dass niemand mehr auf dem Segler verblieben war, näherten wir uns dem kleinen Boot und nahmen die Besatzung an Bord des U-Boots. Nachdem unsere Leute das Segelschiff gesprengt hatten, kehrten sie zurück. Da nun schwere See herrschte, wurden die Gefangenen achtern vom Kommandoturm aufgestellt. Der Kommandant fragte mich als vormaligen Steuermann, ob ich es unter den gegebenen Umständen für möglich erachte, die Turmluke zu schließen. Diese Frage bestärkte mich in meiner Ansicht, dass der Kommandant beabsichtigte, die Gefangenen der See zu überlassen, ohne einen Versuch zu unternehmen, ihr Leben zu retten. Der Kommandant, der aus meiner Antwort starke Abneigung diesem Plan gegenüber herauslas, richtete seine geladene Pistole auf mich und befahl mir, unter Deck zu gehen. Sofort darauf gab er den Befehl zum Abtauchen. Als das Signal ‹Klar zum Abtauchen› gegeben wurde, schloss er den Deckel des Luks mit der Pistole in der Hand und befahl ‹Tauchen›.

Als wir nach einer halben Stunde wieder an die Oberfläche kamen, war von den Gefangenen keine Spur mehr zu sehen.

Andere Zwischenfälle, an die ich mich im Augenblick nicht erinnern kann, stehen im Logbuch von S.M. *U-54*.

Ehemaliger Decksmeister,
S.M. *U-54*.
(Gezeichnet) Otto Wiedemann,
Bootsmann poksadowy,
O.R.P. LWOW Gdansk.

11 Während der unruhigen ersten Monate des Jahres 1919 folgte von Ruckteschell dem Ruf des erfolgreichsten deutschen U-Boot-Kommandanten, der über 400 000 BRT an Schiffen versenkt hatte. Er schloss sich der Brigade von Löwenfeld an, die von dem U-Boot-Ass mit dem recht ungermanisch klingenden Familiennamen Arnauld de la Périère geführt wurde, und wurde dann Artillerieoffizier im Freikorps Lettow-Vorbeck. Diese beiden antikommunistischen Gruppen, die zumeist aus ehemaligen Offizieren bestanden, bemühten sich, zusammen mit anderen Freikorps-Verbänden, den Versuch der Machtübernahme durch die extreme Linke zu unterbinden. Im Januar unterdrückten Freikorps in blutigen Kämpfen den Spartakusaufstand in Berlin; in Weimar trat im Februar zum ersten Mal die Nationalversammlung zusammen.

12 Willis, S. 113–116.

13 Vgl. Raeder, *Mein Leben*, Bd. 1, S. 178f.

14 Die Darstellung der Flucht basiert auf Zeitungsartikeln in den Göteborger und Stockholmer Blättern jener Zeit sowie auf weiteren Quellen wie Hotelanmeldungen, Polizeiunterlagen in Göteborg und schwedische Behördenakten. Die Informationen wurden von Christer Johansson gesammelt und dem Autor zur Verfügung gestellt.

Kapitel 3 **Die Briten**

1 Grove, Tafel 3.

2 Die Informationen zu Philip Flynn stammen aus einem Gespräch des Autors mit Dr. Desmond Flynn und von Ted Milburn.

3 Informationen zu Barry Denny von Ted Milburn und Desmond Denny.

4 Southey, S. 278.

5 Informationen zu E. E. Milburn von Ted Milburn.

6 Die Informationen zu Lionel Hawks stammen aus dem Family Records Center, London, und dem *Newcastle Evening Chronicle* vom 11. November 1940.

7 Die Informationen zu Roy Pilcher stammen aus dem Family Records Center, London, von Cliff Walder, Marion Wastell Blake, Ted Milburn und Frank und James Bacon.

8 Die Informationen zu Roy Widdicombe erhielt der Autor aus dem Family Records Center, London, aus Jones, *Two Survived,* und von Sue Irvine.

9 Die Dokumente der *Conway* finden sich im Merseyside Maritime Museum, Liverpool.

10 Die Dokumente der *Indefatigable* finden sich in der Liverpool Central Library.

11 Die Informationen zu Bob Tapscott stammen aus dem Family Records Center, London, aus Jones, *Two Survived,* aus Tapscotts Armeeunterlagen in den National Archives of Canada; aus Tapscotts Unterlagen im Public Record Office in Kew, von Norma Tapscott und Diane Tapscott Terrazino.

12 Die Informationen zu Francis Penny bezog der Autor von Ted Milburn, Emily Penny und aus Jones, *Two Survived.*

Kapitel 4 **Die Deutschen**

Dieses Kapitel fußt vor allem auf der (unveröffentlichten) *Kurz-Biographie von Hellmuth Max von Ruckteschell* von Jürgen Herr und auf Gesprächen und Korrespondenzen mit Jürgen Herr und Konrad Hoppe. Zu den weiteren Schlüsselquellen gehören schwedische Dokumente, die von Christer Johansson zusammengetragen wurden, und die Autobiographie des Großadmirals Erich Raeder, *Mein Leben*. Die Problematik der Kriegsverbrechen wird in zwei ausgezeichneten Büchern aufgezeigt, in Willis' *Prologue to Nuremberg* und in Hornes und Kramers *German Atrocities, 1914*; außerdem wurden Artikel in der *New York Times* und der *Times*, London, vom Februar 1920 hinzugezogen.

1 Reichswehrministerium PA 7413 vom 24. November 1919.
2 Landskansliet Göteborg och Bohus Län, Forteckning, 29. Juli 1919.
3 Landskansliet Göteborg och Bohus Län, Ansokan om Uppehallsbok, Tyska undersåtar, 1918–1926.
4 *Göteborgs-Posten*, 27. Juni 1919, «Tyska Flyktingar i Göteborg».
5 Herr, *Kurz-Biographie*, Eintrag für 1919.
6 Kitchen, S. 239.
7 Willis, S. 118–125.
8 Brief von R. Graham an Lord Curzon of Kedleston, in Akte TS 26/51 im Public Record Office, Kew.
9 Brief der britischen Admiralität vom 7. Juli 1921, in Akte TS 26/51 im Public Record Office, Kew.
10 Brief von H.M. Procurator General's Department an den Attorney General vom 9. Juli 1921, in Akte TS 26/51 im Public Record Office, Kew.
11 *The New York Times*, 5. Februar 1919.
12 Von Ruckteschell, Brief vom 10. Mai 1947.

13 Herr, *Kurz-Biographie*, Einträge für die Zeit von 1922 bis 1932, und Korrespondenz des Autors mit Jürgen Herr.
14 Kitchen, S. 249.
15 Von Ruckteschell, Prozessakte, S. 781, und Korrespondenz des Autors mit Olaf Griese vom 23. Oktober 2002.
16 Herr, *Kurz-Biographie*, Eintrag für 1934.
17 Korrespondenz des Autors mit Jürgen Herr.
18 Gespräche des Autors mit Konrad Hoppe.
19 Gespräche des Autors mit Jürgen Herr.
20 Gespräche und Korrespondenz des Autors mit Jürgen Herr.
21 Herr, *Kurz-Biographie*, Eintrag für 1938.

Kapitel 5 **Kaperschiff!**

1 deKay, S. 53–62.
2 deKay, S. 96–107.
3 Schmalenbach, S. 12.
4 Muggenthaler, S. 15–19.
5 Ruge, S. 29.
6 Raeder, Bd. 2, S. 171.
7 Lloyd's Register of Shipping, 1931.
8 Schmalenbach, S. 20.
9 Muggenthaler, S. 69–71.
10 Schmalenbach, S. 71.

Kapitel 6 **Die *Widder* auf Kriegsfahrt**

Dieses Kapitel speist sich aus mehreren Primär- und Sekundärquellen. Von Ruckteschells *Operationen und Taktik* und sein Kriegstagebuch geben einen kurzen Abriss der Ereignisse.

Zahlreiche weitere Aspekte werden aus den stenographischen Aufzeichnungen des Kriegsverbrecherprozesses deutlich, die sich in der Prozessakte befinden. Muggenthalers Buch über die deutschen Hilfskreuzer bietet wertvolle Informationen zu den Einsätzen der *Widder* und anderer Handelsstörkreuzer.

1 Erwähnenswert scheint folgende Tatsache: Das deutsche Marineoberkommando befürchtete nach der Versenkung der *Admiral Graf Spee*, dass auch die stolze *Deutschland* versenkt werden könnte, was wegen des Namens zu moralischen Irritationen hätte führen können, und so entschloss man sich zu dem unerhörten Schritt, die *Deutschland*, ein aktives Kriegsschiff, in *Lützow* umzubenennen.

2 Muggenthaler, S. 59.

3 Busch, S. 7.

4 Ruge, S. 42.

5 Diese (vermutlich auf Englisch gehaltene, hier übersetzt wiedergegebene) Ansprache, ebenso wie die im folgenden abgedruckte, wurden dem Autor von Konrad Hoppe überlassen, der sowohl auf der *Widder* als auch auf der *Michel* unter von Ruckteschell diente. Fünf Wochen nach dieser ersten Zeremonie hielt von Ruckteschell noch eine zweite Feierlichkeit ähnlicher Art ab, diesmal für Thomas Lavelle von der *Davisian*, der an Bord der *Widder* seinen Verletzungen erlag. Auch in dieser Ansprache spiegelt sich der Steiner'sche Einfluss wider:

«Kameraden, Seeleute!
Alle medizinische Kunst und Sorgfalt konnte das Leben dieses jungen Mannes nicht retten, dessen sterbliche Hülle nun vor uns liegt. Er starb an den schweren Verletzungen, die ihm eine unserer Kugeln zugefügt hat.

Wenn der Krieg einen Sinn haben soll, dann ist es notwendig, daß wir uns sein Gesicht mit all der uns zur Verfügung stehenden Aufmerksamkeit einprägen. Wir erkennen, wie die Qual sich in sein Gesicht gegraben hat, wir erkennen den Schmerz und die Zerstörung, das Leid und den Kummer, den die Menschen einander zufügen.

Der Krieg sollte die Menschen aufrütteln, damit sie sich nach Frieden sehnen.

Und wenn dieser Kamerad, dem wir nun das letzte Geleit geben wollen, in dieser Welt nichts anderes getan hat, als auf die Kugel zu warten und auf diesem Schiff zu sterben, dann sollten wir ihm für dieses Opfer danken, denn so lernen wir aufs Neue, uns nach Frieden zu sehnen.

Seine Seele ist frei und kehrt zu ihrem Schöpfer zurück.

Auf den Strahlen der Morgensonne, weit über den Horizont hinaus, der uns umgibt, folgen ihm unsere liebevollen Gedanken und Wünsche in seine neue Welt, die voller Freundlichkeit ist.

Auf dem Weg haben wir unserem Kameraden gezeigt, daß wir in die heilige Sonne schauen, und beten, daß ihre Strahlen die Kraft und den Willen zum Frieden in unsere Herzen lenken.

So wird uns der Tod unseres Kameraden ein Segen sein für ihn und für uns.

Ja, so soll es sein.

Diese Ansprache wurde gehalten zu Ehren von:
Thomas Lavelle, geboren 10. 4. 1913, gestorben 24. 7. 1940,
von Korvettenkapitän Hellmuth von Ruckteschell,
Kommandant des deutschen Hilfskreuzers *Widder*»

«Comrades, Seamen!
All medical skill and carefulness was not able to save the life of this young man, whose mortal frame is lying before us. He died of the heavy wounds inflicted by one of our bullets.

If the war shall have any sense it is necessary that we look at his face with all attention we are able to maintain. We recognize, engraved on his face, the great distress and the pains and the destruction and the misery and the sorrow which the peoples inflict on each other.

The people should be awakened by the war, so that they long for peace.

And if this comrade, whom we now want to give the last company, had done nothing else in this world but wait for the bullet in order to die aboard this ship, we should thank him for his sacrifice, because we learn anew to long for peace.

His soul is free and returns to his creator.

On the rays of the morning sun, past the wide horizon which surrounds us, our affectionate thoughts and wishes follow him in his new world which is full of friendliness.

On the way, we have shown to our comrade that we are looking into the holy sun and pray that her rays may beam the power and the will for peace into our hearts.

So the death of our comrade will bring blessings to himself and us.

Yes, so be it.

This speech was held in honor of:
Thomas Lavelle, born 4-10-1913, died 7-24-1940,
By Korvettenkapitän Hellmuth von Ruckteschell,
Commander of the German auxiliary cruiser *Widder*»

Die Ansprache ist hier zweisprachig wiedergegeben, da (wie auch im Fall der ersten Ansprache) nach Lage der vorliegenden Dokumente davon auszugehen ist, dass von Ruckteschell sie persönlich auf Englisch verfasste.

6 Von Ruckteschell, *Operationen und Taktik*, S. 15.
7 Muggenthaler, S. 62.
8 *Wartime Instructions to Merchant Ships*, Bd. 3, S. 106. Dort ist der offizielle Gebrauch dieser Signale wie folgt angegeben: «RRRR»: «Bei Sichtung oder Angriff eines feindlichen Kriegsschiffes»; «QQQQ»: «Bei Sichtung oder Angriff eines bewaffneten Handelsstörers»; «SSSS»: «Bei Sichtung oder Angriff eines U-Boots oder Laufen auf eine Mine»; «AAAA»: «Bei Angriff eines Flugzeugs». In der Praxis scheint es allerdings zu einigen Abweichungen bei der Verwendung von «RRRR» und «QQQQ» gekommen zu sein; nach Berichten von Schiffen, die unter Beschuss eines Hilfskreuzers wie der *Widder* gerieten, wurde mal «QQQQ», mal «RRRR» gesendet.
9 Muggenthaler, S. 74f.

Kapitel 7 **Der Weg in den Krieg**

Hinsichtlich der Quellen betreffend die Offiziere und Mannschaften der *Anglo-Saxon* siehe Vorbemerkung zu den Anmerkungen Kapitel 4.

1 Bericht über Ocean Convoy SL III, Akte ADM 199/218 im Public Record Office, Kew.
2 Gespräch des Autors mit Betty McAteer.
3 Gespräche und Korrespondenzen des Autors mit Ted Milburn und Ella May Sim.

4 Aussage von Bill Ellis anlässlich eines Besuchs in Mystic Seaport, o. J.

5 Slader, S. 51. Jones' *Two Survived* liefert eine abweichende Version des Angriffs auf die *Orford*, die aber nicht mit Sladers gut recherchierter Version oder den beiden in der folgenden Anmerkung zitierten Darstellungen korrespondiert.

6 Tapscotts Krankenakte im 1st Neurological Hospital, Basingstoke, S. 1, und *South Wales Echo*, 1. November 1940, S. 1.

7 Bericht über den Konvoi OB 195, Akte ADM 199/23 im Public Record Office, Kew.

8 Die Kapitäne des Konvois erhielten die genauen Angaben zu den Höhen der Masten über dem Wasser aller anderen Schiffe im Konvoi. Diese Zahlen konnten dann an einem einfachen Sextanten eingestellt werden, der es durch einen Spaltspiegel ermöglichte, die Mastspitze mit der Horizontlinie in Deckung zu bringen. Aus dem auf diese Weise gemessenen Höhenwinkel ließ sich die Entfernung des betreffenden Schiffes errechnen. In den Tagen vor dem Einsatz von Radar war dies unabdingbar, um Position halten zu können.

9 Bericht über den Konvoi OB 195, Akte ADM 199/23 im Public Record Office, Kew.

10 Jones, S. 43.

11 Jones, S. 42 f.

Kapitel 8 **Der Angriff**

Die Passagen des Kapitels, die sich mit dem Untergang der *Anglo-Saxon* beschäftigen, basieren auf folgenden Quellen:

Das Logbuch, das an Bord der Jolle der *Anglo-Saxon* geführt wurde. Schreibmaschinenabschriften finden sich an verschiedenen Orten, so auch in Mystic Seaport, Mystic, CT.

Guy Pearce Jones, *Two Survived*, und zahlreiche Artikel in Zeitungen und Magazinen, die auf beiden Seiten des Atlantiks in den Monaten nach der Rettung der Schiffbrüchigen erschienen.

1 Leutnant Scharnberg gehörte zu einer Gruppe von Offizieren an Bord des Hilfskreuzers, die als «Prisenoffiziere» bezeichnet wurden. Zumeist handelte es sich dabei um ehemalige Kapitäne der Handelsmarine, die über keine sonderliche militärische Ausbildung verfügten, aber in der Lage waren, ein erbeutetes Frachtschiff zu kommandieren und einen von den Deutschen kontrollierten Hafen anzulaufen. Diese Männer trugen den Titel «Sonderführer» und waren Offiziere mit dem niedrigsten Dienstgrad. Auf den Hilfskreuzern gingen sie auf der Brücke Wache und erleichterten so den regulären Offizieren die Arbeit. Im Falle der *Widder* waren ursprünglich vier solcher Offiziere mit an Bord, einer jedoch war im August bereits auf der Prise *Krossfonn* auf dem Weg nach Frankreich.

2 Von Ruckteschell, Kriegstagebuch, Eintrag für den 20. August 1940.

3 Gespräche des Autors mit Konrad Hoppe.

4 Von Ruckteschell, Kriegstagebuch, Eintrag für den 20. August 1940.

5 Die Einzelheiten der Blindfahrt der *Widder* auf die *Anglo-Saxon* zu entstammen dem Beweisstück A. F. aus der Prozessakte von Ruckteschells.

6 Von Ruckteschell, *Operationen und Taktik*, S. 17, Eintrag für den 11. August 1940.

7 Da die Boote über eine halbe Tonne wiegen, benötigt man, um sie zu Wasser zu lassen, eine Anzahl von Männern, die an den Taljen das Boot zunächst von Deck heben. Da die Davits nicht weit genug auseinander stehen, um das Boot einfach zwischen ihnen hindurch nach außenbords zu drücken, muss das Boot

zuerst voraus bewegt werden, damit das Heck an dem achterlichen Davit vorbei ausgeschwenkt werden kann; dann wird das Boot nach achtern und zugleich nach außen gedrückt, damit der Bug vom vorlichen Davit freikommt und ebenfalls ausgeschwenkt werden kann. Das Boot hängt jetzt außenbords über dem Wasser. Ein letzter kritischer Punkt ist das Abfieren. Wenn das Schiff noch Fahrt macht, ist es wichtig, dass das Heck zuerst im Wasser ist und der Bug höher steht, damit das Boot längsseits mitlaufen kann. Wenn das Boot klar zum Ablegen ist, wird zuerst die achtere Talje ausgepickt und schließlich die vordere.

8 Jones, S. 49.

9 Von Ruckteschell, Kriegstagebuch, Eintrag für den 21. August 1940.

10 Es ist unklar, wie sich die Ereignisse tatsächlich abspielten, da es widersprüchliche Darstellungen aus zwei glaubwürdigen Quellen gibt, Jones' Buch *Two Survived* und das Kriegstagebuch der *Widder*. Jones vermerkt, dass Widdicombe erst die Explosion hörte, dann den Angreifer sah und danach aus freien Stücken nach Steuerbord abdrehte. Von Ruckteschells Kriegstagebuch stellt vor Eröffnung des Feuers fest: «Er muß uns gesehen haben, hat aber statt nach St. B. nach B. B. abgedreht.» Da Jones seine Information von Widdicombe bezog, der durchaus dazu neigte, Geschichten auszuschmücken, könnte es sich hier um den Versuch handeln, sich wichtig zu machen.

Von Ruckteschells Überraschung darüber, dass die *Anglo-Saxon* nach Backbord abdrehte, hat folgende Ursache: Normalerweise verhalten sich zwei auf Kollisionskurs befindliche Schiffe so, dass jedes seinen Kurs nach Steuerbord ändert und mit der Backbordseite das andere passiert. Wenn die *Anglo-Saxon* etwas bemerkt haben sollte, dürfte es schwierig gewesen sein, Kurs und Geschwindigkeit des Entgegenkommers sofort festzustellen; stattdessen reagierte Widdicombe instinktiv und versuchte, der unbekannten Gefahr auszuweichen.

Es ist interessant, sich vorzustellen, was geschehen wäre, wenn die *Anglo-Saxon* nicht abgedreht, sondern direkt auf die *Widder* zugehalten und sie gerammt hätte. Auf einem solchen Kurs hätte sie der *Widder* ein erheblich kleineres Ziel geboten, und es hätte nur wenige Minuten gedauert, bis die 1,4 Meilen zwischen den beiden Schiffen zurückgelegt gewesen wären.

11 Denny et al., Logbuch der Jolle der *Anglo-Saxon*, Eintrag für den 21. August 1940.

12 Aussage Tapscott, Beweisstück H, Prozessakte von Ruckteschell.

13 Aussage von Ruckteschell vom September 1946, Prozessakte von Ruckteschell, S. 100.

14 Jones, S. 57.

15 Jones, S. 77.

16 Vgl. Denny et al., Eintrag für den 21. August 1940.

17 Milburns Sohn Ted denkt noch heute darüber nach, ob sein Vater nicht an dieser Stelle gestanden und der Jolle nachgeschaut haben mag. Eddie Milburns Witwe sagte, sie sei in gewisser Hinsicht froh, dass ihr Mann es nicht in die Jolle geschafft habe, angesichts seines Alters sei es doch zweifelhaft, ob er überlebt und nicht nur ungeheuer gelitten hätte.

18 Von Ruckteschell, Kriegstagebuch, Eintrag für den 21. August 1940.

19 Gespräch des Autors mit George Duffy, 2002.

20 Denny et al., Eintrag für den 21. August 1940, und Tapscotts Aussage, Beweisstück H, Prozessakte von Ruckteschell.

Teil II

Die Passagen in diesem Teil, die sich auf die *Anglo-Saxon* beziehen, basieren vor allem auf folgenden Quellen:

Das Logbuch, das an Bord der Jolle geführt wurde.

Guy Pearce Jones, *Two Survived.*

Douglas F. Storer, *The Most Amazing But True*, darin auch ein Kapitel, das der Jolle und ihrer Geschichte gewidmet ist. Storer arbeitete mit Robert Ripley zusammen und führte mit den beiden Überlebenden ein Gespräch, bevor es zu der Radiosendung mit Ripley kam.

Die bereits erwähnten Zeitungs- und Magazinartikel.

Kapitel 9 **Nur ein winziger Fleck im Ozean**

1 Denny et al., Eintrag für den 21. August 1940.
2 Jones, S. 64f.
3 Der Brief an Cliff Walder wurde tatsächlich zugestellt und befindet sich heute im Imperial War Museum in London.
4 Jones, S. 88.
5 Denny et al., Eintrag für den 25. August 1940.
6 Denny et al., Eintrag für den 26. August 1940.
7 *Dorland's,* S. 728.
8 Denny et al., Eintrag für den 26. August 1940.
9 Denny et al., Eintrag für den 27. August 1940.
10 Denny et al., Eintrag für den 26. August 1940.

Kapitel 10 **Drastische Entscheidungen**

1 Sadler et al., *The Encyclopedia of Human Nutrition*, Abschnitt über Dehydrierung.
2 Critchley, S. 24.
3 Jones, S. 101.
4 Denny et al., Eintrag für den 30. August 1940.
5 Jones, S. 103.
6 Storer, S. 102.
7 Denny et al., Eintrag für den 31. August 1940.
8 Robertson, S. 41.
9 Denny et al., Eintrag für den 1. September 1940.
10 Jones, S. 105.
11 Denny et al., Eintrag für den 1. September 1940.
12 Critchley, S. 30.
13 Zit. n. Robertson, S. 34.
14 Robertson, S. 35.
15 Storer, S. 109.
16 Denny et al., Eintrag für den 2. September 1940.
17 Jones, S. 113.

Kapitel 11 **Verzweifelte Entschlüsse**

1 Denny et al., Eintrag für den 3. September 1940.
2 Jones, S. 116.
3 Die drei Ziele, die Penny damit erreichte, entsprechen jenen von Captain Oates auf der vom Schicksal schwer geschlagenen Antarktis-Expedition von Robert Falcon Scott 1910–1912.
4 Denny et al., Eintrag für den 4. September 1940.
5 Jones, S. 121.

6 Critchley, S. 50.
7 Robertson, S. 68f.
8 Jones, S. 131.
9 Critchley, S. 25f.
10 Jones, S. 137.
11 Jones, S. 141.

Kapitel 12 **Wasser!**

1 Jones, S. 143.
2 Denny et al., Eintrag für den 12. September 1940.
3 Critchley, S. 45.
4 Jones, S. 153.
5 Diese Schätzung entspringt einer Analyse der Eintragungen von Kurs und Windrichtung im Logbuch, eingerechnet die Versetzungen durch die Strömungen, auf einer modernen Karte geplottet.
6 Gespräch des Autors mit Dr. Jim Carlton, Direktor des Williams College / Mystic Seaport Maritime Studies Program, 18. April 2002.
7 Jones, S. 156.
8 Robertson, S. 28f.
9 Robertson, S. 35.
10 Gespräch des Autors mit Dr. Jim Carlton, 18. April 2002.
11 Jones, S. 162f.

Kapitel 13 **Willenskraft**

1 Die Zitate stammen aus Briefen, die die Shipping Federation an Mrs. E. E. Milburn und Mrs. C. H. Williams schickte.
2 Dear, S. 108.
3 Articles of Agreement und List of Crew for *Anglo-Saxon*, 25. Juli 1940.
4 Robertson, S. 24f.
5 Vgl. Neumann et al.
6 Neumann et al., S. 8–11.
7 Sadler et al., *The Encyclopedia of Human Nutrition* (Online, Academic Press, Abschnitt über Aushungerung und Austrocknung).
8 Van de Graaff und Fox, S. 94.
9 Guetzkow und Bowman, S. 11–16.
10 Neumann et al., S. 102.
11 Bowditch, Kapitel 36.
12 Jones, S. 164f.
13 Neumann et al., S. 102.
14 Jones, S. 165–170.
15 *Time Magazine*, 9. Juni 1941, S. 34.
16 Neumann et al., S. 10.
17 Jones, S. 175.
18 Jones, S. 179f.

Kapitel 14 **Hilfskreuzer *Widder***

Dieses Kapitel bezieht sich vor allem auf von Ruckteschells Kriegstagebuch, auf seine Veröffentlichung *Operationen und Taktik* und auf die Prozessakte von Ruckteschell.

1 Von Ruckteschell, Kriegstagebuch, Eintrag für den 21. August 1940.
2 Prozessakte von Ruckteschell, S. 799.
3 Von Ruckteschell, Kriegstagebuch, Eintrag für den 21. August 1940.
4 Von Ruckteschell, *Operationen und Taktik*, S. 18.
5 ebd.
6 Von Ruckteschell, *Operationen und Taktik*, S. 19.
7 Von Ruckteschell, *Operationen und Taktik*, S. 20.
8 Von Ruckteschell, Kriegstagebuch, zit. n. *Operationen und Taktik*, S. 20.
9 Muggenthaler, S. 160 ff.
10 Als von Ruckteschell während des Prozesses zu diesem Punkt befragt wurde, erwiderte er, dies sei auf beschränkte Kapazitäten der *Rekum* zurückzuführen gewesen.
11 Maloney, S. 66.
12 Von Ruckteschell, Kriegstagebuch, zit. n. *Operationen und Taktik*, S. 22.
13 ebd.
14 Von Ruckteschell, *Operationen und Taktik*, S. 22.
15 Von Ruckteschell, Kriegstagebuch, zit. n. *Operationen und Taktik*, S. 22.
16 Von Ruckteschell, *Operationen und Taktik*, S. 23.

Teil III

Kapitel 15 **Rettung**

1 Die Verwendung des Wortes «Cutlass», Entermesser, für Machete ist ein Überbleibsel aus der Zeit, als viele Inseln der Bahamas noch von Piraten beherrscht wurden.

2 Gespräch des Autors mit Constable Elijah Mackey, Eleuthera, 2002.

3 Young, S. 106.

4 Gespräch des Autors mit Loraine und Joy Pyfrom und mit Reverend Samuel B. Pinder, Eleuthera, 2002.

5 Erinnerungen der Herausgeberin in ihrer Besprechung des Buchs *Two Survived* im *Nassau Guardian*, 9. August 1941, S. 3.

6 Die Aussagen von Tapscott und Widdicombe befinden sich im Besitz von Dr. Michael Gerassimos, Nassau, Bahamas. Dem Autor liegen Kopien vor.

7 Colonial Office, Akte CO 23/681.

8 Gespräche des Autors mit Loraine und Joy Pyfrom und mit Reverend S. B. Pinder, Eleuthera, 2002.

9 *Dorland's*, S. 1342; *Professional Guide to Diseases*, S. 881 f.

10 Colonial Office, Akte CO 23/691, S. 42.

11 *South Wales Argus*, 1. November 1940, S. 1.

12 *South Wales Echo*, 1. November 1940, S. 1.

13 Gespräch des Autors mit Betty McAteer, Cardiff, Wales, 2002.

14 Denny et al., Einträge für den 1. und den 4. September 1940.

15 Denny et al., Einträge für den 5. und den 9. September 1940.

16 Die von Tapscott und Widdicombe gemachten und von dem Regierungsbeauftragten Michael Gerassimos niedergeschriebenen Aussagen, im Besitz des Autors.

17 Jones, S. 134.

18 *Nassau Guardian,* 31. Oktober 1940, S. 1.
19 *Nassau Daily Tribune,* 31. Oktober 1940, S. 1.
20 *The New York Sun,* 1. November 1940. Die Geschichte erschien weltweit, unter anderem im *South Wales Echo,* 1. November 1940, S. 1, und der *Winnipeg Tribune,* 1. November 1940.
21 *Nassau Guardian,* 1. November 1940, S. 1.
22 *The Lookout,* März 1941, S. 5.

Kapitel 16 **Ankunft, Ausgleich, Anerkennung**

1 Schmalenbach, S. 139; Ruge, S. 70f.
2 Busch, S. 32.
3 Hoppe, *Comparing Timetable,* Eintrag für den 14. November 1940.
4 www.wehrmachtawards.com
5 Busch, S. 32.
6 Hoppe, *Comparing Timetable,* Eintrag für den 20. November 1940.
7 Busch, S. 32; Hoppe, *Comparing Timetable,* Eintrag für den 20. November 1940.
8 Brief Hoppes an den Autor, 25. Februar 2003.
9 Hoppe, *Comparing Timetable,* Eintrag für den 1. Dezember 1940.
10 Ruge, S. 89.
11 Gespräch des Autors mit Jürgen Herr.
12 Gespräch des Autors mit Jürgen Herr und E-Mail-Korrespondenz vom 16. März 2003.
13 Vgl. Raeder, Bd. 2, S. 141 f.
14 Prozessakte von Ruckteschell, S. 781.
15 Busch, S. 33f.
16 Busch, S. 34.

17 Busch, S. 33; Hoppe, *Comparing Timetable*, Eintrag für den 25. August 1941.

18 Busch, S. 34 f; Muggenthaler, S. 201 f.

19 Es gibt in einigen Ländern eine Tradition, die das Schiff mit dem Kapitän gleichsetzt: Auf den Kapitän wird mit Namen seines Schiffs Bezug genommen. Wenn also zum Beispiel der Kommandant des Zerstörers U. S. S. *DeHaven* an Bord seines Schiffes kommt, so lautet die offizielle Ansage «DeHaven an Bord.» In der deutschen Marine gibt es diese Systematik nicht, doch von Ruckteschell nutzte jede Gelegenheit, die Namen seiner Schiffe seinem Selbstbild anzugleichen.

20 Zitiert nach Busch, S. 35.

21 Hoppe, *Comparing Timetable*, Einträge für den 10. Oktober 1941 und für November 1941.

Kapitel 17 **Ruhm**

1 Jones, S. 191.

2 Gespräch des Autors mit Elijah Mackey, 2002.

3 The Harlingen, Texas, *Valley Morning Star*, 24. Februar 2003, S. 2, «Tale of the Nameplate».

4 *Nassau Daily Tribune*, 30. November 1940, S. 1, «Ripley Forerunner Expected Monday.»

5 *Nassau Guardian*, 2. Dezember 1940, S. 1, und *Nassau Magazine*, Januar 1941, «Believe It or Not.»

6 *Nassau Daily Tribune*, 7. Dezember 1940, S. 1, «Radio History Made in Nassau.»

7 *Nassau Guardian*, 7. Dezember 1940, S. 1, «Vast Radio Audience Listens ...»

8 Script der Radiosendung, signiert «Ripley», vom 6. Dezember 1940, Büro des Direktors von Mystic Seaport.

9 Wie es der Zufall wollte, wurde kurz vor der Begrüßung Edwards ein Werbespot für Royal Crown Cola gesendet, den Sponsor des Programms.

10 *Nassau Daily Tribune*, 7. Dezember 1940, S. 1, «Radio History made in Nassau».

11 In seinem Kommentar zur Aufgabe des Minenräumens nahm der Herzog Bezug auf den Reserve Naval Patrol Service, der aus Fischern der heimischen Fischereiflotten und deren kleinen Kuttern bestand.

12 Brief von Cora Mallory Munson an Carl Cutler, 7. April 1941, Büro des Direktors von Mystic Seaport.

13 *Nassau Guardian*, 7. Dezember 1940, S. 1, «Vast Radio Audience Listens ...».

14 Die Jones waren ein interessantes Paar, das einige Jahre lang den Winter über im exklusiven Lyford Cay verbrachte, 20 Kilometer westlich von Nassau; Constance Jones gehörten dort in den dreißiger Jahren mehrere Grundstücke. Guy Jones hatte seine journalistische Laufbahn in seiner Geburtsstadt San Francisco begonnen; danach zog er nach Springfield, Ohio, wo er den Posten als Geschäftsführer eines Magazins der Crowell Publishing Company übernahm. Er sagte über sich: «Ich hatte mich mal auf die Organisation der North American Newspaper Alliance eingeschossen, deren Geschäftsführer ich in den tollen Tagen der Transatlantikflüge und der geradezu kosmischen Taschenspielertricks der späten Zwanziger war.» Irgendwann in den Zwanzigern verbrachten er und seine abenteuerlustige Frau über ein Jahr damit, durch den exotischen Mittleren Osten zu reisen, inklusive etwa tausend Kilometern zu Pferd vom Kaschmirtal in den Himalaja. Dies bildete die Grundlage zu Mrs. Jones' erstem Buch, *Thin Air*, das sie 1930 unter ihrem Mädchennamen Constance Bridges veröffentlichte. Sie selbst stammte aus Cambridge,

Massachusetts, wo sie 1917 das Radcliffe College der Universität Harvard *magna cum laude* abschloss. 1933 wurde ein Theaterstück von Constance Jones, *Fidelity Insured,* am Pasadena Playhouse in Los Angeles aufgeführt. In den vierziger Jahren verbrachten die beiden die Wintermonate in Lyford Cay und den Rest des Jahres in ihrem Haus «Summerhill» in Old Lyme, Connecticut. Sie verfügten über genügend Vermögen, um ein Leben ohne regelmäßige Beschäftigung führen zu können. *Nassau Guardian,* 9. Dezember 1940, S. 2, «Winter Visitor to Write Book for Seamen»; Buchumschlagtext von Guy Jones und Constance Jones zu *There Was a Little Man*; weitere Daten aus *Thin Air* von Constance Bridges.

15 Gespräch des Autors mit Richard Rolle, 2002.

16 Gespräch des Autors mit Dr. Michael Gerassimos junior, der ihm die Geschichte erzählte, die er von seinem Vater gehört hatte.

17 *Nassau Guardian,* 2. November 1940, S. 4, «The Rescued Seamen».

18 Gespräch des Autors mit Gwen French, 2002.

19 Gespräch des Autors mit Gwen French, 2002.

20 *The Nassau Magazine,* Januar 1941.

21 *Nassau Daily Tribune,* 23. Dezember 1940, S. 1, «Accident».

22 *Nassau Daily Tribune,* 12. Dezember 1940, S. 1, «Widdicombe Visits Landfall».

23 Brief des Schifffahrtsministeriums vom 9. Dezember 1940, S. 38 in Akte CO 23/691 im Public Record Office.

24 Nach dem Entwurf einer Antwort des Colonial Office auf das Schreiben des Schifffahrtsministeriums vom 9. Dezember 1940, S. 36f., Akte CO 23/691 im Public Record Office.

25 Brief der Nitrate Producers Steam Ship Co. vom 14. November 1940; der Autor besitzt Kopie, die ihm von Ted Milburn zur Verfügung gestellt wurde.

26 Gespräch des Autors mit Ted Milburn, 2002.

27 «Lord Haw Haw» nannten sich William Joyce und sein Vorgänger, wahrscheinlich Norman Baille-Stewart, die regelmäßig von Deutschland aus eine Sendung nach Großbritannien ausstrahlten und prodeutsche Propaganda verbreiteten, um die Moral ihrer Zuhörer zu untergraben. Joyce war in Amerika geboren worden, lebte aber ab 1922 in England, bevor er 1939 nach Deutschland floh. Nach dem Krieg wurde er wegen Verrats angeklagt, für schuldig befunden und hingerichtet. Vgl. *The Oxford Companion to World War II*, S. 503.

28 *Nassau Guardian*, 11. Januar 1941, S. 4, «Widdicombe und Tapscott to Join Up».

Kapitel 18 **Heimwärts**

1 *Nassau Guardian*, 11. Januar 1941, S. 4, «Widdicombe und Tapscott to Join Up».

2 Brief vom 7. Januar 1941 von Ronald Cross, Schifffahrtsminister, an Lord Lloyd, Minister für die Kolonien, S. 29 in Akte CO 23/691 im Public Record Office.

3 Vorwort von Reverend Peter Larom zu Rousmaniere, *Anchored Within the Vail*.

4 *The Lookout*, März 1941, S. 4.

5 *The New York Times*, 31. Januar 1941, «Ball Tonight Assists Scottish War Relief».

6 *New York Herald Tribune*, 31. Januar 1941, «British Tar Tells of 70 Days at Sea in Lifeboat».

7 Text des Telegramms des Gouverneurs der Bahamas an das Colonial Office, 18. Februar 1941, S. 26, Akte CO 23/691 im Public Record Office.

8 Middlemiss, S. 96.
9 Briefe des Colonial Office vom 8. März 1941, S. 23, Akte CO 23/691 im Public Record Office.
10 Metzler, S. 29.
11 Metzler, S. 24–33.
12 *South Wales Argus,* 27. Februar 1941, «Brave Hopeful Wife».
13 *New York Sun,* 27. Februar 1941, S. 8, «On the Sun Deck».
14 *Nassau Guardian,* 27. Februar 1941, S. 1, «Roy Widdicombe Said to be Passenger on Missing Freighter».

Kapitel 19 **Verwundungen**

1 Friedman, S. 1.
2 The National Center for Post-Traumatic Stress Disorder, «What is Post-Traumatic Stress Disorder», Understanding PTSD.
3 The National Center for Post-Traumatic Stress Disorder, Arbeitsblatt, S. 1.
4 Campbell, S. 552.
5 Telegramm des Gouverneurs der Bahamas an das Colonial Office, 18. Februar 1941, S. 26, Akte CO 23/691 im Public Record Office, Kew.
6 Entwurf der Mitteilung des Colonial Office vom 4. März 1941 an den Gouverneur der Bahamas, S. 24, Akte CO 23/691 im Public Record Office, Kew.
7 Telegramm des Gouverneurs der Bahamas an das Colonial Office, S. 21, Akte CO 23/691 im Public Record Office, Kew.
8 Krankenakte R.G. Tapscott, angelegt von Major J. C. Richardson, Canadian 1st Neurological Hospital, Basingstoke, U.K., in der Personalakte R.G. Tapscott, National Archives of Canada.

9 *The Lookout,* März 1941, S. 3.
10 Gespräch des Autors mit Andrew McKinney, 2002.
11 Brief des Schifffahrtsministeriums vom 7. April 1941, S. 16, Akte CO 23/691 im Public Record Office.
12 Krankenakte R.G. Tapscott, angelegt von Major J.C. Richardson, Canadian 1st Neurological Hospital, Basingstoke, U.K., in der Personalakte R.G. Tapscott, National Archives of Canada.
13 *Nassau Daily Tribune,* 7. April 1941, S. 1, «Clifford Mallory Dies in Miami».
14 *Nassau Guardian,* 17. April 1941, S. 2, «Historic Jolly Boat to be Placed in Museum».
15 *Nassau Guardian,* 29. Mai 1941, S. 2.
16 *The Lookout,* Juli 1941, S. 9, «Lone Survivor».
17 *The New York Times,* 12. Juni 1941, «British Seaman Safe Ashore After 70 Days in Open Boat», und *Time Magazine,* 9. Juni 1941, S. 34.
18 *The Lookout,* Juli 1941, S. 9f., «Lone Survivor».
19 Musterungsbescheid in der Personalakte R.G. Tapscott, National Archives of Canada.
20 Dienstakte R.G. Tapscott, S. 1, in der Personalakte R.G. Tapscott, National Archives of Canada.
21 *The New York Times Book Review,* 27. Juli 1941, Titelseite; *New York Herald Tribune Books,* 20. Juli 1941, S. 3; *The New Yorker,* 19. Juli 1941, S. 54–56; *Christian Science Monitor,* 27. Dezember 1941, S. 12; *The Saturday Review of Literature,* 19. Juli 1941, S. 12.
22 Dienstverlauf R.G. Tapscott, S. 1, in der Personalakte R.G. Tapscott, National Archives of Canada.
23 Karte aus dem Buckingham-Palast, Besitz T. Milburn.
24 Brief von Mr. T.C.P. Brook, Rektor der Royal Merchant Navy School, 7. Oktober 1941.

25 Krankenakte R.G. Tapscott, angelegt von Major J.C. Richardson, Canadian 1st Neurological Hospital, Basingstoke, U.K., Mai 1942, S. 2, in der Personalakte R.G. Tapscott, National Archives of Canada.

26 Friedman, S. 1.

27 Krankenakte R.G. Tapscott, angelegt von Major J.C. Richardson, Canadian 1st Neurological Hospital, Basingstoke, U.K., in der Personalakte R.G. Tapscott, National Archives of Canada.

28 Entlassungspapiere des Krankenhauses, 27. Mai 1942, Canadian 1st Neurological Hospital, Basingstoke, U.K., in der Personalakte R.G. Tapscott, National Archives of Canada.

29 Field General Court Martial, 19. Juni 1942, Headquarters, 3rd Canadian Division, in der Personalakte R.G. Tapscott, National Archives of Canada.

30 Dienstverlauf R.G. Tapscott, S. 2, in der Personalakte R.G. Tapscott, National Archives of Canada.

31 Entlassungspapiere, 7. Dezember 1942, in der Personalakte R.G. Tapscott, National Archives of Canada.

32 Gespräch des Autors mit Harry Griffin, 2002.

33 R.G. Tapscotts Merchant Marine Discharge Book, im Imperial War Museum, London.

34 Auszeichnungen – Canadian Army (Active), in der Personalakte R.G. Tapscott, National Archives of Canada.

Kapitel 20 *Michel* – das Schiff und der Mann

1 Muggenthaler, S. 204.

2 Busch, S. 41. B-Dienst: Abkürzung für «Beobachtungsdienst».

3 Hoppe, *Comparing Timetable*, S. 10.

4 Muggenthaler, S. 205.

5 Hoppe, *Comparing Timetable*, S. 10.
6 Hoppe, *Comparing Timetable*, S. 11.
7 Gespräch des Autors mit Konrad Hoppe, 2002.
8 Zumindest ein weiterer Hilfskreuzerkommandant, Bernhard Rogge, hatte schon früher einen solchen «Urlaubsbereich» an Bord geschaffen, was sich positiv auf die Stimmung der Besatzung auswirkte.
9 Muggenthaler, S. 206 f.
10 Roskill, *A Merchant Fleet at War*, S. 89.
11 Busch, S. 50.
12 Muggenthaler, S. 218 f.
13 Gespräch des Autors mit Konrad Hoppe, 2002.
14 Gespräch des Autors mit Jürgen Herr, 2002.
15 Gespräch des Autors mit George Duffy, 2002.
16 Anklage – Military Courts for the Trial of War Criminals, Prozessakte von Ruckteschell.
17 Busch, S. 59.
18 Von Ruckteschell, *O Tannenbaum*, Titelseite.
19 Gespräch des Autors mit Konrad Hoppe, 2002.
20 Muggenthaler, S. 249 f.
21 Von Ruckteschell, *O Tannenbaum*.
22 Busch, S. 61.
23 Muggenthaler, S. 250.
24 Muggenthaler, S. 251.
25 Busch, S. 62.
26 Gespräch des Autors mit George Duffy, 2002.
27 Busch, S. 62.
28 Muggenthaler, S. 261, und Gespräche des Autors mit Konrad Hoppe und Jürgen Herr, 2002.
29 Gespräche des Autors mit Konrad Hoppe und Jürgen Herr, 2002.
30 Muggenthaler, S. 261.

31 Vermehren, *Der Untergang* …, S. 1.
32 Muggenthaler, S. 266.
33 Vermehren, *Der Untergang* …, S. 2.
34 Vermehren, *Der Untergang* …, S. 7.
35 Vermehren, *Der Untergang* …, S. 10.

Kapitel 21 **Kriegsverbrecher**

Zitate aus den Prozessakten, die in dieses Kapitel Eingang gefunden haben, wurden aus dem Englischen übertragen. Trotz der Anwesenheit von Dolmetschern beim Prozess muss davon ausgegangen werden, dass es eine offizielle deutsche Fassung der Akte niemals gegeben hat.

1 Gespräche des Autors mit Jürgen Herr und Konrad Hoppe, 2002.
2 Brief von Ruckteschell, 21. Juli 1946.
3 Brief von Ruckteschell, 5. August 1946.
4 Gilbert, S. 3.
5 Briefe von Ruckteschell, 14. und 29. August 1946.
6 Überstellungsbefehl des Headquarters der U.S. Forces, *European Theater*, 19. August 1946, in von Ruckteschells Gefängnisakte.
7 Mullins, S. 39–42.
8 Brief von Ruckteschell, 28. Oktober 1946.
9 Briefe von Ruckteschell, 3. und 16. November 1946.
10 Briefe von Ruckteschell, 1., 8. und 16. Dezember 1946.
11 Prozessakte von Ruckteschell, S. 801.
12 Aussage Tapscott, Beweisstück H, Prozessakte von Ruckteschell, S. 49.
13 Brief von Ruckteschell, 9. Januar 1947.

14 Brief von Ruckteschell, 26. Februar 1947.
15 Brief von Ruckteschell, 28. März 1947.
16 Brief Frau von Ruckteschell, 30. Juni 1947.
17 Entlassungsschein, 5. April 1947, in von Ruckteschells Gefängnisakte.
18 Brief Frau von Ruckteschell, 30. Juni 1947.
19 Anklage – Military Courts for the Trial of War Criminals, Prozessakte von Ruckteschell, S. 10.
20 Brief von Ruckteschell, 2. Mai 1947.
21 Brief von Ruckteschell, 4. Mai 1947.
22 Brief Frau von Ruckteschell, 30. Juni 1947.
23 Brief Frau von Ruckteschell, 30. Juni 1947.
24 Prozessakte von Ruckteschell, S. 783.
25 Prozessakte von Ruckteschell, S. 799.
26 Prozessakte von Ruckteschell, S. 656.
27 Treasury Solicitor's Department, File TS 25/51 im Public Record Office.
28 Prozessakte von Ruckteschell, S. 210f.
29 Brief von Ruckteschell, 14. Mai 1947.
30 Anklage – Military Courts for the Trial of War Criminals, Prozessakte von Ruckteschell, S. 10.
31 Brief von Ruckteschell, 10. Mai 1947.
32 *Hamburger Freie Presse,* 7. Mai 1947, S. 3; 17. Mai 1947, S. 3; 21. Mai 1947, S. 2; 24. Mai 1947, S. 3.
Die Welt, 6. Mai 1947, S. 3; 8. Mai 1947, S. 3; 20. Mai 1947, S. 2; 22. Mai 1947, S. 2.
Hamburger Echo, 6. Mai 1947, S. 3; 9. Mai 1947, S. 3; 17. Mai 1947, S. 3.
Hamburger Volkszeitung, 7. Mai 1947, S. 3; 24. Mai 1947, S. 3.
33 *The New York Times,* 22. Mai 1947, S. 55.
The Times, London, 6. Mai 1947, S. 3; 7. Mai 1947, S. 3; 22. Mai 1947, S. 5.

34 Brief Frau von Ruckteschell, 30. Juni 1947.
35 Deckel der Gefängnisakte von Ruckteschell.
36 Vorlage des Judge Advocate General's Office an den General Officer, Commanding-in-Chief, British Army on the Rhine, 22. August 1947, Prozessakte von Ruckteschell, S. 903–905.
37 Anklage – Military Courts for the Trial of War Criminals, Prozessakte von Ruckteschell, S. 10.
38 Brief von Dr. O. Zippel, 16. April 1948; Antwort von Dr. Frommer, 27. Mai 1948, Gefängnisakte von Ruckteschell.
39 Bericht über einen Todesfall im Zentrallazarett, 24. Juni 1948, Gefängnisakte von Ruckteschell.

Kapitel 22 **Held in Not**

1 Korrespondenz des Autors mit Phil Hayden, 2002 und 2003.
2 Korrespondenz des Autors mit Phil Hayden, 2002 und 2003, und Informationen von Ted Milburn.
3 Gespräche des Autors mit Norma Tapscott, 2002.
4 Handelsmarineakte R.G. Tapscott, Akte BT372/0121 im Public Record Office.
5 Gespräche des Autors mit Diane Tapscott Terrazino, 2002.
6 Gespräche des Autors mit Phil Hayden und Harry Griffin, 2002.
7 Jones, S. 43, und Gespräche des Autors mit Norma Tapscott, 2002.
8 Konsultation Dr. A. Matsakis, 11. April 2003.
9 Krankenakte R.G. Tapscott, angelegt von Major J. C. Richardson, Canadian 1st Neurological Hospital, Basingstoke, U. K., in der Personalakte R.G. Tapscott, National Archives of Canada.

10 Medizinische Vorgeschichte eines Dienstuntauglichen, 25. Mai 1942, Captain A. E. McReicher, Medical Officer, Royal Canadian Army, in Personalakte R. G. Tapscott, National Archives of Canada.
11 *South Wales Echo*, 3. Oktober 1963, S. 10.
12 *South Wales Echo*, 3. Oktober 1963, S. 10.
13 Shephard, S. 207–209.
14 Konsultation Dr. A. Matsakis, 11. April 2003.
15 *South Wales Echo*, 3. Oktober 1963, S. 10.
16 Gespräch des Autors mit Norma Tapscott, 2002, und Korrespondenz mit Diane Tapscott Terrazino, 2003.
17 *South Wales Echo*, 3. Oktober 1963, S. 10.
18 *South Wales Echo*, 4. Oktober 1963, S. 12.
19 Gespräche des Autors mit Norma Tapscott, 2002.
20 Gespräche des Autors mit Diane Tapscott Terrazino, 2002.

Kapitel 23 **Überlebende**

Sämtliche Informationen in diesem Kapitel stammen von Angehörigen und Freunden der Seeleute der *Anglo-Saxon*, die dem Autor freundlicherweise Auskunft gaben.

Danksagung

Viele Menschen haben zu diesem Buch beigetragen, und ich bin dafür allen sehr dankbar. Einige von ihnen waren außergewöhnlich hilfsbereit und ließen die Arbeit an diesem Buch zu einer äußerst angenehmen Aufgabe werden. In Großbritannien haben mich Ted Milburn und Anthony Smith großzügig an ihrem Wissen teilhaben lassen. Ted Milburn hat ein bemerkenswertes Archiv zur *Anglo-Saxon* zusammengetragen, vor allem zu seinem Vater und anderen, die mit dem Schiff zu tun hatten. Seine Unterstützung und Freundschaft war äußerst hilfreich. In den Vereinigten Staaten war mir vor allem George Duffy, der zu den Opfern eines der Angriffe von Ruckteschells gehört, besonders behilflich, indem er mir von seinen Erfahrungen berichtete und mich zwei ehemaligen Offizieren vorstellte, die unter von Ruckteschell gedient haben. Konrad Hoppe und Jürgen Herr waren gastfreundlich und offen und teilten mit mir alle Informationen, über die sie verfügen. Die Unterstützung dieser beiden Männer ist von unschätzbarem Wert. Ich hatte zudem das Glück, die exzellente Hilfe eines begabten jungen Wissenschaftlers, Olaf Griese, in Anspruch nehmen zu dürfen. Seine sorgfältigen Übertragungen der deutschsprachigen Texte waren im Laufe meiner Arbeit von essenzieller Bedeutung; vor allem seine scharfsinnigen Notizen und Bemerkungen haben in vielen Fällen wichtige Punkte geklärt und mir Einblicke verschafft, die ich mir auf andere Weise wohl nur schwer hätte erarbeiten können. Ich schätze ihn als fähigen Kollegen, der ein hervorragender Lehrender werden wird.

Auch Ruth und Lawson Willard, die mir nicht nur bei zahlreichen Gelegenheiten das gemütlichste nur denkbare «Heim fern von daheim» boten, sondern während der gesamten Arbeit an diesem Buch auch noch Mut machende, geduldige Zuhörer waren, haben besonderen Dank verdient.

Viele Institutionen und Einzelpersonen in Großbritannien haben mir bei der Realisierung dieses Projekts geholfen, es unterstützt und mich ermutigt. Zu den wichtigen institutionellen Quellen gehören: das Public Record Office in Kew mit seinem äußerst hilfreichen Stab an Mitarbeitern; die Admiralty Library und deren Kurator Iain MacKenzie; das House of Lords Record Office und Ms. K.V. Bligh; die Merseyside Maritime Museum Library und Tony Tibbles; das Imperial War Museum und David Penn; das Family Records Center; die British Library Newspaper Library; das Glamorgan Record Office in Cardiff und die Cardiff Central Library.

Zu den Einzelpersonen in Großbritannien gehören neben Ted Milburn und Anthony Smith vor allem die Verwandten und Freunde der Männer auf der *Anglo-Saxon*, darunter: Bob Tapscotts Witwe Norma Tapscott und seine Tochter Diane Tapscott Terrazino (die heute in Belgien lebt); Jim Fowlers Nichte Betty McAteer und ihre Tochter Leslie Grant; die Tochter von Roy Widdicombes Witwe Cynthia, Sue Irvine; Kapitän Flynns Neffe, Dr. Desmond Flynn; Roy Pilchers Freund Cliff Walder und seine Cousins Frank H. Bacon und James R. Bacon. Phil Hayden und Harry Griffin, zwei von Bob Tapscotts Schiffskameraden, waren mir sehr behilflich, ebenso mehrere Personen, die wichtige Forschungshinweise gaben: Jak Showell zu U-Booten, Brian Boyd zum Tweedsmuir Camp und Carol Souter in Bury St. Edmunds.

Auf den Bahamas konnte ich die Hilfe mehrerer Organisationen und Einzelpersonen in Anspruch nehmen. In Nassau waren dies: das Bahamas Department of Archives, dessen Direktorin Gail Saunders und vor allen Dingen Mrs. Sherilee Strachan; die Nassau Public Library und Mrs. Winnifred Murphy; das Büro des Registrar General; Dr. Michael M. Gerassimos; Miss Gwen French; Tiffany Sullivan; Mallie Lightbourne (die heute in London lebt, aber zu der Zeit, als die beiden Überlebenden dort waren, in Nassau); Richard Lightbourne; Andrew McKinney; Michael Toogood und Montague Higgs. Auf Eleuthera: die Haynes Library und deren Direktorin Rosalind Seyfert; Loraine und Joy Pyfrom; Reverend Samuel B. Pinder; der ehemalige Constable Elijah Mackey und Garnett Thompson.

Neben den National Archives of Canada waren mir folgende Personen in Kanada besonders hilfreich: Roy Pilchers Freundin Marion Wastell Blake; Provost Sergeant im Tweedsmuir Camp, B.J. Keegan und Miss Ella May Sim.

In Deutschland bekam ich außer von Jürgen Herr, Konrad Hoppe und Olaf Griese weitere Hilfe vom Deutschen Marinearchiv; dem Bundesarchiv-Militärarchiv; dem Wissenschaftlichen Institut für Schifffahrts- und Marinegeschichte; dem U-Boot-Archiv; und von Horst Schwenk, Dr. Gerhardt Kaufmann und Nikolaus Hansen.

In Schweden bin ich dem Direktor des Göteborgs Maritima Centrum, Thomas Thieme, dankbar dafür, mich mit Christer Johansson bekannt gemacht zu haben, der bei seinen Nachforschungen zu von Ruckteschell und seiner Besatzung in Schweden äußerst gründlich vorgegangen ist. Johansson stützte sich vor allem auf folgende Quellen: Göteborg Poliskammare; Landskansliet Göteborg och Bohuslän; Kurs- och tidningsbiblioteket Göteborg und das Landsarkivet Göteborg.

In Frankreich fand ich Hilfe bei dem Direktor des Musée

de la Marine, Admiral Georges Prud'homme, und bei Franck Genestoux.

In den Vereinigten Staaten waren mir mehrere Institutionen von großer Hilfe: die New York Public Library; die Boston Public Library; das Seamen's Church Institute und Lana Parr; das Nantucket Atheneum und seine sehr hilfsbereite Bibliothekarin Sharon Carlee; die G.W. Blunt White Library in Mystic Seaport und deren ausgezeichneter Mitarbeiterstab unter der Direktion von Paul O'Pecko; der Direktor des Williams College/Mystic Seaport Maritime Studies Program, Dr. Jim Carlton; und die Mitarbeiter von Mystic Seaport, Phil Budlong, Dana Hewson, Peggy Tate Smith, Mary Anne Stets, Don Treworgy, Peter Vermilya und Rodi York. Ich möchte mich auch bei Dr. Aphrodite Matsakis für ihre Einblicke in die posttraumatische Stresserkrankung (PTSD) und Dr. Bill Dudley, Direktor des Naval Historical Center, für seinen Rat bedanken.

An dieser Stelle sei ausdrücklich all denen gedankt, die mir Fotos aus ihren privaten oder anderen Beständen zur Verfügung gestellt und deren Abdruck in diesem Buch zugestimmt haben.

Schließlich geht mein Dank noch an eine Reihe weiterer Personen, die mich tatkräftig unterstützt haben. Bei Simon & Schuster waren dies meine Lektorin Alice Mayhew, die die Arbeit zu einem Vergnügen werden ließ; ihr Team von Mitarbeitern, Emily Takoudes, Anja Schmidt, Jonathan Jao und Hui Xie, sorgte dafür, dass alles reibungslos verlief. Alle bei Simon & Schuster waren stets kompetent und hilfreich, insbesondere Gypsy da Silva und Elizabeth Hayes.

Von Beginn dieses Projektes an war mein Agent Stuart Krichevsky mein Berater, Mentor, Vertrauter, Motivator und Freund. Ich hege tiefste Bewunderung und Respekt für Stuart und das Team der Stuart Krichevsky Literary Agency, Shana Cohen, Elizabeth Fisher und Schuyler Gilmore.

Mein besonderer Dank gilt Nat Philbrick aus Nantucket, der mich inspirierte, führte, begleitete und stets ein besonders hoch geschätzter Freund war.

Und schließlich gilt mein Dank meinen Kindern Rev, Geordie und Lisa für ihre Ermutigung; tief empfundener Dank meiner Frau Barbara für ihre unermüdliche Unterstützung, ihre Mitarbeit und ihre Zuversicht ebenso wie für die Tränen des Mitleids für die Männer der *Anglo-Saxon*, die sie während der ersten Lektüre und Korrektur des Manuskriptes vergoss.

New Harbor, Maine
Juni 2003

Register *Kursive Ziffern verweisen auf Abbildungen*

A

Accra 387
Aden 385
Admiral Graf Spee 106, 277
Alabama 94, 122
Alabaster Bay 260
Albert Ballin 93
Alicante 71
Altona 84, 368
Alvsborg 56
American Leader 153, 352
Amsterdam 81
Anderson, C.C. 370
Anglo-African 64
Anglo-Canadian 63, 64
Anglo-Saxon 23, 376
– Auftrag 21
– Mannschaft 59, 61
– Verfolgung durch die *El Neptuno* / *Widder* 25-30
– Angriff der *Widder* 30–34, 146–154
– Untergang 154, 248f., 252
– Kriegsverbrecherprozess 364, 365, 369
Anglo-Saxon / Jolle *23, 152, 258*
– Konstruktion 159
– bei Angriff der *Widder* 32f., 151
– Zuwasserlassen 151f.
– Kompass 162–164, 203, 223, 233
– Anker 158, 231
– Segel 159, 163
– Verpflegung auf 128f., 165–167, 177, 182, 205–216, 226f.
– Moral auf 170, 171, 174f., 192
– Logbuch 167, 171, 173, 175, 179, 187, 190, 193, 197, 213, 224, 225, 262, 272, 373, 375
– Begegnungen mit Schiffen 169f., 217f., 228
– im Sturm 228–234
– Anlandung auf Eleuthera (Bahamas) 237f., 295f., 298, 404
– Versteigerung 302f., 332
– in Mystic Seaport 13, 332, 396
– Rückkehr nach England 13f., 398f.
– als Ausstellungsobjekt 13, 14, 399f., 403f.
Anguilla 119
Antigua 224
Antonios Chandris 245f., 249, 252
Arabistan 351
Aramis 350f.
Arandora Star 70
Arlington Court 43f.
Asperg 362, 364
Assyrian 134
Atlantis 103, 105, 129, 371
Aumühle 84
Avonmouth 125
Azoren 29, 113, 161, 225, 377

B

Bade, Steuermann 322
Baden 90, 368
Bahamas 70, 225, 235, 237 f., 267
– *siehe auch* Eleuthera *und* Nassau
Bahia Blanca 128
Bali 356
Ballin, Albert 92 f.
Baltimore 11
Barbados 89
Barbuda 193, 212, 224, 229
Baron, Hermann 78
Basingstoke 337, 338, 388
Batavia 357
Bauer, Kapitän 279
Beacon Grange 68, 125
Beatty, David, Admiral 52
Beaulieu
– Angriff der *Widder* 121
– Zurücklassen der Mannschaft 121 f., 239, 243, 248, 281
– im Kriegsverbrecherprozess 122, 364, 365, 369, 372, 377, 380, 381
Belgian 43
Benton 66
Bergen 109, 110, 400
Berlichingen, Götz von 291
Berlin 37, 39, 53, 278, 279, 293
Bermudas 89
Beverly 335
Bielsko 281
Bilbao 26, 71
Bindness-Bucht 110
Blake, Marion Wastell 68, 125, 397
Blessin, Kapitän 247
Bligh, Kapitän 301
Blood, Arthur 269
Blyth, J.H., Kapitän 348
Bordeaux 346
Borkum 88
Boston 342
Boulogne 50
Bowhey (Großeltern Widdicombe) 69, 314
Bremen 16, 41, 83, 84, 90, 98, 103
Bremerhaven 45, 47, 83, 361
Brest 253, 277, 279, 288, 346
Brighton 125
Brinkley, Mrs. John 305
Bristol 72, 341
Bristol-Kanal 131
British Petrol 113
Brownrigg, Edwin 273
Brüssel 398
Bückeburg 367
Buenos Aires 73, 122, 128, 138, 143, 245, 246
Bukelo 133
Bülow, Freiherr von 83
Burma 128
Burton, T. 81

C

Canterbury 67
Capitaine Paul Lemerle 250
Cardiff 72, 128, 129, 334, 335, 336, 385, 386, 388, 390, 392, 397
Carrington, Courthorpe 113
Casablanca 250
Chadwick, J. A., Kapitän 243
Cherbourg 130
Chertsey 66
Churchill, Winston 38, 220, 310
City of Cairo 127
Clyde 110
Collingwood, Cuthbert, Admiral 63 f.
Columbia Star 66 f.
Connecticut 348
Content 304
Conway 69
Coos Bay 386
Cords, Carl 282
Cork 39, 89
Cornwall 246
Cross, Ronald 307, 319
Croydon 62

Cruikshank, Dr. John M. 269, *275*, 276, 294 f., 328, 330, 331, 332
Cupid's Cay 263
Cuxhaven 292 f., 344
Cymbeline 242 f., 252

D

Damschen, Oberleutnant 141, 281, 372
Dänemarkstraße 111, 112
Danzig 281, 283, 286, 288 f., 292
Davisian 117, 118, 119, 364, 365, 368, 372
DeBrett 385
Denny, Anthony Collingwood 64
Denny, Barry Collingwood *64*, 128
– Familie 63 f., 396
– Werdegang 64
– auf der *Anglo-Saxon* 124, 135, 136
– Angriff der *Widder* 149, 151, 376
– auf der Jolle 157–163, 166, 167 f., 170 f., 172, 173, 174, 178–181, 182, 183, 184, 185, 187, 190, 193–197, 223 f., 273, 403, 404
– Tod 194–197, 271, 272
Denny, Desmond Collingwood 64, 396, 398, *399*
Denny, Joan 396
Denny, Violet 64
Desire 47
Deutsche Bucht 45
Deutschland 92, 106
Deutsch-Südwestafrika 87
Dickson, Muriel 315
Diether von Roeder 285
Dohna-Schlodien, Graf Nikolaus zu 96
Donald, W.E. 370
Dover 345
Drake, Sir Francis 93
Drews, Hellmuth – *siehe* Ruckteschell, Hellmuth Drews von
Dudley 66
Duffy, George 153, *352*, 353, 356, 400, 401, *402*
Duncan, Alistair 135
Dünkirchen 22, 130, 285 f.
Durban 366, 374, 385, 386
Durham 67

E

Eagle 89
Eastbourne 345
Eckernförde 40
Edward VIII, König von England – *siehe* Windsor, Herzog von
El Neptuno – siehe Widder
Eleuthera 257–269, 304
Elizabeth I, Königin von England 93
Elizabeth, Prinzessin 394
Elliot, Stanley 137, 236
Ellis, Bill 128 f., 165
Empire Dawn 352, 364, 365, 369, 377, 380
Empire March 355
En Avant 50, 51, 81
Engelhardt, Baronin Catharina Helene von 35 f.
Englischer Kanal 50, 278, 293, 344 f.
Enticknap, David 67
Erhardt, Oscar 284
Erhardt, Wolfgang 351, 357
Esau 348–350
Eugenie Livanos 353
Eurofeld 244, 247, 249
Eutin 36
Evangeline 332
Exeter 62
Exuma-Sund 258, 259
Eyssen, Richard 104

F

Farncombe 67
Färöer-Inseln 320
Fechenheim 400
Felixstowe 399
Fisherprince 41 f.
Flamborough Head 45
Flensburg 37, 88, 89
Flynn, Desmond 128, *399*
Flynn, Monica 128, 394
Flynn, Philip «Paddy» Limpenny *62*
– Familie 62, 128, 394
– Werdegang 62 f.
– auf der *Anglo-Saxon* 123, 131, 135, 136 f., 145, 222
– Angriff der *Widder* 148
Flynn, Philip senior 62 f.
Folmina 47
Fort Bedford 340–342
Fort Covington 386
Fort McHenry 11
Fowler, Jim 74, *74*
– und Nichte Betty 127, 395 f., 460
– auf der *Anglo-Saxon* 131, 146
– Angriff der *Widder* 152
Freemantle 130
Freetown 124, 351
Freiburg 368, 381
French, Gwen 311
Friedrichshafen 289, 290
Frommer, Dr. 382
Fudschijama 402
Fünen 56

G

Gafos, Georgios, Kapitän 245
Gannet 64
Georg, Carl-Siegfried Ritter von 40, 41, 43, 44
George Clymer 350
George VI, König von England 310, 335
Geranium 132
Gerassimos, Michael 263, 266, 272, 304, 374, 376
Gibraltar 243
Gill, Ronald C. 397
Glasgow 113, 319
Gloucester Castle 35
Gneisenau 344
Godalming 334, 335, 339
Goethe, Johann Wolfgang von 291
Goldenfels 98
Golf von Mexiko 224, 229
Göring, Hermann 22, 282, 288
Gormley, James «Paddy» 136, 146, 147, 149 f., 151
Göteborg 56–58, 78
Gould, C.R.G.
Gouverneur der Bahamas – *siehe* Windsor, Herzog von
Governor's Harbour 259, 263, 265, 266, 269, 304
Graf Spee 277
Grainton 73
Grelfryda 45
Greltoria 46
Griffin, Harry 341
Große Inagua-Insel 230
Guildford 67
Gumprich, Gunther 357, 358
Gunnebo 58, 67, 77

H

Haifa 375
Halifax 112, 124, 128, 316, 318 f., 333, 340, 341
Hamburg 36, 84, 98, 129, 278, 288, 368, 370, 381 f., 400
Hampton Roads 112
Harrison, Brenda (Freundin von Ted Milburn) *399*
Harwich 363
Hatchet Bay 259
Havanna 89
Hawks, Lionel Henry *66*
– Familie 66, 396

– Werdegang 66 f.
– auf der *Anglo-Saxon* 135
– Angriff der *Widder* 150, 152, 376
– auf der Jolle 158, 160, 163, 168, 173, 179, 184, 187, 188 f., 190 f., 192, 193, 194, 237, 273, 404
– Tod 195–197, 271, 272
Hawks, Margaret 396
Hayden, Phil 385 f.
Heidelberg 284
Heiliger Michael (Schutzpatron) 290 f.
Heinicke, Ernst-Günther 104, 119 f., 121, 147, 281
Heinrich VIII, König von England 397
Helgoland 42, 44, 45
Helsingborg 56
Herr, Ingrid 289, 359
Herr, Jürgen 88 f., 285, 286, 351, 357, 359, 401, *402*
Herr, Liesl Drotl 402
Herr, Margaret (Gretl) Steinbeiss 401 f.
Herr, Ute 402
Hertha 37
Hindenburg, Paul von 84 f., 85
Hipper, Franz von 54
Hirohito, japanischer Kaiser 360
Hiroshima 39, 360
Hitler, Adolf 22, 79, 84 f., 86, 97, 98, 220, 267, 275, 280, 282, 286, 287, 360
Hjeltefjord 110
Hoek van Holland 363
Honshu 358, 359
Hopkins, Raymond 391
Hoppe, Konrad *402*
– Familie 87 f.
– Werdegang 88
– auf der *Widder* 92, 104, 105, 140, 142, 147
– auf *Schiff 28* / *Michel* 282, 283, 284, 290, 351, 353
– im Fernen Osten 357
– Kriegsverbrecherprozess 372
– Nachkriegsleben 400 f.
Horst Wessel 89
Houston City 375, 386
Houston, Ingenieur 135
Hunter, Kapitän 319
Huxoll, Oberbootsmann 57
Hyslop, William 268

I

Indefatigable 70
Indischer Ozean 221, 347, 352, 353, 356, 361
Inseln über dem Winde 162 f., 166, 175, 182, 183, 190, 193, 194, 201, 210, 224, 257
Irvine, Sue 397, *399*
Isle de Sein 253
Isle of Anglesey 68
Isle of Man 132

J

Jamaika 89
James Cistern 259, 260, 262, 263, 304
James, G.J. 370
Jan Mayen 111, 112
Java 357
Jellicoe, Sir John, Admiral 38
Jencus, Fräulein 36
Jersey City 43 f.
Jodl, Alfred, General 360
Johnson, «Baby» Florence Thompson 259–262, *260*, 304
Johnson, Lewis 259–262
Jolle der *Anglo-Saxon* – *siehe Anglo-Saxon* / Jolle
Jolly, George 365
Jones, Constance Bridges 300
Jones, Guy Pearce 272, 300, 304, 311, 316, 318, 334, 364, 376, 398
Justitia 49

K

Kaiser-Wilhelm-Kanal 107, 129, 292 f.
Kanarische Inseln (*auch* Kanaren) 29, 89, 161, 225, 240, 241, 249
Kap der Guten Hoffnung 124, 356
Kap Farvel 112
Kap Finisterre 252
Kap Hatteras 229
Kap Horn 124
Kapstadt 70, 73, 123
Kapverdische Inseln (*auch* Kapverden) 161 f., 225, 241, 249
Karlsruhe 91
Kattegat 349
Keitel, Wilhelm 360
Kent 88 f., 285, 402
Key, Francis Scott 11
Keys, Ancel 227
Kiel 23, 36, 48, 53, 55, 57, 107, 286, 290, 292
Killoran 122, 252
Kindler, Oberleutnant 141, 281
King John 117 f., 248
Kinsale 39
Kirchzarten 91
Kleine Antillen 118
Kleiner Belt 56
Kline, Dr. Francis 267 f.
Kobe 356, 358
Kobra 103
Komet 104
Kon Tiki 171
Königsberg 88, 113
Kristiansand 109
Krossfonn 116, 347
Kruder, Ernst Felix 247
Kurmark 98

L

Labrador-Straße 225
Lagos 37
Langleetarn 366, 385
Las Palmas 122
Le Havre 346
Leeward Islands – *siehe* Inseln über dem Winde
Leipzig 80 f., 363
Lettow-Vorbeck, Paul von, General 53, 83
Levy, Austin T. 296
Lightbourne, Mrs. Percy 305
Lightbourne, R.M. 310
Linz am Rhein 87
Litchfield, E., Kapitän 319
Liverpool 64, 242, 316 f., 319 f., 334
Llandovery Castle 54
Logbuch der Jolle 167, 171, 173, 175, 179, 187, 190, 193, 197, 213, 224, 225, 262, 272, 373, 375
London 112, 117 f., 363 f., 384
«Lord Haw Haw» 308
Lourenço Marques 386
Lorient 116, 346
Los Angeles 386
Lothian, Marquis of 310
Lübeck-Travemünde 36
Luckner, Graf Felix von 96
Luleå 285
Luleälv 79
Lusitania 39, 49
Lwow 81
Lylepark 350

M

Mackey, Elijah 262, 263, *264*, 295 f., 304
Madagaskar 130
Maher, Thomas 150
Mallory, Clifford D. 300, 302 f., 332
Mallory, Margaret 300, 302 f.
Malmö 79

Maputo – *siehe* Lourenço Marques
Marienfeld, Navigationsoffizier 320
Marine Robin 361, 385
Marseille 130, 271
Martinique 250
Masefield, John 69
McAteer, Betty 127, 131, 271, 395 f., 399, 460
McAteer, Liz 131, 271, 323
McAteer, Mac 395
McAteer, Neil 396, *399*
McKinney, Andrew 330
Melbourne 385
Menelaus 348 f.
Mercury 64
Metzler, Jost 320–323
Miami 299
Michel
- als *Schiff 28* 283 f., 290
- Mannschaft 282 f., 284 f.
- Namensgebung 290–292
- Bewaffnung 288 f.
- im Pazifik 341–359
- Einsatzgebiet 347, 348
- Leben an Bord 353–355, 364
- Taktiken 288, 349
- angegriffene und versenkte Schiffe 348–353
- Gefangene auf 348, 352–356
- Kommando 281, 357
- Kriegstagebuch 365
- Kriegsverbrecherprozess 369, 377
- Torpedoboot *Esau* – *siehe Esau*
Middleton, Ray 315
Milburn, Derek 66, 129, 221, *222*, 307, 335, 394 f.
Milburn, Edward Ernest *65*
- Familie 65, 129, 308, 394
- Werdegang 65 f.
- auf der *Anglo-Saxon* 135, 222
- Angriff der *Widder* 152
- Tod 307 f.
Milburn, Ethel May Hall 66, 129, 221 f., *222*, 307 f., 335, 394
Milburn, Ted 66, 129, 221, *222*, 307 f., *336*, 394 f., 398, 399, *399*, *401*, 403
Milford Haven 131
Millar, R.M. 272, 375
Minden 362, 364
Mölle 56
Möller, Willy 78
Montreal 340
Mordaunt, A.O. 370
Moreton Bay 385
Morgan, Leslie
- Familie 74, 396
- Werdegang 127
- Angriff der *Widder* 150, 152, 376
- auf der Jolle 157, 160, 172, 173, 176, 179, 185, 186, 190, 193, 194, 195, 197, 198, 199 f., 273, 404
- Tod 200 f., 246, 271, 272 f., 274, 323
Morocco 47
Mosely, Mary 265, 324 f.
Moss, Mr. and Mrs. Claude 264
Möwe 96
München 283
Munson, Cora Mallory 296, 300, 332
Munson, Frank C. 296
Munsterlager 367

N

Nagasaki 360
Naranio 387
Narvik – siehe Widder
Narvik 78, 109
Nassau 70, 265, 266, 269, 271, 296, 297, 298, 299, 300, 308 f., 311, 329 f., 398
Negenborn, Doktor 122, 143, 281
Neger, Dr. Karl August 96
Nelson, Admiral Lord Horatio 12, 64
Neumark – siehe Widder
New Providence Island 330

New York 84, 92, 299, 300, 307, 313–316, 319, 332, 342, 386
Newcastle 129
Newport News 84, 388, 390
Newport 71, 74, 126, 127, 128, 131, 150, 317, 320, 323
Nicol, H. D. P. 370
Niemöller, Martin 287
Nordatlantisches Becken 224
Nordmark 111
Nordostpassage 104
Nord-Ostsee-Kanal
– *siehe* Kaiser-Wilhelm-Kanal
North Shields 65
Norton, Dr. S.B. 333
Nürnberg 362

O

O'Leary, Michael 135, 149
Oakes, Lady 300, 332
Oakes, Sir Harry 300
Oostplein 122, 252
Orford 130
Orion 103, 105, 121, 282
Orkney-Inseln 48, 52, 74, 108
Oslo 109

P

Palmer, George 366
Panama 229
Panamakanal 341, 386
Paris 93, 283
Patzig, Oberleutnant 54, 80
Paxton 43
Pearl Harbour 340
Peg Leg 329
Peking 360 f.
Penang 357
Penny, Edith 74, 397
Penny, Emily 397, *399*
Penny, Francis *73*, 128, 129
– Familie 74, 397
– Werdegang 73 f.
– im Ersten Weltkrieg 74
– auf der *Anglo-Saxon* 145
– Angriff der *Widder* 149, 151, 376
– auf der Jolle 157, 160, 163, 173, 176, 179, 185, 404
– Tod 191 f., 193, 271, 272
Penny, Kevin 397, *399*
Penzel, Kapitänleutnant 143, 244, 251, 282, 251, 282
Périère, Lothar von Arnauld de la 54
Periwinkle 132
Peter der Große 13
Philadelphia 128, 386
Phillips, Pat 399
Photina 133
Pickersgill, Mary 11
Pickford, Walter 135, 137, 147
Pilcher, Bernard 68, 335
Pilcher, Beryl 396 f.
Pilcher, Roy Hamilton *67*
– Familie 67, 396
– Werdegang 67 f., 125
– auf der *Anglo-Saxon* 135
– Angriff der *Widder* 152 f., 376
– auf der Jolle 157, 158, 160, 163, 165, 166, 172, 175, 176, 178, 179–181, 397, 404
– Tod 183–185, 242, 271, 272, 393
Pinguin 247, 352
Piräus 400
Plön 36
Plymouth 62
Pointe du Raz 253
Porjus 77, 78, 109
Portland 73
Porto Rica 193
Portsmouth 397
Prinz Eugen 344

Q

Quebec City 126, 137
Quorn 367
Quseir 385

R

Rabaul 134
Rabenau, Götz-Friedrich von 291
Raeder, Erich 54, 97, 98, 287, 290–292
Reade, Major 370, 374, 378
Redoubtable 12
Refugio 43 f.
Rekum 247–249, 252
Remington, Franklin 329
Reuter, Ludwig von 55
Reykjavik 112
Rice, Ingenieur 135
Rich, Geoff 391
Richardson, Dr. J. C. 329, 338 f.
Ripley, Robert 297–302, 303, 306, 318, 340
Ritchie, R.A., Kapitän 339
Robert L. Holt 127
Rödel, Ludwig 141, 147, 282, 372
Rogge, Bernhard 370
Roosevelt, Franklin D. 309
Rotterdam 73, 84
Royal Sovereign 64
Ruckteschell, Amalie Margaret Femery Reinhardt von 91, 368, 369, 370, 378, 381, 382, 402 f.
Ruckteschell, Annemarie Lörbroks von 83, 84, 90
Ruckteschell, Carl Nikolai Sergius von 35 f.
Ruckteschell, Gerhard von 90, 91
Ruckteschell, Hans Ritter von 53
Ruckteschell, Hellmuth Drews von 47, 402 f.
Ruckteschell, Hellmuth von *57, 281*
– Familie 35 f., 367, 370, 381
– frühe Marinelaufbahn 37 f.
– Charakter 106 f., 139 f., 353, 379, 382
– Gesundheit 51, 107, 349, 356, 360 f., 363 f., 382
– politische Haltung 85 f., 287
– religiöse Überzeugung 90, 114, 287, 354, 366 f., 381
– als Handwerker 83 f., 291
– künstlerische Betätigung 84, 284
– Frauen 44, 47, 83, 84, 91, 368
– Sohn 47, 402 f.
– im Ersten Weltkrieg 40–47, 48–51
– Flucht nach Schweden 55–58
– in Schweden 75–79
– auf *U-54* 48–51, 378 f.
– *U-57* 40–45
– *UB-34* 44–47
– *UZ-21* 53, 55–57, 106
– *Schiff 28* 283 f., 290–292
– Auszeichnungen 279 f., 351, 355
– auf der *Michel* 344–357
– in China 360 f.
– Kriegstagebuch 147, 153, 239, 240, 241 f., 245, 248 f., 251 f., 365, 372, 374
– Kriegsgefangener 361–368
– Kriegsverbrecher 53 f., 75
– Kriegsverbrecherprozess 81, 115, 116, 119, 122, 154, 352, 368–380, 381
– Tod 382
Ruckteschell, Hilde von 368
Ruckteschell, Roland von 53
Ruckteschell, Walter Alexander Moritz von 36 f., 53, 83, 84, 90, 382
Rulfe, B. A. 300

S

Salvonia 68
Sandsfjord 111
Sandsøy 111
St.-Malo 346
St.-Nazaire 248, 252

St. Petersburg 35
Sargent, William 390
Savage, Kapitän 130
Sawokla 353
Scapa Flow 52, 55
Schack, Lucie Meyer von 87, 289
Schack, Malte von
– Familie 87, 289
– Werdegang 87
– auf der *Widder* 104, 122, 140, 142
– auf *Schiff 28 / Michel* 282, 290, 348 f., 357, 359
– Tod 359
Schack, Siegfried von 87, 289
Schanghai 360, 361
Scharnberg, Leutnant zur See 139, 240f
Scharnhorst 344
Scheer, Reinhard von, Admiral 38
Schiff 21 – siehe Widder
Schiff 28 – siehe Michel
Schlesien 88, 89
Schmidt, Frieda Martha Agnes 44, 47, 83, 403
Schmidt, Hellmuth – *siehe* Ruckteschell, Hellmuth Drews von
Schniewind, Otto, Admiral 288 f.
Schröder, Dr. Friedrich Wilhelm 143, 282, 356
Schwieger, Walther 39
Scott, W. A., Kapitän 352, 365, 377
Seeadler 96
Seeland 56
Semmes, Raphael 94, 122
Serpa Pinto 252
Sheffield 363 f., 367
Shetland-Inseln 48
Shivan 137
Shoreham 67, 68
Shoreham-by-the-Sea 125
Siamese Prince 316 f., 318–323, 324, 334, 373, 396
Sievers, Eduard F. A. von 90
Sievers, Margarethe Ruckteschell von 90
Sievers, Marie von 90
Singapur 356, 386
Slader, John 16
Sloter Dyck 401
Smith, Anthony 398, 399 f., *399*, 403
Smith, George E. 118
Sommerville, F. A. 131
Southampton 129
Spichern 347
Stadlandet 111
Stamnes, Leutnant 372 f.
Stanway 71
Starmount 48
Stavanger 109
Steiner, Rudolf 90, 114, 115, 287, 291, 354
Stoas, Kapitänleutnant 55, 76
Stralsund 89
Straße des Kleinen Belt 56
Stromness 74
Sturge, H. 370, 373
Suez 385
Suezkanal 361, 366, 385, 386
Sunderland 47
Sutton 394
Swansea 50, 388
Sydney 130

T

Tapscott, Diane 387, 389, 391, 392 f., 398, *399*
Tapscott, Florence Louise 72, 219, 270 f., 306, 312, 330
Tapscott, Norma Louise Michalitsianos 387, 389, 391, 392, 397 f., 399, *399*, 403
Tapscott, Robert George *72, 269, 275*
– Familie 72
– Werdegang 72 f., 129 f.
– auf der *Anglo-Saxon* 131, 136, 146
– Angriff der *Widder* 148, 150 f., 376

– auf der Jolle 157, 158, 160, 163, 168, 173, 179, 180 f., 184, 186, 187, 194, 196, 197 f., 199, 200–204, 205–218, 225–238, 246, 404
– Beziehung zu Widdicombe 187, 197, 201, 234, 236, 275, 312, 316, 324 f., 329
– auf Eleuthera 257–269
– auf den Bahamas 271–276, 294–309, 317 f.
– Krankenhausaufenthalt 271, 276, 298, 305, 306, 308
– Krankheitsgeschichte und Depression 326, 330 f., 338 f., 388 f.
– in Zeitungsberichten 265, 271, 273 f., 294, 297, 310, 314
– Rückkehr nach England 328 f., 330 f.
– in New York 332 f.
– in den kanadischen Streitkräften 333–340
– Auszeichnungen 342
– Kriegsverbrecherprozess 365 f., 374, 375
– Familiengründung 387
– Tod 391–393
Tarpon 358
Teal 44
Tenow, Frederick 74
Terschelling 45
Thompson, Garnett *264*
Thor 249, 357
Tokio 357, 401
Torrey, Ministeriums-bevollmächtigter 319
Torrington 50
Totnes 68
Toulon 130
Trafalgar 12, 64
Treworlas 134
Trinidad 113, 241
Trondheim 109
Tudor, Gerald 391
Turakina 121
Turks- und Caicos-Inseln 225

U

U-20 39
U-29 253
U-54 48–51
U-55 50 f.
U-57 40–45
U-69 320–323, 324, 373
UB-124 49
UB-34 44–47
UB-64 49
Uckermark 357
Ulysses 400
Usk 72, 334
UZ-21 53, 55, 57, 77 f., 106

V

Vancouver 118, 128, 340, 341
Vanoc 132
Venerable 395
Victoria 395
Victory 12
Virgin Islands 223
Vlissingen 346
Von der Tann 37

W

Walder, Cliff 67, 68, 125, 397
Walder, Daphne 68, 125, 397
Wallace, William N. 402
Warspite 285
Wastell, Marion Blake 68, 125, 397
Werner, Wilhelm, Kapitänleutnant 50 f., 81
Weser 167
Westertimke 16
Westindische Inseln 225
Weyher, Kurt 121
Widder
– als *El Neptuno* 26–30, *26*, 119 f.
– als *Narvik* 25, 110

– gebaut als *Neumark* 93, 98 f., 102, 103
– *Schiff 21* 106
– Konstruktion 99
– Bewaffnung 99–102
– Mannschaft 86–89, 283
– Ausrüstung 104 f.
– Kommando 103
– Einsatzgebiet 107 f., 112, 249
– angegriffene und versenkte Schiffe 106–122, 242 f., 347
– Taktiken 25 f., 29 f., 40, 42, 119–122, 244
– Verfolgung der *Anglo-Saxon* 25–30
– Angriff auf die *Anglo-Saxon* 30–34, 146–154
– Gefangene 94, 100, 115, 116, 117, 118, 121, 243, 245, 246–249
– Auszeichnungen 279 f.
– Kriegstagebuch – *siehe unter* Ruckteschell, Hellmuth von
– nach dem Krieg 400
Widdicombe, Adam 68
Widdicombe, Cynthia Pitman 71, 126, 219, *270*, 306, 312, 316 f., 320, 323, 329, 397
Widdicombe, George 69
Widdicombe, Lily 68
Widdicombe, Roy (Wilbert Charles) *69, 269, 275*
– Familie 68 f., 314
– Werdegang 69 f., 126 f.
– Charakter 136, 137, 200
– Eheschließung 71, 126
– auf der *Anglo-Saxon* 71, 136, 137, 145, 146
– Angriff der *Widder* 147, 151, 376
– auf der Jolle 157, 158, 160, 167, 170, 173, 187, 188 f., 194, 195, 196, 197 f., 199–204, 205–218, 225–238, 246, 404
– Beziehung zu Tapscott 187, 197, 201, 234, 236, 275, 312, 316, 325
– auf Eleuthera 257–269
– auf den Bahamas 271–276, 294–309, 310–313
– Krankenhausaufenthalt 271, 276, 298, 305, 306, 308
– Medienberichte 296–302, 315
– in New York 313–316
– Ruhm 314 f.
– Rückkehr nach England 307, 315 f., 318–323
– auf der *Siamese Prince* 318–323
– Tod 323–326, 373
Wiedemann, Otto 50, 51, 81, 378
Wien 283
Wilhelm II., deutscher Kaiser 52, 54, 80
Wilhelmshaven 47, 51, 52, 83, 108
William F. Humphrey 350
Willis, Harry 150
Wilson, Woodrow 52, 53
Wimmel, Adolf 282
Windhuk 87
Windsor, Edward Herzog von 266, 270, 275 f., *275*, 294, 300, 301 f., 310, 329
Windsor, Herzogin von 275 f., *275*, 294, 300
Windward Islands – *siehe* Inseln über dem Winde
Wogan, Thomas L. 358
Wokingham 335
Wolf 96

Y

Yokohama 357
Yokosuka 386

Z

Zippel, Dr. O. 368 f., 371, 373, 375, 377 f., 381, 382